卓越工程师系列教材

运输商务管理

汤银英 主 编

科学出版社
北 京

内 容 简 介

本书具有系统性、综合性、广泛性的特点。本书将理论与实际相结合，不仅涵盖了交通运输商务的基本理论和方法，并尽量与生产实践保持一致，通过设置大量的案例分析、复习与思考、本章小结等内容提高了教材的实用性和自学适用性。可作为全国高等院校交通运输、物流管理等专业本科及研究生教材，也可作为相关企业技术人员的培训教材或参考书。

图书在版编目(CIP)数据

运输商务管理 / 汤银英主编. —北京: 科学出版社, 2014.8(2018.7 重印)

卓越工程师系列教材

ISBN 978-7-03-041759-6

Ⅰ. ① 运… Ⅱ. ① 汤… Ⅲ. ① 交通运输经济-经济管理-教材 Ⅳ. ①F506

中国版本图书馆 CIP 数据核字(2014)第 199907 号

责任编辑：杨 岭 于 楠 / 封面设计：墨创文化

责任校对：于 楠 / 责任印制：罗 科

科学出版社出版

北京东黄城根北街16号

邮政编码：100717

http://www.sciencep.com

成都锦瑞印刷有限责任公司印刷

科学出版社发行 各地新华书店经销

*

2014 年 8 月第 一 版 开本：787×1092 1/16

2018 年 7 月第二次印刷 印张：22 1/2

字数：500 千字

定价：49.00 元

前　言

随着贸易业和运输业的长足发展，运输业与保险、法律、金融、海关等行业有了密切的联系，对从事运输业的相关人员有了更高的要求，需要其在精通运输业务的基础上，还应了解商务知识。为了适应贸易业与运输业和谐稳定发展及其对运输商务应用型人才的需要求，根据我国运输业发展和改革的实际情况，在借鉴国内外相关教材的基础上，作者结合近几年的理论研究和教学改革实践成果，充分考虑人才培养的特点，编写了本教材。

本书内容包括：交通运输合同、铁路运输、公路运输、航空运输、水路运输、管道运输、国际多式联运、运输费用、运输保险与保价、运输商务事故处理、运输电子商务等。教材包含丰富的案例分析，并在每章之后进行小结提供复习与思考，为广大读者提供了良好的自学条件。

本教材具有以下特点：

（1）强化基本概念和基本理论的教学；

（2）结合实际案例讲解教学内容；

（3）扩展了教材的适用性；

（4）提高了教材的可读性。

本书由汤银英主编并统稿，同时陶思宇老师协助编写；另外研究生王重任、胡宁月、王梦滔、李佰城、王建华等也参与了本书的部分编写工作。

由于本书涵盖内容较多，加之编写时间较紧和编者业务水平有限，在全书内容的组织和文献材料的取舍方面难免存在诸多疏漏之处，欢迎各位读者批评指正，同时对本书的出版单位及本书参考文献作者表示诚挚的感谢！

作　者

2013 年 6 月

目　　录

第1章 绪　　论

改革开放以来，我国经济不断腾飞，运输业得到了长足发展。由于运输业务涉及部门较多，与保险、法律、银行、海关等行业都有密切的联系，这就要求相关人员既要精通交通运输业务，还要了解商务知识，才能更好地促进贸易业和运输业和谐稳定地发展。

1.1 商务概论

商务是指以营利为目的的市场经济主体通过商品交换获取经济资源的各种经济行为的总称，用户可以利用电话、传真、信函和传统媒体来实现商务交易和管理过程。用户能够通过传统手段进行市场营销、广告宣传，获得营销信息，接收订货信息，作出购买决策，支付款项，以及进行客户服务支持等。这种手段具有环节多、成本高、效率低、双方心理距离远的特点。

随着经济的发展和观念的更新，现代商务活动也在不断发展，现代商务活动主要有以下一些主要特点。

(1)职能综合化日益明显。现代商务活动逐渐表现出信息职能、金融职能、流通职能等特点。例如，先进的商务管理系统、图文传送系统及电子识别等技术大大增强了商务活动中信息的收集、加工、整理、分析能力。

(2)流通水平日新月异。随着现代信息技术的发展与应用，商务活动有了现代化技术支持，出现了新兴的流通方式及理念，如新型的无实体店铺、无店员网上店铺、零库存理论等。

(3)专业化、高效化程度逐渐提高。目前，商流、物流和信息流呈现分离的趋势，专业化分工初现端倪，商流将与物流发生分离，在商流、物流分离的同时，信息流的专业化也逐渐形成。

随着市场竞争的进一步加剧，商务的组织形式和活动方式还将发生革命性的变化，表现出以下几个趋势。

(1)业务形式多样化。商业形式多样化是指企业为适应市场快速多变的要求有针对性地采用多样化的商业经营方式。

商业向大型化形式发展，经济的发展刺激了消费，使得原来分散的中、小商业企业不能满足大量消费的需要，大批量销售的商业组织在这种环境得到发展。

同时批发向多元化形式发展，专职批发商、代理商、厂家销售分支机构以及其他批发商业组织将共同存在。零售商业呈现多样化，专业商店、百货公司、超级市场、杂货商店等各种零售商业形式将共同存在。

(2)商事组织联合化。商事组织联合化是企业适应流通领域竞争和垄断加剧的新趋势，旨在增强综合竞争能力及提高规模效益所实施的对策。

商事组织联合化有多种形式：①工商一体化的形式，指企业兼顾生产、销售双重功能，实行市场调查、产品设计、生产制造、市场销售、售后服务一条龙经营；②跨国一体化的形式，主要指企业根据国际市场的需要和自身可能，把相关行业有机地结合起来形成经济实体，进行生产、销售、服务、国际化经营；③综合商社的形式，主要指以贸易为主体，集贸易、金融信息、综合化服务功能于一体的跨国集团。

(3)销售方式多样化。销售方式多样化是企业依据目标市场、目标顾客的消费需求，细分或改变传统销售模式所实施的对策，主要包括更新改造型、填齐补缺型、推陈出新型、领导潮流型等几种形式。

(4)商务电子化和国际化。随着国际互联网络技术的迅猛发展，集计算机技术、网络技术、信息技术于一体的电子商务必将得到飞速发展。伴随着经济全球化和技术创新的大趋势，开展国际商务活动将成为一个重要的发展趋势。

(5)经营手段现代化。经营手段现代化主要是指将现代科技革命成果应用于商流、物流、信息流的管理，使其快速、高效、协调地运转，以实现企业经营目标。

(6)经营战略多角化。经营战略多角化主要是指企业在区位结构、行业结构、商品结构等环节进行全方位开发，以实现利润最大化的目标。

1.2 运输商务概述

从运输业的发展来看，运输密切联系着转运、仓储、保险等业务服务。运输商务涉及海、陆、空以及管道运输，同时涉及管理货物的运输、中转、装卸、仓储等事宜。

交通运输商务是指交通运输企业在经营客货运输业务的过程中，面向运输市场而开展的各种经济行为的总称。

交通运输商务管理是有关运输生产活动中的运输法规与政策的管理、客货运输营业管理、运输费用管理、运输质量管理、运输商务信息管理，以及与货运有关的仓储、理货、代理、联运、保险等业务管理活动的总称。

交通运输商务的开展具有非常重要的意义。

(1)交通运输商务工作是交通运输生产的前提和基础。运输商务为运输生产提供了所需的客流和货源，同时为运输生产提供了法律和政策的支持、信息支撑及服务保障，将运输和其他经济活动相联系，是运输生产的前提和基础。

(2)交通运输商务工作是交通运输企业提高市场声誉、扩大市场份额的基础。运输商务活动是面向运输市场的活动，运输商务活动的过程也是旅客和货主了解运输企业的过程。因此，运输商务活动质量直接影响着旅客和货主对于运输企业的评价，运输商务工作是运输企业提高市场声誉、扩大市场份额的基础。

(3)交通运输商务工作是提高运输服务质量的基础。运输服务质量包括安全、迅速、准确、舒适、经济、便利等方面，这些都与运输商务活动直接相关。不断提高运输商务工作的质量，可以使上述特性得到改善，从而提高运输服务质量。

(4)交通运输商务工作是交通运输企业提高运输效率、增加运输收入和经营效益的基础。优质、高效的运输商务活动有利于提高运输企业的声誉，使运输企业吸引更多的客流和货源，为运输企业增加运输收入和经营效益，提高运输效率。一些新的商务形式(如运输电子商务)的开展也大大提高了运输效率。

运输商务学科是交通运输科学的重要组成部分，属于运输管理学、运输经济学、运输市场营销学、交通运输法学等学科的交叉和边缘学科。

运输商务与相关学科的关系如下。

(1)运输商务学科与运输组织学。运输组织学侧重于研究运输企业内部的客货运输组织、行车组织以及调度指挥等工作，而运输商务则主要研究运输企业对外的工作。

(2)运输商务学科与运输经济学。运输经济学是一门研究如何有效地在交通运输与其他经济活动之间分配资源，以及研究如何有效利用已分配用于运输部门的资源的学科。运输商务学科在运输费用计算、运输事故理赔等方面需要应用运输经济学的理论。

(3)运输商务学科与运输市场营销学。运输市场营销学是一门研究在运输市场上通过运输劳务的交换来满足旅客或货主现实的或潜在的运输需求的学科。运输商务学科在运输市场调查与分析方面需要应用运输市场营销学的理论。

1.3 运输商务的主要内容

运输商务按照运输对象的不同可以分为货物运输商务和旅客运输商务。运输商务主要包括以下几方面的内容。

1. 运输合同

运输合同是指承运人将旅客或者货物从起运地点运输到约定地点，旅客、托运人或者收货人支付票款或者运输费用的合同。运输合同可以被描述为运输合同的当事人依据运输合同的约定所享有的权利和所应承担的义务。

作为合同当事人的权利是一种债权，债权被称为请求权、相对权。请求权是合同当事人权利的性质，如旅客、托运人可要求承运人提供运输劳务，要求承运人于目的地交付行李、货物等，它意味着享有权利的人可以要求合同的义务人实施一定行为或不实施一定行为。相对权与绝对权相对应，是从义务人是否特定以及权利的实现是否需要义务人的协助出发，而对权利所作的分类。

运输合同按运输对象的不同，可以分为货物运输合同和旅客运输合同。

货物运输合同简称货运合同，是承运人和托运人之间达成的明确货物运输权利及义务关系的协议。承运人有义务将货物安全、及时、完整地运到托运人指定的目的地，并交付给托运人指定的收货人，托运人或收货人应当支付相应的运输费用。

旅客运输合同简称客运合同，是承运人与旅客之间就客运方面的权利义务关系达成的协议。根据该协议，承运人有义务将旅客及其行李按约定的时间安全送达目的地，旅客有义务支付规定的票款。旅客运输合同的当事人主要有承运人和旅客两方，其标的为承运人的运输行为。在旅客运输合同中，旅客既是运输合同的主体，也是运输合同的运送对象。

2. 运输业务

1)轨道交通运输

轨道交通运输包含铁路运输和城市轨道交通运输两部分。

铁路运输的特点主要有载运质量大、运行成本低、能源消耗少，既在大宗、大流量的中长以上距离的客货运输方面具有绝对优势，又在大流量、高密度的城际中短途旅客运输中具有很强的竞争优势。

铁路货物运输合同的形式包括按季度、半年度、年度或更长期限签订的货物运输合同；月度要车计划表；货物运单；铁路货物运输服务订单；铁路货运延伸服务订单。

铁路旅客运输合同的基本凭证是铁路旅客车票。铁路旅客车票与一般客票一样，具有有价证券性质和旅客运输合同性质。铁路旅客车票票面应当注明发站和到站站名、座别、卧别、径路票价、车次、乘车日期、有效期等主要内容，实行实名制的车票还应注明旅客姓名、证件号等相关信息。

城市轨道交通运输的特点主要有采用列车编组化运行，运量大；良好的线路条件与控制体系，速度快；多采用电力牵引，污染少，环保好；可采用地下和高架敷设方式，占地面积小；多采用全隔离的路权方式，安全和可靠性强；良好的环控体系和候车环境，乘车舒适性佳。当然，也有如建设投资大、路网结构不易调整、运营成本高、技术条件要求高等劣势。

由于城市轨道交通主要运送的是旅客，因此其运输合同的形式以客票为主。

城市轨道交通旅客运输合同的基本凭证是旅客车票。其车票与铁路旅客车票、一般客票都一样，具有有价证券性质和旅客运输合同性质。

2)公路运输

公路运输一般是指汽车运输，即使用汽车在公路上载运货物的运输方式。它不仅可以直接运进或运出货物，而且是车站、港口和机场集散货物的重要手段。公路运输的主要特点包括分布面广，适应性强，可实现“门到门”的直达运输，运量较小，运输成本较高，运送速度较快。

公路货物运输合同的基本形式包括定期运输合同、一次性运输合同、道路货物运单等。

公路旅客运输合同的基本形式是公路旅客车票，主要有班车客票、旅游客票、客运包车票等形式。

3)航空运输

航空运输是指使用一种航空器在空中从事地理位置的移动，把旅客、货物、行李、邮件等从一地运送到另一地的交通作业。航空运输的特点主要有运输速度快，运输路线短，灵活性大，舒适安全，基本设施建设周期短、投资少、见效快。

航空货运单是航空货物运输合同订立和运输条件以及承运人接收货物的初步证据。航空货运单的用途包括承运合同、货物收据、运费账单、报关单证、保险证书、承运人内部业务的依据等。

航空客票是旅客和航空公司之间签署的运输契约，是承运人和旅客订立航空运输合同条件的初步证据，是旅客乘坐飞机、托运行李的凭证，也是航空公司之间及航空公司与代理人之间进行结算的依据。

4)水路运输

水路运输是以船舶为主要运输工具、以港口或港站为运输基地、以水域为运输活动范围的一种客货运输。水路运输具有运量大，运输成本低，运输速度慢，受自然条件的限制和影响较大等特点。

国内水路货物运输合同包括班轮货物运输合同、航次租船货物运输合同、国内水路货物运单等。

海上货物运输合同的基本内容包括货物名称、货物的数量和质量、运费的支付、履行的期限、地点、违约责任等。

船票是水路旅客运输合同成立的证明。船票的基本内容包括承运人名称、船名、航次、起运港(站、点)和到达港(站、点)、舱室等级、票价、乘船日期、开船时间、上船地点(码头)等。

客票是海上旅客运输合同成立的凭证。客票分为记名客票与不记名客票两种，记名客票上记载着购票人的姓名、地址，通常是不可转让的；不记名客票在乘船前可以转让。

5)多式联运

多式联运是指从装运地到目的地的运输过程中包含两种以上的运输方式，形成的一种连贯的、门到门的货物运输方法，由多式联运经营人全程负责的运输工作。

3. 运输费用

运价就是运输价值的货币体现，表现为运输单位产品的价格。各种运输方式都有其特定的运价。运费是托运人根据运输契约向承运人支付的运输费用，或者是承运人根据运输契约向托运人收取的运输报酬，运费应是单位运价与运量之积。

1)轨道交通运价

轨道交通运价包含铁路运价和城市轨道交通运价。

铁路货物运价按其适用范围可以分为普通运价、特殊运价、军运运价等；按货物运输种类的不同分为整车货物运费、零担货物和集装箱货物运费、托运人自备或租用铁路机车车辆运输货物的运费、货物快运费、冷藏车运费、自备货车装备物品及集装用具的回送费。

铁路旅客票价分为普通票价、加快票价、卧铺票价和市郊票价 4 种。

由于城市轨道交通主要运送的是旅客，因此其旅客运价分为单一运价和差别运价。

2)公路运价

公路运价按车辆类别的不同分为普通车辆运价和特种车辆运价，按货物类别的不同分为普通货物运价和特种货物运价。

公路运费的构成情况如下：整批货物及集装箱的运输费用一般由吨(箱)次费用、运价费用和货物运输其他费用构成；零担货物和计时包车运输货物的公路运输费用一般由运价费用和货物运输其他费用构成。

公路旅客运价按不同客运种类、不同客车类型、不同营运方式和不同道路条件实行差别运价。客运车型计费等级分为普通客车、中级客车、高级客车 3 类，每类按其座位总数又分为大型、中型、小型 3 种。

3)航空运价

按运价的制定方法不同，航空货物运价可分为协议运价和公布运价。按运价的组成不同，航空货物运价可分为公布直达运价和非公布直达运价。其中，公布直达运价可按货物的性质不同进一步分为普通货物运价、指定商品运价、等级货物运价和集装货物运价；非公布直达运价包括比例运价和分段相加运价。

航空旅客票价指旅客由出发地机场至目的地机场的航空运输价格，不包括机场与市区之间的地面运输费用。航空客票按使用范围不同分为国际客票和国内客票；按旅客的航程要求不同分为单程客票、来回程客票和环程客票；按客舱等级不同主要分为一等舱客票和普通舱(也称经济舱)客票；按客票的票价不同分为全价客票、折扣价客票(如季节性折扣客票等)、儿童客票、婴孩客票等。

4)水运运价

班轮运价按照班轮运价表的规定计算，为垄断性价格。不同的班轮公司或不同的轮船公司有不同的运价表，但都是按照各种商品的不同积载系数、不同性质和不同价值结合不同的航线加以确定的。

集装箱海运运费的构成包括海运运费、堆场服务费、拼箱服务费、集散运输费和内陆运输费。

水运客票运价按运价里程和不同的航线基价进行计算。

4. 运输保险与保价运输

运输保险是指在运输过程中，由于意外事故、自然灾害而给承运人的货物、旅客、运输工具、乘务人员、第三人造成的损失给予补偿的各种保险的总称，包括货物运输保险、运输工具保险、旅客人身意外伤害保险等。

运输保险是以处于流动状态下的财产作为保险标的一种保险，运输保险业务的内容包括运输货物保险、机动车辆保险、船舶保险、航空保险、摩托车保险等，在整个财产保险业中占有十分重要的地位。

保价运输是指运输企业与托运人共同确定的以托运人申明货物价值为基础的一种特殊运输方式。保价就是托运人向承运人声明其托运货物的实际价值。凡按保价运输的货物，托运人除缴纳运输费用外，还要按照规定缴纳一定的保价费。

5. 运输事故

旅客和货物在运输过程中不可避免地会发生运输事故，各种运输方式针对不同的事故类型划分了不同的种类和等级，事故等级一般以货物损失金额和旅客人员的伤亡程度进行划分。运输事故责任主要分两种：承运人的责任和托运人的责任。

运输事故索赔是指投保人或被保险人在发生保险事故、遭受财产损失或人身伤亡以后，要求保险人履行赔偿或给付保险金义务的行为。运输事故理赔是指保险事故发生后，保险人对被保险人所提出的索赔案件的处理。

6. 运输电子商务

交通运输业电子商务是指以互联网为核心的现代信息技术在交通运输经营管理中的应

用，从而提高了交通运输企业的经济效益和经营效率，增强了企业的市场适应能力和客户满意度，进而提升运输企业竞争力的一系列过程。交通运输业电子商务应用具体体现在货运电子商务、客运电子商务和附加服务三方面。

运输电子商务是运输商务活动的高级形式，在这种形式中，大部分商务活动都是通过网络渠道来完成的，如询价、报价、下订单、各种单证的传输、协议的签订、付费，以及在国际贸易中的租船、报关、纳税等商务活动都可以通过网络完成。可以说除运输、仓储等物流活动外的一切商务活动都可以在电子虚拟世界中进行。显然，这种形式不仅节省人力和物力，而且大大提高了商务活动的效率。

1)轨道交通运输电子商务

铁路发展电子商务的首要方向应该集中在以下两方面：①发展铁路与其长久、大型货运合作伙伴之间的电子数据交换(EDI)，使这些大客户能够流畅地利用网络完成票据往来、信息交互和预订、支付、退偿等一系列资金交易，也就是提高货运方面电子商务的应用；②发展铁路的网上营销，为广大旅客提供方便、快捷的网上查询、订票、购票及其他相关服务，即加强电子商务在客运领域的实施。

2)公路运输电子商务

我国高速公路的网络已经形成，为引入专业的电子商务创造了良好的条件。高速公路运营管理实现现代化，及时全面地掌握路网动态，提高事故快速处理能力，做好车辆和路网抢修，维护路网运营安全，做好经营收费和监管等经营管理现代化，可以通过运用电子监视系统、建立路网监视平台、与电子商务联网等方式来实现。

3)航空运输电子商务

航空运输电子商务是指航空运输业务的电子形式的统称，也就是通过计算机网络系统记载、保存和管理旅客、行李或者货物行程及相关资料的电子信息记录，它的基本形式是电子运输凭证的营销管理，包括电子客票、电子行李票和电子货运单等。

4)海上运输电子商务

海上运输电子商务系统中的单证主要有电放提单和电子提单两种。电放提单具有迅捷、简便、安全等特点。电放提单可通过传真在几秒钟内迅捷地完成单据传递，收货人凭电放提单换取提货单并及时提货，从根本上解决了“货等单”的问题。电子提单高的安全性、高正确率、高效率、快速度等优越性能，是人工操作的纸张单据所无法比拟的。电放提单和电子提单的运用使国际货物的流通速度有了飞速发展。

1.4 本章小结

本章通过阐述商务概论，引入了运输商务的概念及其重要意义，并介绍了运输商务的主要内容。

(1)商务概述。商务是指以营利为目的的市场经济主体，通过商品交换获取经济资源的各种经济行为的总称。

(2)运输商务概述。运输商务是指交通运输企业在经营客货运输业务的过程中，面向运输市场而开展的各种经济行为的总称。

(3)运输商务的主要内容。运输商务从运输对象上可以分为货物运输商务和旅客运输商务。货物运输商务和旅客运输商务又包括运输合同、运输方式、运输费用、运输保险、运输事故、运输代理、运输电子商务等内容。

思考题

1. 谈谈现代商务的发展趋势。
2. 什么是运输商务？运输商务的重要性表现在哪些方面？
3. 简述运输商务的主要内容。
4. 谈谈运输电子商务的发展趋势。

主要参考文献

李津. 2005. 运输商务管理［M］. 北京：国防工业出版社.
刘作义，朗茂祥. 2003. 运输商务［M］. 北京：中国铁道出版社.

第 2 章　交通运输合同

为了明确承运人及旅客、托运人和收货人在运输过程中的权利和义务关系，规范其商务行为，尽量避免和减少运输纠纷，承运人与旅客或托运人必须签订交通运输合同，交通运输合同是运输商务的纽带。

2.1　概　　述

2.1.1　交通运输合同的概念和特征

1. 合同的概念

合同也称契约，是在平等主体的自然人、法人、其他组织之间设立、变更、终止民事权利义务关系的协议。合同的基本特征如下。

(1)合同是双方或多方当事人的法律行为。合同是双方或多方当事人意思表示一致的结果，是当事人确立、变更或终止一定法律关系的行为，它能引起一定的法律后果，是具有法律约束力的行为。

(2)合同关系中当事人的法律地位是平等的。合同是当事人之间的协议，在合同关系中只有当事人的法律地位平等，才能各自表达自己的真实意思，进行平等协商。在合同中一方不得把自己的意志强加给另一方。

(3)合同是当事人的合法行为。合同中所确立的权利和义务必须是当事人依法可以享有的权利和所承担的义务，这是合同具有法律效力的前提。如果签订的合同中涉及违法行为，当事人不仅达不到预期的目的，还应根据违法情况承担相应的法律责任。

2. 运输合同的概念和特征

《中华人民共和国合同法》(以下简称《合同法》)第 288 条规定，运输合同是指“承运人将旅客或者货物从起运地点运输到约定地点，旅客、托运人或者收货人支付票款或者运输费用的合同”。运输合同是当事人为达到一定的运输目的，经当事人意思表示一致而达成的协议。运输合同作为民事合同的一种，除具有民事合同的一般法律特征外，还具有以下特征。

(1)合同主体的复杂性。运输合同的主体包括承运人、旅客、托运人和收货人(图 2-1)。承运人是指提供运输服务的当事人，包括运输企业和从事运输服务的个人。在我国，承运人既有国有企业运输组织，如铁路局、汽车运输企业、航运公司等，也有集体运输组织及城镇运输个体户和农村运输专业户。承运人的复杂性是和我国多种运输形式及多层次的运输经营方式相联系的。

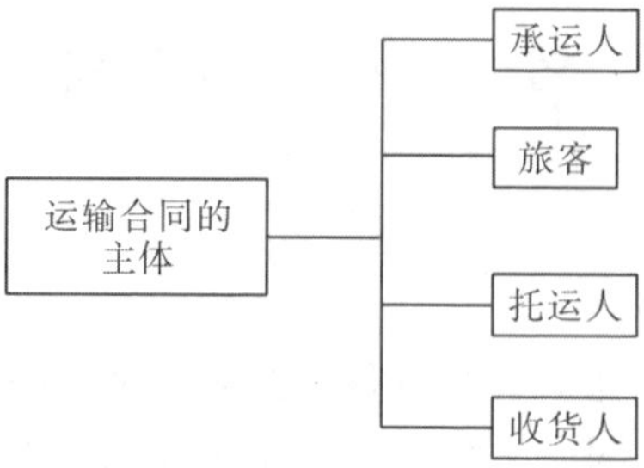

图 2-1 运输合同的主体

旅客是指乘坐交通工具旅行的自然人，是旅客运输合同的主体。未成年人或者不具备完全民事行为能力的人也可以作为旅客运输合同的主体，但必须与其法定代理人、监护人一起旅行，或者按照规定委托承运人照顾。

托运人是指提供行李、包裹和货物运输的人，可以是自然人、法人或者其他组织。行李运输的托运人就是旅客；包裹运输的托运人可以是旅客，也可以是其他货主；货物运输的托运人可以是货物的所有人，也可以是货物所有人委托的运输代理人或者货物的保管人。运输合同的订立是托运人向承运人提出，经过承运人确认后成立的。因此，托运人作为合同的主体具有积极主动的地位。

收货人是依据运输合同的约定而接收承运人送达的货物的人，也是托运人指定的领取货物的人，可以是个人、法人或者其他组织。收货人一般是承运人和托运人之外的第三人，但托运人也可以指定自己作为收货人。收货人在行使领取货物的权利时，也应当依法承担相应的法律义务。

(2)合同标的的特殊性。运输合同标的又称为运输合同的客体，它是承运人运送旅客或者货物的劳务行为，而不是旅客或货物。旅客或者托运人与承运人签订运输合同，其目的是要利用承运人的运输工具将货物或旅客实现从一地到另一地的空间位置的转移。承运人的运输劳务行为是双方权利的义务共同指向的目标。因此，只有运输劳务的行为才是运输合同的标的。

(3)运输合同当事人权利义务的法定性。运输合同当事人的权利、义务大多数是由法律、法规、规章规定的，只要双方当事人意思表示一致，合同即告成立。当事人对合同的内容也可以依法进行修改，但对于法律规定的强制性条款，当事人不能协商。对于选择性条款或者提示性条款，当事人可以协商，凡是当事人协商的补充条款都具有法律效力。

(4)运输合同的双务性、有偿性。所谓“双务合同”，是指合同当事人双方都享有权利，又承担义务，且合同中的一方的权利为另一方的义务，如买卖合同、租赁合同等。在运输合同中，承运人将旅客或货物从起运点运输到约定地点，旅客、托运人或者收货人支付票款或者运输费用，双方之间的权利、义务具有对等给付的关系和有偿关系。

所谓“有偿合同”，是指一方当事人要通过对方履行义务而获取合同利益，为此必须支付相应的代价的合同。在运输合同中，旅客或托运人要使承运人运输货物或旅客，就应当支付票款或者运费。

(5)运输合同一般为格式条款。运输合同一般采取格式条款订立。所谓格式条款，是指“当事人为了重复使用而预先拟定，并在订立合同时未与对方协商的条款”（《合同法》第 39 条第 2 款）。也就是说，合同一方提供具有合同全部内容和条件的格式条款文本，另一方当事人予以确认后合同即告成立。由于格式条款是由当事人一方提供格式条款文本，对旅客和托运人来说，很可能其合法权益会因此而遭受侵害，因此，为保护托运人和旅客的合法权益，法律对制定标准格式条款的一方规定了严格的义务。

(6)运输合同是诺成性合同。所谓诺成性合同，是指一旦双方当事人达成协议，合同就成立，即一诺即成。与此相对应的是实践性合同，就是合同的成立不仅要双方当事人达成协议，而且要相互交换标的物，如保管合同，寄存人必须将寄存的物品交给保管人，合同才能成立。

旅客运输合同属于诺成性合同。虽然实际生活中常有旅客先上车后买票的情况存在，但这只是合同的成立与履行同时进行，不能因此认为旅客运输合同为实践性合同。货物运输合同在性质上也属于诺成性合同。《合同法》对此虽然没有明确规定，但我国有关运输合同的法规一般都规定运输合同是诺成性合同。

2.1.2　交通运输合同的内容

1. 运输合同内容的概念

作为法律关系三要素之一的内容是指合同当事人依据合同约定所享有的权利和所承担的义务，因此，运输合同的内容也就可以描述为运输合同的当事人依据运输合同的约定所享有的权利和需承担的义务。

合同当事人的权利是一种债权，债权属于请求权、相对权。请求权是合同当事人权利的性质，如旅客、托运人可要求承运人提供运输劳务，要求承运人于目的地交付行李、货物等，它意味着享有权利的人可以要求合同的义务人为一定行为或不为一定行为。相对权与绝对权相对应，是从义务人是否特定以及权利的实现是否需要义务人的协助出发，而对权利所作的分类。作为相对权，债权人只能要求特定的债务人履行义务，债务人原则上也仅对债权人履行义务。侵犯了相对权，当事人应承担违约责任。

2. 《合同法》总则关于合同内容的规定

《合同法》第 12 条规定：合同的内容由当事人约定，一般包括当事人的名称或者姓名和住所，标的，数量，质量，价款或者报酬，履行期限、地点和方式，违约责任，解决争议的方法。

作为“一般包括”的条款，以上条款是否具备并不必然影响合同的成立，实际上，上述条款仅是笼统地针对所有合同提供的示范性合同条款。截断合同条款与合同成立之间的必然联系有助于契约自由、当事人意思自治原则的实现，也有助于司法实践中对合同成立的认定。

运输合同是《合同法》规定的 15 种有名合同中的一种，因此，作为《总则》规定的 8 项条款对运输合同内容的确定也并非没有示范功效。相反，订立一份完备的运输合同，以上条款的具备是不可或缺的。事实上，有关的运输规程已经按照这些示范性条款制定了有关运输合同的基本内容。例如，1999年11月15日交通部发布的《汽车货物运输规则》(以下简称《货规》)第25条和第26条就是根据《合同法》第12条所规定的条款结合汽车货运的特点制定的。依据该《货规》，定期汽车货物运输合同应包含托运人、收货人和承运人的名称(姓名)、地址(住所)、电话、邮政编码；货物的种类、名称、性质；货物质量、数量或月、季、年度货物批量；起运地、到达地；运输质量；合同期限；装卸责任；货物价值，是否保价、保险；运输费用的结算方式；违约责任；解决争议的方法等。

从上述规定可以清楚地看出《合同法》第12条的规定对定期汽车货物运输合同的影响，当然，诸如保价、保险、装卸责任的条款也体现了定期汽车货物运输合同对《合同法》第12条的某种超越。

3. 运输合同的默示条款

合同是双方当事人意思表示一致的产物，因此，凡是有关当事人权利、义务的合意都是合同的内容。当事人的合意过程往往通过要约、承诺表示，那些写在合同书上的合同条款被称为合同的明示条款，而另外一些未记载在合同书上的合同条款则是合同的默示条款。当然，这并不排除在订立口头合同时，双方口头明示的内容也是合同的明示条款，而双方尽管口头未表明，但却心照不宣的内容同样是合同的默示条款。

相当多的运输合同往往依赖诸如客票、运单之类的证券或证据加以证明，基于方便性的考虑，客票的尺寸不可能太大，因此，其所记载的合同内容也不可能详尽，诸多的合同内容并不体现在客票之上。在我国，铁路、汽车运输中所使用的客票往往仅记载始发站、到达站、始发时间、票价之类的合同内容，至于运行的线路、经停地点、到达时间等合同内容，并未记载于客票之上。但这并不能说明除了客票所载明的内容，其余未记载事项不是合同的内容，恰恰相反，那些未记载在客票上的内容构成了客运合同的应有内容，这些不表现在客票上的事项是客运合同的默示条款。于是，诸如到站时间、经停地点一类的内容张贴公示在车站的售票大厅，或印刷在“列车时刻表”上，可以认为这是承运人的意思表示，是要约邀请。旅客正因为信赖该等公示内容，才会选择购买相应客票，购买之行为是要约，承运人发售客票的行为为承诺。依据《合同法》的规定，既然要约、承诺已经作出，则客运合同即应认为成立。相应的，要约、承诺的内容也就成为合同内容。因此，包括运行线路、经停地点、到达时间一类的内容就是客运合同的内容。

4. 运输合同的效力

1)运输合同生效的条件

(1)当事人订约时有订立合同的能力。

(2)合同的形式符合法律要求。

(3)合同的内容与目的合法。

(4)当事人的合意要真实。

2)导致合同无效的原因

(1)一方以欺诈、胁迫的手段订立合同，损害国家利益。

(2)双方恶意串通，损害国家、集体或第三人利益。

(3)以合法形式掩盖非法目的。

(4)损害社会公共利益。

(5)违反法律、法规的强制性规定。

3)导致合同可撤销或变更的原因

(1)因重大误解订立合同。

(2)在订立合同时显失公平。

(3)以欺诈、胁迫的手段或乘人之危，使对方在违背真实意思的情况下订立合同。

4)合同无效或被撤销的后果

(1)返还财产。返还财产是指当事人双方将从对方处获得的财产归还对方，回到未订立合同的状态。

(2)赔偿损失。合同被确认无效或被撤销后，有过错的一方应当赔偿对方因此受到的损失，双方都有过错的，应当各自承担相应的责任。

(3)收缴财产。

2.1.3　交通运输合同的种类

运输合同属于种类繁多的合同，根据不同的分类标准可以将其作如下划分。

1. 按照运输对象的标准分类

在运输合同中，运输对象有旅客和货物两种，所以运输合同可以分为旅客运输合同和货物运输合同。旅客运输合同是指把旅客作为运送对象的合同。与旅客运输相关的行李、包裹运输可以看做一个独立的运输合同关系，也可以作为旅客运输合同的一个组成形式。货物运输合同是指以货物为运送对象的合同。

2. 按照运输工具的标准分类

运输合同根据不同的运输工具可以分为铁路运输合同、公路运输合同、水路运输合同、海上运输合同、航空运输合同和管道运输合同等。

(1)铁路运输合同。铁路运输合同是指铁路运输企业利用运输工具将旅客或货主由起运地运送至目的地的过程。在铁路运输中，铁路运输企业与旅客或者托运人应当签订运输合同，明确各自的权利和义务。铁路运输合同是实现旅客或者运输产品位移的法律形式。根据《中华人民共和国铁路法》(以下简称《铁路法》)第 11 条规定，铁路运输合同是明确铁路运输企业与旅客、托运人之间权利义务关系的协议。从这一规定可以看出，铁路运输合同是以铁路运输企业为合同的一方当事人(承运人)，以旅客或托运人为另一方当事人而形成的权利义务关系的协议。铁路运输合同是明确双方权利义务关系的协议，这是铁路运输合同的基本内容。从形式上看，铁路运输合同一般包括旅客车票、行李票、包裹票和货运单据。即铁路运输合同的形式包括旅客运输合同的旅客车票、行李运输合同的行李票、包裹运输合同的包裹票及货物运输合同的货物运单。

(2)公路运输合同。公路运输合同是以公路运输企业或者个人作为承运人的运输合同。公路运输的承运人既包括经过批准取得公路运输经营权的企业，又包括依法办理有关批准手续而从事公路运输活动的个体经营者。

从形式上看，公路运输合同可以是当事人通过协商而签订的书面合同，也可以是公路承运人提供的货物运单、货票、客票等。与铁路运输相比，公路运输市场化程度较高，当事人协商的余地较大。双方可以按照《合同法》和有关法律法规的规定，通过协商确定双方的权利和义务。

(3)水路运输合同。水路运输合同是指以水路运输经营者作为承运人的运输合同。水路运输的承运人既包括企业，又包括个人。水路运输合同的形式可以是船票、货物运单、托运单等单据，也可以是当事人签订的规范的书面合同。双方可以按照《合同法》和有关法律法规的规定，通过协商确定双方的权利和义务。

(4)海上运输合同。海上运输合同是指海上运输经营者作为承运人的运输合同。由于海上运输主要是涉外运输，所以世界各国对海上运输都十分重视，为调整海上运输及贸易关系，世界性的经济贸易组织通过协调签订了很多海上货物和旅客运输的国际条约，这些公约是从事海上运输应当遵守的基本依据。

海上运输合同形式一般都是要式合同，提单作为船东签发的提货凭证，具有法律约束力。当事人必须按照提单的有关规则履行各自的义务。

(5)航空运输合同。航空运输合同是指航空运输经营者作为承运人的合同。航空运输是利用空中飞行器载运旅客或者货物的，快速方便，但航空运输的技术要求比较高，安全问题特别重要。因此，只有经过国家批准的航空运输企业才能从事航空运输活动。

航空运输合同从形式上来说也是要式合同。在旅客运输方面，以航空运输客票作为合同的基本凭证，但不是唯一凭证。当事人的权利和义务主要由法律规定，也可以约定，但必须符合法律法规的要求。在货物运输方面，以航空货物运单作为合同的初步证据，与运输的其他单据一起构成合同的全部内容。

3. 按照运输方式的标准分类

所谓运输方式，是指采取什么样的运输工具进行运输。以运输方式为标准，运输合同可分为单式运输合同和多式联合运输合同。单式运输合同就是用一种运输方式完成运输行为的合同。多式联合运输合同(简称多式联运合同)是指托运人(或旅客)与多式联运经营人签订的，由多式联运经营人组织多个联运人通过衔接运输的方式将货物或旅客运送至目的地，托运人或者旅客支付运输费用的运输合同。这种分类的意义在于，在多式联运方式下，承运人通常为两个或两个以上，所以如何划分各承运人的责任和义务成为法律和合同规定的重点。

我国开展的联运方式有货物联运(以铁路水陆联运为主)、旅客联运和联运服务公司通过代办中转运输业务组织联运，均属于共同或连带运输形式。

4. 按照是否有涉外因素分类

按照是否有涉外因素，运输合同可以划分为国内运输合同和国际运输合同。国内运输合同是指运输合同当事人是国内的企事业单位或公民，起运地和到达地等都在国内的运输行为而签订的合同。国际运输合同是指当事人或者货物的起运地、到达地有一项涉及国外的合同，如国际铁路运输合同、国际航空运输合同等。

2.2　货物运输合同

2.2.1　货物运输合同的概念和种类

1. 货物运输合同的概念

货物运输合同简称货运合同，是承运人和托运人之间达成的明确货物运输权利义务关系的协议。承运人有义务将货物安全、及时、完整地运到托运人指定的目的地，并交付给托运人指定的收货人，托运人或收货人应当支付相应的运输费用。货物运输合同具有以下特征。

(1)标的是运输劳务行为。货物运输合同属于提供劳务的合同，其标的是承运人为将托运人托运的货物运送到指定地点所提供的劳务。

(2)货运合同往往涉及第三人。在多数情况下，托运人往往是为第三人即收货人办理托运货物，托运人和收货人不是同一当事人，在这种情况下，收货人虽然没有直接参与签订货物运输合同，但作为合同的关系人在合同依法成立后享有合同规定的一定的权利并承担相应的义务。例如，运输合同规定运费由收货人支付，则在提取货物时收货人应履行向承运人支付运费的义务。

(3)格式的标准性。货物运输合同绝大多数具有格式条款的性质。

(4)运费由国家统一规定。

(5)履行的特殊性。货物运输合同履行以承运人交付货物给收货人为终结。在货物运输合同中，承运人将货物运送到目的地，合同并未履行完毕，只有将货物交付给收货人后，其义务的履行才完结。如果承运人不能按时交付货物，则要承担相应的法律责任。

2. 货物运输合同的种类

货物运输合同可按不同标准划分为不同类型，见表 2-1。

表 2-1　货物运输合同的种类

序号	分类标准	货运合同种类
1	按所运货物不同	普通货物运输合同、危险货物运输合同、鲜活货物运输合同
2	按运输过程中运输部门是否有协作关系	一般货物运输合同、联运货物运输合同
3	按运输方式不同	铁路货物运输合同、公路货物运输合同、水路货物运输合同、航空货物运输合同、管道货物运输合同

其中，按运输方式的不同划分是最常见的划分货物运输合同的标准。

2.2.2　货物运输合同的形式

货物运输合同可以采用承运人提供的格式条款，如托运单或者货物运单等，也可以通过双方当事人协商签订具体的书面合同来明确各自的权利和义务。

1. 货物运单、托运单

货物运单、托运单是由承运人制定的货物运输凭证。托运人在托运货物、行李、包裹时一般都要向承运人提供货物运单或者托运单。承运人根据托运人填写的内容与托运人提供的货物进行核对，认为一致无误后即办理承运手续。托运单、货物运单都很简单，当事人的权利和义务往往是依据法律、法规和规章来确定的。货物运单、托运单应载明下列内容：托运人、收货人、承运人的名称及其详细地址，发站(港)、到站(港)，货物名称，货物包装、标志，件数和质量(包括货物包装质量)，承运日期，运到期限，运输费用，双方商定的其他事项。

一般的铁路货物运单格式如图 2-2 所示，铁路行李票格式如图 2-3 所示。

货物指定于　月　日
货位：
计划号码或运输号码：
运到期限　日

××铁路局

货物运单

托运人→发站→到站→收货人　　　货票第　　号

承运人/托运人装车
承运人/托运人施封

托运人				承运人			
发　站		到站(局)		车种车号		货车标重	
到站所属省(市)				施封号码			
托运人	名称			经　由		铁路货车篷布号	
	住址	电话					
收货人	名称			运价里程		集装箱号码	
	住址	电话					

货物名称	件数	包装	货物价格	托运人确定重量(公斤)	承运人确定重量(公斤)	计费重量	运价类型	运价类号	运价类率	现付 费别	金额
合　计											

托运人记载事项		保险：	承运人记载事项	

注：本单不作为收款凭，托运人签约须知见背面。　　托运人盖章或签字　年　月　日　　到站交付日期戳　　发站承运日期戳

领货凭证

车种及车号
票第　　号
到期限　　日

发站		
托运人		
收货人		
货物名称	规格	重量
托运人盖章或签字		
发站承运日期戳		

注：收货人须知见背面

图 2-2　铁路货物运单格式

××铁 路 局

ENo.00001　　**行　李　票**　　乙（运输报单）

年　月　日

到……站　　经由……站

旅客乘坐　月　日　次车　　客票号

顾客姓名	共　人				电　话：	
住　址					邮政编码：	
顺号	包装种类	件数	实际重量	声明价格	运价里程	千米
					运到期限	日
					计费重量　规重	千克
					超重	
					运　费	元
					保价费	元
					合　计	元
					月　日　次列车到达	
合　计					月　日　交　付	
运送情况	月　日　次列车装运			月　日到达　站		
	月　日　次列车装运			月　日到达　站		
	月　日　次列车运装			月　日到达　站		
记事	……站行李员……®					

行李票号码：ENo.000001

图 2-3　铁路行李票格式

2. 双方当事人协商签订的书面合同

当事人可以根据法律法规的规定，商定合同的具体内容。运输合同一般应当具备以下主要条款。

(1)合同主体条款，包括承运人、托运人、收货人名称(姓名)等基本内容。

(2)运输条款，包括货物的品名、种类、数量等，起运地(站、港)、到达地(站、港)名称。

(3)价格条款，即运费，价格条款一般不能随便协商，而由承运人根据规定的价格标准进行计算。

(4)违约责任条款，该条款要明确违反合同条款应当承担的法律责任，包括支付违约金和赔偿损失等。

(5)双方商定的其他条款。

3. 道路货物运输合同的形式和主要条款

不同的运输方式下运输合同的具体表现形式不同，道路货物运输合同可采用书面形式、口头形式和其他形式订立。书面形式的道路货物运输合同包括定期运输合同、一次性运输合同和道路货物运单(简称运单)。

(1)定期运输合同。定期运输合同也称为计划运输合同，是指承、托双方根据需要，按年度、季度、月度订立的货物运输合同，适用于承运人、托运人、货运代办人之间商议一定时期内的批量货物运输。凡是规定或有条件按年、季、月度签订运输合同的，都应签订计划运输合同。合同签订后，托运人应按规定的时间提前向承运人提送履行合同的月、旬、日等运输计划表，该计划表也为合同的组成部分；在已按年、季、月度签订计划运输合同的情况下，在实际办理托运、承运手续时，当事人还应按批填制货物运单，该运单也是计划运输合同的组成部分。定期运输合同应包含以下基本内容：托运人、收货人和承运人的名称(姓名)、地址(住所)、电话、邮政编码，货物的种类、名称、性质，货物质量、数量或月、季、年度货物批量，起运地、到达地，运输质量，合同期限，装卸责任，货物价值，是否保价、保险，运输费用的结算方式，违约责任和解决争议的方法等。

(2)一次性运输合同。一次性运输合同适用于每次货物运输，是一种当事人双方协商签订的运输合同。

(3)道路货物运单。道路货物运单是道路货物运输及运输代理的合同凭证，是运输经营者接收货物并在运输期间负责保管和据以交付的凭据，也是记录车辆运行和行业统计的原始凭证。承运人、托运人和货运代办人签订定期运输合同、一次性运输合同时，将运单视为货物运输合同成立的凭证。在每车次或短途每日多次货物运输中，也将运单视为合同。

道路货物运单分为甲、乙、丙 3 种，分别适用于不同类型的货物运输业务。甲种运单适用于普通货物运输、大件货物运输、危险货物运输和运输代理业务；乙种运单适用于集装箱货物运输；丙种运单适用于零担货物运输。

甲种和乙种道路货物运单均为一式四联，第一联为存根，作为领购新运单和行业统计的凭据；第二联为托运人存查联，交托运人存查并作为运输合同由当事人一方保存；第三联为承运人存查联，交承运人存查并作为运输合同由当事人另一方保存；第四联为随货同行联，作为载货通行和核算运杂费的凭证，在货物运达，经收货人签收后，作为交付货物的依据。

丙种道路货物运单一式五联，前两联用途与甲种和乙种相同；第三联为提货联，由托运人邮寄给收货人，凭此联提货，也可由托运人委托运输代理人通知收货人或直接送货上门，收货人在提货联收货人签章处签字或盖章，提货后由到达站收回；第四联为运输代理人存查联，交运输代理人存查并作为运输合同由当事人另一方保存；第五联为随货同行联，作为载货通行和核算运杂费的凭证，货物运达并经货运站签收后，作为交付货物的依据。丙种道路货物运单应与汽车零担货物交接清单配套使用。

道路货物运输合同自双方当事人签字或盖章时成立。当事人采用信件、数据电文等形式订立合同的，可以要求签订确认书，签订确认书时合同成立。

道路货物运输期限是指由承托双方共同约定的货物起运、到达目的地的具体时间。若运输合同中未约定运输期限，则从起运日起，以 200km 为一日运距，用运输里程除以每日运距得到货物运输期限。

2.2.3 货物运输合同主体及其权利、义务

运输合同的主体是指参加运输合同法律关系，并依照运输合同而享有权利和承担义务的人，也称运输合同的当事人。货物运输合同的主体包括托运人、承运人和收货人。

1. 托运人的权利和义务

托运人是请求运送货物的人，可以是任何单位、组织、农村承包经营户、个体工商户及公民个人。托运人对所指定的发货人和收货人在收发货物过程中的行为承担责任。

1)托运人的权利

(1)要求承运人按照合同规定的期限将货物安全、准时地运输到约定的地点。

(2)在承运人将货物交付收货人之前，托运人或者提货凭证持有人可以请求承运人中止运输、返还货物、变更到达地或者将货物交给其他收货人，但应当赔偿承运人因此受到的损失。

(3)在货物发运之前，托运人有权要求解除合同。

(4)因承运人的责任造成货物丢失、缺少、污染、变质、损坏时，托运人有权要求承运人赔偿货物损失。

(5)因承运人的责任而造成货物运输逾期时，托运人有权要求承运人赔偿货物逾期损失。

2)托运人的义务

(1)如实申报的义务。托运人应承运人的请求，按照规定如实填写运单，如无运单的填发，托运人亦应将所托运的货物的品种、数量、性质等情况如实告知承运人。

(2)有关文件交付及说明的义务。按照国家有关部门规定，需办理准运、审批、检验等手续的货物，托运人托运时应将准运证或审批文件提交承运人，并随货同行。托运人委托承运人向收货人代递有关文件时，应在运单中注明文件的名称和份数。

(3)支付运输费用的义务，这是托运人的基本义务。货物运输费用一般应按货物运价规则计算，托运人一般应于承运当日向发运站(港)交付，另有约定或规定的除外(按照约定或规定支付)。

(4)包装的义务。托运的货物应当按照承托双方约定的方式包装。对包装方式没有约定或者约定不明确的，可以协议补充；不能达成补充协议的，按照通用的方式包装；没有通用方式的，应在足以保证运输、搬运、装卸作业安全和货物完好的原则下进行包装。货物包装不符合运输包装要求时，应由托运人改善后承运。

(5)装卸的义务。货物装卸既可以由承运人负责，也可由托运人负责。由承运人负责时，托运人应支付装卸费。由托运人装卸时，托运人应准备相应的劳力和装卸机具，按约定时间和质量要求装卸，并由承运人监督装卸。

(6)正确制作运输标志和包装储运图示标志的义务。运输标志及包装储运图示标志的作用在于提醒承运人正确运输、保管，托运人应依据货物性质正确制作，以免发生差错。

(7)国家规定必须保险的货物，托运人应在托运地投保货物运输险。

(8)对需要途中饲养、照料的有生命动植物，以及尖端保密产品、稀有(珍贵)物品和文物、军械弹药、有价证券、重要票证、货币等，托运人有派人随车押运的义务。

2. 承运人的权利和义务

承运人是指提供运输服务的当事人，包括具有运输能力、经营运输业务的经济实体或个人。承运人有时可分为缔约承运人和实际承运人，缔约承运人是指参与签订运输合同的承运人，实际承运人是指接受缔约承运人委托从事运输的人。需要说明的是，在道路货物运输活动中，承运人和驾驶员的关系与道路客运中的关系是相同的，有的是同一的，有的是雇佣关系或民事代理关系。

1)承运人的权利

(1)向托运人和收货人收取相应运费的权利。

(2)对托运人不按规定交付运费的，承运人有收取迟交金或拒绝运输的权利。

(3)对托运人不按规定进行包装的，在改善包装之前承运人有拒绝运输的权利。

(4)拒绝办理违反规定的运输变更的权利。

2)承运人的义务

(1)安全、准时、运送的义务。承运人应按合同约定或规定的期限将货物安全地运送到目的地，这是承运人最基本的义务。《合同法》第290条规定了承运人的此项义务，即“承运人应当在约定期间或者合理期间内将旅客、货物安全地运输到约定地点”。

(2)配备适运车辆的义务。适载性要求有：车辆必须经车管部门审验合格，技术状况良好；车辆必须完整清洁，配备必要的工具；用于特种货物、零担货物、集装箱等货物的运输车辆应符合专项规定。

(3)选择经济合理的运输路线的义务。

(4)依托运人指示来处理货物的义务。承运人在尚未将运送货物运到目的地、通知收货人前，或收货人在货物到达后尚未请求交付货物之前等情况下，托运人有权请求承运人终止运送、返还货物或作其他处理。

(5)运到通知的义务。承运人将货物运达目的地后，应立即通知收货人提货，以便使收货人能及时领取货物。

(6)货物交付的义务。经收货人的请求，承运人负有将所运货物交付收货人的义务，货物交付结束，则合同履行完毕。收货人只有出示提货凭证后，承运人才能向收货人交付货物。

(7)对运输货物全过程负责的义务。该项义务主要是指防潮、防火、防腐、防丢失、妥善保管的义务。对因承运人责任造成货损、货差的，承运人要负赔偿责任。

(8)按约定进行装卸的义务。按照合同约定或者有关规定由承运人负责装卸的，承运人应严格遵守作业规程和装载标准，在保证装卸质量的前提下，对货物进行装卸。

3. 收货人的权利和义务

收货人是货物运输合同中托运人指定的提取货物的公民、法人或其他组织，即在目的地接收货物的人。收货人一般是承运人和托运人以外的第三人，但托运人也可以在运输合同中指定自己为收货人。

1)收货人的权利

(1)在承运人将货物运到目的地后，凭收货凭证提取相应的货物。

(2)对运达货物查验货损、货差的权利。

(3)对货损、货差提出索赔的权利。在领取货物时，收货人发现由于承运人的责任而造成货损、货差或逾期时，有权按规定要求承运人支付赔偿金或逾期违约金。

(4)请求货物运输变更的权利。收货人由于特殊原因，有权请求货物运输变更，还有权向托运人或承运人提出取消货物运输。

2)收货人的义务

(1)按时验收提取货物的义务。收货人在收到提货通知后，应在规定的时间提取货物，并与承运人办理交接手续。发生货损、货差的应作好记录并签认，但不得拒绝收货。没有按照规定领取货物的，收货人应承担相应的责任(如支付保管费等)。

(2)支付相应费用的义务。收货人应缴清托运人在起运地未交或少交以及在运送期间发生的运输费用和因托运人责任发生的垫款。如未按时支付应支付的费用，则收货人应按规定交付滞纳金。

(3)卸车的义务。运输合同约定由收货人负责卸车的，应在规定的卸车时间内将货物卸完，或在规定停留时间内将货车送到指定的交接地点。卸车完毕后，应将货车清扫干净，需要洗刷消毒的，还应洗刷消毒。

(4)对货物进行检验的义务。《合同法》第 310 条规定，收货人提货时应当按照约定的期限检验货物。对检验货物的期限没有约定或者约定不明确时，依照《合同法》第 61 条(《合同法》第 61 条规定，合同生效后，当事人就质量、价款或者报酬、履行地点等内容没有约定或者约定不明确的，可以协议补充；不能达成补充协议的，按照合同有关条款或者交易习惯确定)的规定仍不能确定的，应当在合理期限内检验货物。收货人在约定的期限或者合理期限内对货物的数量、毁损等未提出异议的，视为承运人已经按照运输单证的记载交付的初步证据。

【案例 2-1】

春节前夕，在广州市的许某乘坐在当地从事个体汽车运输的老乡刘某的一辆大客车回家过春节，同时携带了在广州购买的羊毛衫 100 件，准备回到家乡销售。买完车票后，将 100 件羊毛衫作为行李交给刘某放于客车顶上随车托运，并交付了托运费。汽车在经过湖北省境内时遇到暴雨，由于路滑，加上刘某过度疲劳，车辆驶出路面，撞上路边一根电线杆，造成许某右臂骨折。由于车顶遮盖行李的油布老化，还有些破洞，致使雨水淋湿部分行李。雨水和泥水浸湿了包装纸箱，羊毛衫全部受到纸箱黄色水渍的污染，无法销售，造成经济损失约 1 万元。

分析

(1)本案的责任方是哪一方？

(2)责任方应该负有什么责任？

2.2.4 货物运输合同的订立、履行、变更和解除

本节的主要内容如图 2-4 所示。

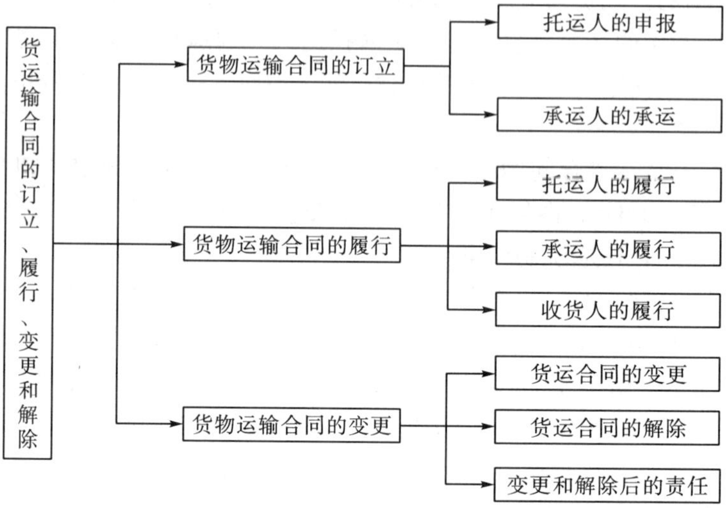

图 2-4 货物运输合同的订立、履行、变更和解除

1. 货物运输合同的订立

托运人与承运人签订货物运输合同，其合同的成立可以是诺成性的，也可以是实践性的。所谓诺成性的，是指双方通过书面协议订立合同并不需要交付运输的货物，合同即告成立。例如，长期运输合作合同就是一种诺成性的合同。但大多数零担运输合同都是实践性的，即托运人在与承运人订立合同时，同时要交付运输的货物，合同才成立。但不管是诺成性合同还是实践性合同，托运人向承运人申报货物运输的基本情况并提供运输的货物是签订合同的重要一步。货物运输合同的订立一般要经过以下两个基本程序。

1)托运人的申报

在签订货物运输合同时，托运人应当如实向承运人申报与货物运输有关的情况。申报情况主要通过填写有关运输单据体现，可以认为是一种要约行为。托运人的申报应当遵守有关法律的规定。《合同法》第 304 条规定：托运人办理货物运输，应当向承运人准确表明收货人的名称(姓名或凭指示的收货人)，货物的名称、性质、质量、数量，收货地点等有关货物运输的必要情况。因托运人申报不实或者遗漏重要情况造成承运人损失的，托运人应承担损害责任。根据这一规定，托运人申报的内容主要有以下 4 项。

(1)收货人的基本情况。收货人是提取货物的人，托运人必须准确填写申报收货人的基本情况，承运人才能准确、及时地交付货物。

(2)收货地点。托运人必须填写清楚货物交付地点，这对承运人非常重要，如果承运人不知道收货人的收货地点，就无法在确定的地点进行交付货物，也就无法完成承运任务。

(3)货物的品名和性质。如实申报货物的品名和性质，对保证货物运输安全是十分重

要的，例如，有的货物不能混装，危险货物要按危险货物运输的规定办理运输。不同货物的运输条件可能不同，托运人如实填写才能保证运输安全。

(4)货物的数量、重量。托运人对货物的重量和数量负有申报的义务。因为重量和数量不仅是计算运费的依据，还是货物安全运输的保障。

2)承运人的承运

承运是指承运人对托运人托运的货物进行检查后，确认与托运人申报的内容相符，予以接收货物、签发运单的一种行为。承运是合同成立的重要标志。在以运单作为合同的基本凭证的零星货物运输中，承运人签发运单后合同成立。承运人承运时，要按照货物的性质和重量配备相应的运输工具。

【案例 2-2】

2008 年 1 月 21 日，某单位业务员张某为图省事，将一批易燃的进口喷发胶货物按照一般的化妆品到某站进行托运(按普通货物托运)，被车站查出。铁路公安机关根据有关规定予以没收，并对直接责任人张某予以拘留 10 天的治安处罚。张某不服，提起行政诉讼。

分析

你认为铁路部门的处理措施是否合适？

2. 货物运输合同的履行

所谓合同的履行，是指合同当事人全面、适当地完成合同约定及法律规定的义务，以使对方当事人的权利得到实现。货物运输合同成立后，当事人应当履行各自的义务，保证对方权利的实现。无论托运人、承运人还是收货人，都应当正确、全面地履行其义务。

1)托运人的履行

托运人的履行主要包括向承运人提供与运单记载一致、包装符合运输安全要求的货物，并及时支付运输费用等。

2)承运人的履行

承运人履行货物运输合同可分为三个阶段，即承运阶段、运送阶段和交付阶段。

(1)承运阶段。承运人要认真检查托运人提供运输的货物是否与运单记载一致；检查货物包装是否符合约定或有关规定的要求，对不符合要求的应要求托运人改善包装；在核对无误后及时办理运输手续。

(2)运送阶段。承运人要保证将货物从起运地点运输到约定地点，这个阶段主要是承运人的履行。由于许多运输活动是由不同的运输企业完成的，因此始发地的承运人与运送中的若干承运人之间的密切配合是保证货物安全运到目的地的重要条件。《合同法》规定，两个以上承运人以同一运输方式联运的，与托运人订立合同的承运人应对全程运输承担责任。

(3)交付阶段。承运人要保证将货物及时交付给收货人，在这一阶段，承运人负有通知收货人领取货物和将货物安全完好地交付收货人的义务。《合同法》规定，货物运输到达后，承运人知道收货人的，应及时通知收货人，收货人应及时提货；收货人逾期提货的，应当向承运人支付保管费等费用。

3)收货人的履行

收货人的履行是指收货人要按照承运人的通知，及时到约定地点领取货物，根据《合同法》和有关法律规定，收货人的主要义务有两项：①及时领取货物；②支付托运人未付或少付的运输费用。对于收货人拒付费用的，承运人可以行使货物的留置权。

在运输货物的交接方面，一般是凭现状交接，即货物包装完好就认为是正常交付。对于一些贵重货物，双方当事人可以开包检验。对于发生货运事故造成运输货物损坏的，要凭货运记录交接。收货人与承运人确认的交接记录是最重要的证据。运输合同大多数是格式条款，因此，按照承运人规章规定的交接方式，如果托运人在签订合同时没有提出异议，没有就此签订补充或者修正的意见，对收货人来说就具有法律约束力，收货人就要按照规章规定的方式进行交接。如果有修正，则按修正后的条款进行交接。

3. 货物运输合同的变更和解除

合同依法成立后即具有法律约束力，当事人必须全面履行合同规定的义务，任何一方不得擅自变更或解除合同。但在履行合同的过程中，当事人的实际情况或客观条件常常会发生变化，从而影响原订合同的履行，需要对已订立的合同进行必要的修改、补充，甚至解除。因此，法律允许按照法定程序对原订合同进行变更或解除。《合同法》第 308 条规定：在承运人将货物交付收货人之前，托运人可以要求承运人中止运输、返还货物、变更到达地或者将货物交给其他收货人，但应当赔偿承运人因此受到的损失。变更和解除运输合同时，应当遵守相应的法律规定，符合规定的条件，经承运人确认后，变更和解除才能成立。

1)货运合同的变更

合同订立之后，由于履行合同条件的变化或其他主客观原因，当事人要求修改、删除或补充合同条款，以使合同条款更有利于自己或有利于合同的履行，这种修改、删除或补充即合同的变更。从实践的角度看，货运合同的变更包括变更运输货物的名称、数量、起讫地点、运输时间、收发货人、车辆种类、运行路线等。变更合同应当提交相应的文件，这些文件主要是货物运输凭证。不同运输方式的要求不同，但基本上请求人应当把货物运单和变更请求书送交承运人，承运人根据货物运输情况，决定是否接受变更请求。凡是能够变更的，承运人应当办理变更手续；不能变更的，应当说明理由。

2)货运合同的解除

在承运人还没有发运货物以前，托运人可以提出解除合同的要求。如果货物已经发运，则只能变更合同。要求解除合同时，托运人提交的文件应是各种运输单据，包括托运单、货票等。不同的运输方式，其要求也不一样。承运人接受解除请求后，应当将货物退给托运人。法律许可的运输合同的解除方式主要有协议解除(必须是协商一致且不损害国家利益，采用书面形式)、单方解除(必须符合法定条件，原合同不能履行，应及时通知对方)和裁判解除(经仲裁或诉讼裁判解除)3 种。

3)变更和解除后的责任

货物运输合同变更后，对运输费用要进行清算，多退少补。如果承运人有损失，则请求人应赔偿其损失。合同解除时，也要根据实际情况和相关规定对运输费用进行清算，该退的运输费用要退还，该收的相关费用也要收取(如保管费、装卸费，手续费等)。

【案例 2-3】

2005 年 1 月 16 日，某商贸公司委托福建省平和县某果品食杂公司代办铁路运输，由漳州站往二宫站发柑橘一节车厢，收货人为商贸公司，车号为 P658936 号，件数 5200 件，货重 45 吨，保价运输金额 10 万元；漳州站核收运杂费 22690.72 元(含保价费 1000 元)。1 月 26 日下午，商贸公司在货物应到而仍未收到领货凭证的情况下，派人持公司证明前往承运公司查询，如货到便办理提货手续，以防冒领。经查询证实货物已到二宫车站，于是经储运公司业务主任刘某确认商贸公司领货人身份后，同意办理提货手续。但在办理提货手续时，由于装载柑橘的车辆还未进入储运公司专用线，无法卸车，储运公司便通知商贸公司明日来办理。商贸公司提货人走后，储运公司于当日 19 时 20 分收到二宫站电话，称 1 月 25 日漳州站发来电报一封，其主要内容为“原收货单位××商贸公司有误，请更改为××乡市场林某收货”，储运公司做了记录。当日晚，林某持领货凭证将柑橘在储运公司专用线上全部提走。1 月 27 日上午 10 时商贸公司再来办理提货时，被工作人员告知货已被他人提走。商贸公司因向储运公司索赔未果，于是向终点站铁路中级法院提起了诉讼。

分析

(1)本案中哪一方该承担责任?

(2)责任方应该承担何种赔偿责任?

2.2.5　有关货物运输合同格式

货物运输合同基本格式如下。

订立合同双方：______________

托运方：______________

承运方：______________

托运方详细地址：______________

收货方详细地址：______________

根据国家有关运输规定，经过双方充分协商，特订立本合同，以便双方共同遵守。

第一条　货物名称、规格、数量、价款(见表 2-2)

表 2-2　货物的名称、规格、数量、价款表

货物编号	品名	规格	单位	单价	数量	金额(元)

第二条　包装要求

托运方必须按照国家主管机关规定的标准包装；没有统一规定包装标准的，应根据保证货物运输安全的原则进行包装，否则承运方有权拒绝承运。

第三条　货物起运地点______________________________

货物到达地点________

第四条 货物承运日期________

货物运到期限________

第五条 运输质量及安全要求________

第六条 货物装卸责任和方法________

第七条 收货人领取货物及验收办法________

第八条 运输费用、结算方式________

第九条 各方的权利和义务

1. 托运方的权利和义务

(1)托运方的权利。要求承运方按照合同规定的时间、地点，把货物运输到目的地。货物托运后，托运方需要变更收货地点或收货人，或者取消托运时，托运方有权向承运方提出变更合同的内容或解除合同的要求。但必须在货物未运到目的地之前通知承运方，并应按有关规定付给承运方所需费用。

(2)托运方的义务。按约定向承运方交付运杂费。否则，承运方有权停止运输，并要求对方支付违约金。托运方对托运的货物应按照规定的标准进行包装，遵守有关危险品运输的规定，按照合同中规定的时间和数量交付托运货物。

2. 承运方的权利和义务

(1)承运方的权利。向托运方、收货方收取运杂费用。如果收货方不交或不按时交纳规定的各种运杂费用，承运方对其货物有扣压权。查不到收货人或收货人拒绝提取货物时，承运方应及时与托运方联系，在规定期限内负责保管并有权收取保管费用，对于超过规定期限仍无法交付的货物，承运方有权按有关规定予以处理。

(2)承运方的义务。在合同规定的期限内，将货物运到指定的地点，按时向收货人发出货物到达通知。并要承担托运货物的安全责任，保证货物无短缺、无损坏、无人为的变质，如有上述问题，则应承担赔偿责任。在货物到达以后，按规定的期限负责保管。

3. 收货人的权利和义务

(1)收货人的权利。在货物运到指定地点后有以凭证领取货物的权利。必要时，收货人有权向到站或中途货物所在站提出变更到站或变更收货人的要求，签订变更协议。

(2)收货人的义务。在接到提货通知后，按时提取货物，缴清应付费用。超过规定期限提货时，应向承运人交付保管费。

第十条 违约责任

1. 托运方的责任

(1)未按合同规定的时间和要求提供托运的货物，托运方应按其价值的________%偿付给承运方违约金。

(2)由于在普通货物中夹带、匿报危险货物，错报笨重货物重量等而招致吊具断裂、货物摔损、吊机倾翻、爆炸、腐蚀等事故，托运方应承担赔偿责任。

(3)货物包装缺陷产生破损致使其他货物或运输工具、机械设备被污染腐蚀、损坏，造成人身伤亡的，托运方应承担赔偿责任。

(4)在托运方专用线或在港、站公用线、专用铁道自装的货物，在到站卸货时，发现货物损坏、缺少，在车辆施封完好或无异状的情况下，托运方应赔偿收货人的损失。

(5)罐车发运货物因未随车附带规格质量证明或化验报告，造成收货方无法卸货时，托运方应偿付承运方卸车等费用及违约金。

2. 承运方的责任

(1)不按合同规定的时间和要求配车(船)发运的，承运方应偿付托运方违约金______元。

(2)承运方如将货物错运到货地点或错交收货方，应无偿运至合同规定的到货地点或收货方。如果货物逾期达到，承运方应偿付逾期交货的违约金。

(3)运输过程中货物灭失、短少、变质、污染、损坏，承运方应按货物的实际损失(包括包装费、运杂费)赔偿托运方。

(4)联运的货物发生灭失、短少、变质、污染、损坏，应由承运方承担赔偿责任的，由终点阶段的承运方向负有责任的其他承运方追偿。

(5)在符合法律和合同规定条件下的运输，由于下列原因造成货物灭失、短少、变质、污染、损坏的，承运方不承担违约责任：

①不可抗力；

②货物本身的自然属性；

③货物的合理损耗；

④托运方或收货方本身的过错。

本合同正本一式两份，合同双方各执一份；合同副本一式________份，送________等单位各留一份。

托运方：__________________	承运方：__________________
代表人：________________	代表人：__________________
地址：____________________	地址：____________________
电话：____________________	电话：____________________
开户银行：________________	开户银行：________________
账号：____________________	账号：____________________

________年________月________日订

2.3　旅客运输合同

2.3.1　旅客运输合同的种类和特点

旅客运输合同简称客运合同，是承运人与旅客之间就客运方面的权利义务关系达成的协议。根据协议，承运人有义务将旅客及其行李按约定的时间安全送至目的地，旅客有义务支付规定的票款。旅客运输合同的当事人主要有承运人和旅客两方，其标的为承运人的运输行为。在旅客运输合同中，旅客既是运输合同的主体，也是运输合同的运送对象。

旅客运输合同通常为格式条款。旅客只需向承运人提出相应的旅行条件，承运人出售客票，合同即告成立。旅客运输合同的基本形式是客票，客票是旅客乘车、乘船、乘机旅行的凭证。旅客可以与承运人签订书面旅客运输合同，也可以以客票作为确定双方权利义务关系的基本文件。

1. 旅客运输合同的种类

旅客运输合同根据运输工具的不同，可分为铁路旅客运输合同、道路旅客运输合同、水路旅客运输合同和航空旅客运输合同等。

2. 旅客运输合同的特点

旅客运输属于公共运输，承运人通过公布价目表向社会公众发出要约邀请。购票人支付票价的行为为要约，承运人发给客票的行为为承诺。因此，自购票人取得客票时起，双方意思表示一致，合同即告成立。旅客运输合同具有以下特点。

(1)旅客运输合同是标准合同。承运人和旅客不得就合同的条款进行协商，要按国家统一规定的客运规定订立合同，合同的唯一体现就是旅客所持有的客票。

(2)旅客运输合同是诺成性合同，双方经过要约、承诺达成合意，合同即告成立。

(3)旅客运输属于公共运输，承运人不得拒绝旅客通常的运输要求。对于旅客的要约，承运人承担着强制承诺的法律义务，除正当理由外，不得拒绝。

(4)旅客运输合同包括行李的运送。行李运送是指旅客按承运人公告规定的种类、数量，随同旅客免费运送行李，超过公告规定的数量部分应凭票办理托运手续，并支付一定的费用。行李票是托运行李的货物运输合同的书面形式，是另一个运输合同。

(5)对于旅客先乘车(船)后补票的情况，旅客运输合同自旅客乘上车(船)时即告成立，因为此时双方的行为表明双方已就承运达成合意，只是双方之间的合同为非书面形式，其后旅客补票则是将合同变为书面形式。

(6)旅客运输合同一般有强制保险条款。按照国家法律规定，对每位旅客的运输合同，都收取占票价一定百分比的保险费。

2.3.2 旅客运输合同主体及其权利和义务

旅客运输合同的主体主要包括承运人和旅客。承运人与旅客之间的权利与义务关系是对等的，承运人的权利即旅客的义务，承运人的义务即旅客的权利。需要说明的是，旅客只能是自然人，不能是法人。实践中有的以单位名义租车让职工乘坐，旅客仍然是自然人，单位只能是旅客的代表人。

1. 承运人的权利和义务

承运人的基本权利包括以下几项。

(1)依照规定收取运输费用。

(2)要求旅客遵守国家法令和规章制度，保护自身安全。

(3)对损坏他人利益、运输设施和设备的行为有权制止、消除危险和要求赔偿。

(4)对旅客违反有关法律法规或者违反承运人公布的运输条件的，承运人有权拒绝承运。

(5)随运人有权对旅客进行安全检查或者采取其他保证安全的措施。

承运人的基本义务包括以下几项。

(1)不得拒绝旅客合理的运输要求。对于从事公共运输业的企业来说，应当依法承担运输责任，对于旅客按照其公布的运输条件而要求运输时，不得拒绝。拒绝其要求的，应当承担相应的责任。

(2)为旅客旅行提供良好的服务。服务是承运人履行旅客运输合同的基本内容。承运人要完善服务设施，明确服务项目及其服务标准，使旅客在旅行过程中能有一个舒适的环境和完善的服务。

(3)保证旅客旅行的生命财产安全。《合同法》第290条规定了承运人的此项义务，即“承运人应当在约定期间或者合理期间内将旅客、货物安全运输到约定地点”。这是承运人最基本的义务。首先，承运人提供的交通工具要符合适运的要求，这是保证旅客旅行安全的前提；其次，在运输途中，承运人要做好安全服务工作，引导旅客安全上下运输工具。因承运人过错造成旅客身体损害或物品损失时应当予以赔偿。

(4)合理运输的义务。承运人应当按照规定的最佳路径将旅客运送至目的地。

(5)及时披露信息的义务。《合同法》第298条规定了承运人的此项义务，即“承运人应当向旅客及时告知有关不能正常运输的重要事由和安全运输应当注意的事项”。在旅客运输过程中，旅客一般处于被动状态，因此，承运人有义务向旅客披露与旅客运输有关的各种信息。这些信息包括：运输时刻表，包括各种车次、班次，航次的名称、代号和始发、到达时间；旅客旅行须知；票价；安全注意事项；允许携带物品的重量；不允许携带物品的品名；不正常运输的情况通报以及其他与旅客有关的信息。因承运人信息披露不够而导致纠纷的，承运人应当承担相应的责任。

(6)按照规定的期限、班次将旅客运送至旅行目的地，逾期到达要承担相应的违约责任。《合同法》第299条规定了承运人的此项义务，即“承运人应当按照客票载明的时间和班次运输旅客。承运人迟延运输的，应当根据旅客的要求安排改乘其他班次或者退票”。从本条规定来看，承运人按约定运输是履行客运合同的行为。若延迟履行则是违反客运合同的违约行为，应当承担相应的违约责任。

(7)救助的义务。《合同法》第301条规定，承运人在运输过程中，应当尽力救助患有急病、分娩、遇险的旅客。根据这一规定，承运人应当尽力救助有危急情况的旅客。这不仅是法律上的要求，也是道义上的要求。

另外，在航空旅客运输合同中，承运人还要承担遵守法规的义务和提供膳宿服务的义务

(1)空中飞行过程中，承运人应根据飞行时间向旅客免费提供饮料或餐食。

(2)由于机务维护、航班调配、商务、机组等原因，造成航班在始发地延误或取消，承运人应当向旅客提供餐食或住宿等服务。

(3)由于天气、突发事件、空中交通管制、安检以及旅客等非承运人原因，造成航班

在始发地延误或取消，承运人应协助旅客安排餐食和住宿，费用可由旅客自理。

(4)航班在经停地延误或取消，无论何种原因，承运人均应负责向经停旅客提供膳宿服务。

2. 旅客的权利和义务

旅客的基本权利包括以下几项。

(1)依据客票票面记载的内容乘车。

(2)有权要求承运人接受其合理的运输要求。

(3)对因承运人过错造成的身体损害或物品损失有权要求承运人给予赔偿。

(4)要求承运人提供与客票等级相适应的服务并保障其旅行安全。

(5)在履行旅客运输合同规定义务的前提下，有权对尚未履行的旅客运输合同进行变更和终止。

(6)对在运输过程中发生的损失，旅客有权要求承运人给予赔偿和对承运人提起诉讼。

旅客的基本义务包括以下几项。

(1)及时支付运费。《合同法》第 292 条规定，旅客、托运人或者收货人应当支付票款或者运输费用，这是其基本义务。旅客不支付票款，则不能乘运。

(2)旅客应当持有效客票乘运。

(3)旅客要遵守承运人的规章制度，保证运输安全。旅客要爱护运输设施和设备，遵守乘车秩序，准时乘车，重视保护自身安全，遵守承运人的安全规章制度，妥善保管好自己的物品。

(4)旅客在运输中应当按照约定的限量携带行李。对超出规定限量的行李要支付相应的费用。

(5)不得携带危险物品乘坐交通工具。《合同法》第 297 条规定，旅客不得随身携带或者在行李中夹带易燃、易爆、有毒、有腐蚀性、有放射性以及有可能危及运输工具上人身和财产安全的危险物品或者其他违禁物品。旅客违反前款规定的，承运人可以将违禁物品卸下、销毁或者送交有关部门。旅客坚持携带或者夹带违禁物品的，承运人应当拒绝运输。

(6)爱护运输设备、设施，维护公共秩序和运输安全。

(7)旅客应当重视保护自身的安全，妥善保管自己的物品。

【案例 2-4】

2011 年 8 月 25 日，吕某乘坐深圳市中南出租汽车公司所属的一出租车回家。在途中，吕某突然被车窗外掷入的手机打伤右眼，经医治无效而失明。法医鉴定吕某已构成伤残七级，丧失劳动能力 50%。因当时未能找到这场横祸的制造者，与承运的出租汽车公司协商亦无结果，吕某遂向法院起诉，以该出租汽车公司未能履行安全运送义务为由，要求赔偿医疗费及其他损失 30 万元。出租汽车公司以伤害不是自己造成的，自己没有过错为由拒绝赔偿。

分析

你认为吕某的起诉是否合理？请给出理由。

2.3.3　旅客运输合同的订立、履行、变更和解除

1. 旅客运输合同的订立

旅客运输合同作为民事合同的一种，其订立和成立与其他民事合同的订立和成立有相同之处，也有其特殊之处。客运合同的订立主要是通过旅客购票、承运人售票行为完成的。旅客向承运人提出购票意愿，一般要提出旅行的目的地以及乘坐交通工具的等级、时间、班次等要求，承运人按照旅客的要求出售客票，合同即告成立。旅客可以与承运人签订具体的书面旅客运输合同，也可以以客票作为双方确定权利义务关系的基本文件。

1)客票的内容

客票作为旅客乘坐车、船和飞机的凭证，一般应包括发站(港)、经由站(港)、到站(港)、票价、乘运日期和班次，以及双方当事人约定的其他内容。

2)客票的法律性质

客票包括车票、船票和机票，它是承运人与旅客之间存在运输合同关系的基本证明，在客运法律关系中具有重要的法律作用，主要表现为以下几项。

(1)客票具有有价证券的性质。客票不仅表明旅客乘运的班次、时间，还表明旅客旅行的费用。承运人出售客票实际上是承认了这张客票具有相应的价值。因此，任何伪造客票的行为都是侵害承运人合法权益的行为，都应受到法律的制裁。

(2)旅客客票具有旅客运输合同的性质。旅客付款取得客票，在旅客和承运人之间就形成了旅客运输合同关系。因此，一张车(船)票就是一份法律文书，记载着一定的权利和义务，是承运人与旅客关系的证明。

基于客票的上述法律性质，各专门运输法都有相应的管理规定。如我国《道路运输法》规定的，道路客运经营者必须使用交通主管部门统一规定的客票和收费凭证，任何单位和个人不得私自印制和伪造。车票必须由经营者凭经营许可证按规定的程序向所在地道路运输管理部门领取，自行对外结算，并按月向运管部门报送使用情况。车票按不同营运方式分为班车客票、旅游客票、出租客票和客运包车票。

3)客运合同成立的时间

《合同法》第 293 条规定，客运合同自承运人向旅客交付客票时成立，但当事人另有约定或者另有交易习惯的除外。根据这一规定，客运合同成立的时间一般为承运人售出客票的时间。另外，有两种特殊情况需要注意：①在旅客预定客票的情况下，以旅客取到或拿到客票为标志，合同成立；②在先上车(船)后补票的情况下，以旅客登上车(船)为标志，合同成立。

2. 旅客运输合同的履行

客运合同的履行是指当事人各自履行自己的义务，保证对方权利的实现。

(1)旅客乘车。旅客应持符合规定的客票，按票面指定的日期和车次检票乘车，并对号入座。旅客无票乘运、超程乘运、越级乘运或者持失效客票乘运的，应当补交票款，承运人可以按照规定加收票款。旅客不交付票款的，承运人可以拒绝运输。客票以票面指定

的乘车日期、车次、一次完毕行程为有效期限。旅客中途终止旅行，客票立即失效。旅客因急病、伤患或临产必须中途终止旅行时，凭医院诊断证明和原客票退还未乘区段票款，免收退票费。

(2)遗失客票的处理。旅客遗失客票时，应另行购票乘车。如事先申报，事后找到原客票，在商定时间内，经验证无误，承运方应退还原票款，免收退票费。途中遗失客票，能取得确实证明者，允许继续乘车至原票到达站。

(3)班车运行。班车必须按指定车站和时间进入车位装运行包、检票上客、正点发车，严禁提前发车。班车必须按规定的线路、班点(包括食宿点)和时间运行、停靠。如途中发生意外情况，无法运行时，应以最快方式通知就近车站派车接运，并及时公告。如需食宿，站方应协助解决，费用自理。班车到站后，按指定车位停放，并及时向车站办理行包和其他事项的交接手续。

3. 旅客运输合同的变更和解除

客运合同的变更是指客运合同订立后，由于履行合同条件的变化或者其他主客观原因，当事人要求变动更改运输时间、地点等内容的行为。例如，旅客提前下车、改乘其他班次、超出票面规定区域，承运人提前、晚点、变更车辆、改道行驶等。客运合同变更后将带来权利与义务的变更。解除客运合同应根据解除原因合法与否确定解除责任。变更和解除运输合同的基本标志是客票的改签或办理退票。

1)因旅客的原因而变更和解除运输合同

《合同法》第295条规定旅客因自己的原因不能按照客票记载的时间乘坐的，应当在约定时间内办理退票或者变更手续。逾期办理的，承运人可以不退票款，并不再承担运输义务。旅客要求变更和解除合同时，应当遵守有关规定。不同的运输方式、不同的承运人对变更和解除的条件规定可能不一样，旅客在购票前应当认真阅读旅客旅行须知，了解自己的权利和义务。一般来说，承运人在旅客乘运站(港)、售票地点都要公布旅行须知。

旅客在规定的时间内退票，承运人应当办理退票手续，核收手续费；逾期的，则承运人可以不办理退票，旅客无权要求承运人退还票款，也无权要求承运人继续履行其运输的义务。

旅客要求变更运输与解除合同一样，也要在规定的时间内提出。超过规定时间的，承运人则可以不接受变更的要求。而且变更运输还要看承运人是否有能力，如果承运人的运力不满足旅客变更的要求，旅客可以办理退票，即解除合同。例如，铁路运输在春运期间车票特别紧张，旅客要变更乘车日期或者车次，就要看列车有没有座位，如果没有，则不能变更。旅客要么继续按票面规定的车次、日期旅行，要么退票。

2)因承运人的原因而变更和解除客运合同

承运人售出客票，在持票旅客与承运人之间形成旅客运输合同关系。持票旅客有权要求承运人按客票票面载明的日期、班次将其运送至旅行目的地。《合同法》第299条规定，承运人应当按照客票载明的时间和班次运输旅客。承运人迟延运输的，应当根据旅客的要求安排改乘其他班次或者退票。根据这一规定，承运人应保证旅客按时乘坐交通工具。

因承运人的原因而导致不能按时运送的，承运人要承担相应的法律责任。本条规定主要有两层意思：①承运人延迟运输的，旅客有权要求换乘其他班次运输工具到达旅行目的地；②旅客有权要求退票，承运人不能收取退票手续费。

3)道路班车旅客运输合同的变更解除事项及处理

(1)旅客不能按票面指定日期、车次乘车时，可在该班车开车 2h 前办理签证改乘，改乘以一次为限。开车前 2h 内不办理签证改乘，可作退票处理，按规定核收退票费。

(2)旅客要求越站乘车，事先申明并经驾乘人员同意，补收加乘区段票款。如不事先申明，其越乘区段按无票乘车处理。旅客在始发站无票乘车，上车后即向驾乘人员申明的，允许补票乘车，并加收补票手续费。

(3)旅客退票应在当次班车规定开车时间 2h 前办理，最迟在开车后 1h 内办理，开车 1h 后不办理退票。车上发售的客票和签证改乘的客票不办理退票。属客运经营者责任造成的退票，不收退票费。

(4)班车在始发站，班车停开、晚点或变更车辆类别，站方应及时公告。旅客要求退票的，应退还全部票款，不收退票费。旅客要求改乘的，由车站负责签证。变更车辆类别的，应退还或补收票价差额。班车中途发生故障时，客运经营者应迅速派相同或相近类别的车辆接运旅客。接运车辆类别如有变更，票价差额概不退补。因路线阻滞，班车必须改道行驶时，票价按改道实际里程计收。

班车行至途中临时需要改线或绕道，票价差额不退不补，如不能继续行驶，旅客自愿在被阻点或返回途中停止旅的应退还未乘区段的票款，自愿返回始发站的免费送回，退还全部票款；自愿在被阻点等候乘车的，经站、车人员在客票上签证，可继续乘车。中途退给旅客的票款，经办站可从原始发站或运方处收回。

4)旅游客运合同的变更和解除

提供旅游综合服务的旅游客运，退票必须在开车前办理，退还原票款中运费部分，核收退票费，代办食宿和其他服务费用根据具体情况办理，对不予退还的，应在售票时公告。不提供旅游综合服务的旅游客运，退票按班车退票办理。旅客中途终止旅游的，不予退票。

5)包车客运合同的变更和解除

用户要求变更使用包车的时间、地点或取消包车时，须在使用前办理变更手续。运输经营者要求变更车辆类型、约定时间或取消包车时，应事先与用户协商，经同意后，方能变更。运输经营者自行变更车辆类型或未按约定时间供车者，按违约或延误供车处理。

【案例 2-5】

2006 年 12 月 28 日，李某携夫人乘坐某航空公司 SZ4803 号航班从贵阳飞往厦门。购票时并未获知航班将绕航飞行。当他们于当日 15 时 20 分通过登机口时，听到广播通知：贵阳—广州的乘客一同乘坐 SZ4803 号航班。经询问工作人员，才得知该航班绕道广州再返抵厦门。由于绕航，当该航班抵达厦门时，比原定时刻延误 90min。对此，李某多次与该航空公司交涉未果，遂以该航空公司未告知乘客航班绕航为由，要求被告赔礼道歉并支付违约金 217.5 元。

分析

你认为李某的诉讼是否合理？该航空公司是否应当承担责任？

2.3.4 行包运输合同的订立、履行、变更和解除

行包运输是指旅客将不能随身携带的物品交给站方或运方按行李包裹托运的活动，包括托运、交付两个过程。行包运输合同的基本形式有铁路行李票、包裹票，汽车旅客运输行包票，水路行李运单，航空行李票等。不同的运输方式对行包运输合同的规定不同。

1. 行包运输合同当事人的权利和义务

(1)旅客或托运人的权利和义务。在行包运输合同中，旅客或托运人的权利和义务包括：有权要求承运人将行李、包裹按期完好地运至目的地；行李、包裹灭失、损坏、变质、污染时，有权要求承运人赔偿；缴纳运输费用，完整、准确地填写行李、包裹托运单；遵守国家有关法令及运输规章制度，维护交通运输安全；因自身过错给承运人或其他旅客、托运人、收货人造成损失时应负赔偿责任。

(2)承运人的权利和义务。在行包运输合同中，承运人的权利和义务包括：有权按规定收取运输费用；有权要求旅客或托运人托运的行李、包裹符合国家政策法令和运输规章制度；有权对托运的行李、包裹进行安全检查；对不符合运输条件的行李、包裹有权拒绝承运；因旅客、托运人、收货人的责任给他人或承运人造成损失时，有权向责任人要求赔偿；为旅客、托运人提供方便快捷的运输条件，将行李、包裹安全、及时、准确地运送到目的地；行李、包裹从承运后至交付前，发生灭失、损坏、变质、污染时，应负赔偿责任。

(3)收货人(或领取行李的旅客)的权利和义务。行李、包裹到达目的地后，有权领取货物；在领取行李、包裹时，发现由于承运人的责任而使行李、包裹发生货损、货差时，有权按规定要求其支付赔偿金；按时领取货物，逾期领取货物时，应按规定交付保管费。

【案例 2-6】

2010 年 1 月 25 日，上海某公司委托某储运部代办托运仪器 2 件，运至呼和浩特车站。该储运部在康庄车站办理托运，其在包裹托运单上填写品名为仪器，声明价格 1000 元(托运的仪器实为价值 100500 元的计算机及附件)，收货人为内蒙古某公司，托运人为某储运部。康庄车站依此制发包裹票。该储运部办理了保价运输，交纳保价费 10 元，铁路运杂费 55 元。1 月 28 日，康庄车站将该批货物正确装上 77 次列车，次日该货物到达呼和浩特车站。一名自称呼和浩特车站装卸工李某的人前来接站，列车行李员让该人在行包装卸交接证上签名，该人签上李某、杜某的名字后将包裹提走。后由于收货人提货不着，到站呼和浩特车站遂向发站、银川客运段查询，得知该货交予李某，但呼和浩特车站行李员、装卸工中没有叫李某、杜某的。因上海某公司提出赔偿 100500 元的要求未能实现，随后某储运部出具证明，由货主上海某公司直接提起诉讼。

分析

(1)本案的责任方为哪一方?

(2)应如何处理赔偿事宜?

2. 行包运输合同的订立、履行、变更和解除

1)行包运输合同的订立

公路旅客或托运人托运行包，缴纳行包运输费用，由站方开具汽车旅客运输行包票后，公路行包运输合同即告成立。汽车旅客运输行包票共四联，第一联为受理站存查，第二联用于上报审核，第三联为提单，第四联为到达通知代报销凭证。

汽车旅客运输行包票的内容主要包括票号、车次、发站、经由站、到站、运输里程、起运日期、标签号码、客票号、全价票张数、儿童票张数、托运人的地址及电话、收件人的地址及电话、行包包装名称、品名、件数、计费项目、费率、金额、装卸费、附记、行包实际重量、运输费用总额、受理站、填票人等信息。

旅客托运的行包要符合行包运送的基本条件，如行包要包装严密，捆扎牢固，标志明显，适宜装卸；行包中不得夹入危险品及政府禁运物品；托运限运物品应持有关证明等。旅客自行携带看管的物品超过规定重量和体积的为自理行包，按行包计费，如占用座位，则须按实购买车票。

2)行包运输合同的履行

同货物运输一样，旅客托运的行包到站(或目的地)后，随车运送的，承运人应与旅客及时办理行包交接手续；未随车运送的，承运人在到站后应及时通知旅客或收件人领取行包，并与收件人办理交接手续。

旅客托运规定重量内的行包，一般应与旅客同车运达；旅客托运超过规定重量的行包或非旅客的托运物品，最迟运达期限为7天。行包运到后，应立即通知收件人提取，无法通知的应予以公告。到达站从通知或公告次日起负责免费保管2天，超过2天的，按不同的件重核收保管费。托运行包凭行包票提取，如票遗失，应向到达站说明和登记，经车站确认后，可凭有关证明提取。如行包已被他人持票取走，车站应协助查询，但不负赔偿责任。

行包自到达站发出通知或公告后10天内无人提取时，车站应认真查找使其物归原主，超过90天仍无人提取的(鲜活易腐物品及时处理)，即按无法交付行包处理。无法交付行包报经交通主管部门批准后，向当地有关部门作价移交，所得价款扣除应付的费用，余款立账登记。在180天内仍无人领取时，上缴国库。

3)行包运输合同的变更和解除

行包在起运前，旅客要求取消或变更托运，承运人可予以办理，并核收手续费；班车停开或改道运行，按班车运输变更的有关规定办理；旅客要求在中途站停运行包时，一般不予受理。但因疾病、伤患或临产必须中途终止旅行时，退还未运区段运费；如要求运回原起运站或运往其他到达站时，应重新办理托运；途中或车上办理托运的行包，如要求停运或改运，不退还运费。

2.4 运输合同案例

【案例 2-7】

2010 年 9 月 8 日，北京市某水果批发公司与河南省某乡签订了一份水果购销合同，水果批发公司向河南省某乡购买 2000 箱共 10 万千克的红富士苹果。河南省某乡于 9 月 10 日从郑州市火车站将红富士苹果如数发出(到站为北京某火车站，收货人为北京市某水果批发公司)，9 月 11 日货物抵达北京某火车站。北京某火车站于 9 月 12 日向北京市某水果批发公司发出了到货通知，同日，北京市某超市到北京某火车站提取自陕西某火车站运来的 2000 箱苹果时，北京某火车站没有认真核对货物位置及苹果名称，任由该超市盲目提货，致使相邻的 2000 箱红富士苹果被一并提走。9 月 13 日 16 时，北京市某水果批发公司先后两次到北京某火车站提货未果。9 月 19 日，北京市某超市发现错装了 2000 箱苹果，又返还给北京某火车站，火车站于当天通知北京市某水果批发公司来取货。但北京市某水果批发公司称本公司的货车正在拉长途，所以要过 1 天才能取货。9 月 21 日，北京市某水果批发公司前来提货，发现苹果大部分已烂掉。此时，北京市苹果价格每千克已涨到 6 元。

分析

(1)本案中货物风险应由哪一责任方来承担?

(2)责任方应承担什么责任?

(3)责任方应该如何进行赔偿?

【案例 2-8】

甲公司自外地采购一批货物，为运回公司所在地，与乙公司订立了运输合同，由乙公司将货物运送至甲公司所在地。合同成立后，乙公司又委托丙公司负责运送该批货物，并与丙公司约定，途中货物发生的任何损失，丙公司都无须承担负责。丙公司遂指派公司司机张某开车运送该批货物。在运输途中，张某因醉酒翻车，造成货物部分毁损。甲公司要求乙公司赔偿其损失，乙公司表示不同意，认为责任应当由丙公司承担。丙公司则认为，丙公司是代乙公司履行合同，并且与乙公司有约定，对途中发生的任何损失都不负责任，几方协商不成，甲公司向法院提起诉讼，要求乙公司赔偿损失。在本案审理中，根据乙公司的请求，法院追加丙公司为第三人。

分析

(1)分析各方当事人之间的关系。

(2)各方应承担什么责任?

(3)本案应该如何进行赔偿?

【案例 2-9】

某工矿电机厂与当地的某河运公司签订了一份运输合同，合同约定：乙方河运公司运输甲方工矿电机厂 197t 产品到某机械工业材料设备厂，双方按照货物的体积收取运费。合同签订以后，河运公司正式启运货物。河运公司启运货物的同一天，某矿务局欲以更高的价格订购工矿电机厂的产品。电机厂厂长考虑，与矿务局订立合同更加合算，可以将向机械工业材料设备厂发运的货物先运往矿务局，然后迅速赶制同样数量和质量的货物补发给机械工业材料设备厂。于是电机厂向水运公司致函，要求将货物的收货人改为矿务局，矿务局与机械工业材料设备厂在同一条航线上，去矿务局将多用运输时间 7h。但是不久机械工业材料设备厂向电机厂发来电函，告知电机厂已经收到全部货物。原来水运公司并没有按照电机厂的要求变更收货人，仍然按照运输合同的约定将货物运输给了机械工业材料设备厂。电机厂向水运公司质询，为什么接到变更收货人的通知仍然将全部货物运到机械工业材料设备厂，使电机厂无法履行与矿务局的买卖合同，造成违约。电机厂要求水运公司承担由于没有向矿务局及时交货而遭受的损失。水运公司拒绝了电机厂的要求，双方因此发生纠纷，电机厂遂向法院提起诉讼，要求法院责令水运公司承担损失赔偿责任。

分析

(1)该合同变更是否有效?

(2)分析各方当事人之间的关系。

(3)各方应承担什么责任？本案应该如何进行赔偿?

2.5 本章小结

本章在介绍交通运输合同概念的基础上，详细介绍了货物运输合同和旅客运输合同，主要包括货物运输合同的概念、种类、形式，货物运输主体及其权利和义务，货物运输合同的订立、履行、变更和解除；旅客运输合同的种类、特点，旅客运输合同的主体及其权利和义务，旅客运输合同的订立、履行、变更和解除；行包运输合同的订立、履行、变更和解除。此外，本章还引入了一些案例分析，以便结合案例更好地介绍本章的内容。

(1)合同的概念、特征。

(2)运输合同的概念、特征和种类。

(3)运输合同当事人的权利和义务，货物、旅客及行包运输合同的基本形式和内容。

(4)运输合同的基本内容，货物运输、旅客运输和行包运输合同的订立、履行、变更及解除的程序和规定。

思考题

1. 简述运输合同的概念和特征。
2. 运输合同当事人的基本义务有哪些?
3. 简述客票的种类、性质和主要内容。
4. 简述货物运输合同的形式和内容。

5. 旅客运输合同当事人的基本义务有哪些？
6. 旅客运输合同变更和解除的基本规定有哪些？
7. 简述行包运输合同当事人的主要权利和义务。
8. 货物运输合同当事人的基本权利和义务有哪些？
9. 简述铁路货物运输合同订立的程序。
10. 简述货物运输合同履行的过程。
11. 简述货物运输合同变更和解除的概念和责任。

主要参考文献

侯作前，乔宝杰. 2005. 运输合同实务 [M]. 北京：知识产权出版社.
雷孟林. 2006. 运输合同法总论 [M]. 北京：人民交通出版社.
刘作义，郎茂祥. 2003. 运输商务 [M]. 北京：中国铁道出版社.
卢永真. 2003. 运输合同 [M]. 北京：中国民主法制出版社.
唐秋生，刘玲丽. 2006. 交通运输商务管理 [M]. 北京：人民交通出版社.
张长青，王霞. 2005. 合同法 [M]. 北京：清华大学出版社，北京交通大学出版社.
郑国华. 2006. 交通运输法教程 [M]. 北京：中国铁道出版社.

第3章 铁路运输

经过六十多年的发展，我国铁路现代化建设取得了重大进展，高速铁路、机车车辆、高原铁路、既有线提速等技术已迈入世界先进行列。中国铁路以占世界铁路6%的营业里程完成了世界铁路25%的工作量，运输效率世界第一，为经济社会发展作出了重要贡献。

3.1 铁路运输概论

3.1.1 铁路运输的特点

铁路运输作为一种快捷、安全、低耗和环保的运输方式，在我国占据着十分重要的地位，也是构成综合运输交通系统的重要组成部分。与其他运输方式相比，铁路运输具有以下几个明显特征。

(1)在现代技术条件下，受地理条件限制较小，几乎可以在任何地区修建。

(2)载运量大，在大宗、大流量的中长距离的客货运输方面具有绝对优势。

(3)运输成本较低，能源消耗少。

(4)具有较高的送达速度，在大流量、高密度的城际中短途旅客运输中具有很强的竞争优势。

(5)受天气等条件的影响较小，能够较好地保证运输的准确性。

另外，铁路运输在提高交通运输可持续发展方面也发挥着十分重要的作用。

(1)铁路干线在节约土地资源方面具有一定优势。国家Ⅰ级双线铁路与四车道和六车道高速公路的工程总体占地比为1∶(1.24～1.37)，单位货运能力占地比为1∶(l.87～2.80)。

(2)铁路运输可以更有效地减少交通能源消耗。铁路与公路的能耗比(以铁路内燃机车消耗为基准)中，货运为1∶(20～30)，客运为1∶(4～6.5)。

(3)发展铁路可以更好地减轻交通环境污染。在各种运输方式中，铁路是污染排放较小的一种运输方式。在货物运输中，卡车的排放与常规铁路相比，一氧化碳是常规铁路运输排放量的3.5倍，二氧化碳是常规铁路运输排放量的4.6倍，碳氢化合物是常规铁路运输排放量的46倍。在旅客运输中，飞机和小汽车污染排放量最为严重，一氧化碳分别是常规铁路运输排放量的158倍和130倍，二氧化碳分别为常规铁路运输排放量的4.3倍和2.6倍，氮氧化合物分别为常规铁路运输排放量的4.9倍和11.4倍。

3.1.2 我国铁路运输的现状

到2010年年底，全国铁路营业里程已达到9.1万km，里程长度升至世界第二位，如图3-1所示。目前，我国所有省份均有铁路通达，路网结构进一步完善，但仍存在东部沿海地区密集、中西部地区稀疏的特点(图3-2和图3-3)。

1. 我国铁路货物运输的现状及发展方向

在货物运输方面，铁路是大动脉，保证了国民经济建设和国防建设的需要。1949年，全国铁路货物发送量仅有5589万t，到2008年达到33亿t，是1949年的近60倍；货运周转量1949年仅为184亿t·km，到2008年达到24817亿t·km，是1949年的135倍。特别是2003年以来，我国铁路货物发送量实现持续大幅度增长，平均每年增长2亿t以上。我国铁路以占世界铁路6%的营业里程完成了世界铁路25%的工作量，运输效率为世界第一。

铁路规模化生产、集约化经营已经成为世界国家铁路发展的共同趋势，规模化和集约化是铁路运输组织发展的基本规律和客观要求。我国铁路货运集约化经营主要通过对路网上的货运站、零担业务和部分运输线路的布局进行调整，停办运量小的车站、专用线的货运业务，把货运作业集中在较大的中心货运站办理，实施大客户战略，对运量特别大的站点建立整列直达装卸基地，并在生产力布局调整的基础上建立现代意义上的货运服务中心。

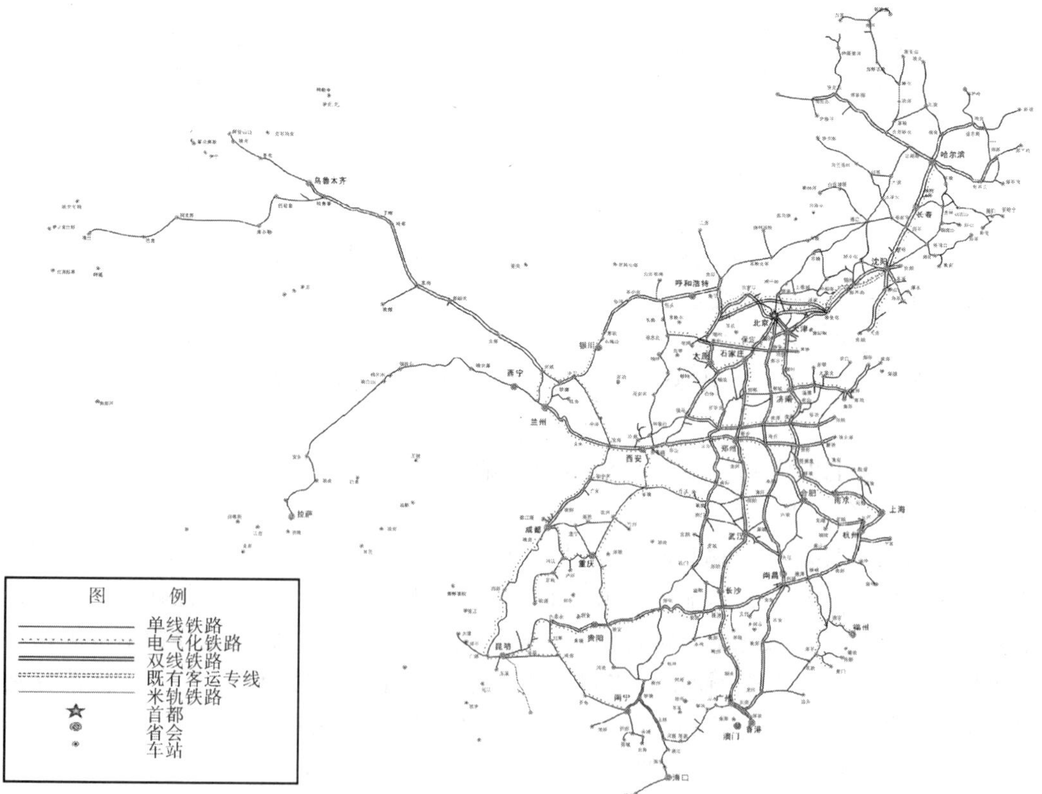

图3-1 铁路营业线示意图

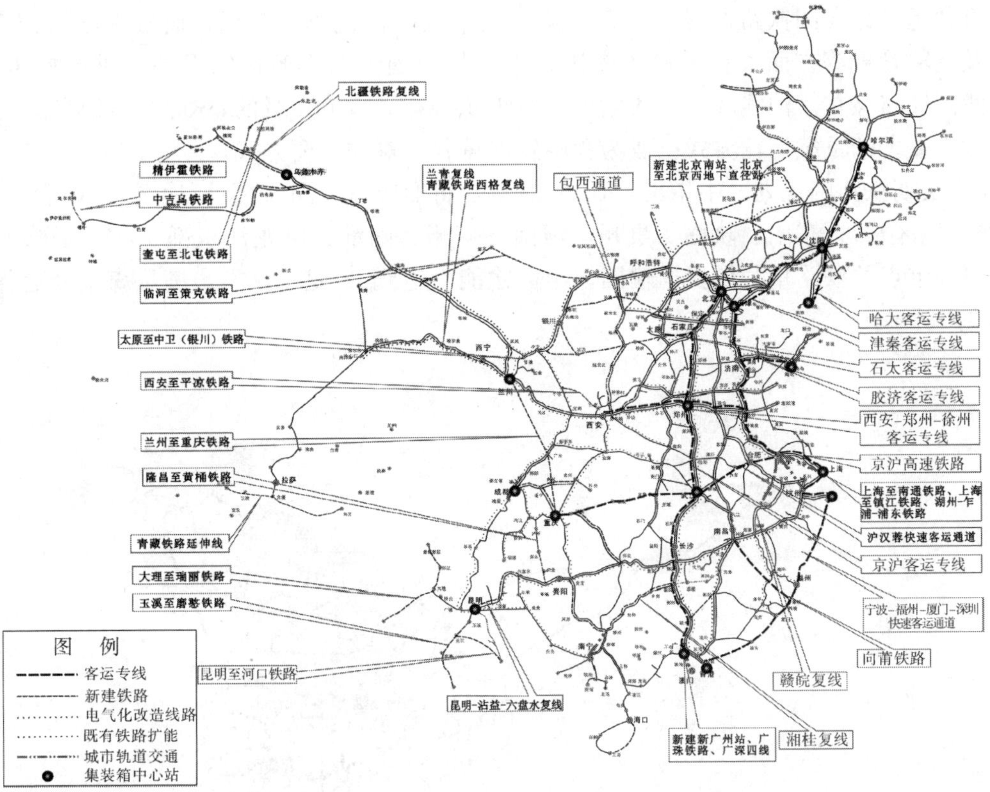

图 3-2　“十一五”铁路网规划示意图

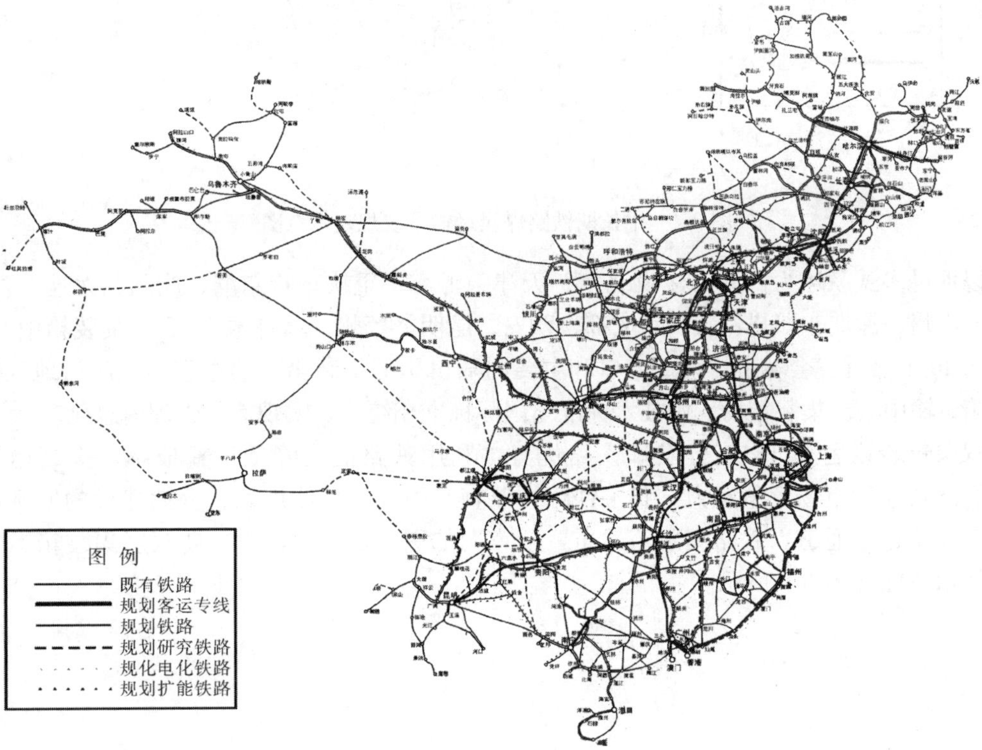

图 3-3　中长期铁路网规划示意图

重载运输是我国铁路发展的一个趋势。大秦铁路在机车、车辆、信号、通信、工务、供电及运输管理等方面大量采用了先进技术，是中国铁路重载运输发展的重要标志。此后，我国铁路又在京沪线和京广线繁忙区段组织开行了 5000t 级的整列式重载列车，这种扩能效果显著的重载运输方式已成为我国发展重载运输的主要方式。

《中长期铁路网规划》中指出：到 2020 年，将形成以大同(含蒙西地区)、神府、太原(含晋南地区)、晋东南、陕西、贵州、河南、兖州、两淮、黑龙江东部 10 个煤炭外运基地为服务重点的铁路重载煤炭运输网，年运输能力达到 20 亿 t 左右，满足煤炭外运需要，如图 3-4 所示。

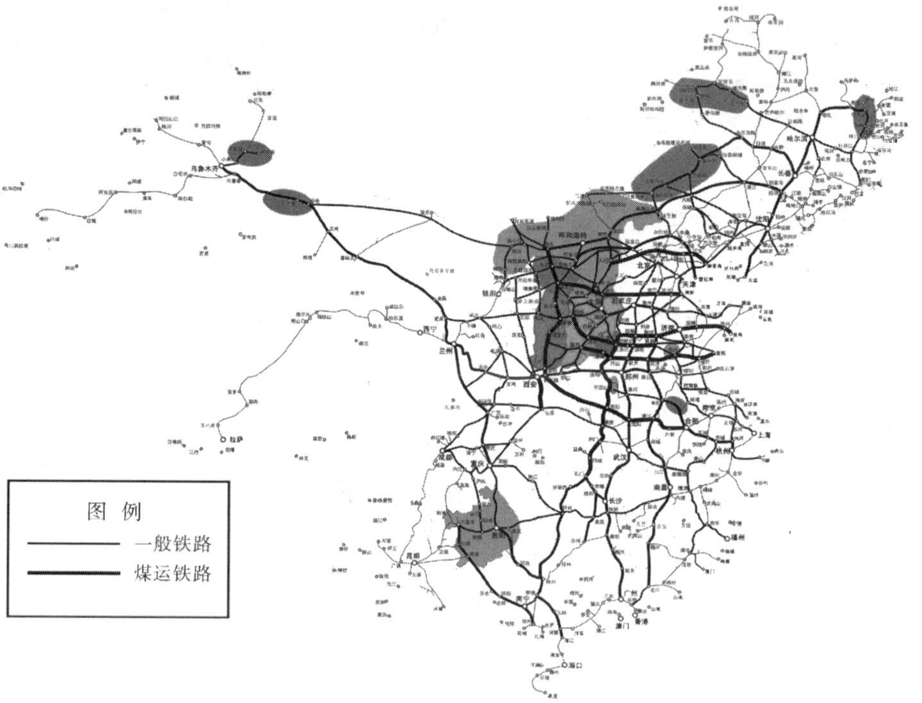

图 3-4 中长期铁路煤炭运输系统规划示意图

以促进多式联运为目标，建设北京、天津、上海、重庆、哈尔滨、沈阳、大连、青岛、宁波、广州、深圳、郑州、武汉、成都、西安、昆明、兰州、乌鲁木齐 18 个集装箱中心站，建设约 40 个靠近省会城市，大型港口和主要内陆口岸的集装箱专门办理站，成为地区铁路集装箱运输中心。集装箱场、站技术标准与国际标准相统一，实现运行管理信息化。

双层集装箱运输可以充分发挥铁路优势，利用铁路能力降低运输成本，提高运输效率、经济效益和市场竞争能力。我国铁路按照宜双则双、总体规划、分期建设的原则实施双层集装箱运输通道。铁路集装箱站布置示意图如图 3-5 所示，中长期双层集装箱运输通道规划示意图如图 3-6 所示。

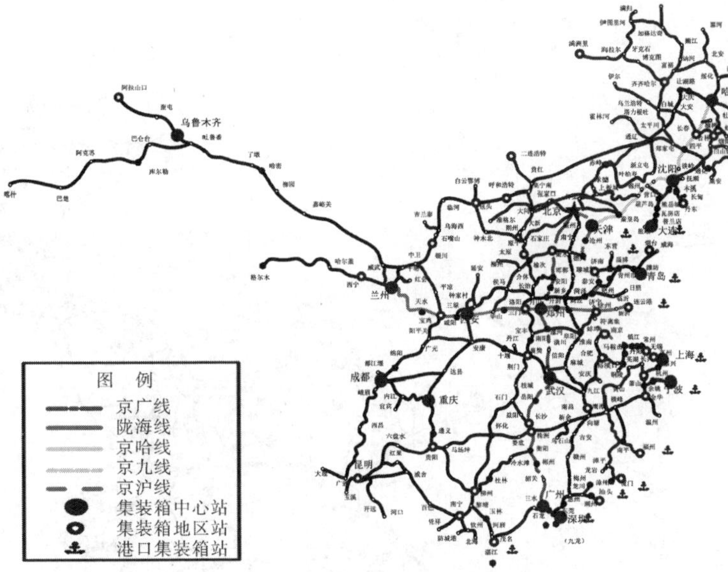

图 3-5　铁路集装箱站布置示意图

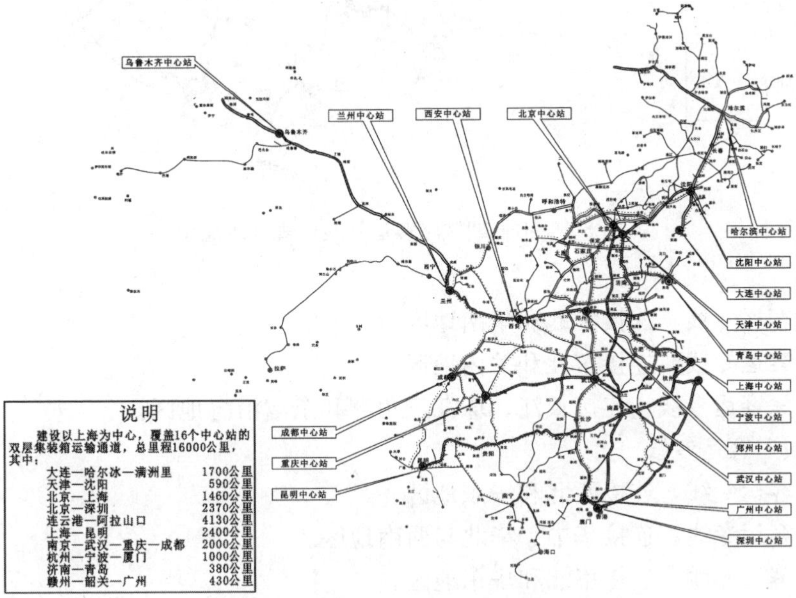

图 3-6　中长期双层集装箱运输通道规划示意图

2. 我国铁路旅客运输的现状及发展方向

在客运方面，我国旅客列车速度和舒适性大幅度提高，客运专线大规模建设。客运高速化要通过建设客运专线和推进既有线提速，建成铁路快速客运网，实现 2000km 左右范围内夕发朝至，4000km 左右范围内一日到达。我国已有超过 1 万 km 铁路客运专线及城际铁路投入运营，基本建成了以“四纵四横”为骨架的全国快速客运网。中长期铁路客运专线网规划示意图如图 3-7 所示。

1）“四纵”客运专线

(1)京沪客运专线，贯通京津至长江三角洲东部沿海经济发达地区。

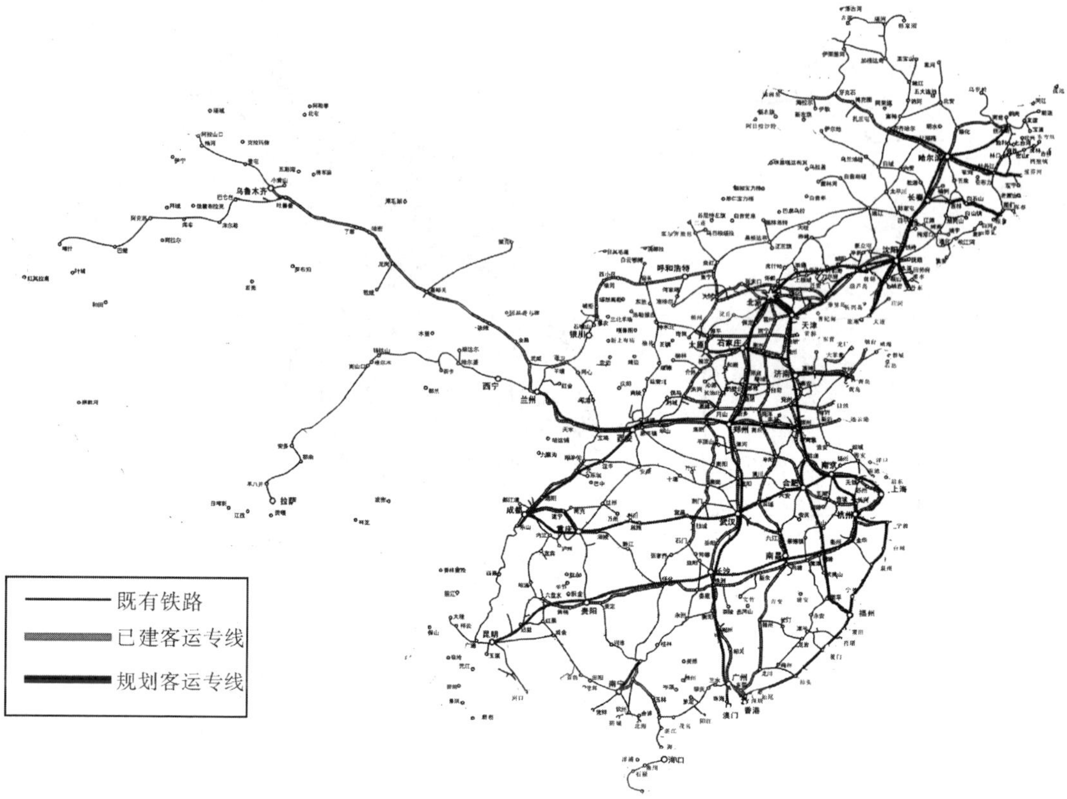

图 3-7　中长期铁路客运专线网规划示意图

(2)京港客运专线，连接华北和华南地区。
(3)京哈客运专线，连接东北和关内地区。
(4)杭福深客运专线，连接长江、珠江三角洲和东南沿海地区。
2)“四横”客运专线
(1)徐兰客运专线，连接西北和华东地区。
(2)沪昆客运专线，连接华中、华北与西南地区。
(3)青太客运专线，连接华北和华东地区。
(4)沪汉蓉客运专线，连接西南和华东地区。

3. 我国铁路行包运输发展现状及发展方向

自 2003 年铁路行包运输体制改革以来，全路围绕基础建设、市场营销、品牌建设等方面开展工作，行包运输安全基础不断加强，管理水平不断提高，服务质量持续改善，产品体系不断创新，品牌知名度明显提升，市场竞争力显著增强，行包发送量及运输收入实现稳步增长。2008 年，完成行包发送量 1318 万 t，行包运输收入 64 亿元，较 2003 年分别增长 77.9%、45.5%。特别需要指出的是，近几年行包运输重点任务完成突出，圆满完成了抗震救灾、涉奥运输、疫情防控物资运输任务，为灾区重建、奥运会顺利召开和实现防控目标作出了积极贡献；在春运、暑运等旅客运输高峰期，通过减挂行李车、停开行邮行包专列等措施，有力地支持了全路的旅客运输。全国铁路行包运输网见图 3-8。

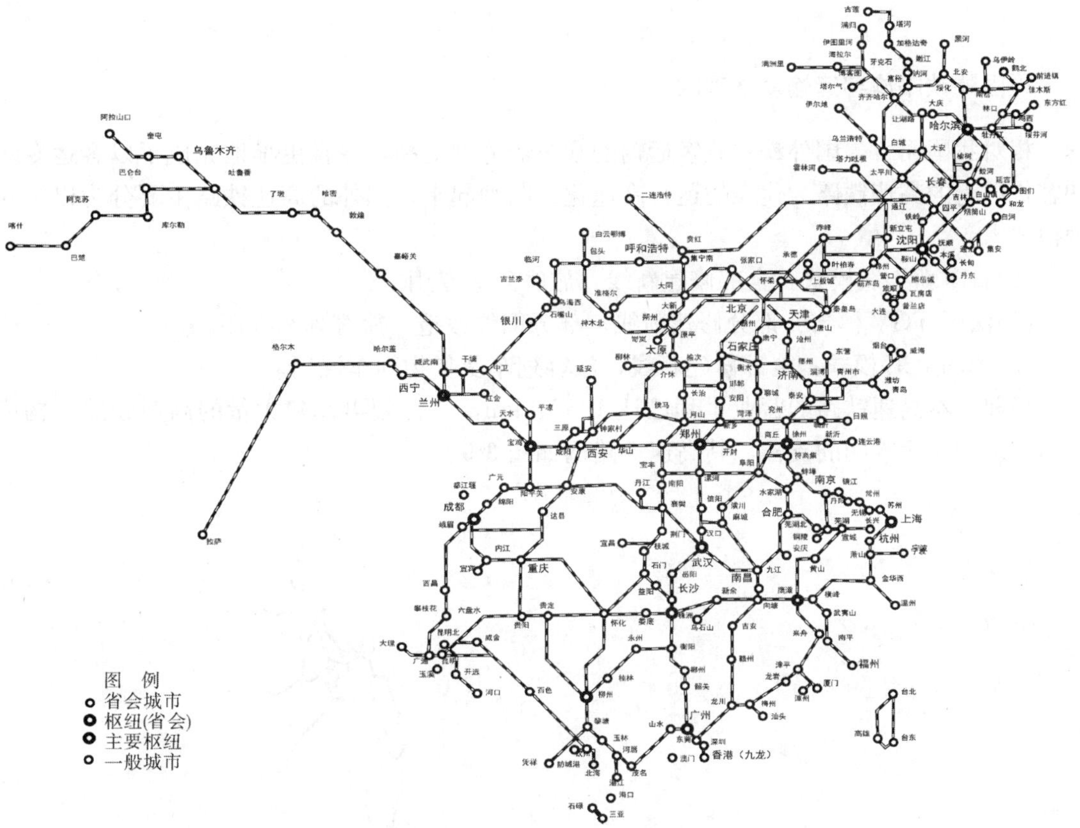

图 3-8　全国铁路行包运输网

铁路传统的行包运输方式附属于铁路客运，在过去的几十年中，由于受到国民经济发展水平和铁路运输能力的限制，传统行包运输发挥了重要的作用。但随着其他运输方式的发展，尤其是铁路大提速的实施和客运专线的建设，将逐步减少传统的行包运输。铁路运输由限制型向宽松型转变，铁路运输市场格局将由卖方市场向买方市场转变，以满足运量需求为主向以满足质量需求为主转变，这些转变也意味着依靠掌握稀缺资源坐等客户上门的时代将不复存在。

在货物运输、旅客运输以及行包运输中，我国铁路一直在推行信息化建设。《铁路信息化总体规划》提出，以运输组织、客货营销、经营管理三大领域为重点，经过 5～10 年的努力，建成具有中国特色的铁路信息系统，到 2020 年，全路建成技术先进、结构合理、功能完善、管理科学、经济适用、安全可靠、具有中国特色的铁路智能信息系统，使其总体水平跃居世界先进行列。

3.1.3 国外铁路运输发展现状

1. 国外铁路旅客运输发展现状

相对我国而言，国外铁路旅客运输的乘车舒适度更高，并且更早地完成了以客运专线和客货混跑的高速铁路为代表的运行高速化。归纳起来，国外的高速铁路主要分为以下几种模式。

(1)日本新干线模式：全部修建新线，旅客列车专用。

(2)法国 TGV 模式：部分修建新线，部分旧线改造，旅客列车专用。

(3)德国 ICE 模式：全部修建新线，旅客列车及货物列车混用。

目前日本高速铁路的营业里程已达 1952.5km，并计划再修建大量的高速铁路，构成日本陆地交通运输网的支柱，其高速铁路网如图 3-9 所示。

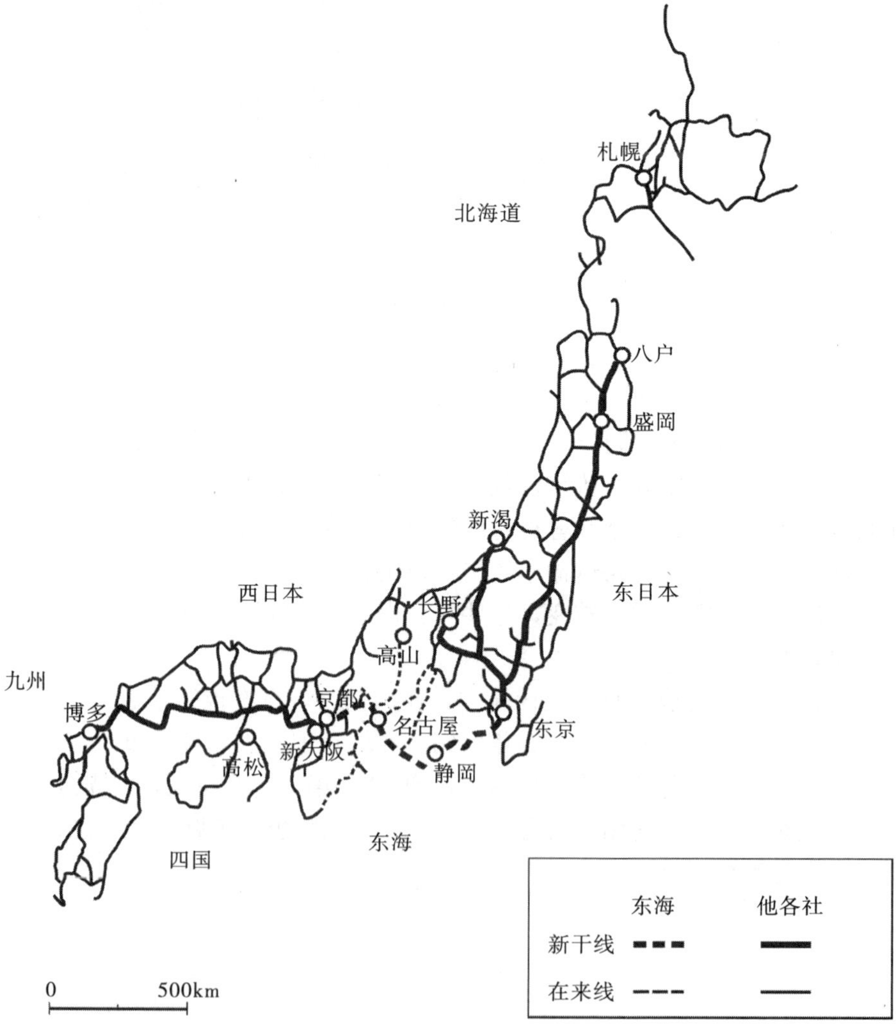

图 3-9 日本高速铁路网

法国高速铁路新线里程已达 1576km，以巴黎为中心，辐射到四周既有线，形成 5900km 的服务网，其高速铁路网如图 3-10 所示。

德国高速铁路呈网状分布，由新线 1088km 及既有提速线路形成 4800km 的服务范围，由 ICE 系列高速动车组担当客运任务，其高速铁路网如图 3-11 所示。图 3-12 所示为 2020 年欧洲高速铁路网。

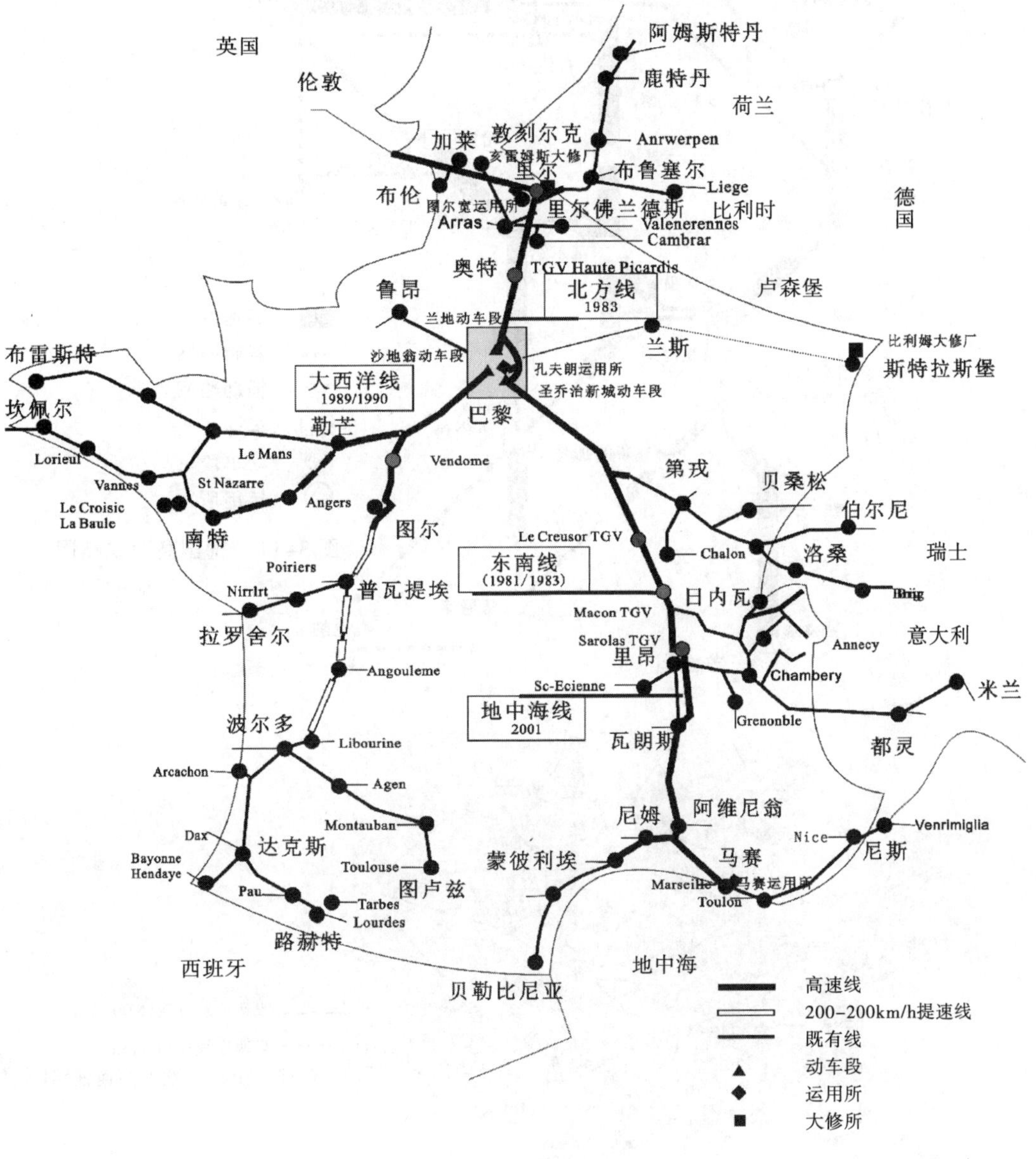

图 3-10　法国高速铁路网

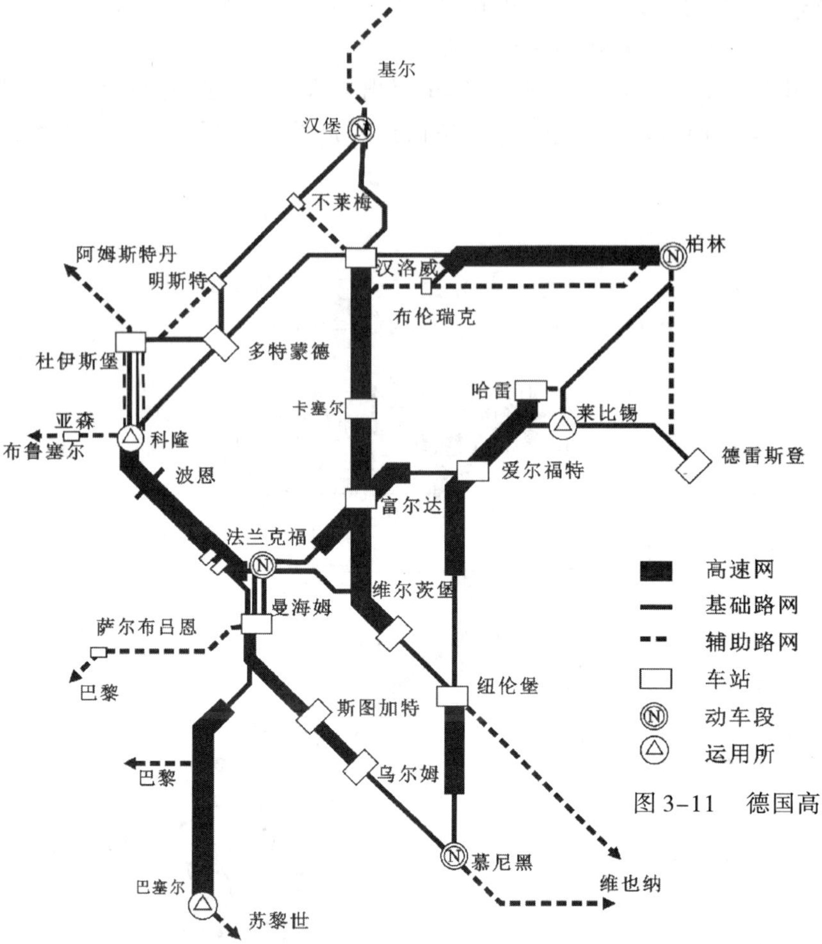

图 3-11 德国高速铁路网

图 3-12 2020 年欧洲高速铁路网

2. 国外铁路货物运输发展现状

重载运输是世界铁路货物运输的一个发展方向。发展重载运输始于 20 世纪 20 年代。美国东部的煤矿和铁路合作，曾组织总重约 10000t 的单元列车，将整列煤炭直接送往发电厂和港口，中途不经过任何编组作业，但是这种高效的运输方式在当时并没有引起重视并加以推广。到了 20 世纪六七十年代，为适应产品生产、流通和国际贸易的增长，降低运输成本，以适应日益激烈的运输市场竞争，在各生产大宗原材料(煤炭、矿石、木材、粮食等)的国家，如美国、加拿大、澳大利亚、巴西和南非等国，都采用不同形式先后发展了适合自己国情的铁路重载运输。图 3-13 所示为美国 UP 公司重载列车。

图 3-13　美国 UP 公司重载列车

3. 国外铁路行包运输发展现状

行李和包裹运输原本是铁路旅客运输的一个组成部分，但一些国家为了竞争的需要，把行李、包裹以及邮件作为小件货物，成立了专门的铁路行包运输系统。

1968 年，英国国营铁路开办了铁路快运包裹运输业务，将邮件、报纸等以定期快运货物列车进行运输。

法国国营铁路 1970 年成立包裹运输公司，1976 年开行行包特快包裹专用列车，全国设 13 个换装中心和 350 个取送作业所，由汽车办理货物取送和集中，然后送往铁路行包办理站集中装运。

3.2 铁路运输的基本条件

3.2.1 货物运输的基本条件

货物运输在铁路运输中占有很大比例，而通过铁路运输的货物品种繁杂、数量庞大、规格各异、性质不同，对铁路运输的要求也不相同。为了安全、准确、快速地把不同类别的货物顺利送达目的地，铁路部门按照运输生产中的实际情况，对于铁路货物的种类、重量、件数以及运输限制有明确的规定，这就要求托运人与承运人都要熟悉办理货物运输的基本条件、有关法规和相应的原则。

1. 铁路货物运输种类

现行铁路货物运输种类分为整车、零担和集装箱 3 类。其中，整车适用于大宗货物；零担适用于零星货物；集装箱适用于精密、贵重、易损货物。

托运人可以依据货物的数量、性质、状态、形状等特点加以选择，达到安全、迅速、经济、便利地运送货物的目的。

(1)整车货物运输。一批货物的重量、体积、形状或性质需要以一辆及其以上货车运输的，应按整车运输。

限按整车托运的货物包括：需要冷藏、保温或加温运输的货物；规定限按整车办理的危险货物；易于污染其他货物的污秽品；蜜蜂；不易计算件数的货物；未装容器的活动物(铁路局规定在管内可按零担运输的除外)；一件重量超过 2t，体积超过 $3m^3$ 或长度超过 9m 的货物(经发站确认不致影响中转站和到站装卸作业的除外)。

限按整车办理的货物(蜜蜂、使用冷藏车装运需要制冷、保温的货物和不易计算件数的货物除外)，其数量不够一车，按托运人要求将同一经路上的 2 个或 3 个到站在站内卸车的货物装在同一货车内，作为一批整车货物运输，而在途中不同到站卸车的运输方式称为整车分卸。

对于按整车运输的货物，如果托运人要求在车站站界以外的区间或在不办理货运营业的车站进行装卸作业，并经所在的铁路分局批准可按途中装卸办理。

(2)零担货物运输。一批货物的重量、体积、形状和性质不需要单独使用一辆货车装运的货物，可按零担方式办理运输。按零担托运的货物，一件体积最小不得小于 $0.02m^3$(一件重量在 10kg 以上的除外)，每批不得超过 300 件。

(3)集装箱运输。贵重、怕湿、易碎货物都适于采用集装箱运输。下列货物严禁使用铁路通用箱装运：易于污染和腐蚀箱体的货物、易于损坏箱体的货物、鲜活货物、危险货物。

【案例 3-1】 判断下列 10 种货物可否按零担办理，并简要说明理由。

(1)活牛(1 头，500kg/件)。

(2)冻肉(2 箱，25kg/件)。

(3)硝化甘油炸药(1 箱，50kg/件)。

(4)炭黑(5 麻袋，50kg/件)。

(5)水泵(1 箱，11kg/件，0.23m×0.18m×0.4m)。

(6)服装(265 箱，35kg/件，0.85m×0.65m×0.4m)。

(7)蜜蜂(70 箱，30kg/件)。

(8)门吊架(1 件，500kg/件，长 32m)。

(9)小毛竹(1 捆，20kg/件)。

(10)机床(1 箱，3000kg/件)。

2. 按一批运输办理的条件

铁路运输货物以批为单位。“一批”就是一个运输单位，也是承运人计算货物运输费用的一个单位。一批货物的托运人、收货人、发站、到站、装卸地点必须相同(整车分卸的货物可以例外)。

整车货物以一车为一批(但跨装、爬装及使用游车的货物，可以每一车组为一批)，零担货物以每张货物运单所托运的货物为一批，集装箱货物以每张货物运单所托运的集装箱数为一批(每批必须同一箱型，至少一箱，最多不得超过铁路一辆货车所能装运的箱数)。

下列情况不能按一批办理：

(1)易腐货物与非易腐货物。

(2)危险货物与非危险货物。

(3)根据货物性质，不能混装运输的货物。

(4)保价运输货物与非保价运输货物。

(5)投保运输险与未投保运输险的货物。

(6)运输条件不同的货物。

【案例 3-2】　A 站于 11 月 5 日收取到达 E 站集装箱 5 箱(其中 6t 箱 3 箱，10t 箱 2 箱)的运费，并于 11 月 7 日 18 点前装车完毕。已知 A 站到 E 站运价里程为 961km。

(1)该 5 箱货物能否按一批托运？为什么？

(2)该 5 箱货物应在哪一天之前必须卸车完毕才没有违约？

3. 运输货物重量的规定

运输货物的重量以千克为单位。整车货物和集装箱货物的重量由托运人确定，零担货物的重量由承运人确定，但下列情况亦可由托运人确定。

(1)标准重量的货物。

(2)包装上涂有标记重量的货物。

(3)附有全批过秤清单的货物。

(4)一件重量超过发站衡器最大称量的货物。

(5)经承运人同意由专用线或专用铁路组织零担运输的货物。

货物的重量包括货物包装的重量。托运人确定的货物重量，铁路部门有权进行抽查，抽查结果超过衡器最大公差时，托运人或收货人应支付过秤费，并按规定处理。

4. 运输货物件数的规定

运输货物不论是整车、零担还是集装箱，均按件数和重量承运。但下列货物按整车条件办理时，只按重量承运，不计算件数。

(1)散堆装无法成件的货物。

(2)成件的货物规格相同(规格在 3 种以内相同，视为相同)，一批数量超过 2000 件，规格不同且一批数量超过 1600 件。

文具百货、家用电器、医疗器械、玻璃仪器等按整车条件运输时，不论规格，每件平均重量在 10kg 以上，能按件点交时，都可按件数和重量承运。

5. 货物运输限制的规定

下列货物须凭证明文件运输。

(1)物资管制方面的，如托运麻醉品、枪支、民用爆炸品，必须提出医药、公安部门的证明文件。

(2)卫生检疫方面的，如托运种子、苗木、动物和动物产品，应提出动植物检疫部门的证明文件。

(3)物资运输归口管理方面的，如托运烟草、食用盐、酒类应提出物资管理部门的证明文件。

(4)国家行政管理方面的，如进出口部门规定须凭运输许可证运输的货物，应提出运输许可证。

须凭证明文件托运的货物，托运人提不出规定的证明文件时，铁路可拒绝受理。

6. 货物押运规定

运输下列货物时，托运人应派人押运。

(1)活动物。

(2)需按时浇水的鲜活植物。

(3)需生火加温的货物。

(4)挂运的机车和轨道起重机。

(5)特殊规定应派押运人的货物。

押运人每批以 1～2 人为限，押运人须持托运人或收货人出具的身份证明，押运人姓名、证明文件名称、号码应填记在货物运单“托运人记载事项”栏内，车站按规定核收押运人乘车费。从货物承运时起至交付完毕时止，押运人对货物应采取保证安全运输的措施，押运人发生人身意外伤害时，比照《铁路旅客意外伤害强制保险条例》的规定进行处理。

3.2.2　旅客运输的基本条件

为旅客提供便捷、舒适、快速的服务是铁路旅客运输一直努力追求的目标，为了保证旅客运输的合理组织，对旅客的乘车条件作了以下一些规定。

(1)按票乘车。旅客须按票面载明的日期、车次、席别乘车，并在票面规定有效期内到达到站。

(2)中途站下车的处理。旅客如在票面指定的日期、车次于中途站下车，未乘区间票价不退。旅客可在列车中途停车站下车，也可在车票有效期间恢复旅行，但中途下车后，卧铺票即行失效。中途换车和中途下车旅客继续旅行时，应先行到车站办理车票签证手续。持直通票的旅客在中转站要求换乘动车组列车时，补收该区间的动车组列车票价与原票票价差额。

(3)途中客票有效期终了的处理。旅客在乘车途中客票有效期终了，要求继续乘车时，应自有效期终了站或最近前方停车站起另行补票，核收手续费，定期票可按有效期使用至到站。

(4)卧铺票的规定。乘坐卧铺旅客的车票由列车员保管并发给卧铺证，下车以前交换。成人带一个儿童或者两个儿童可共用一个卧铺。

(5)不予运送的旅客。烈性传染病患者、精神病患者或健康状况危及他人安全的旅客，站、车可以不予运送；已购车票按旅客退票的有关规定处理。

【案例 3-3】　以下不符合乘车条件的情况应如何处理？

(1)无票乘车。

(2)持用低等级的车票乘坐高等级列车与铺位、座席。

(3)应买票而未买票的儿童乘车。

(4)旅客未按票面指定的日期、车次乘车，但乘坐相同票价的列车。

旅客出行携带行李较多，是我国铁路旅客运输的一个重要特点，我国铁路为保证旅客运输的安全，对行李的运送条件做了一些明确规定。

(1)行李的定义。行李是指旅客自用的被褥、衣服、个人阅读的书籍、残疾人车和其他旅行必需品。

(2)限制规定。行李中不得夹带货币、证券、珍贵文物、金银珠宝、档案材料等贵重物品和国家禁止、限制运输的物品和危险品。

(3)重量和体积规定。行李每件的最大重量为 50kg，体积以适于装入行李车为限，但最小不得小于 $0.01m^3$。行李应随旅客所乘列车运送或提前运送。

铁路包裹运输分为不同种类，制定有相关规定。

(1)包裹定义。包裹是指适合在旅客列车行李车内运输的小件货物。

(2)包裹的分类。包裹分为以下 4 类。

一类包裹：自发刊日起 5 日以内的报纸；中央、省级政府宣传用非卖品；新闻图片和中小学生课本。

二类包裹：抢险救灾物资，书刊，鲜或冻鱼介类、肉、蛋、奶类、果蔬类。

三类包裹：不属于一、二、四类包裹的物品。

四类包裹如下。

①一级运输包装的放射性同位素、油样箱、摩托车。

②泡沫塑料及其制品。

③国务院铁路主管部门指定的其他需要特殊运输条件的物品。

每件包裹的体积、重量限制与行李相同。

运输超过包裹的规定重量和四类包裹中 3 项品名的物品时，应经调度命令或上级书面运输命令批准。

3.3 铁路货物运输业务

铁路货物运输业务主要包括货物的出发作业、途中运输、货物的到达作业 3 个阶段。铁路货物运输业务流程就是货物运输合同订立、履行的过程。同时，运输的过程中可能会涉及运输合同的变更和解除。

3.3.1 主要业务及流程

铁路货物的出发作业主要包括货物的托运、承运人的受理、进货和验收、装车、制票和承运等环节。整车货物是先装车后承运，零担货物是先承运后装车，集装箱货物与零担货物基本相同。整车运输有计划，零担随到随承运。

铁路的途中运输包括途中货物的交接、检查，以及货物的换装整理。途中运输过程中可能涉及货物运输合同的变更和解除。

货物的到达作业主要包括到达货票登录、接收重车和货票数据、卸车、催领通知、货物的保管、内勤支付、外勤支付、货主查询等环节的作业。

企业单位、机关团体以及个人用户到铁路托运货物的步骤及铁路内部相应的作业过程简要表示如图 3-14 所示。

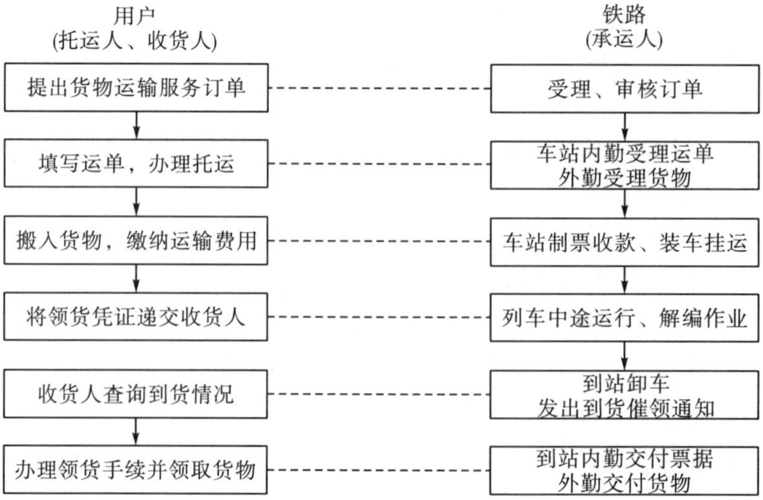

图 3-14 铁路货物运输流程

【案例 3-4】 兰州北站货物发送、到达流程图(图 3-15)。

图 3-15　兰州北站货物发送、到达流程图

3.3.2 货物运输合同当事人责任

1. 托运人、承运人、收货人的权利和义务

根据铁路货物运输合同，托运人应承担的义务是按合同约定的时间和有关要求(如进行货物包装，交付有关证明文件，提供装车备品及加固材料和派押运人等)，向承运人交付托运的货物并向承运人交付规定的运输费用。托运人有权要求承运人在指定期限和到站将货物完整、无损地交给收货人；货物发生货损、货差，承运人多收运输费用或运输违约时，托运人有权要求赔偿或退款。

承运人应承担的义务是按照合同规定的期限，将承运的货物完好运抵到站并交收货人。承运人有权向托运人或收货人收取运输费用；由于托运人或收货人责任，给铁路或第三者造成财产损失的，承运人有权要求托运人或收货人赔偿；承运人对无法交付的货物和运输阻碍有权按章处理。

收货人的义务是在货物免费暂存期限内将货物搬出车站，缴清托运人未交或少交的一切运输费用，按铁路规定处理其他未尽事实。因承运人责任发生货损、货差或运输违约时，收货人有权要求赔偿和退款。

2. 货物赔偿相关规定

铁路承运人自承运货物时起至将货物交付时止，对货物发生的灭失、短少、变质、污染、损坏承担赔偿责任，但下列原因造成的损失，承运人不承担赔偿责任。

(1)不可抗力。

(2)货物本身自然属性、合理损耗。

(3)托运人、收货人、押运人的过错。

由于托运人、收货人的责任或押运人的过错，使铁路运输工具、设备或第三者的货物造成损失时，托运人、收货人应负赔偿责任。

托运人、收货人与承运人双方对事故责任有分歧时，应依照下列程序解决。

(1)双方协商解决。

(2)协商解决尚不能达成一致意见时，一方可申请合同管理机关进行调解、仲裁。

(3)向人民法院起诉，由法院审理判决。

收货人不论采取哪种方式，均必须在收到对方答复的 60 日内提出诉讼，超过这个期限的，各方均不予受理。经人民法院判决的案件，当事人一方对判决不服的，必须在判决书指定的日期内上诉，期满不上诉的，判决即付诸实施。

3.3.3 铁路货物运输合同的订立

铁路承运标志着铁路货物出发作业的完成，货物运输合同的订立是铁路承运的标志。

办理铁路货物运输时，托运人与承运人应签订运输合同。大宗整车货物的运输合同可按季度、半年度、年度或更长期限签订，并提出月度铁路运输计划。其他整车货物可用铁路货物运输服务订单(图 3-16)作为运输合同。整车货物交运货物时，还须向承运人递交货物运单，零担货物和集装箱货物以货物运单作为运输合同。

××铁路局　　　编号:

<table>
<tr><td colspan="6">托运人
地址
电话　　　　　　邮编</td><td colspan="6">收货人
地址
电话</td></tr>
<tr><td colspan="3">发站</td><td colspan="3">到站（局）</td><td colspan="3">车种/车数</td><td colspan="3">箱型/箱数</td></tr>
<tr><td colspan="6">装货地点</td><td colspan="6">卸货地点</td></tr>
<tr><td colspan="2">货物品名</td><td colspan="2">品名代码</td><td colspan="2">货物价值</td><td colspan="2">件数</td><td colspan="2">货物重量</td><td colspan="2">体积</td></tr>
<tr><td colspan="2"></td><td colspan="2"></td><td colspan="2"></td><td colspan="2"></td><td colspan="2"></td><td colspan="2"></td></tr>
<tr><td colspan="10">要求发站装车日期　月　日前或班列车次　日期　月　日</td><td colspan="2">付款方式</td></tr>
<tr><td colspan="12">供托运人/收货人自愿选择的服务项目（由托运人/收货人填写，需要的项目打✓）
□ 1.发送综合服务　□5.清运、清纳垃圾
□ 2.到达综合服务　□6.代购、代加工装载加固材料
□ 3.仓储保管　□7.代对货物进行包装
□ 4.篷布服务　□8.代办一关三检手续</td></tr>
<tr><td colspan="12">说明或其他要求事项　　　　□ 保价运输</td></tr>
<tr><td colspan="12">托运人报价　　　元，具体项目金额列后：</td></tr>
<tr><td>序号</td><td>项目名称</td><td>单位</td><td>数量</td><td>收费标准</td><td>金额（元）</td><td>序号</td><td>项目名称</td><td>单位</td><td>数量</td><td>收费标准</td><td>金额（元）</td></tr>
<tr><td></td><td></td><td></td><td></td><td></td><td></td><td></td><td></td><td></td><td></td><td></td><td></td></tr>
<tr><td></td><td></td><td></td><td></td><td></td><td></td><td></td><td></td><td></td><td></td><td></td><td></td></tr>
<tr><td></td><td></td><td></td><td></td><td></td><td></td><td></td><td></td><td></td><td></td><td></td><td></td></tr>
<tr><td colspan="5">托运人/收货人签章
年　月　日</td><td colspan="4">承运人签章
年　月　日</td><td colspan="3">车站指定装车日期及货位</td></tr>
</table>

说明：1.涉及承运人与托运人、收货人的责任和权利，按《铁路火土运输规程》办理。
2.实施货物运输，托运人还应递交货物运单，承运人应按报价核收费用，装卸等需发生后确定的费用，应先列出项目，金额按实际发生核收。
3.用户发现超出国家计委、铁道部、省级物价部门公告的铁路货运价格及收费项目、标准收费的行为和强制服务、强制收费的行为，有权举报。举报电话：
物价部门：　　　　铁路部门：

图 3-16　铁路货物运输服务订单

托运人向承运人提出货物运单是一种签订合同的要约行为，即表示其签订运输合同的意愿。托运人按货物运单填记的内容向承运人交运货物，承运人按货物运单记载接收货物，核收运输费用，并在运单上盖章后，运输合同即告成立。托运人、收货人和承运人双方即开始负有法律责任。

货物运单由两部分组成，左侧为运单，右侧为领货凭证，如图 3-17 所示。运单和领货凭证背面分别印有“托运人须知”和“收货人领货须知”。每批货物填写一张货物运单，根据栏目要求分别由托运人和承运人填写。填写内容必须翔实正确、文字规范、字迹清楚，不得使用铅笔或红色墨水笔。内容如有更改，在更改处须加盖托运人或承运人印章证明。

3.3.4　铁路货物运输合同的履行

货物运输合同的履行是伴随货物的途中运输以及货物的到达作业完成的。货物的途中运输涉及货物运到期限和运输费用支付等相关问题；货物的到达过程涉及货物领取的相关问题。

货物指定于　月　日搬入
货位：
计划号码或运输号码：
运到期限　　日

××铁路局
货物运单

承运人/托运人装车
承运人/托运人施封

托运人→发站→到站→收货人　货票第　　号

托运人填写						承运人填写				
发站		到站(局)				车种车号		货车标重		
到站所属省(市)自治区						施封号码				
托运人	名称					经由	铁路货车篷布号码			
	住址		电话							
收货人	名称					运价里程	集装箱号码			
	住址		电话							
货物名称	件数	包装	货物价格	托运人确定重量(公斤)		承运人确定重量(公斤)	计费重量	运价号	运价率	运费
合计										
托运人记载事项：						承运人记载事项：				

注：本单不作为收款凭证，托运人签约须知见背面。　托运人盖章或签字　年　月　日　到站交付日期戳　发站承运日期戳

规格：350mm×185mm

领货凭证

车种及车号
货票第　　号
运到期限　　日

发站		
到站		
托运人		
收货人		
货物名称	件数	重量
托运人盖章或签字		
发站承运日期戳		

注：收货人须知见背面

图 3-17　货物运单

1. 货物运到期限

货物运到期限是对承运人的要求和约束，是对托运人、收货人合法权益的保护，有利于托运人和收货人据以安排经济活动。

铁路运输货物应在规定的运到期限内运至到站。货物运到期限从承运人承运货物的次日起按下列规定计算。

(1)货物发送期间为 1 日。

(2)货物运输期间：每 250km 运价里程或其未满为 1 日；按快运办理的整车货物每 500km 运价里程或其未满为 1 日。

(3)特殊作业时间。

①需要中途加冰的货物，每加冰一次另加 1 日。

②运价里程超过 250km 的零担货物和 1t、5t 型集装箱货物，另加 2 日，超过 1 000km 时加 3 日。

③一件重量超过 2t、体积超过 $3m^3$ 或长度超过 9m 的零担货物及零担危险货物另加 2 日。

④整车分卸货物，每增加一个分卸站另加 1 日。

⑤准、米轨间直通运输的整车货物，另加 1 日。

在计算货物实际运到日数时，起算时间从承运人承运货物的次日(指定装车日期的，为指定装车日的次日)起算。对于终止时间，到站由承运人组织卸车的货物，到卸车完成时止；由收货人组织卸车的货物，到货车调到卸车地点或货车交接地点时止。货物运到期限的起码天数为 3 日。

2. 运输费用支付

铁路货物运输费用收费项目及收费标准在《铁路货物运价规则》内规定，并在车站营业场所公告，未经公告，不得实行。

货物运输费用除另有规定外托运人，应在发站承运货物的当日支付。18～24 时装车的货物，可以在次日支付，途中或到站发生的运输费用由收货人在到站支付。

对经常托运或领取货物的托运人或收货人，不必一批一付，可以按日汇总一次支付。具体办法由车站与托运人、收货人商定。

【案例 3-5】 A 站在 5 月 28 日承运发往 F 站整车普通货物和危险零担货物各一批，运价里程为 2 478km。

(1)两批货物的运到期限各为多少天?

(2)如果整车货物和危险零担货物分别于 6 月 10 日和 6 月 12 日到站卸完，是否逾期?

3. 货物领取方式

承运人组织卸车的货物，卸车完成后及时向收货人发出催领通知。到货通知有两种信息通道：①托运人在货物承运后将领货凭证寄交收货人，收货人持领货凭证主动联系到站领取货物；②货物到达后，由到站向收货人发出催领通知。到站发出催领通知，可采取在营业场所揭示公告、寄出信函、市内电话通告等方法。收货人也可与到站商定如拍发电报、传真、长途电话等其他方式，这种商定通知方式的费用由收货人支付。

到站发出催领通知(不能实行催领通知的为卸车之后)的次日起，2 日内收货人应将货物全部搬出。对超过 2 日(铁路局可规定为 1 日)未能搬出者，车站向收货人核收货物暂存费。收货人拖延领取、拒绝领取或无人领取时，铁路采取解决措施无效后，自发出催领通知三日起满 30 日(搬家货物为 60 日)仍无人领取或收货人未按规定期限提出处理意见的，承运人按无法交付货物进行处理。对性质不宜长期保管的货物，承运人根据具体情况可缩短处理期限。

3.3.5 铁路货物运输合同的变更和解除

托运人或收货人由于特殊原因，对铁路承运后的货物可按批向货物所在的中途站或到站提出变更到站、变更收货人；发送前可向发站提出取消托运，解除运输合同，这两种情况均称为货物运输变更。

下列情况中的承运人不受理运输合同变更。

(1)违反国家法律、行政法规、物资流向、运输限制和密封的变更。

(2)变更后的货物运到期限大于容许运输期限。

(3)变更一批货物中的一部分。

(4)第二次变更到站。

货物运输合同在承运前的变更办法中另行规定。

整车货物、大型集装箱货物发站在挂运前，零担货物和其他集装箱货物发站在装车前，托运人提出取消托运要求的，经承运人同意可以取消托运手续，货物合同即告解除。

办理取消托运或变更手续时，托运人、收货人应向发站、中途站或到站提出领货凭证和货物变更要求书。不能提出领货凭证时，应提出能证明托运人、收货人身份的有效证明文件，并在变更要求书中注明，方可办理。已经卸车的整车货物不再办理变更到站。

办理变更或取消托运，托运人或收货人应向承运人支付货物变更手续费。发送前取消托运的，由发站返还全部运费及押运人乘车费。发送后变更到站的，运费应按发站至处理站、处理站至新到站分别计算，由新到站向收货人结算。对已发生的相关费用，由发站或处理站随同变更手续费一起核收。

【案例 3-6】　车站顺序如图 3-18 所示，下列货物能否办理整车分卸，试说明其原因。

(1)A 站托运一整车百货，重 30t，要求 B、C 两站分卸。

(2)A 站托运一整车牲骨，麻袋包装，要求 B、D 两站分卸。

(3)A 站托运一整车炭黑，麻袋包装，要求 C、D 两站分卸。

(4)A 站托运一整车冻猪肉，纸箱包装，要求 B、C 两站分卸。

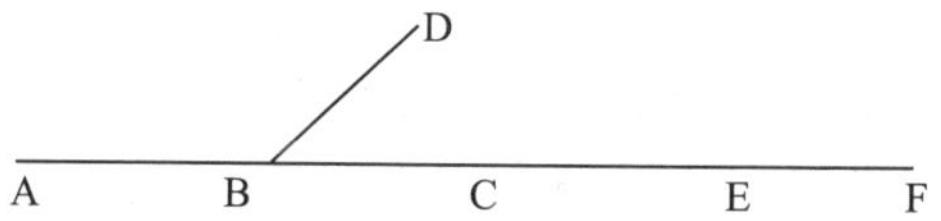

图 3-18　车站顺序示意图

3.4　铁路旅客运输业务

铁路旅客运输业务主要在车站和列车上进行。车站的业务包括售检票，引导、问询等信息服务，候车服务以及车站的组织管理工作。列车上的业务包括咨询服务、餐饮服务等。铁路旅客运输按流程不同可分为购票环节、车站服务环节、列车服务环节。

3.4.1　铁路旅客运输主要业务及流程

目前，铁路售票采用车站窗口售票、代售网点售票、互联网购票、电话订票、自助售票机售票等多种售票方式，同时推出了实名制购票的理念，不仅打击了倒卖车票的行为，更为旅客的出行购票提供了最大程度的便捷。旅客购票的有关规定如下。

(1)铁路旅客车票应在铁路承运人、销售代理人的售票处或者铁路的 12306 网站上购买。

(2)发售软座客票时最远至本次列车终点站。

(3)旅客购买加快票必须有软座或硬座客票。

(4)旅客乘坐提供空调的列车时，应购买相应等级的车票或空调票。

(5)随同成人旅行身高 1.2～1.5m 的儿童，应当购买儿童票；超过 1.5m 时应购买全价票。每一成人旅客可免费携带一名身高不足 1.2m 的儿童，超过一名时，超过的人数应购买儿童票。儿童票的座别应与成人车票相同，其到站不得远于成人车票的到站。免费乘车及持儿童票乘车的儿童单独使用卧铺时，应当补收票价差额。

(6)在普通大专院校(含国家教育主管部门批准有学历教育资格的民办大学)、军事院校、中小学、中等专业学校、技工学校就读，没有工资收入的学生，家庭居住地和学校不在同一城市时，凭附有加盖院校公章的减价优待证的学生证(小学生凭书面证明)，每年可购买家庭至院校(实习地点)之间 4 次单程的学生票。新生凭录取通知书、毕业生凭学校书面证明可买一次学生票。学生票限于使用普通旅客列车硬座和动车组列车二等座，使用普通旅客列车硬卧时应当补收票价差额。

(7)中国人民解放军和中国人民武装警察部队因伤致残的军人凭中华人民共和国残疾军人证、因公致残的人民警察凭中华人民共和国伤残人民警察证可购买优待票。

(8)到站台上迎送旅客的人员应购买站台票，站台票当日使用一次有效。

(9)20 人以上乘车日期、车次、到站、座别相同的旅客可作为团体旅客，承运人应优先安排；如填发代用票时除代用票持票本人外，每人另发一张团体旅客证。

(10)在无人售票的乘降所上车的人员，可在列车内购票，不收取手续费。

对于车站服务环节，在旅客运输组织中要坚持“以人为本”的理念。铁路客运站是一个人流集散的场所，旅客从一个车站购票、进站、候车、检票上车，直至到达目的车站下车出站，这个过程中将有很大一部分时间处于车站环境中，而车站客运服务系统是直接为旅客服务的，它的优劣直接影响旅客购票及候车环境的安全性、舒适性和便利性。

对于列车服务环节，列车服务与旅客感受密切相关，因此提高铁路旅客列车服务质量和旅客满意度能有力增强铁路的市场竞争力。

目前，我国旅客列车存在服务质量良莠不齐、部分车辆设施陈旧、列车正点率不高等问题，应进一步优化乘车环境，加大硬件投入，细化服务标准，提高服务质量，并强化培训，提高服务人员各方面素质。

【案例 3-7】 成都站自动售(取)票系统。为满足旅客快速购票以及互联网车票快速换票的需求，成都站专设了自动售(取)票区，设置自动售票机 15 台，同步发售全国各地各次列车车票；设置自动取票机 6 台，确保旅客凭二代身份证能快速换取互联网车票，该系统日均售取票量在 10000 张以上。

成都站自动售(取)票系统外形酷似银行的自动存取款机，容易辨识。与京津城际自动售票机操作方式类似，采用触摸式，设有进钞口、刷卡口，旅客可以像使用银行 ATM 一样自主取票和购票。

据成都站自动售(取)票系统的技术人员介绍，成都北站引进自动检票机后，与自动验票机配套，火车票的售票、检票等一系列功能都不需要借助人工就能完成，旅客购票进站的时间将缩短，还可以降低人工成本。

和谐号车票与普通车票也有所区别，蓝色背景取代红色，材质不是纸质的，而是硬胶质的，类似变薄了的磁卡。旅客运输流程和服务内容如图 3-19 所示。

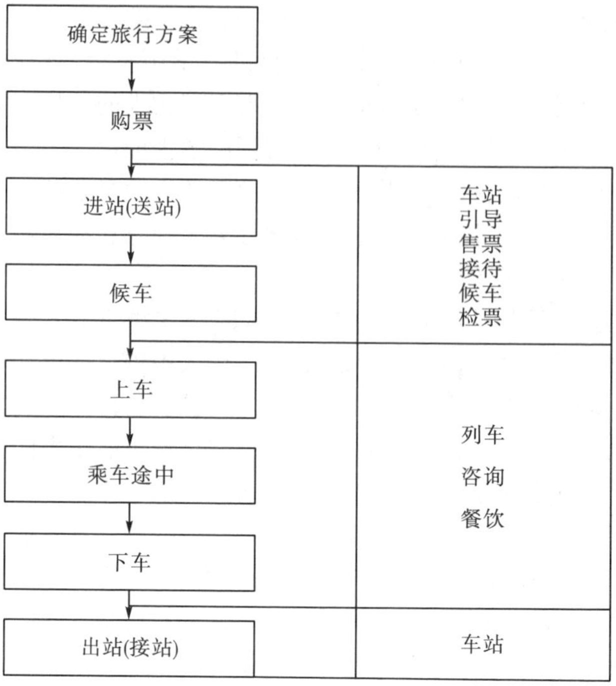

图 3-19　铁路旅客运输流程

【案例 3-8】　国外铁路的车站和列车服务。日本、法国、德国等国家的铁路车站服务表现为形式多样、与商业结合、注重残疾人服务、空间不大但不拥挤等特点。其车站接待和旅客信息服务系统规范、标准、实用，主要体现在引导揭示系统、车站旅行信息提供服务、餐饮、购物、换乘等各个方面，如图 3-20 所示。

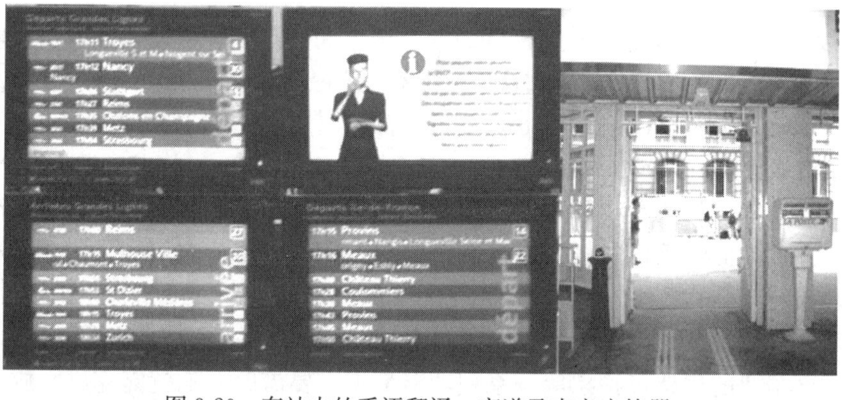

图 3-20　车站内的手语翻译、盲道及声音应答器

国外列车服务水平较为先进，主要体现在娱乐、舒适度、便捷度等方面。在德国，几乎所有的座位上都有 6 个音频频道可供选择，其中包括古典音乐、爵士乐、摇滚乐、流行音乐、轻音乐、儿童节目等许多广播节目。在有音频和视频设施的座位由德国综合性新闻电视台 N－TV 和德国铁路电视 Bahn TV 提供最新的新闻和纪录片。在 ICE 列车(或其他长途列车)上可办理购买车票的手续，支付方式为现金支付或银行卡刷卡支付。

在日本，新投入运营的日本东海线路 N700 型列车在其车厢的座位上都安装了电器插座。随着进一步的努力，约 60%的乘客可以在车上使用个人计算机或观看 DVD 播放器。每个等级的座位上都有一个音频设备，一等车厢里安装的是数字化设备。

在法国，所有经过更新或全新的高速列车一等车厢内每个座位上都有插座，旅客可以连接自己携带的电器，可以看录像、听音乐或使用计算机。在 TGV 列车内经常可以看到随车托运的旅客的自行车。

3.4.2　旅客运输合同的形式

旅客运输合同的表现形式是客票。目前我国铁路售票系统为 5.0 版本，出售的票为粉红色软纸票和淡蓝色磁卡票。下面以粉红色软纸票为例说明车票元素的含义，如图 3-21 所示。

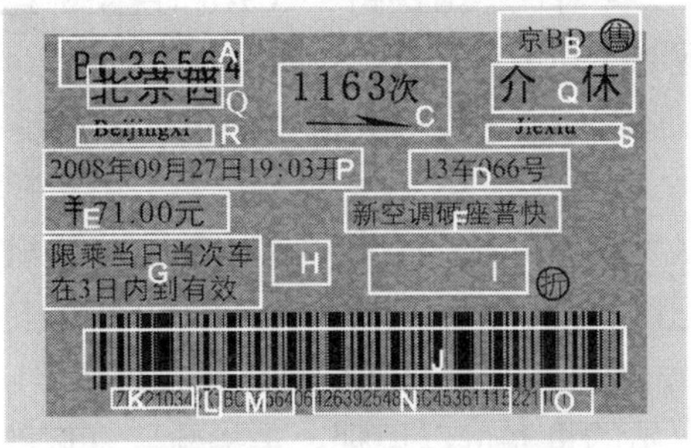

图 3-21　铁路客票

A 票号：表明对于某台售票窗口或终端连续售票的编号，由字母和 6 位数字组成。有时字母前方还有数字，一般表示售票窗口编号。

Q 始发站和终到站：行程 400km 以下为魏碑体，400km 以上为黑体。需要注意的是，在通票中终到站并不是旅客首先下车的站。

C 车次：旅客选择的具体车次。需要注意的是，在通票中是旅客第一次乘坐的车次，请旅客注意方向箭头的走向和位置。

D 座位号或者铺号。对于大部分绿皮车和空调列车，1 号座位肯定靠窗，以 0、4、5、9 结尾的号数也靠窗。对于列车长办公席所在的车厢，以 3、4、8、9 结尾的号数靠窗。

对于一般列车，其座位排列规律如下(0～9 为座位号尾号)：

窗 | 5 6 7 | 过 | 8 9 | 窗

口 | 0 1 2 | 道 | 3 4 | 口

有列车长办公席的车厢座位排列如下规律(0～9 为座位号尾号)：

窗 | 9 0 1 | 过 | 2 3 | 窗

口 | 4 5 6 | 道 | 7 8 | 口

对于动车组列车，一等座号车厢靠窗座位的号码均为 4 的倍数或者 4 的倍数+1，二等座号车厢，靠窗座位的号码均为 5 的倍数或者 5 的倍数+1，当然也包括 1 号座位。

B 售票点类型如下。

京 A——北京站；京 B——北京西站；京 D——北京北站；京 E——客票管理中心(位于北京西站主楼上)；京 F——丰台站；京 AD——北京站的代售点；京 BD——北京西站的代售点；北京南不用字母代替。

R 经由：只有通票才有这个部分，显示了旅客始发和终到站之间所经过车站的简称，位于括号中。

S 换乘方式：只有通票才有这个部分，显示了旅客中转后换乘的方式，可以有“普客到底”、“普快到底”、“特快到底”3 种选择。

P 开车日期和时刻：注意跨零点车次的日期归属，以开车时间确定日期，实行 24 小时制。

E 票价：由人民币符号和数字组成，数字精确到分。

F 车型以及中转站：表明旅客第一次乘车时的车型还有通票中的换乘站。

G 有效期：注意是旅客最终到达车站用时的期限(因为旅客可能中途下车或者换乘)，而不是说这张票在几天之内都可以从始发站坐车。

H 学生票：显示“学”，还有“孩”、“团”、“残”“返”等类型。

I 底纹和水印：对光可以看到“中国铁路”、CR 和铁路标志的底纹和水印。真票侧面对光看的时候有反光的中国铁路的标志，假票则没有。

J 条码部分：真票的条形码是不一样的，假票的条形码都是一样的(一般购买多张票才有比较)。

K 车站代码：前 6 位是发售车站代码；第 7～10 位是出票窗口代码。

L(第 11～14 位)售票记账日期：不完全是发售日期，可能比发售日要晚一天。

M(第 15～21 位)车票号码：应该和左上角的红色数码票号一样。

N 加密校验码：只有车站的机器可以识别，是检验票真假的核心部分。

O(最后四位)里程数。

为适应新技术发展的需要，铁道部决定自 2009 年 12 月 10 日起，对全路计算机车票(含磁介质车票)票样进行修改，此次升级最大的变化是过去车票下方的一维防伪条码变成了二维防伪图案。二维防伪图案呈方形、黑白相间，形似三维立体画。此次升级涉及全路所有计算机车票，除了粉红色软纸票外，淡蓝色磁卡票也在升级之列，但列车及车站到达补票系统车票不变。新车票如图 3-22 所示。

(a)普通车票

(b)磁介质普通列车车票

(c)磁介质动车组列车车票

(d)磁介质京津城际动车组列车车票

图 3-22 新车票示例

3.4.3 旅客运输合同的订立和履行

铁路旅客运输合同是指把旅客作为运输对象的合同，它的签订主要是通过旅客的购票行为和铁路承运人的售票行为完成的。铁路承运人按旅客的要求售出车票，则在承运人与旅客之间形成相应的合同关系。

旅客向铁路承运人提出旅行要约，一份合法有效的邀约应当具备以下3个方面的内容：①要有明确的旅行目的地；②要有明确的旅行始发时间；③要有明确的车次、座别。只有提出这3项基本内容，铁路承运人才能向旅客提供相应的车票。

【案例3-9】 国外铁路的购票方式。日本新干线购票渠道包括网上或手机预订、自动售票机、车站售票窗口、电话订购、车上补票、旅行社代理。

法国采用多种销售方式以满足不同旅客的需求，主要售票渠道有车站窗口、自动售票机、车站外的售票点、电话中心、法铁旅游网、旅行社代售等。发展的方向为：减少电话订票、旅行社的代售业务，发展自动售票机售票及网上售订票业务，继续改进车站的售票窗口服务。

在德国所有车站大概有9072个触摸屏自动售票机，有6种语言可供选择，可在开车前以最快的方式购票。长途客运公司在车站租用场地设置了950个售票窗口，实行计算机售票(图3-23)。

图3-23 德铁自动售票机

铁路旅客运输合同从售出车票时起成立，至按票面规定运输结束旅客出站时止，为合同履行完毕。旅客运输的运送期间自检票进站起至到站出站时止计算。

购买火车票分实名制和非实名制两种。我国主要采用实名制的形式，欧洲许多国家和印度等国也采用实名制；日本新干线因高密度发车未采用实名制。

2010年春运期间，我国铁路部门在广州铁路集团公司和成都铁路局部分车站试行火车票实名制，旅客凭有效身份证件购买试行实名制车站车票。旅客在全国各火车站购买在试行实名制车站上车的异地、联程等车票也需要凭有效身份证件。试行实名制的车票票面上增印旅客身份信息，旅客进站要持本人有效身份证件和车票，车站核对相符后，方可进站上车。其中，有效身份证件包括居民身份证、临时身份证、军官证、武警警官证、士兵证、军队学员证、军队文职干部证、军队离退休干部证、军队职工证、护照、港澳同胞回乡证、港澳居民来往内地通行证、中华人民共和国来往港澳通行证、台湾居民来往大陆通行证、大陆居民来往台湾通行证、外国人居留证、外国人出入境证、外交官证、领事馆证、海员证等。1.5m 以上 16 岁以下没有办理身份证的未成年人可凭户口簿、户口所在地公安机关出具的户籍证明信或学生证购票。儿童车票不实行实名制。

试行实名制的相应车站需要配备新的购票、验票设备，将增设检票口和检票人员，同时将在车站设立相关机构，为没有携带证件的乘客服务。

我国铁路现已实施实名制购票，利弊得失需要实践检验。一方面，实名制可以推进铁路的公开、透明的购票制度，遏制“黄牛”倒票，但是另一方面，实名制并不能增加客票数量，不能从根本上解决买票难的问题，反而有可能影响旅客验票速度。

【案例 3-10】 成都铁路局实名制车票具体实施方案。成都铁路局动车组列车及直通快车、其他旅客列车的始发站实行车票实名制。购买学生票或凭相关证件购买残疾人专用票额车票不受车次限制，均实行车票实名制。对持实名制车票的旅客、其所持车票和票面所载的有效身份证件实行查验。

旅客购买实名制车票时应持有效身份证件，一张有效身份证件同一乘车日期同一车次只能购买一张实名制车票。免费乘车的儿童和持儿童票的儿童不实行实名制。购票人可使用有效身份证件原件或复印件购买车票，也可以持乘车人的有效身份证件原件或复印件替乘车人代购车票。购买、使用减价优惠票或使用残疾人专用票额时，应同时出示有效身份证件和符合规定的证件。使用二代居民身份证购票时，系统通过二代居民身份证识读仪自动读取身份信息；使用其他有效证件购票时，由售票员录入旅客身份信息，旅客须在制票前通过窗口显示屏核实有效身份证件信息的正确性。自助售票机仅受理二代居民身份证购票。

铁路部门对旅客、其所持车票和票面所载的有效身份证件进行查验。票、证、人不一致或无法出示有效身份证件原件的旅客将不得进站乘车(成年人持儿童票的，视为票、证、人不一致)。无法出示有效身份证件原件的旅客应到车站铁路公安制证口办理临时身份证明后，方可进站乘车。

列车验票时，同时核对旅客、其所持车票及票面所载的有效身份证件原件。票、证、人不一致的，按无票处理。

实名制车票办理始发改签、中转签证时，无须出示有效身份证件，改签后的车票仍显示原票的身份信息。实名制车票办理退票时，需核实车票及其票面所载明的有效身份证件的一致性；票、证一致的方予以办理。

旅客购实名制车票并丢失后，需提供购票时所使用的有效身份证件原件、原车票乘车日期和购票地车站名称，在不晚于票面发站停止检票时间前 20min 到车站售票窗口办理挂失补办手续，但以下情形不办理挂失补办手续。

(1)超过规定时间提出的。

(2)原车票已经退票的。

(3)已经挂失补办的。

车站确认无误后，旅客按原车票车次、席位、票价重新购买一张新车票，新车票发售后，原车票失效。

旅客持新车票乘车时，应向列车工作人员声明。到站前，列车长确认新车票使用正常的，开具客运记录并交旅客，作为到站退票的凭证。

旅客到站后应在 24h 内凭客运记录、新车票和购票时所使用的有效身份证件原件，到车站退票窗口办理新车票退票，退票需支付相关手续费。

旅客运输合同签订后，旅客和铁路承运人均应认真履行合同，对于一些特殊情况有如下规定。

1. 误售、误购、误乘的处理

因站名相似或口音不同发生误售、误购时，站、车均应积极主动处理。应补收时，补收正当到站票价与已收票价的差额，收回原票，换发代用票；应退还时，凭原票和客运记录乘车至到站退款。

旅客因误售、误购、误乘或坐过了站需送回时，列车长应编制客运记录交前方停车站。车站应在车票背面注明“误乘”并加盖站名戳，指定最近列车免费返回。在免费送回区间，站、车均应告知旅客不得中途自行下车。如中途下车，对往返乘车的免费区间，按返程所乘列车等级分别核收往返区间的票价，核收一次手续费。

2. 丢失车票的处理

旅客丢失车票另行购票时，车站另发新票。列车上补票时，注明丢失。由于站、车工作人员工作失误造成旅客车票丢失时，站、车均应填发代用票，在记事栏内注明因××原因丢失，将款额剪断线全部剪下随丙联上报。

旅客丢失车票另行补票后又找到原票时，列车长应编制客运记录，连同原票和后补车票一并交给旅客，作为旅客在到站出站前退还后补车票的依据。列车长与车站办理交接时，车站不得拒绝。处理站在办理时，填写退票报告，并核收退票费，列车编制的客运记录随报告联一并上报。

3. 不符合乘车条件的处理

对不符合乘车条件的旅客、人员，站、车均应了解原因，区别不同情况予以处理。对有意不履行义务的，应补收票款并加收票款。对主动补票并经站、车同意上车的人员或儿童，只补收票价，核收手续费。

对持定期客票违章需按往返及天数加收票价时，按下列公式计算

$$加收票价=单程应收票价\times 2\times 天数$$

对需补收票款差额的，办理时发售补价票或收回原票，换发代用票。换发代用票时，补收的差额票价填写在代用票补收栏内，收回的原票随代用票丙联上报。

列车内发现旅客车票漏剪口时应补剪并核收手续费，如漏剪是由车站责任造成的，则列车补剪不收手续费，到站发现车票漏剪则不予追究。

旅客持票提前乘车并已经过车站剪口时，列车应予补签，或者收回原票、换发代用票。代用票上记载实际乘车的日期、车次，原票栏按原票实际填写，原票随丙联上报。

4. 拒绝运送和运输合同的终止

对列车上拒绝补票的人，应编制客运记录交列车前方县、市三等以上车站处理，但不能超过无票人员的到站。车站对列车移交和本站发现的人员应按章追补票价，对当时无力补票的应设法通知其单位或家属帮助补交票款。

对于在列车内寻衅滋事、扰乱公共秩序被列车工作人员责令下车的旅客，列车应编制客运记录交车站。车站工作人员对在站内发现的和列车移交的上述旅客应带出站外，情节严重者应送交公安部门处理。对被站、车拒绝乘车和责令下车旅客的车票应在车票背面作相应记载，作为不予改签或退票的依据。

5. 线路中断时对旅客的安排

线路中断造成列车不能继续运行时，列车长应迅速了解停运的原因，组织列车工作人员稳定车内秩序。发生火灾、爆炸等事故时，应组织旅客撤离现场，抢救伤员，扑救在火(必要时应分解列车)，调查取证并迅速与就近车站联系，向客调及上级有关领导报告情况。

列车停运且不能在短时间内恢复运行时，站、车应做好服务工作，解决旅客的困难，做好饮食供应工作，必要时向地方政府报告请求援助。

事故发生局还应向国务院铁路主管部门请求命令后向全路发出停办客运业务的电报，恢复通车时也照此办理。对旅客车票按如下规定处理。

(1)停止运行站和被阻列车应在车票背面注明日期、原因、返回××站字样或贴同样内容的小条，加盖站名戳或列车长名章，作为旅客免费返回发站或中途站办理退票或改签的凭证。

(2)在发站或由中途站返回发站停止旅行时，退还全部票价，其中包括在列车上补购的车票，但罚款、手续费和携带品超重、超大补收的费用不退。已使用至到站的车票不退。

(3)在停止运行站或返回中途站退票时，退还已收票价与发站至停止旅行站的票价差额，不足起码里程的按起码里程计算。

(4)铁路组织已购票的被阻旅客乘原列车绕道运输时持原票有效。组织旅客换乘其他列车绕道运输，车站应为旅客办理签证手续，在车票背面注明“因××绕道××站(线)乘车”并加盖站名戳。绕道运输乘坐原座别、铺别时票价不补不退，变更座别、铺别时，补收或退还差额。中途下车车票失效。

(5)旅客要求在发站或一个中途站(返回途中自行下车无效)等候继续旅行，凭原票在通车10日内可恢复旅行。旅客要求恢复旅行时，车站应办理签证手续。

(6)由于线路中断影响旅行旅客要证明时，车站应开具文字证明，加盖站名戳。

3.4.4 旅客运输合同的变更和解除

旅客和铁路承运人在会遇到变更和解除旅客运输合同的情况时，应按相关程序办理。

1. 旅客运输合同变更的程序

持通票的旅客在中转站和列车上要求变更经路时，必须在通票有效期能够到达到站时才可办理。办理时原票价低于变径后的票价时，应补收新旧径路里程票价差额，核收手续费。原票价高于或等于变更后的径路票价时，持原票乘车有效，差额部分(包括列车等级不符的差额)不予退还。

1)因旅客原因的变更

旅客不能按票面指定的日期、车次乘车时，应当在票面指定的日期、车次开车前办理一次提前或推迟乘车签证手续，特殊情况经站长同意可在开车后 2h 内办理。持动车组列车车票的旅客改乘当日其他动车组列车时不受开车后 2h 内限制。团体旅客不应晚于开车前 48h。

在车站售票预售期内且有运输能力的前提下，车站应予以办理，收回原车票，换发新车票，并在新车票票面注明“始发改签”字样(特殊情况下在开车后改签的注明“开车后改签不予退票”字样)；原车票已托运行李的，在新车票背面注明“原票已托运行李”字样并加盖站名戳。必要时，铁路运输企业可以临时调整改签办法。

旅客在发站办理改签时，改签后的车次票价高于原票价时，核收票价差额；改签后的车次票价低于原票价时，退还票价差额。

旅客办理中转签证或在列车上办理补签、变更席(铺)位时，签证或变更后的车次、席(铺)位票价高于原票价时，核收票价差额；签证或变更的车次、席(铺)位票价低于原票价时，票价差额部分不予退还。

2)因承运人原因的变更

因承运人责任使旅客不能按票面记载的日期、车次、座别、铺别乘车时，站、车应重新妥善安排。重新安排的列车、座席、铺位高于原票等级时，超过部分票价不予补收。低于原票等级时，应退还票价差额，不收退票费。

【案例 3-11】 某公司为方便员工旅行，提前向某铁路车站预订了 40 张到成都的硬卧车票。当该团体旅客到车站乘车时，没有预售车票所载明的车厢。列车长根据当日客车的旅客状况，安排 20 人到其他硬卧车厢，另 20 人安排在硬座车厢。事后，该企业要求车站退还硬卧与硬座票的差额，并赔偿损失。车站同意退还差价，但双方对赔偿损失协商未果。该企业遂向法院提起诉讼。

(1)该案例中的责任方是谁?

(2)责任方应该承担什么责任?

2. 旅客运输合同解除的要求

应当在旅客乘车之前解除铁路旅客运输合同，解除合同的标志是铁路承运人退还票款。

(1)旅客要求退票时，按下列规定办理，核收退票费。

①旅客退票必须在购票地车站或票面发站办理。

②在发站开车前，特殊情况也可以在开车后 2h 内，退还全部票价。团体旅客必须在

开车 48h 前办理。

③旅客开始旅行后不能退票。但因伤、病不能继续旅行时，经站、车证实，可退还已收票价与已乘区间票价差额。已乘区间不足起码里程时，按起码里程计算；同行人同样办理。

④退还带有“行”字戳迹的车票时，应先办理行李变更手续。

⑤因特殊情况经站长同意在开车后 2h 内改签的车票不退。

⑥站台票售出不退。

市郊票、定期票、定额票的退票办法由铁路运输企业自定。必要时，铁路运输企业可以临时调整退票办法。

(2)因承运人责任致使旅客退票时，按下列规定办理，不收退票费。

①在发站，退还全部票价。

②在中途站，退还已收票价与已乘区间票价差额，已乘区间不足起码里程时，退还全部票价。

③在到站，退还已收票价与已使用部分票价差额。未使用部分不足起码里程的按起码里程计算。

④空调列车因空调设备故障在运行过程中不能修复时，应退还未使用区间的空调票价。

(3)发生线路中断旅客要求退票时，在发站(包括中断运输站返回发站的)退还全部票价，在中途站退还已收票价与已乘区间票价差额，不收退票费，但因违章加收的部分和已使用至到站的车票不退。

3.5 本章小结

本章介绍了我国铁路发展现状、发展方向以及日、法、德等国家的铁路现状，阐明了铁路运输的发展趋势，列出了铁路客货运输的基本条件，并结合具体案例分析了铁路客货运业务的作业内容和作业流程，重点介绍了铁路客货运输合同的订立、履行、变更和解除，并对铁路旅客和货物运输质量管理进行了简要介绍。

(1)铁路运输现状和发展方向。铁路运输在我国将长期作为区域骨干运输方式。我国铁路货物运输向集装化和重载化方向发展，旅客运输向高速化方向发展。

(2)我国铁路客货运输的基本条件。铁路货物运输基本条件对货物的种类、重量、件数、限制条件等方面作了明确规定；铁路旅客运输基本条件对乘客乘车条件、各种票据的使用作了明确规定。

(3)铁路的客货运业务流程。货物运输的流程主要分为铁路货物的托运、受理、承运，途中运输，铁路货物的到达、支付等几个阶段；铁路旅客运输主要包括购票、候车等站内服务以及列车服务等几个环节。客货运输过程中都需要相关凭证进行保障。

(4)铁路运输质量管理。铁路货物运输质量的需求主要体现在安全、准时、速度、车种、直达等方面。旅客运输质量的需求主要体现在安全、舒适、迅速、经济、便捷等方面。在客货运输的质量管理中，需要引入相应评价指标，建立质量保证体系。

思考题

1. 铁路运输的主要特点体现在哪些方面?
2. 我国铁路运输的发展方向是什么?
3. 简述几条旅客乘车的基本条件。
4. 简述铁路承运人、发货人、收货人的权利和义务。
5. 货物运输过程中在哪些情况下承运人可以不受理运输合同变更?
6. 简述铁路旅客运输的流程和内容。
7. 交通运输服务质量有哪些特性?
8. 简述铁路质量管理体系应具备的基本内容。

主要参考文献

杜文. 2008. 旅客运输组织 [M]. 成都：西南交通大学出版社.
杜永胜，冯凡卡. 2008. 提高旅客列车服务质量的对策 [J]. 铁道运输与经济，30(7)：30-32.
金辰虎，何莹. 1996. 国外铁路旅客运输发展趋势 [J]. 铁道知识，(5).
苏顺虎. 2009. 铁路行包运输安全管理及发展方向研究 [J]. 铁道运输与经济，(8)：81-88.
铁道部. 2010. 铁路旅客运输办理细则 [S].
铁道部. 2010. 铁路旅客运输规程 [S].
王晖军. 1999. 我国货物运输质量需求现状及铁路发展建议 [J]. 综合运输，(10)：22-23.
钟杰，张彦. 2009. 铁路车站客运服务综合监控系统实现方案研究 [J]. 铁路计算机应用，18(4)：18-21.

第 4 章　公路运输

公路运输在我国的客货运输中占有很大比例，在国民经济发展中起着巨大作用。改革开放 30 多年来，我国公路建设发展迅速，作为国民经济的基础性产业，公路建设的发展对加快建设统一市场、实现资源有效配置、促进区域协调发展、提高对外开放程度、推动国民经济发展和社会进步发挥了重要作用。便捷高效的公路交通也日益改变着人们的思想观念和生活方式，扩大了出行半径，极大地提高了人们的生活水平。

4.1　公路运输概论

4.1.1　公路运输的特点

公路运输是在公路上运送旅客和货物的运输方式，是 19 世纪末随着汽车制造技术的发展和道路状况的改善而产生的，初期主要承担短途运输业务。第一次世界大战结束后，基于汽车工业的发展和公路里程的增加，公路运输步入了发展的阶段，不仅是短途运输的主力，并进入长途运输的领域。第二次世界大战结束后，公路运输发展迅速，欧洲许多国家和美国、日本等国已建成比较发达的公路网，汽车工业又提供了雄厚的物质基础，促使公路运输在运输业中跃至主导地位。

公路运输有以下一些主要特点。

(1)分布面广，适应性强。由于公路运输网一般比铁路、水路网的密度大十几倍，分布面也广，因此公路运输车辆可以“无处不到，无时不有”。公路运输在时间方面的机动性比较大，车辆可随时调度、装运，各环节之间的衔接时间较短。尤其是公路运输对客、货运量的多少具有很强的适应性，汽车的载重吨位有小有大，既可以单个车辆独立运输，也可以由若干车辆组成车队同时运输，这一点对抢险、救灾工作和军事运输具有特别重要的意义。

(2)可实现“门到门”直达运输。由于汽车体积较小，中途一般也不需要换装，除了可沿分布较广的路网运行外，还可离开路网深入到工厂企业、农村田间、城市居民住宅等地，即可以把旅客和货物从始发地门口直接运送到目的地门口，实现“门到门”直达运输。这是其他运输方式无法与公路运输比拟的特点之一。

(3)在中短途运输中，运送速度较快。在中短途运输中，由于公路运输可以实现“门到门”直达运输，中途不需要倒运、转乘就可以直接将客货运达目的地，因此，与其他运输方式相比，其客、货在途时间较短，运送速度较快。公路的经济里程为 500km 以内。

(4)运量较小，运输成本较高。目前，世界上最大的汽车是美国通用汽车公司生产的矿用自卸车，长 20 多米，自重 610t，载重 350t 左右，但仍比火车、轮船小得多；由于汽车载重量小，行驶阻力比铁路大 9～14 倍，所消耗的燃料又是价格较高的液体汽油或柴油，所以，除了航空运输外，汽车运输成本是最高的。

(5)污染严重。从洛杉矶汽车尾气引起的光化学污染事件到每条高速公路旁的来往车辆疾驶而过的嘈杂，从北京每日上演的交通拥堵到新闻中时时传来的危险品运输车辆倾覆造成化工原料泄漏事件，公路运输在提供便利的同时也带来了大气污染、噪声污染、光污染和水污染等许多问题。

4.1.2　公路运输的现状及发展方向

新中国成立以来，特别是改革开放以来，我国公路运输得到了较快的发展，在综合运输体系中已占有重要位置，发挥着基础性作用。截至 2012 年底，全国公路总里程达 423.75 万 km。公路密度为每百万平方公里 44.14km，跃居世界第二位。全国高速公路里程达 9.62 万 km，全国高速公路车道里程 42.46 万 km。全国等级公路里程 360.96 万 km，等级公路占公路总里程的 85.2%。其中，二级及以上公路里程 50.19 万 km，占公路总里程的 11.8%。各行政等级公路里程分别为：国道 17.34 万 km、省道 31.21 万 km、县道 53.95 万 km、乡道 107.67 万 km、专用公路 7.37 万 km、村道 206.22 万 km。国道中，国家高速公路 6.80 万 km，已完成国家高速公路网规划目标的 79%；普通国道 10.54 万 km。农村公路建设是我国公路建设中的一个亮点，全国农村公路(含县道、乡道、村道)里程达 367.84 万 km，全国通公路的乡(镇)占全国乡(镇)总数的 99.97%，通公路的建制村占全国建制村总数的 99.55%；其中，通硬化路面的乡(镇)占全国乡(镇)总数的 97.43%，通硬化路面的建制村占全国建制村总数的 86.46%。

尽管如此，我国的公路运输仍然存在许多问题，如部分路网布局不合理，影响路网规模效益的充分发挥；公路技术等级不合理，高等级路、高速公路所占比例低；区域发展不平衡，西部公路较少。

目前我国仍将公路建设放在重要的战略地位。规划提出强化国道主干线建设，确立了“五纵七横”的国道主干网络如图 4-1 所示。

五纵：黑龙江同江—海南三亚，北京—福建福州，北京—广东珠海，内蒙古二连浩特—云南河口，重庆—广东湛江。

七横：黑龙江绥芬河—内蒙古满洲里，辽宁丹东—西藏拉萨，山东青岛—宁夏银川，江苏连云港—新疆霍尔果斯，上海—成都，上海—云南瑞丽，湖南衡阳—云南昆明。

2005 年 1 月 13 日，国务院新闻办公室召开新闻发布会，公布了我国《国家高速公路网规划》，规划中的国家高速公路网采用放射线与纵横网络相结合的布局方案，目标是用 30 年时间形成中心城市向外放射，以及横连东西，纵贯南北的大通道。该网络由 7 条首都放射线、9 条南北纵线和 18 条东西横向线组成，简称“7918”。总规模 8.5 万 km，其中主线 6.8 万 km，地区环线、联络线等其他线路约 1.7 万 km，如图 4-2 所示。

按照国家“十二五”规划，高速公路发展规划具体如下。

(1)“十二五”时期，继续推进国家高速公路网、国家区域发展战略确定的高速公路、特大城市圈、大中城市群、疏港高速公路，以及省际连接线高速公路建设，加快重要高速公路通道扩容改造建设。

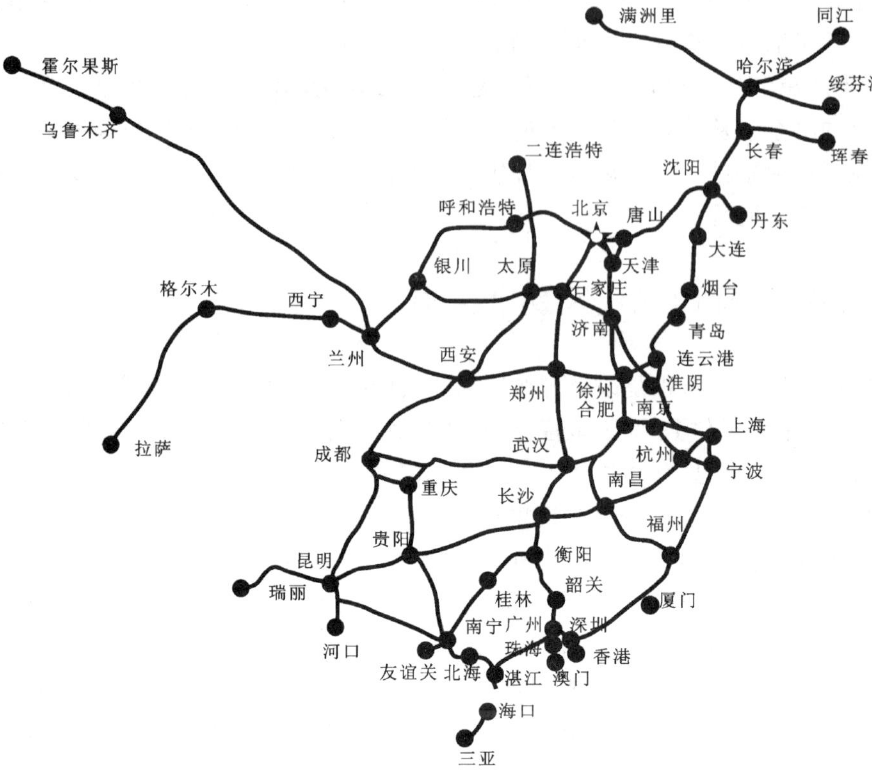

图 4-1 国道主干线

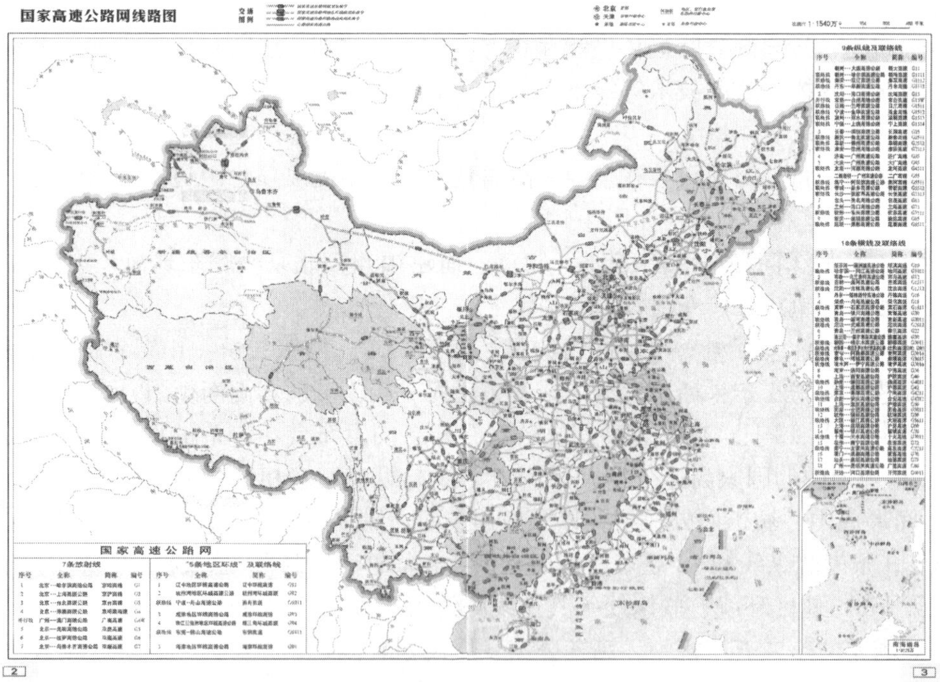

图 4-2 国家高速公路网布局方案

(2)5 年建成国家高速公路网 3.5 万 km，到 2015 年国家高速公路网全部建成，通车里程达到 8.3 万 km，基本覆盖 50 万以上人口城市。地方高速公路网 5 年建设约 3 万 km，其中新开工 1.2 万 km。

(3)到 2015 年，国地两网高速公路共计通车里程约达 14 万 km。

当代公路运输发展的主要趋势是：

(1)干线公路高等级化。交通量的密集化以及汽车数量和载重量的增长，必然要求干线公路由量的增加发展到质的提高，因而干线公路高等级化就成为当今世界公路建设的基本趋势。第二次世界大战以后，发达国家竞相建设高速公路，其中美国州际高速公路的里程就达 8 万 km，其他发达国家也都建成了全国高速公路网，并进而连接成跨国高速公路系统。许多发展中国家在 20 世纪 70 年代以后也纷纷开始建设高速公路。

(2)汽车运输高效化。为改善运输装备，提高运输效率和效益，使汽车运输向着高效化的方向发展，如在货运方面发展大型拖挂车和专用车。目前各主要发达国家拖挂运输所完成的货物周转量占全路货运总周转量的 40%～80%。拖挂车运输发展迅速的主要原因是其运载量大、油耗低、运输成本低。以专用汽车代替普通栏板式卡车也是汽车运输业进步的重要标志，专用车的主要优势包括安全可靠，运输质量好，货物不易变质和损坏；减少或取消包装费用；货物装卸时间缩短，运输效率提高。专用车在发达国家载货汽车保有量中占很大比例。

(3)公路运输向智能化方向发展。智能运输系统简称 ITS，是将先进的信息技术、数据通讯传输技术、电子控制技术及计算机处理技术等综合运用于整个地面运输管理体系，使人、车、路及环境密切配合、和谐统一，使汽车运行智能化，从而建立一种在大范围内全方位发挥作用的实时、准确、高效的公路运输综合管理系统。

智能运输系统可提高公路运输安全水平，减少交通堵塞，提高公路网的通行能力，降低汽车运输对环境的污染，提高汽车运输生产率和经济效益。随着智能运输系统技术的发展，电子技术、信息技术、通信技术和系统工程等高科技技术在公路运输领域将得到广泛应用，物流运输信息管理技术、运输工具控制技术、运输安全技术等均将产生巨大的飞跃，从而大幅度提高公路网络的通行能力。

(4)公路货运将向快速、长途、重载方向发展。随着区域经济的发展以及公路基础设施和车辆的不断改进，中长距离公路运输需求增加，公路货运向快速、长途、重载方向发展。大吨位、重型专用运输车因高速安全、单位运输成本低而成为我国未来公路运输车辆的主力。专用车产品向重型化、专用功能强、技术含量高的方向发展。厢式运输车、罐式运输车、半挂汽车列车、集装箱专用运输车、大吨位柴油车及危险品、鲜活、冷藏等专用运输车辆将围绕提高运输效率、降低能耗、确保运输安全的目标发展。

4.2　公路运输的基本条件

从 20 世纪 80 年代开始，随着改革开放的推进和经济的快速增长，我国公路的客货运输水平都有了很大提高。在货物运输和旅客运输的过程中，对货物运输种类、办理条件，旅客乘车条件，行李包裹运送条件都有一些明确的规定。

4.2.1 公路货物运输种类及其办理条件

公路货物运输可以依据不同的标准进行划分，按照运输组织方法、运输速度、运输条件、运输车辆、经营方式等可以进行不同的分类，针对不同种类的货物运输，都有相应的办理条件。

1)按运输组织方法分类

按照这种方式，公路货物运输可分为零担货物运输、整批货物运输和集装箱运输3类。

(1)托运人一次托运货物计费重量3t及以下的，为零担货物运输。

(2)托运人一次托运货物计费重量3t以上或虽不足3t，但其性质、体积、形状需要一辆汽车运输的，为整批货物运输。

(3)采用集装箱为容器，使用汽车运输的，为集装箱运输。集装箱运输又有以下分类方法。

(1)国际集装箱运输和国内集装箱运输。

(2)标准集装箱运输和非标准集装箱运输。

(3)普通集装箱运输和特种集装箱运输(危险、冷藏保温和罐式集装箱运输等)。

(4)整箱运输和拼箱运输。

(5)用托运人的集装箱进行的运输和用承运人的集装箱进行的运输。

(6)用单车进行的集装箱运输和用牵引车加挂半挂车的列车组合形式进行的集装箱运输。

2)按运输条件分类

按照这种方式，公路货物运输一般分为普通货物运输和特种货物运输。特种货物运输又可以分为以下几种。

(1)大型特型笨重物件运输。因货物的体积、重量要求，需要大型或专用汽车运输的为大型特型笨重物件运输。

(2)危险货物运输。

(3)鲜活货物运输。包括易腐货物和活动物两大类，其运输条件如下。

(1)托运需冷藏保温的货物，托运人应提出货物的冷藏温度和一定时间内的温度保持要求。

(2)托运鲜活货物，托运人应提供最长运输期限及途中管理、照料事宜的说明书。货物允许的最长运输期限应大于汽车运输能够达到的期限。

(3)运输途中有需要饲养、照料的有生命生物、植物，托运人必须派人押运。

3)按运输速度分类

按照这种方式公路货物运输可分为普通货物运输和快件货物运输。要求在规定的时间内将货物运达目的地的，为快件货物运输；应托运人要求采取即托即运的，为特快件货物运输。

4)按运输车辆分类

按照这种方式，公路货物运输可分为普通车辆运输和特种车辆运输。

凡由于货物性质、体积或重量的要求，需要大型汽车或挂车(核定载重吨位为40t及以上的)以及容罐车、冷藏车、保温车等车辆运输的，为特种车辆运输。

5)按经营方式分类

(1)公共货物运输。即以整个社会为服务对象的专业性公路货物运输，其经营方式主要有定期定线运输，定线不定期运输，定区不定期运输。此外还有出租汽车货运和搬家货物运输。

(2)契约货物运输。契约货物运输是指按照承托双方签订的运输契约进行货物运输。

(3)自用货物运输。

(4)汽车货运代理经营的货物运输。

6)按运输方式的多少分类

按照这种方式，公路货物运输分为单一方式运输和公路参加的多式联运。

7)按货物装卸责任分类

按照这种方式，公路货物运输分为由托运人或收货人自理(或负责)装卸车的货物运输和由承运人负责装卸车的货物运输。

8)按货物是否参加了保价运输或运输保险分类

按照这种方式，公路货物运输分为货物保价运输、货物保险运输和既未保价也未保险的货物运输。

4.2.2　公路旅客乘车条件

公路运输是我国中短途旅客运输的主力军，为维护公路旅客运输市场秩序，保障公路旅客运输安全，保护旅客和经营者的合法权益，对旅客乘车条件，旅客携带物品等方面有明确的规定。

1. 公路旅客乘车条件

(1)持有效客票乘车。

(2)维护乘车秩序，遵守公路规章，遵守社会公德。

(3)接受车站值勤人员对危险品的检查。

(4)成人及身高超过1.5m的儿童须购全票，身高1.2～1.5m的儿童须购半票。持一张全票的旅客可免费携带一名身高1.2m以下的儿童乘车，但不供给座位；携带免费乘车儿童超过一人或要求供给座位时，须购儿童票。按照《道路旅客运输及客运站管理规定》第49条之规定，在载客人数已满的情况下，搭乘的免票儿童不得超过核定载客人数的10%。

(5)以下旅客不准乘车。

①不遵守汽车客运规章并不听劝告者。

②精神失常无人护送或虽有人护送仍可能危及其他旅客安全者。

③恶性传染病患者。

2. 违反公路旅客乘车条件的处理

(1)旅客无票或持无效客票、不符合规定的客票乘车，除补收始发站至到达站全程客票价款外，并处以100%的罚款。

(2)旅客在小件物品或行包中藏匿危险品或其他禁运物品进站、上车或办理寄存、托运，按下列规定处理。

①未造成危害和损失的，没收其携带的全部危险品和禁运物品，并视情节轻重处以30元以下罚款。

②已造成危害和损失的，除移交公安、司法机关追究治安、刑事责任外，还应赔偿全部经济损失。

3. 公路旅客携带物品的规定

1)免费携带物品

每一张全票(含残废军人票)可免费携带10kg物品，每一张儿童票可免费5kg物品；携带物品体积不能超过0.02m^3，长度不能超过1.8m。超过规定时，其超过部分按行包收费；占用座位时，按实际占用座位数购票。

2)不能携带的物品

(1)易燃、易爆等危险品。

(2)有可能损坏、污染车辆和有碍其他旅客安全的物品。

(3)动物(另有规定的除外)。

(4)有刺激性异味的物品。

(5)尸体、尸骨。

(6)法律和政府规定的禁运物品。

3)限量携带的物品

在保证安全、卫生的条件下，乘坐城乡公共汽车和普客班车的每一旅客可携带少数的雏禽或小型成禽乘车，但须装入容器，具体数量由各省级交通主管部门规定。军人、民兵和公安人员随身佩带的枪支及配备的适量子弹，经出示持枪证，可以携带乘车。

4.2.3 公路行李包裹运送的基本要求

我国旅客出行携带的行李一般较多，这是我国旅客运输的一个重要特点，因此要对公路运输过程中行李包裹的范围和运送条件进行相关规定。

1. 公路行李包裹的范围

(1)每位旅客随车托运行李包裹(简称行包)总重量一般不能超过40kg，行包单件重量不得超过30kg，体积不得超过0.12m^3。

(2)危险品及政府禁运物品不得夹入行包中托运。

2. 公路行李包裹运送的基本要求

(1)行包要包装严密，捆扎牢固，标志明显，适宜装卸。

(2)托运限运物品应持有关证明。

(3)机密文件、贵重物品、易碎品、易污品、武器、精密仪器、有价证券等物品须旅客自行携带看管。

(4)旅客自行携带看管的物品超过规定重量和体积的为自理行包，按行包计费，如占用座位，须按占用座位数购买车票。

4.3　公路货物运输业务

公路运输主要承担中短途的货物运输，对铁路、水运、航空运输起着货物集散的作用。公路货物运输合同规定托运方和承运方的权利义务关系，公路货物运输合同的订立、履行、变更、解除贯穿货物运输的整个过程，是货物运输的保证。按照运输组织方法的不同，公路货物运输可以分为公路整车货物运输、公路零担货物运输、公路集装箱运输，每一类运输组织方法都有相应的工作程序。

4.3.1　公路货物运输合同

公路货物运输合同是指国内经营公路货物运输的企业与其他企业、农村经济组织、国家机关、事业单位、社会团体等法人之间以及个人或联户之间，为了实现特定货物运输任务而明确相互权利义务关系的协议，托运货物的一方称为托运方，承接货物运输任务的一方称为承运方。公路货物运输合同的主体资格包括公路货物运输企业及其他企业、农村经济组织、国家机关、事业单位、社会团体等法人其他经济组织及个体工商户、农村承包经营户。

1. 公路货物运输合同的内容

(1)公路货物运输合同的一般内容如下。

①货物的名称、性质、体积、数量及包装标准。

②货物起运和到达地点、运距，托运人、收货人的名称及详细地址。

③运输质量及安全要求。

④货物装卸责任和方法。

⑤货物的交接手续。

⑥批量货物运输起止日期。

⑦年、季、月度合同的运输计划(文书、表式、电报)提送期限和运输计划的最大限量。

⑧运杂费计算标准及结算方式。

⑨变更、解除合同的期限。

⑩违约责任。

⑪双方商定的其他条款。

图 4-3 所示为 UPS 货物运单。

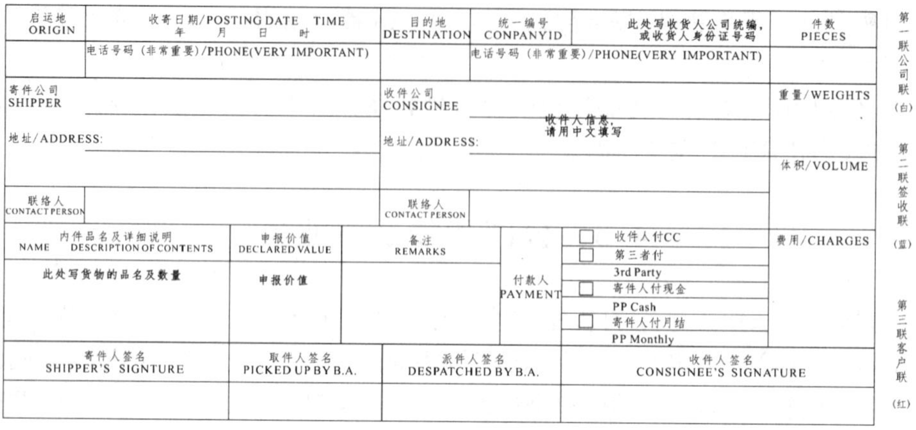
启运地 ORIGIN
收寄日期/POSTING DATE TIME 年 月 日 时
目的地 DESTINATION
统一编号 CONPANYID
此处写收货人公司统编，或收货人身份证号码
件数 PIECES
电话号码（非常重要）/PHONE(VERY IMPORTANT)
电话号码（非常重要）/PHONE(VERY IMPORTANT)
寄件公司 SHIPPER
地址/ADDRESS:
收件公司 CONSIGNEE
收件人信息，请用中文填写
地址/ADDRESS:
重量/WEIGHTS
体积/VOLUME
联络人 CONTACT PERSON
联络人 CONTACT PERSON
内件品名及详细说明 NAME DESCRIPTION OF CONTENTS
此处写货物的品名及数量
申报价值 DECLARED VALUE
申报价值
备注 REMARKS
付款人 PAYMENT
收件人付CC
第三者付 3rd Party
寄件人付现金 PP Cash
寄件人付月结 PP Monthly
费用/CHARGES
寄件人签名 SHIPPER'S SIGNTURE
取件人签名 PICKED UP BY B.A.
派件人签名 DESPATCHED BY B.A.
收件人签名 CONSIGNEE'S SIGNATURE
第一联公司联（白）
第二联签收联（蓝）
第三联客户联（红）

图 4-3 UPS货物运单

2. 公路货物运输期限

承运中的一项重要条款是运输期限，通常由托运人、承运人双方共同商定。承运人负责装卸时，运输期限从装车时间开始至货物运到指定地点卸载完毕止；托运人负责装卸时，运输期限从货物装载完毕开始至车辆到达指定卸货地点为止。若公路货物运输合同中未约定运输期限，则从起运日起，按 200km 为一日运距。

3. 公路货物运输合同的订立

承运是公路货物运输合同订立的重要标志，它是指承运人对托运人托运的货物进行检查后，认为与托运人申报的内容相符，予以接受货物、签发运单的一种行为。

1)货物的托运

(1)托运货物时运单的填写要求如下。

①准确表明托运人和收货人的名称(姓名)和地址(住所)、电话、邮政编码。

②准确表明货物的名称、性质、件数、重量、体积以及包装方式。

③准确表明运单中的其他有关事项。

④一张运单托运的货物必须是同一托运人、收货人。

⑤危险货物与普通货物以及性质相互抵触的货物不能共用一张运单。

⑥托运人要求自行装卸的货物，经承运人确认后，在运单内注明。

⑦应使用钢笔或圆珠笔填写，字迹清楚，内容准确，需要更改时，必须在更改处签字盖章。

(2)托运货物时的有关注意事项如下。

①托运的货物品种不能在一张运单内逐一填写的，应填写货物清单。

②托运货物的名称、性质、数量、重量、体积、包装方式等，应与运单记载的内容相符。

③按照国家有关部门规定需办理准运或审批、检验等手续的货物，托运人托运时应将准运证或审批文件提交承运人，并随货同行。托运人委托承运人向收货人代递有关文件时，应在运单中注明文件名称和份数。

④托运的货物中，不得夹带危险货物、贵重货物、鲜活货物和其他易腐货物、易污染

货物、货币、有价证券以及政府禁止或限制运输的货物等。

⑤托运货物的包装，应当按照承托双方约定的方式包装。对包装方式没有约定或者约定不明确的，可以协议补充；不能达成补充协议的，按照通用的方式包装，没有通用方式的，应在足以保证运输、搬运装卸作业安全和货物完好的原则下进行包装。依法应当执行特殊包装标准的，按照规定执行。

⑥托运人应根据货物性质和运输要求，按照国家规定，正确使用运输标志和包装储运图示标志。使用旧包装运输货物，托运人应将包装上与本批货物无关的运输标志、包装储运图示标志清除干净，并重新标明制作标志。

⑦整批货物运输时，散装、无包装和不成件的货物按重量托运；有包装、成件的货物，托运人能按件点交的，可按件托运，不计件内细数。

(3)货物押运的有关规定如下。

①运输途中需要饲养、照料的有动物、植物、尖端精密产品、稀有珍贵物品、文物、军械弹药、有价证券、重要票证和货币等，托运人必须派人押运。大型特型笨重物件、危险货物、贵重和个人搬家物品是否派人押运，由承托双方根据实际情况约定。除上述规定的货物外，托运人要求押运时，需经承运人同意。

②需派人押运的货物，托运人在办理货物托运手续时，应在运单上注明押运人员姓名及必要的情况。押运人员每车一人，托运人需增派押运人员，在符合安全规定的前提下，征得承运人的同意，可适当增加。押运人员须遵守运输和安全规定。

③押运人员在运输过程中负责货物的照料、保管和交接；如发现货物出现异常情况，应及时作出处理并告知车辆驾驶人员。

2)货物的受理

承运人受理托运人托运的货物时，应遵守如下规定。

(1)承运人受理凭证运输或需有关审批、检验证明文件的货物后，应当在有关文件上注明已托运货物的数量、运输日期，加盖承运章，并随货同行，以备查验。

(2)承运人受理整批或零担货物时，应根据运单记载货物名称、数量、包装方式等，核对无误，方可办理交接手续。发现与运单填写不符或可能危及运输安全的，不得办理交接手续。

(3)承运人应当根据受理货物的情况，合理安排运输车辆，货物装载重量以车辆额定吨位为限，轻泡货物以折算重量装载，不得超过车辆额定吨位和有关长、宽、高的装载规定。

(4)承运人应与托运人约定运输路线。起运前运输路线发生变化必须通知托运人，并按最后确定的路线运输。承运人未按约定的路线运输而增加的运输费用，托运人或收货人可以拒绝支付。

(5)货物运输中，在与承运人非隶属关系的货运站场进行货物仓储、装卸作业，承运人应与站场经营人签订作业合同。

(6)运输期限由承托双方共同约定后应在运单上注明。承运人应在约定的时间内将货物运达。零担货物按批准的班期时限运达，快件货物按规定的期限运达。

3)货物的交接

承托双方应履行交接手续，包装货物采取件交件收；集装箱重箱及其他施封的货物凭封志交接；散装货物原则上要磅交磅收或采用承托双方协商的交接方式交接。交接后双方应在有关单证上签字。

货物交接时，承托双方对货物的重量和内容有质疑，均可提出查验与复磅，查验和复磅的费用由责任方负担。

经承托双方在指定的时间和地点验收、交接货物完毕，并经承运人与托运人在运单上签字或盖章后，运单即生效，货物运输合同即告成立。

4. 公路货物运输合同的履行

承运人签发运单后，合同生效，进入合同履行阶段，包括承运人对合同的履行和收货人对合同的履行。承运人的履行分为 3 个阶段：承运阶段、运送阶段和交付阶段。收货人履行的主要义务有两项：①及时领取货物；②支付托运人未付或少付的运输费用。

1)货物的搬运装卸

(1)搬运装卸。

(2)承运人应根据承运货物的需要，按货物的不同特性，提供技术状况良好、经济适用的车辆，并能满足所运货物重量的要求。

(3)货物搬运装卸由承运人或托运人承担，可在货运合同中约定。

(4)委托站场经营人、搬运装卸经营者进行货物搬运装卸作业的，应签订货物搬运装卸合同。

(5)搬运装卸人员应对车厢进行清扫，发现车辆、容器、设备不适合装货要求时，应立即通知承运人或托运人。

(6)搬运装卸作业应符合要求。

(7)搬运装卸危险货物，按交通运输部《汽车危险货物运输、装卸作业规程》进行作业。

(8)搬运装卸作业完成后，货物需绑扎苫盖篷布的，搬运装卸人员必须将篷布苫盖严密并绑扎牢固；由承托双方或委托站场经营人、搬运装卸人员编制有关清单，作好交接记录；并按有关规定施加封志和外贴有关标志。

(9)货物在搬运装卸中，承运人应当认真核对装车的货物名称、重量、件数是否与运单上的记载相符，包装是否完好。

2)货物的到达与交付

(1)整批货物运抵前，承运人应当及时通知收货人做好接货准备。

(2)货物运达承托双方约定的目的地后，承运人知道收货人的，应及时通知收货人。零担货物运达目的地后，应在 24h 内向收货人发出到货通知或按托运人的指示及时将货物交给收货人。

(3)货物运抵目的地后，收货人应凭有效单证及时提(收)货物。收货人无故拒提(收)货物的，应赔偿承运人因此造成的损失；收货人逾期提(收)货物的，应当向承运人支付保管费等费用。收货人不明或者收货人无正当理由拒绝受领货物的，承运人可以提存货物。

(4)货物交付时，承运人与收货人应当做好交接工作，发现货损、货差，由承运人与收货人共同编制货运事故记录，交接双方在货运事故记录上签字确认。

(5)车辆装载有毒、易污染的货物卸载后，承运人应对车辆进行清洗和消毒。因货物自身的性质，应托运人要求，需对车辆进行特殊清洗和消毒的，由托运人负责。

5. 公路货物运输合同的变更和解除

公路货运合同签订后，任何一方不得擅自变更或解除。如确有特殊原因不能继续履行或需变更时，需经双方同意，并在合同规定的时间内办理变更。如在合同规定的期限外提出，必须负担对方已造成的实际损失。

1)公路货运合同变更和解除的条件

凡发生下列情况之一者，允许变更和解除公路货运合同。

(1)由于不可抗力使运输合同无法履行。

(2)由于合同当事人一方的原因，在合同约定的期限内确实无法履行运输合同；

(3)合同当事人违约，使合同的履行不可能或不必要。

(4)经合同当事人双方协商同意解除或变更，但承运人提出解除运输合同的，应退还已收的运费。

2)公路货运合同变更和解除的程序

托运人要求变更或解除运输合同时，应注意以下几点。

(1)应当提供书面要求、个人有效证件和货运单托运人联。

(2)要求变更或解除运输合同的货物，应是一张货运单填写的全部货物。

(3)应符合公路货运合同变更或解除的条件。

承运人应当及时处理托运人的变更或解除合同要求。变更时，承运人应更改或重开运单，重新核收运费。不能办理时，应迅速通知托运人。解除货运合同后，承运人可以收取退运手续费。

3)因不可抗力造成公路货物运输变更的处理

在货物运输过程中，因不可抗力造成道路阻塞导致运输阻滞，承运人应及时与托运人联系，协商处理，发生货物装卸、接运和保管费用按以下规定处理。

(1)接运时，货物装卸、接运费用由托运人负担，承运人收取已完成运输里程的运费，退回未完成运输里程的运费。

(2)回运时，收取已完成运输里程的运费，回程运费免收。

(3)托运人要求绕道行驶或改变到达地点时，收取实际运输里程的运费。

(4)货物在受阻处存放时，保管费用由托运人负担。

【案例 4-1】

2003 年 1 月 21 日，某公司委托某货运配载站将 17 台“松下爱妻”号洗衣机运至外地某市。货运配载站当日签出货物托运凭证，该凭证右下方有被告站事先印好的货物托运合同。

该合同第 2 条、第 3 条分别载明：托运人必须委托承运人保险，如发生丢失和损坏，按保险条例赔偿；如托运人未委托承运人投保，如发生丢失和损坏，按运费的 3 倍赔偿。货运配载站接受委托后用汽车运输，途中发生交通事故，造成托运的洗衣机中 16 台损坏，经交警认定货运配载站应负事故全部责任。之后，某公司多次找货运配载站协商赔偿事宜，但无法达成协议。为此，某公司依法起诉要求法院判令货运配载站按受损洗衣机的进货价赔偿原告货物损失 30188.19 元，并赔偿可得利润损失 3018 元，合计 33206.19 元。

货运配载站辩称：双方已在货物托运合同中约定托运人必须委托承运人保险，如发生丢失和损坏，按保险条例赔偿，如托运人未委托承运人投保，如发生丢失和损坏，按运费的3倍赔偿。双方签订合同后，原告未委托被告办理货物保险手续，因此原告的洗衣机在运输途中受损，被告只须按运费的3倍进行赔偿即可。原告要求被告赔偿全部损失没有依据，被告无法接受。

分析

你认为本案的责任应如何划分?

4.3.2 公路整车货物运输

根据公路货物运输的规定，一次货物运输在3t以上者可视为整车运输，如货物重量虽为3t以下，但不能与其他货物拼装运输，需单独提供车辆办理运输，则也可视为整车运输，但以下的货物必需按整车运输。

(1)鲜活货物，如冻肉、冻鱼、鲜鱼，活的牛、羊、猪、兔、蜜蜂等。

(2)需用专车运输的货物，如石油、烧碱等危险货物，粮食、粉剂的散装货等。

(3)不能与其他货物拼装运输的危险品。

(4)易于污染其他货物的不洁货物，如炭黑、皮毛、垃圾等。

(5)不易于计数的散装货物，如煤、焦炭、矿石、矿砂等。

1. 整车货物运输托运、受理

1)整车货物运输托运、受理的主要方法

(1)登门受理。即由运输部门派人员去客户单位办理承托手续。

(2)下产地受理。在农产品上市时节，运输部门下产地联系运输事宜。

(3)现场受理。在省、市、地区等召开物资分配、订货、展销、交流会议期间，运输部门在会场设立临时托运或服务点，现场办理托运。

(4)驻点受理。对生产量较大，调拨集中，对口供应，以及货物集散的车站、码头、港口、矿山、油田、基建工地等单位，运输部门可设点或巡回办理托运。

(5)异地受理。企业单位在外地的整车货物，运输部门根据具体情况，可向本地运输部门办理托运、要车等手续。

(6)电话、传真、信函网上托运。经运输部门认可，本地或外地的货主单位可用电话、传真、信函网上托运，由运输部门的业务人员受理登记，代填托运单。

(7)签订运输合同。根据承托双方签订的运输合同或协议办理货物运输。

(8)站台受理。货物托运单位派人直接到运输部门办理托运。

2)整车货物的托运、受理的工作程序

公路货物的托运与受理一方面能为货主解决生产、销售、进出口运输需要，另一方面也使运输部门有了充足的货源，满足运力的需要。整车货物的托运受理工作程序如下。

(1)货物托运人签填托运单。货物托运单(无论整车、零担、联运)是承托双方订立的运输合同或运输合同证明，其明确规定了货物承运期间双方的权利、责任，货物托运单的主要作用如下。

①托运单是公路运输部门开具货票的凭证。

②托运单是调度部门派车、货物装卸和货物到达交付的依据。

③托运单在运输期间发生运输延滞、空驶、运输事故时是判定双方责任的原始记录。

④托运单是货物收据、交货凭证。

整车货物的托运单一般由托运人填写，也可委托他人填写，并应在托运单上加盖与托运人名称相符的印章，托运单的填写有严格的要求。

①内容准确完整，字迹清楚，不得涂改。如有涂改应由托运人在涂改处盖章证明。

②托运人、收货人的姓名、地址应填写全称，起运地、到达地应详细说明所属行政区。

③货物名称、包装、数量、体积、重量应填写齐全。

(2)托运单内容的审批和认定。公路运输部门收到由货物托运人填写的托运单后，应对托运单的内容进行审批，审批的主要内容包括审核货物的详细情况(名称、体积、重量、运输要求)，以及根据具体情况确定是否受理。通常下列情况运输部门不予受理。

①法律禁止流通的物品或各级政府部门指令不予运输的物品。

②属于国家统管的货物或经各级政府部门列入管理的货物，必须取得准运证明方可出运。

③不符合《危险货物运输规则》的危险货物。

④托运人未取得卫生检疫合格证明的动植物。

⑤托运人未取得主管部门准运证明的违反规定的超长、超高、超宽货物。

⑥必须由货物托运人押送、随车照料，而托运人未能做到的货物。

⑦由于特殊原因，以致公路无法承担此项运输的货物。

检验有关运输凭证。货物托运应根据有关规定同时向公路运输部门提交准许出口、外运、调拨、分配等证明文件或随货同行的有关票证单据，一般分为以下几种。

①货物托运人委托承运部门代为提取货物的证明或凭据。

②有关运输该批(车)货物的质量、数量、规格的单据。

③其他有关凭证，如动植物检疫证、超限运输许可证、禁通路线的特许通行证、关税单证等。

审批有无特殊运输要求，如运输期限、押运人数或承托双方议定的其他有关事项。

(3)确定货物运输里程和运杂费。对货物运输的计费里程和货物的运杂费由货物受理人员在审核货物托运单的内容后认定。

(4)托运编号及分送。托运单认定后，应将托运单按编定的托运号码告知调度、运务部门，并将结算通知交货主。

3)托运、受理的要求

托运、受理工作应做到以下几点。

(1)托运人、收货人名称，联系人、地址、电话要准确。

(2)起讫站名、装卸货物地址要详细。

(3)货物名称、规格、性质、状态、数量、重量应齐全、准确。

(4)应选择合理的运输路线。

(5)有关证明文件、货运资料应齐全。

(6)危险货物、特种货物应说明运输要求、采取的措施及预防的方法。

(7)运费结算单的托收银行、户名、账号要准确。

2. 整车货物的核实理货

货物的核实理货工作一般有受理前的核实和起运前的核实。受理前的核实是在货方提出托运计划并填写货物托运单后，运输部门派人会同货方进行的核实。核实的主要内容如下。

(1)托运单所列的货物是否已处于待运状态。

(2)装运的货物数量、发运日期有无变更。

(3)连续运输的货源有无保证。

(4)货物包装是否符合运输要求，危险货物的包装是否符合《危险货物运输规则》规定。

(5)确定货物体积、重量的换算标准及其交接方式。

(6)确定装卸场地的机械设备、通行能力。

(7)确定运输道路的桥涵、沟管、电缆、架空电线等详细情况。

货物起运前的核实工作称为理货或验货，其主要内容如下。

(1)承托双方共同验货。

(2)落实货源、货流。

(3)落实装卸、搬运设备。

(4)查清货物待运条件是否变更。

(5)确定装车时间。

(6)通知发货、收货单位做好过磅、分垛、装卸等准备工作。

3. 整车货物的装卸和监装、监卸

车辆到达装货地点后，监装人员应根据货票或运单填写的内容、数量与发货单位联系发货，并确定交货办法。散装货物根据体积换算标准确定装载量，单件杂货一般以件计算。

在货物装车前，监装人员应注意并检查货物包装有无破损、渗漏、污染等情况，一旦发现，应与发货单位商议修补或调换。如发货单位自愿承担因破损、渗漏、污染等引起的货损，则应在随车同行的单证上加盖印章或作批注，以明确其责任。装车完毕后，应清查货位，检查有无错装、漏装，并与发货人员核对实际装车的件数，确认无误后，办理交接签收手续。

货物放卸人员在接到卸货预报后，应立即了解卸货地点、货位、行车道路、卸车机械等情况。在车辆到达卸货地点后，应会同收货人员、驾驶员、卸车人员检查车辆装载有无异常，一旦发现异常应作好卸车记录后再开始卸车。

卸货时，应根据运单及货票所列的项目与收货人点件或监秤记码交接。如发现货损、货差，则应按有关规定编制记录并申报处理。收货人可在记录或货票上签署意见但无权拒收货物。交货完毕后，应由收货人在货票收货回单联上签字盖章，公路承运人的责任即告终止。

4.3.3　公路零担货物运输

公路零担货物运输按其性质和运输要求可分为普通零担货物和特种零担货物。普通零担货物指《公路汽车货物运输规则》中适于零担汽车运输的普通货物。

特种零担货物则分为长、大、笨重零担货物，危险、贵重零担货物，以及特种鲜活零担货物等。

零担货物的办理内容包括受理托运、检货司磅、验收入库、开票收费、配运装车、卸车保管和提货交付。

1. 零担货物托运受理

1)托运受理的方法

(1)站点受理，即由货主送货到站，到站办理托运手续。

(2)上门受理，即由车站指派业务人员到托运单位办理托运手续。

(3)预约受理，即与货主约定日期送货到站或上门提取货物。

2)托运单的填写与审核

公路零担货物托运单一式两份，一份由起运站存查，另一份则于开票后随货同行。凡货物到站在零担班车运输路线范围内的，称为直线零担，应填写零担货物托运单。如需要通过中转换装的，称为联运零担，应填写联运货物托运单。填写托运单时应注意以下几点。

(1)填写的内容齐全、完整、准确，并注明提货方式。

(2)填写的货物名称应该用常见的、通俗易懂的名称，不可用代号、字母代替。

(3)如有特殊事项，陈在发货人事栏内记载外，还必须向受理人员作书面说明。

托运单在审核时则应注意以下几点。

(1)检查并核对托运单内容有无涂改，对涂改不清的要求重新填写。

(2)审核到站与收货人地址是否相符，以免误运。

(3)对货物的品名、属性应进行鉴别，避免造成货运事故。

(4)对同一批货物且多种包装的应认真核对，以免错提错交。

(5)对托运人在声明栏内填写的内容应特别予以注意，如要求的内容无法办理则应予以说明。

2. 零担货物的配送装车

零担货物在配运装车时应注意以下几点。

(1)整理各种随货同行的单据，其中包括提货联、随货联、托运联、零担货票以及其他随送单据。

(2)根据运输车辆核定吨位、容积、货物的理化性质、形状、包装等合理配装，并编制货物交接清单。

(3)货物装车前，货物保管人员将接收的货物按货位、批量向承运车辆的随车人员或驾驶员及装车人员交代货物的品名、件数、性能以及具体装车要求。

(4)中途装卸零担货物，应先卸后装，无论卸货进仓或装货上车均应按起点站装卸作业程序办理。

(5)起运站与承运车辆应根据零担货物装车交接清单办理交接手续，并按交接清单有关栏目逐批点交。交接完毕后，由随车理货人员或驾驶员在交接清单上签收。交接清单以一站一车为原则。

3. 零担货物的卸车交货

零担班车到站后，对普通到货零担及中转联运零担分别理卸，并根据仓库情况，除将普通到货按流向卸入货位后，对需要中转的联运货物，应办理中转手续。零担货物的卸车交货应注意以下几点。

(1)班车到站时，车站货运人员应向随车理货员或驾驶员索阅货物交接单以及跟随的有关单证，并与实际装载情况核对，如有不符应在交接清单上注明。

(2)卸车时，应向卸车人员说明有关要求和注意事项，然后根据随货同行的托运单、货票等按批、件验收，卸车完毕后，收货员与驾驶员或随车理货员办理交接手续，并在交接清单上签字。

(3)卸车完毕后，将到达的货物记录到零担货物到达登记表，并迅速以到货公告或到货通知单的形式催促收货人前来提货。

(4)交货完毕，公路运输的责任即告终止，因此，交货时应注意以下几点。

①不能以白条、信用交付货物。

②在凭货票提货交付货物时，应由收货人在提货联上加盖与收货人名称相同的印章，并提供有效证明文件。

③如凭到货通知单交付货物，收货人在到货通知单上加盖与收货人名称相同的印章，验看收货人的有效证明，并在货票提取联上由提货经办人签字交付。

④凭电话通知交付时，则凭收货人提货证明，并经车站认可后由提货经办人在货票提货联上签字交付。

⑤如委托他人代提货，则应有收货人盖有相同印章向车站提出的委托书，经车站认可后，由代提货人在货票提货联上签字交付。

4.3.4 公路集装箱运输

公路集装箱运输生产过程是指从运输货物之前的准备工作开始，直至将集装箱货物送到目的地为止的全过程。公路集装箱运输经常表现为海上国际集装箱运输的继续。当今，公路集装箱运输在发达国家十分普及，已成为世界货物运输的主要方式之一，而我国集装箱运输车辆在整个公路运输中所占的比例偏低，仅占营业性载货车辆总量的0.4%左右，主要集中在沿海省市。公路集装箱运输以其安全、快捷、优质、高效、环保等诸多优点，越来越受到广大用户的欢迎，是公路运输现代化的主要标志之一。

1. 公路集装箱货物运输的责任

公路集装箱货物运输的责任自承运人接受货物、并签发货物托运单或其他货运单证时起，至将货物交给收货人时止的整个期间。因此，公路集装箱运输应注意以下几点。

(1)接受集装箱货物时，应对货物托运单中所记载的货物件数、规格、标志、重量、外表状况等予以检查。

(2)公路承运人在与发货人、收货人、集装箱货运站或集装箱码头堆场办理集装箱货物交接时，均应在单证上作交接手续记录。

(3)对于联运中转的集装箱货物，应与前后承运人办理交接手续。

(4)拼箱货交接时，驾驶员应与集装箱货运站、托运人、收货人办理交接、签收手续。

(5)整箱货交接时，驾驶员应与集装箱码头堆场、发货人、收货人办理集装箱外表状况、铅封交接、签收手续。

(6)对运输期间因保管、照料过失，运输延误等原因造成货物灭失、损害的，由公路承运人负责赔偿。

2. 公路集装箱运输的免责

由于下列原因引起集装箱货物及集装箱的灭失、损害的，公路承运人不负责任。

(1)发货人填写或申报货物内容过失。

(2)货物包装不牢、标志不清。

(3)由于货主自己负责装卸、搬运而造成的过失。

(4)货主装箱、封箱、配箱不当；

(5)集装箱不适合货物装载运输所致。

(6)人力不可抗拒的自然灾害或货物本身的变化。

(7)有关当局对货物处理的法令。

(8)收货人逾期提货或拒收货物造成的货损。

(9)第三者的过失等。

4.4 公路旅客运输业务

公路旅客运输业务是完成旅客和行李的位移，公路运输合同规定了承运人和旅客之间的权利义务关系。公路旅客运输合同的订立、履行、变更、解除贯穿整个运输过程。

4.4.1 公路旅客运输合同

公路旅客运输合同的基本形式是客票。旅客运输合同规定了承运人和旅客各自的权利和义务。

1. 旅客运输合同的特征和形式

(1)标准合同。承运人和旅客不得就合同的条款进行协商，而按国家统一规定的客运规定订立合同，合同的唯一体现就是旅客所持有的客票。

(2)诺成合同。双方经过要约、承诺，达成合意，合同即告成立。

(3)承运人不得拒绝旅客通常的运输要求。对于旅客的要约，承运人承担着强制承诺的法律义务，除正当理由外，不得拒绝。

(4)包括行李的运送。行李票是托运行李的货物运输合同的书面形式，是另一个运输合同。

(5)旅客先乘运后补票的，旅客运输合同自旅客乘上车(船)时即告成立。

(6)旅客运输合同一般有强制保险条款。

公路旅客车票是公路旅客运输合同的基本形式。

(1)班车客票。在班车运输中，身高 1.1m 以下的儿童可享受免票；身高 1.1～1.3m 的儿童可享受半价儿童票；伤残军人凭民政部颁发的《革命残废军人抚恤证》可享受半价优待票。2009 年部分省市对免票、半票标准作了相应修改：身高 1.2m 以下、不单独占用座位的儿童乘车免票，身高 1.2～1.5m 的儿童乘车购买儿童票。成人及身高超过 1.5m 的儿童乘车购买全票。

(2)旅游客票。旅游客票是对旅客到游览地的乘车、食宿等费用包干的票种。

(3)客运包车票。客运包车票是客运包车专用票据。

2. 公路旅客运输合同的订立

(1)旅客购票的有关规定。成人及身高超过 1.5m 的儿童乘车购买全票。身高 1.2m 以下、不单独占用座位的儿童乘车免票，身高 1.2～1.5m 的儿童乘车购买儿童票，革命伤残军人、因公致残的人民警察乘车分别凭《中华人民共和国残疾军人证》、《中华人民共和国伤残人民警察证》购买优待票。儿童票和优待票票价为具体执行票价的 50%。

(2)承运人的售票方式。有车站售票、站外设点售票、随车售票、上门售票和电话订票等多种方式。

3. 公路旅客运输合同的履行

1)旅客乘车

(1)旅客持符合规定的客票，按票面指定的日期和车次检票乘车。

(2)客票以票面指定的乘车日期、车次，一次完毕行程为有效期限。旅客中途终止旅行，客票即告失效。旅客因急病、伤或临产必须中途终止旅行时，凭医院诊断证明和原客票，退还未乘区段票款，免收退票费。

2)遗失客票的处理

若旅客遗失客票，应另行购票乘车。如事先申报，事后找到原客票，在商定时间内，经验证无讹，退还原票款，免收退票费。途中遗失客票，能取得确实证明者，允许继续乘车至原票到达站。

3)班车运行

(1)班车必须按指定车站和时间进入车位装运行包，检票上客，正点发车，严禁提前发车。

(2)班车必须按规定的线路、班点(包括食宿点)和时间运行、停靠。如途中发生意外情况，无法运行时，应以最快方式通知就近车站派车接运，并及时公告。如需食宿，站方应协助解决，费用自理。

(3)班车到站后，按指定车位停放，及时向车站办理行包和其他事项的交接手续。

4. 公路旅客运输合同的变更和解除

1)班车客运变更解除事项及处理

(1)旅客不能按票面指定日期、车次乘车时，可在该班车开车 2h 前办理签证改乘，改乘以一次为限。开车前 2h 内不办理签证改乘，可作退票处理，按规定核收退票费。

(2)旅客要求越站乘车，事先申明并经驾乘人员同意，补收加乘区段票款。

(3)旅客退票按以下规定办理。

①应在当次班车规定开车时间 2h 前办理退票，最迟在开车后 1h 内办理，开车 1h 后，不办理退票。

②车上发售的客票和签证改乘的客票不办理退票。

③属客运经营者责任造成的退票，不收退票费。

(4)班车在始发站停开、晚点或变更车辆类别时须及时公告。旅客因此要求退票的，应退还全部票款，不收退票费。旅客要求改乘的，由车站负责签证。变更车辆类别的，应退还或补收票价差额。

(5)班车中途发生故障，客运经营者应迅速派相同或相近类别车辆接运。接运车辆类别如有变更，票价差额概不退补。

(6)因路线阻滞，班车必须改道行驶时，票价按改道实际里程计收。按改道里程发售客票后，如班车恢复原路线行驶，发车前由始发站将票价差额退还旅客。

(7)班车行至途中临时需要改线或绕道，票价差额不退不补。如不能继续行驶，旅客自愿在被阻点或返回途中停止旅行的，应退还未乘区段的票款，自愿返回始发站的免费送回，退还全部票款；自愿在被阻点等候乘车，经站、车人员在客票上签证，可继续乘车。中途退给旅客的票款，经办站可向原发站或运方收回。

2)旅游客运合同的变更和解除

提供旅游综合服务的旅游客运，退票须在开车前办理，退还原票款中运费部分，核收退票费，代办食宿和其他服务费用根据具体情况办理，对不予退还的，应在售票时公告。无旅游综合服务的旅游客运，退票按班车退票办理。旅客中途终止旅游的，不予退票。

3)包车客运的变更和解除

用户要求变更使用包车的时间、地点或取消包车，须在使用前办理变更手续。运输经营者要求变更车辆类型、约定时间或取消包车，也应事先与用户协商，经同意后，方能变更。运输经营者自行变更车辆类型或未按约定时间供车者，按违约或延误供车处理。

【案例 4-2】

2007 年 3 月 5 日上午，某客运公司长途客车上的检票员发现甲、乙两人没有买票，于是让他们补票。二人蛮不讲理，司机说："你们没有买票，我们就可以把你们赶下车，干嘛那么多废话。"二人听后感到害怕，其中甲马上就补了票，但乙由于身上没带钱，于是央求汽车把他带到某站。检票员不同意，就把乙赶下车，当日下午 1 点，售票员发现客人太多，已经超员 4 人，于是便拒载后来的客人。

丙由于有急事，央求上车，售票员说：“客车运输不能超载，出了问题，我们要负责任的。”丙说：“出了问题我负责。不管什么问题，我都一人负责。”售票员无奈便让其上了车，还说：“出了问题可由你一人全部负责!”下午 3 点，售票员发现丁携带危险品，便随之把危险品拿到车下销毁，丁坚决反对，售票员说：“要么你拿着危险品下车，要么让我销毁。”

分析

(1)乘车人甲、乙二人没买票，售票员可否直接把他们赶下车?

(2)由于乙身上没带钱，售票员最终还是把他赶下车，售票员这样做是否合法?为什么?

(3)售票员是否有权销毁旅客携带的危险品?为什么?

(4)售检票员未把丙赶下车，在赶往某站的途中，由于司机突然刹车致丙倒地重伤，谁应对丙的损失负责?

4.4.2 公路行包运输合同

公路旅客或托运人托运行李和包裹时要与承运人签订合同，明确各自的权利和义务。行李包裹是指旅客随身携带的衣服、被褥、书籍、零星食品、少量土特产品及小件职业用具等。

1. 公路行包运输合同的形式

汽车旅客运输行包票是公路行包运输合同的基本形式。

汽车旅客运输行包票的内容主要包括票号、车次、发站、经由站、到站、运输里程、起运日期、标签号码、客票号、全价票张数、儿童票张数、托运人的地址和电话、收件人的地址和电话、行包包装名称、品名、件数、计费项目、费率、金额、装卸费、附记、行包实际重量、运输费用总额、受理站、填票人等。

汽车旅客运输行包票共四联，第一联为受理站存查，第二联用于上报审核，第三联为提单，第四联为到达通知代报销凭证。

2. 公路行包运输合同的订立

公路旅客或托运人托运行包，交纳行包运输费用，由站方开具汽车旅客运输行包票后，公路行包运输合同即告成立。

旅客托运的行包要符合行包运送的基本条件，如行包要包装严密，捆扎牢固，标志明显，适宜装卸；行包中不得夹入危险品及政府禁运物品；托运限运物品应持有关证明等。

旅客自行携带看管的物品超过规定重量和体积的为自理行包，按行包计费，如占用座位，须按实购买车票。

3. 公路行包运输合同的履行

同货物运输一样，旅客托运的行包到站(或目的地)后，随车运送的，承运人应与旅客及时办理行包交接手续；未随车运送的，承运人在行包到站后应及时通知旅客或收件人领取行包，并与收件人办理交接手续。

(1)旅客托运规定重量内的行包，一般应与旅客同车运达；旅客托运超过规定重量的行包或非旅客的托运物品，最迟运达期限为 7 天。行包运到后，应立即通知收件人提取，无法通知的予以公告。到达站从通知或公告次日起负责免费保管 2 天；超过 2 天的，按不同的件重核收保管费。

(2)托运行包凭行包票提取，如票遗失，应向到达站说明和登记，经车站确认后，可凭有关证明提取。如行包已被他人持票取走，车站应协助查询，但不负赔偿责任。

(3)行包自到达站发出通知或公告后 10 天内无人提取时，车站应认真查找使其物归原主，超过 90 天仍无人提取的(鲜活易腐物品及时处理)，即按无法交付行包处理。无法交付行包应报经交通主管部门批准后，向当地有关部门作价移交，所得价款扣除应付的费用，余款立账登记。在 180 天内仍无人领取时，上缴国库。

4. 公路行包运输合同的变更和解除

(1)行包在起运前，旅客要求取消或变更托运的，承运人可予以办理，并核收手续费。但如果班车停开，旅客因此要求取消行包托运的，应退还全部行包运费，且不收手续费。旅客因班车停开而要求改乘的，可办理变更手续(签字)，也不应收手续费。

(2)班车中途发生故障，承运人应迅速派相同或相近类别的车辆接运旅客、行包，这种变更也不应收手续费。

(3)因路线阻滞(如因发生了交通事故而受阻)班车必须改道行驶时，行包运费按改道后实际里程计收；按改道里程核收运费后，如班车恢复原路线行驶，则发车前由始发站将运费差额退还旅客。如果在行车途中因路线受阻或其他原因临时需要改线路或绕道，则行包运费不退不补。如果不能继续行驶，旅客自愿在被阻点或返回途中停止旅行的，应退还未运输区段的行包运费，自愿返回始发站的应随车将行包免费送回，退还全部运费。

(4)除上述班车受阻外，旅客要求在中途站停运行包时，承运人一般可不予受理。旅客因急病、伤或临产必须中途终止旅行时，退还所托运行包未运区段运费；如要求运回原起运站或运往其他到达站时，应重新办理托运。途中或车上办理托运的行包要求停运或改运，不退还运费。

4.4.3　公路旅客运输流程

公路旅客运输主要包括购票、候车、乘车等环节，各环节主要在车站和汽车上完成。公路旅客运输流程如图 4-4 所示。

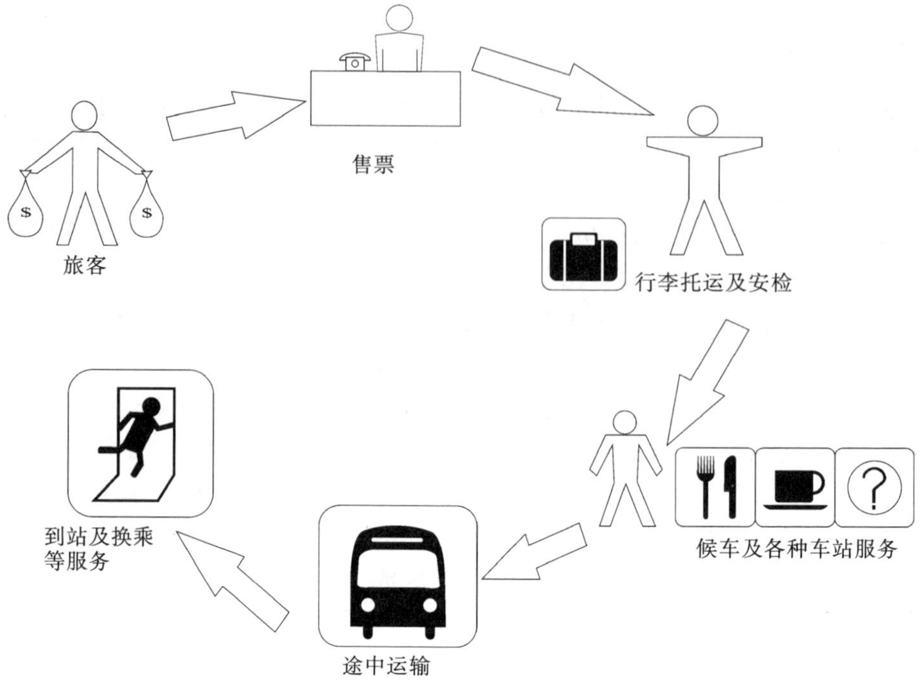

图 4-4　公路旅客运输流程图

在购票方面，公路运输主要采用客运站窗口购票的形式，为方便旅客行程，目前联网售票正在推行。到 2007 年年底，京津冀跨省公路客运联网售票成功试运行，北京 10 家客运站，衡水 10 多家客运站，天津近 10 家客运站、客运企业、客运代理点之间通过第三方——特捷交通技术系统有限公司建立的联网售票信息平台实现了异地互售，实时结算。2012 年起，江苏省 13 个省辖市的一级汽车客运站正式联网售票，从此旅客在江苏任何一个一级客运站都能买到直达全国 25 个省的 131 个地级市和 324 个县的公路客运票。此次江苏省共有南京、苏州、无锡、常州、镇江、宿迁、南通、扬州、泰州、徐州、淮安、盐城、连云港 13 个省辖市的 22 个一级客运站正式实现联网售票。旅客不仅可以在本地购买所需车票，而且可以购买异地车票；旅客还可以自由选择座位，可以挑靠窗的或靠过道的座位车票，买卧铺车票的也可以挑选上下铺；出行的旅客还可以提前购买返程票，让出行更加方便。

2012 年 12 月 11 日起，成都市道路客运联网售票系统正式开始运行，这是四川省内功能最齐全、规模最大的汽车售票系统，成都市内 11 个汽车站的车票可实现联网销售，市民可以通过成都汽车票务网(www. cdqcp. com)、自动售票机、手机、车站综合窗口、人工代售点和电话预订 6 种方式购买汽车票。购票实行实名制，预订、取票都需要身份证。成都市道路客运联网售票系统目前覆盖了主城区 11 家长途汽车客运站，包括成都东站汽车客运站(东站汽车站)、成都汽车总站(五桂桥)、五块石客运站、城北客运站、十陵客运站、昭觉寺汽车站、北门汽车站、新南门车站、城东客运中心(城东客运站)、国际商贸城客运站(原荷花池车站搬迁后更名)和成都石羊客运站联网售票上线运行。市民可以在市内任何一个汽车站购买这 11 个车站的车票。但目前金沙客运站、茶店子客运站和机场客运站需要在完成搬迁及信息化改造后才能联网售票，市民购票只能去所属车站。

在车站候车方面，车站应该为旅客提供良好的候车环境，提供售票、问询、安检等各种服务。在节假日，旅客应与车站相互配合，确保车站完成运输组织工作。

在乘车方面，承运人应确保将旅客安全、迅速地送往目的地，并提供安全、舒适、卫生的乘车环境。

4.5　本章小结

本章主要介绍了我国公路运输的发展现状和方向，对公路运输中的货物运输、旅客运输、行包运输的基本条件进行了叙述，重点介绍了货物运输合同和旅客运输合同，并对公路客货运输流程作了说明。

思考题

1. 简述公路运输的主要特点。
2. 简述我国公路货物运输的类别。
3. 简述公路旅客运输的基本条件。
4. 简述公路货物运输的基本条件。
5. 简述公路货物运输合同的订立、履行、变更与解除过程。
6. 简述公路集装箱运输的责任与免责条件。
7. 简述班车运输中免票、半票的条件。
8. 简述公路旅客运输流程。

主要参考文献

陈红，田雨佳. 2009. 农村公路服务质量发展策略［J］. 交通企业管理，(1)：50-51.
韩先科，蔡建华. 2005 高速公路服务质量的理论与分析[J]. 交通标准化，(10)：137-141.
李津. 2005. 运输商务管理［M］. 北京：国防工业出版社.
刘小卉，陈琳. 2005. 运输管理学［M］. 上海：复旦大学出版社.
刘作义，朗茂祥. 2003. 运输商务［M］. 北京：中国铁道出版社.
王晓东. 2006. 国际运输与物流［M］. 北京：高等教育出版社.
杨洁，佟立本. 2001. 交通运输概论［M］. 北京：中国铁道出版社.
张江宇. 2011. 十二五期间我国高等级公路发展规划与建设［J］. 建设机械技术与管理，(11)：84-87.
张起花，熊燕舞. 2008. 公路跨区域联网售票风生水起［J］. 运输经理世界，(5)：34-37.
朱艳茹，郑承松. 2002. 高速公路服务质量指标体系初探［J］. 江苏交通，(5)：9-10.

第5章 航空运输

随着社会经济的快速发展，航空运输业得到长足进步，航空运输因其运输时间短、安全以及舒适的乘车环境，在长途旅客运输中占据重要地位。同时，大部分高附加值货物由于对时间要求较高，通常比较青睐于航空运输。

5.1 航空运输概论

人类的航空历史可以追溯到很久以前，甚至连古人用的石头和矛、古希腊阿尔希塔斯所制造的机械鸽、澳洲的飞去来器、中国的孔明灯和风筝都与之有关。至于真正的飞，早在古希腊神话中的伊卡洛斯是一个能够飞的人、中国的元黄头、欧洲的降落伞和一名穆斯林阿巴斯·卡希姆·伊本·弗纳斯的滑翔飞行，都是人类想飞的表现。

5.1.1 航空运输的概念与特点

航空运输是指使用一种航空器在空中从事地理位置的移动，把旅客(passenger)、货物(carcc)、行李(baggage)、邮件(mail)从一地运送到另一地的交通作业。航空运输的运输工具是飞机，还有配套的通信设备。这些决定了航空运输具有高成本、高运价的特点，航空运输的主要特点如下。

(1)运输速度快。这是由飞机的性能所决定的。第二次世界大战前，活塞式飞机的时速只有240km/h；第二次世界大战中，涡轮螺旋桨飞机时速提高为460～750km/h；第二次世界大战后，涡轮喷气式飞机时速进一步提高。20世纪80年代，出现了巨型宽体喷气机，时速达到了850～950km/h。

(2)运输路线短。飞机两点间直飞，不受地面条件的限制。尤其是相对于地面迂回曲折地区，航空线路就短得多。

①路程比：空运/海运为1∶(1.2～1.25)；空运/铁路为1∶(1.25～1.3)。

②周转量(t·km)：空运每吨公里比其他行业高。

(3)基本建设周期短、投资少、见效快。航空运输的主要技术设备除了飞机外，只需修建飞机场和必要的导航点，不像地面运输需要在线路建设上花费大量投资，并且筹备开航所需要的时间也较短。

(4)灵活性大。不受线路的严格制约，空间广阔；可以按班期时刻飞行，也可以作不定期飞行；可以在固定航线上飞行，也可以在非固定航线上飞行；可以在现有机场的基础上，按照不同的连接方式，根据需要组成若干条航线。

(5)用途广。适用于客、货、行、邮运输，同时又适用于专业飞行，例如，运五飞机用于喷洒农药和人工降雨等。

(6)舒适、安全。统计表明，火车每行驶 1 亿万 km，有 1 起死亡事故；汽车每行驶 5 亿万 km，有 1 起死亡事故；飞机每行驶 7 亿 km，有 1 起死亡事故；摩托车每行驶 560 万 km，就有 1 起死亡事故。

航空运输的缺点主要表现为：机舱容积和载运量比较小，国内最大的 A380 仅有 550 个客座；成本高，运价也比地面运输高 10 倍以上；在一定程度上受气候条件的限制，从而影响运输的准确性和经常性；工作程序繁杂，需要提前 90min 左右办理登机手续，才能顺利登机。

5.1.2　航空运输的分类

航空运输分类方法多种多样，不同的分类有着不同的性质和特点，下面主要从航空运输对象以及航线种类来划分。

(1)依照运输对象的不同，航空运输分为航空旅客运输和航空货物运输。

(2)按照航线种类的不同，航空运输分为国内运输和国际运输。国内运输是指在国内航线上从事的航空运输活动。国际运输是指在国际航线上从事的航空运输活动。国际运输的前提条件是“双边协议”。所谓双边协议是两国政府或两个航空公司之间签订的某种特殊的排他协议。该协议所规定的条款只在签订双方执行，任何第三方均不可参与此双边协议的活动。最常规的双边协议为“协议运价”，该运价有别于国际航空协议一般的普通运价和特殊运价。它规定的承运人只是签订双边协议的公司，任何第三方航空公司均无权享有此项特权，即协议运价客票不可被第三方航空公司接受，具有严格的排他性。

5.1.3　我国航空运输的发展现状

截至 2012 年年底，我国民用运输机场有 183 个，规模不断扩大，机场设施标准提高，已与民航发达国家相当。全国 183 个民用运输机场中，枢纽、干线机场 44 个，支线机场 139 个。从区域分布看，东部 47 个，占 25.7%；中部 25 个，占 13.7%；西部 91 个，占 49.7%；东北 47 个，占 10.9%。近一半干线机场分布在东部地区，80%的支线机场分布在西部、中部和东北地区。

2012 年全国机场累计完成旅客吞吐量 6.79 亿人次，同比增长 9.5%；完成货邮吞吐量 1199 万 t，同比增长 3.35%；完成飞机起降架次 660.3 万架次，同比增长 10.4%。

2012 年，北京首都国际机场实现旅客吞吐量 8192.9 万人次，位列世界第二名；上海浦东国际机场完成货邮吞吐量 295 万 t，位列世界第三名。

5.1.4　国内运输及主要航线

1. 航线的定义

航线是指连接两个或多个地点进行定期或不定期飞行，并且对外经营运输业务的航空交通线。航线是航空公司满足社会需要的形式，是实现企业自我发展的手段。对于航线的选择以及在此基础上形成的航线网络，是航空公司长远发展的战略决策。我国国内主要航线如图 5-1 所示。

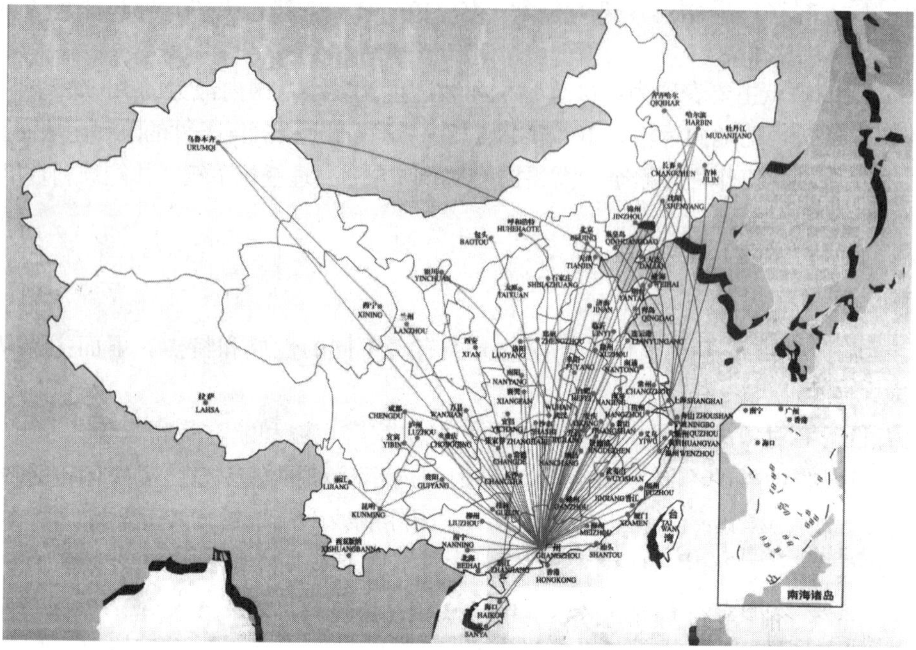

图 5-1　国内主要航线图

2. 航线的要素

航线要素包括起点、经停点、终点、航路、高度、宽度、班期、班次和时刻。

3. 飞行方式

民航的运输飞行主要有两种形式：班期飞行和包机飞行。

4. 航线分类

按照航线要素中起终点及经停点地理位置的不同，将航线分为如下几类。

(1)国内航线：航线的起点、终点和经停点都在一国国境之内。

(2)国际航线：航线的起点、终点和经停点在两个以上国家国境之内。

(3)地区航线：航线的起点、终点和经停点中出现香港之类特定城市所组成的特殊航线。值得注意的是，港澳台地区是中国的一部分，其与中国内地的航线亦属于国内航线。但由于历史原因，这类航线在操作上按照地区航线(非国内航线)处理。这在香港、澳门和中央政府的有关法律中亦给予了明确规定。

5. 国内航线的分类

(1)国内干线：连接首都和各省(直辖市、自治区)中心大城市以及连接两个省(直辖市、自治区)中心大城市的航线，如 SHA－BJS(上海—北京)，NKG－CTU(南京—成都)。

(2)国内支线：大城市向附近中小城市辐射的航线，如 FOC－HAK(福州—海口)，

HET－BAV(呼和浩特—包头)。

(3)地方航线：在一个省(直辖市、自治区)以内中小城市间的航线，如 SIA－HZG(西安—汉中)，NKG－LYG(南京—连云港)。我国国内主要机场及代码见表 5-1。表

5-1 国内主要机场及代码

城市	机场	代码
北京	首都国际机场	PEK/BJS
	北京南苑机场	NAY
香港	香港国际机场	HKG
澳门	澳门国际机场	MFM
台湾	台北松山机场	TSA
	台湾桃园国际机场	TPE
天津	天津滨海国际机场	TSN
上海	上海浦东国际机场	PVG
上海	虹桥国际机场	SHA
广州	广州白云国际机场	CAN
深圳	深圳宝安国际机场	SZX
汕头	汕头外砂机场	SWA
南京	南京禄口国际机场	NKG
成都	成都双流国际机场	CTU
重庆	重庆江北国际机场	CKG
昆明	昆明巫家坝国际机场	KMG
杭州	杭州萧山国际机场	HGH
西安	西安咸阳国际机场	XIY/SIA
武汉	武汉天河国际机场	WUH
郑州	新郑国际机场	CGO
长春	长春龙嘉国际机场	CGQ
长沙	长沙黄花国际机场	CSX
太原	太原武宿机场	TYN
济南	济南遥墙机场	TNA
大连	大连周水子国际机场	DLC
福州	福州长乐国际机场	FOC
厦门	厦门高崎国际机场	XMN
海口	海口美兰国际机场	HAK
包头	包头二里半机场	BAV
呼和浩特	呼和浩特白塔国际机场	HET
合肥	合肥骆岗国际机场	HFE

续表

城市	机场	代码
哈尔滨	哈尔滨太平国际机场	HRB
兰州	兰州中川机场	LHW
乌鲁木齐	乌鲁木齐地窝堡国际机场	URC
拉萨	拉萨贡嘎机场	LXA

5.1.5 国际运输及主要航线

1. 国际运输

《华沙公约》中关于民航国际运输(lnternational air passenger)的定义是：根据有关各方所订立的契约，不论在运输中有无间或转运，其出发地和目的地是处在两个缔约国领土内，或处在一个缔约国的领土内而在另一国的主权、宗主权、委任统治权利或权利管辖下的领土内有一个协议的经停地点的运输。

这个定义揭示了国际运输的特征，由于天气原因需要在另一国备降的运输不属于国际运输，因为它不是约定的运输。

2. 国际航协

国际航协的全称是国际航空运输协会(International Air Transport Association，IATA)，成立于1945年，由国际上主要的定期航空公司组成。270多家会员航空公司遍及世界140多个国家，承载了97%的国际航空运输，是航空公司组成的最大的国际性组织，主要活动包括：协调制定国际航空客货运价；统一国际航空运输的规章制度；通过清算所统一结算各会员与非会员之间联运业务的账目；开展技术合作；协助各会员航空公司改善机场布局和程序标准，以提高机场营运效率。

3. 国际航协分区

国际航协为了更好地协调世界各国航空运输企业的业务，根据相关国家之间航空运输往来的密切程度，将全球划分为3个区：一区、二区和三区(AREA1/AREA2/AREA/3或TC1/TC2/TC3)。在每个区里还划分了若干子区(或称次区)。由于划分标准不统一，这里只介绍最常见的划分方法，见表5-2。

表 5-2 国际航协主要分区

	子区	国家
一区	北大西洋子区(或称北美子区)	美国(US)、加拿大(CA)、墨西哥(MX)、圣皮埃乐和密克隆(PM)
	中大西洋子区(或 TQI 中美子区)	贝利兹(BZ)、哥斯达黎加(CR)、洪都拉斯(HN)、萨尔瓦多(SV)、危地马拉(GT)、尼加拉瓜(NI)等国家及其相邻岛屿
	南大西洋子区(或南美子区)	阿根廷(AR)、巴西(BR)、智利(CL)、巴拿马(PA)、委内瑞拉(VE)、哥伦比亚(CO)等国家及其相邻岛屿
	加勒比海子区	古巴(CU)、牙买加(JM)、海地(HT)、开曼群岛(KY)等国家及其相邻岛屿
二区	欧洲子区	希腊(GR)、俄罗斯(RU)、爱尔兰(IE)、瑞士(CH)、英国(GB)、德国(DE)、法国(FR)等国家及其相邻岛屿
	中东子区	巴林(BH)、伊朗(IR)、伊拉克(IQ)、沙特阿拉伯(SA)、以色列(IL)、埃及(EG)等国家及其相邻岛屿
	非洲子区	赞比亚(ZM)、肯尼亚(KE)、南非(ZA)、几内亚(GN)、刚果(CG)、马里(ML)等国家
三区	南亚次大陆子区	阿富汗(AF)、尼泊尔(NP)、巴基斯坦(PK)、印度(包括安达曼群岛)(IN)等国家
	东南亚子区	中国(CN)、中国香港(HK)、中国澳门(MO)、中国台湾(TW)、哈萨克斯坦(KZ)、新加坡(SG)等国家及其相邻岛屿
	东亚子区	日本(JP)、韩国(KR)、朝鲜(KP)
	西南太平洋子区	澳大利亚(AU)、新西兰(NZ)、汤加(TO)、斐济(FJ)等国家及其相邻岛屿
半球划分 东半球：包括二区和三区；西半球只包括一区。		

4. 国际旅客运输方向代号

由于地球上任意两点之间都可能有若干条航线，所以有必要对航线进行分类。以下方向代号均表示航程始发地与航程目的地之间的全航程的方向代号，而并非指航程中某一航线的方向代号。

AT(Atlantic)：表示跨越大西洋的航线。

PA(Pacific)：表示跨越太平洋的航线。

AP(Atlantic&Paific)：表示既跨越大西洋又跨越太平洋的航线。

WH(Western Hemisphere)：表示完全在西半球范围内航行的航线。

EH(Eastern Hemisphere)：表示完全在东半球范围内航行的航线。

PN(Pastern & North America)：表示跨越太平洋和北美的航线。

SA(Via South Atlantic)：表示跨越南大西洋的航线，专指南大西洋子区和东南亚之间跨越约翰内斯堡的航线。

TS(Trans Siberia)：表示在二区和三区之间存在着欧洲和日本/韩国/中国台湾之间的不经停航段的航线。

FE(Far East)：表示俄罗斯(乌拉尔山以西部分)、乌克兰与三区之间存在着不经停航段的航线(注意：如果一条航线已经是TS航线，则不能再是FE航线)。

世界部分国家地区机场及代码见表5-3。

表5-3 世界部分国家地区机场及代码

城市	机场	代码
日本东京	成田国际机场	NRT
	羽田机场	HND
日本大阪	大阪伊丹国际机场	ITM
	大阪关西国际机场	KIX
韩国首尔	仁川国际机场	ICN
韩国釜山	釜山金海国际机场	PUS
新加坡	新加坡樟宜国际机场	SIN
马来西亚吉隆坡	吉隆坡国际机场	KUL
越南胡志明	胡志明市新山机场	SGN
泰国曼谷	廊曼国际机场	BKK
印度新德里	新德里国际机场	DEL
伊朗德黑兰	德黑兰梅赫拉巴德国际机场	THR
沙特阿拉伯利雅得	哈利德国王国际机场	RUH
阿联酋阿布扎比	阿布扎比国际机场	AUH
阿联酋迪拜	迪拜国际机场	DXB
卡塔尔多哈	多哈国际机场	DOH
土耳其伊斯坦布尔	伊斯坦布尔国际机场	IST
加拿大渥太华	渥太华国际机场	YOW
加拿大多伦多	多伦多皮尔森国际机场	YYZ
美国华盛顿	杜勒斯国际机场	IAD
美国纽约	肯尼迪国际机场	JFK
美国芝加哥	芝加哥奥黑尔国际机场	ORD
美国洛杉矶	洛杉矶国际机场	LAX
美国旧金山	三番市旧金山国际机场	SFO
美国亚特兰大	亚特兰大国际机场	ATL
美国底特律	底特律都会机场	DTW
墨西哥墨西哥城	墨西哥城机场	MEX
古巴哈瓦那	哈瓦那-何塞马蒂机场	HAV
巴西巴西利亚	巴西利亚国际机场	BSB
巴西里约热内卢	里约热内卢国际机场	RIO/GIG
阿根廷布宜诺斯艾利斯	埃塞萨国际机场	EZE

续

城市	机场	代码
英国伦敦	伦敦希思罗机场	LHR
英国曼彻斯特	曼彻斯特机场	MAN
比利时布鲁塞尔	布鲁塞尔国际机场	BRU
荷兰阿姆斯特丹	阿姆斯特丹—史基浦机场	AMS
德国柏林	泰格尔机场	TXL
德国法兰克福	法兰克福—莱茵—美因国际机场	FRA
法国巴黎	戴高乐机场	CDG
瑞士苏黎世	苏黎世国际机场	ZRH
西班牙马德里	马德里巴拉哈斯机场	MAD
葡萄牙里斯本	里斯本机场	LIS
意大利罗马	罗马菲乌米奇诺机场	FCO
希腊雅典	雅典国际机场	ATH
奥地利维也纳	维也纳施韦夏特机场	VIE
瑞典斯德哥尔摩	斯德哥尔摩阿兰达机场	ARN
俄罗斯莫斯科	谢列梅捷沃机场	SVO
	多莫杰多沃机场	DME
埃及开罗	开罗国际机场	CAI
澳大利亚堪培拉	堪培拉机场	CBR
新西兰惠灵顿	惠灵顿机场	WLG

5.2　航空运输的基本条件

根据运输对象的性质不同，航空运输可分为旅客运输和货物运输两种。基于两种不同运输对象的性质，运输条件也有不同的要求。

5.2.1　国内航空旅客运输基本条件

为了加强对国内航空旅客(或行李)运输的管理，同时也为了规范国内航空运输办事流程，保障旅客运输安全，保护承运人和旅客的合法权益，维护正常的航空运输秩序，对国内民航旅客乘机条件、旅客携带物品、行李运输等方面作出了如下规定。

1. 国内民航旅客乘机条件

(1)旅客应当在承运人规定的时限(目前的规定是飞机起飞前 1.5h)内到达机场，凭客票及本人有效身份证件按时办理客票查验、托运行李、领取登机牌等乘机手续。承运人规定的停止办理乘机手续的时间(目前的规定是航班规定离站时间前 30min)，应以适当方式告知旅客。

【案例 5-1】

家住上海市的陈先生及亲友等 6 人原定于 2011 年 7 月 6 日 11 时乘某公司的航班跟团去昆明 8 日游。7 月 6 日 10 时 17 分左右，陈先生一行到达浦东机场登机口时，经询问机场工作人员被告知要自己去自助机器办理登机手续。但陈先生等人在自助机器上反复几次输入身份证号，均未办理成功，然后请求工作人员帮助办理，工作人员试了几次后，表示要到 8～12 号柜台办理。

后来陈先生等人来到柜台前看到有人在排队，考虑到时间紧迫，便从隔离带下钻进去直奔 12 号柜台办理登机手续，但工作人员不顾陈先生再三解释时间紧迫，一味地要求其去最后排队。最后当陈先生等人再次来到柜台办理登机手续时，工作人员称国内航班须提前 30min 办理登机手续，现已晚 1min(10 时 31 分)，故无法办理登机。后陈先生等人与航空公司工作人员交涉，但未果。事后，陈先生等人为了赶上旅游行程想乘坐其他航班飞机，可当天浦东机场与虹桥机场均没有经济舱的航班，唯有虹桥机场有头等舱可乘，在与旅行社协商后，旅行社称如果赶不上当天的航班就视为陈先生等人放弃旅游，最终陈先生等人共花费人民币 23940 元购买了当天去昆明的东航头等舱机票。

陈先生的律师认为，航空公司在未告知陈先生等人提前登机时间且陈先生等人并未迟到的情况下，不履行航空运输服务，已经违反了《合同法》的相关规定，且造成陈先生等人较大的经济损失，应该承担相应的违约责任。鉴于此，陈先生等人近日已将航空公司告到上海市某区人民法院，诉请法院判令被告赔偿原告经济损失人民币 23940 元，判令被告支付精神抚慰金人民币 6000 元。目前，法院已收下诉讼材料并将进行立案审理。

分析

试分析本案的责任如何划分?

(2)乘机前，旅客及其行李必须经过安全检查。

(3)无成人陪伴的儿童、病残旅客、孕妇、盲人、聋人或犯人等特殊旅客，只有在符合承运人规定的条件下，经承运人预先同意并在必要时作出安排后方予载运。传染病患者、精神病患者或健康情况可能危及自身或影响其他旅客安全的旅客，承运人不予承运。根据国家有关规定不能乘机的旅客，承运人有权拒绝其乘机，已购客票按自愿退票处理。

2. 国内航空旅客携带物品的规定和违章处理

在国内航空旅客运输中，自理行李是指经承运人同意由旅客自行负责照管的行李。旅客随身携带物品是指经承运人同意由旅客自行携带乘机的零星小件物品。

(1)旅客不得携带管制刀具乘机。

(2)自理行李的重量不能超过 10kg，体积每件不超过 20cm×40cm×55cm。

(3)随身携带物品的重量，每位旅客以 5kg 为限。头等舱旅客每人可随身携带两件物品；公务舱或经济舱旅客每人只能随身携带一件物品。每件随身携带物品的体积均不得超过 20cm×40cm×55cm。超过上述重量、件数或体积限制的随身携带物品，应作为行李托运。

(4)旅客的自理行李和随身携带物品中，凡夹带国家规定的禁运物品、限制携带物品或危险物品等，其整件行李称为违章行李。对违章行李的处理规定如下。

①在始发地发现违章行李，应拒绝收运；如已承运，应取消运输，或将违章夹带物品取出后运输，已收逾重行李费不退。

②在经停地发现违章行李，应立即停运，已收逾重行李费不退。

③对于违章行李中夹带的国家规定的禁运物品、限制携带物品或危险物品，应交有关部门处理。

(5)旅客可按规定携带一定的液体饮品。

3. 国内航空行李运送的基本要求

(1)托运行李的包装必须符合要求。

(2)旅客必须凭有效客票托运行李。承运人应在客票及行李票上注明托运行李的件数和重量。

(3)旅客的逾重行李在其所乘飞机载量允许的情况下，应与旅客同机运送。旅客应对逾重行李付逾重行李费，逾重行李费率以每千克按经济舱票价的1.5%计算。

(4)承运人为了运输安全，可以会同旅客对其行李进行检查；必要时，可会同有关部门进行检查。如果旅客拒绝接受检查，则承运人对该行李有权拒绝运输。

(5)旅客的托运行李应与旅客同机运送，特殊情况下不能同机运送时，承运人应向旅客说明，并优先安排在后续的航班上运送。

(6)家庭饲养的猫、狗或其他小动物的运输，应按下列规定办理：旅客必须在订座或购票时提出，并提供动物检疫证明，经承运人同意后方可托运。旅客应在乘机的当日，按承运人指定的时间，将小动物自行运到机场办理托运手续。装运小动物的容器应符合安全、卫生要求。旅客携带的小动物，除经承运人特许外，一律不能放在客舱内运输。小动物及其容器的重量应按逾重行李费的标准单独收费。

(7)根据外交信使的要求，承运人也可以按照托运行李办理，但承运人只承担一般托运行李的责任。外交信使携带的外交信袋和行李可以合并计重或计件，超过免费行李额部分，按照逾重行李的规定办理。外交信袋运输需要占用座位时，必须在订座时提出，并经承运人同意。外交信袋占用每一座位的重量限额不得超过75kg，每件体积和重量的限制与行李相同。

占用座位的外交信袋没有免费行李额，运费按下列两种方法计算取其高者。

①根据占用座位的外交信袋实际重量，按照逾重行李费率计算运费。

②根据占用座位的外交信袋占用的座位数，按照运输起讫地点之间，与该外交信使所持客票票价级别相同的票价计算运费。

(8)旅客的托运行李、自理行李和随身携带物品中，凡夹带国家规定的禁运物品、限制携带物品或危险物品等时，其整件行李称为违章行李。对违章行李的处理规定如下。

①在始发地发现违章行李，应拒绝收运；如已承运，应取消运输，或将违章夹带物品取出后运输，已收逾重行李费不退。

②在经停地发现违章行李，应立即停运，已收逾重行李费不退。

③对违章行李中夹带的国家规定的禁运物品、限制携带物品或危险物品，应交有关部门处理。

5.2.2 国际航空旅客运输基本条件

为了加强对旅客、行李国际航空运输的管理，保障旅客运输安全，保护承运人和旅客的合法权益，维护正常的航空运输秩序，对于国际民航旅客乘机条件、旅客携带物品、行李运输等方面出了如下规定。

1. 国际民航旅客乘机条件及违章处理

(1)旅客应当在订妥座位后，凭该订妥座位的客票乘机，并只限在该客票已订妥座位的有关乘机联上指定的两个地点之间的运输。

(2)旅客在办理乘机及出境手续前，应办妥护照、签证及旅行证件等一切手续。旅客的护照、签证及旅行证件应随身携带。

(3)旅客应当在航班始发前充足的时间内到达承运人的乘机登记处，以便凭机票、有效护照、签证及旅行证件办妥所有政府规定的手续和乘机手续。

(4)旅客未出示根据承运人规定填开的包括所乘航班的乘机联和所有其他未使用的乘机联和旅客联的有效客票，或者旅客出示残缺客票或非承运人或者其授权代理人更改的客票，承运人有权拒绝其乘机。

(5)无成人陪伴儿童、无自理能力人、孕妇或者患病者乘机，应当经承运人同意，并事先作出安排。

(6)旅客可以在约定经停地点中途分程，但必须事先经承运人同意，并符合有关规定。

(7)客票的乘机联必须按照客票所载明的航程，从出发地点开始，顺序使用。客票的第一张乘机联未被使用，而旅客要求在中途分程地点或者约定经停地点开始旅行，承运人可以不接受该旅客客票。

(8)旅客不得在航空器上使用便携式收音机、电子游戏机或者包括无线电操纵的玩具和对讲机在内的发射装置。除了便携式录放机、助听器和心脏起搏器以外，未经承运人允许，旅客不得在航空器上使用任何其他电子设备。

(9)承运人考虑安全原因，或者根据其规定认为属于下列情况之一的，有权拒绝运输旅客及其行李，由此给旅客造成损失的，承运人不承担责任。

①旅客未遵守始发地、经停地、目的地或者飞越国家的法律及其他有关规定。

②旅客的行为、年龄、精神或者健康状况不适合旅行，或者可能给其他旅客造成不舒适，或者可能对旅客本人或者其他人员的生命或者财产造成危险或者危害。

③旅客未遵守承运人的有关规定。

④旅客拒绝接受安全检查。

⑤旅客未按规定支付适用的票价及有关费用。

⑥旅客未出示有效客票。

⑦旅客不能证明本人即是客票上“旅客姓名”栏内载明的人。

⑧旅客未出示有效的旅行证件。

⑨旅客可能在过境国寻求入境、可能在飞行中销毁其证件或者不按承运人要求将旅行证件交由机组保存。

2. 国际航空旅客携带物品的规定

在国际航空旅客中，非托运行李是指除旅客托运行李以外的由旅客自行照管的行李。

(1)旅客的非托运行李应当交承运人计重或者计件，承运人应当将重量、件数填入客票及行李票，在运输期间由旅客自行照管。旅客带入客舱的非托运行李应当能置于前排座位下或者能放置于客舱的密闭存放部位。超过承运人规定的重量或者尺寸的行李不得置于客舱内。

(2)除计重免费交运的行李外，每一持有全价或半价客票的旅客还可免费随身携带一定的小件日常用品及一件适合放置于旅客座位下的手提行李，但手提行李的三边之和不得超过 115cm。

(3)旅客的自理行李内不得夹带易燃、爆炸、腐蚀、有毒、放射性物品，可聚合物质，磁性物质及其他危险物品。旅客不得携带我国及运输过程中有关国家法律、政府命令和规定禁止出境、入境或过境的物品及其他限制运输的物品。旅客乘坐飞机不得携带武器或随身携带利器和凶器。

(4)外交信袋应当由外交信使随身携带，自行照管。

3. 国际航空行李运送的基本要求

(1)托运行李应当符合下列要求。

①旅客托运行李，必须凭有效的客票及行李票办理。

②旅客应当在承运人指定的地点和时间内办理行李托运手续。

③承运人将旅客托运行李和非托运行李的重量和件数填入客票及行李票的有关部分后，即视为已填开行李票。承运人应当对每件托运行李拴挂行李牌，并将行李牌识别联交给旅客，作为旅客认领行李的凭据。

④托运行李的重量和体积不得超过承运人规定，超过规定的托运行李应当事先经承运人同意才可托运。

⑤旅客的托运行李应当与旅客同机运输。旅客的托运行李确实不能同机运输的，承运人应当向旅客说明，在确保安全的情况下安排在后续航班上运输。

(2)旅客应当将托运行李交承运人计重或者计件，承运人应当将托运行李的重量、件数填入客票及行李票，拴挂行李牌，并在运输期间负责照管。

(3)随机交运的行李应有承受一定压力的包装，应封装完整锁扣完善捆扎牢固。对包装不符合要求的交运行李，承运人可拒运或不负担损坏、破损责任。

(4)旅客不得在托运行李中夹带易碎或者易腐物品、货币、珠宝、贵重金属、金银制品、流通票证、有价证券和其他贵重物品、商业文件、护照和其他证明文件或者样品。对旅客违反上述规定而造成的损失，承运人不承担责任。

(5)用于狩猎和体育运动的枪支和弹药，可凭枪支运输许可证或者国务院体育行政部门的批准证明作为托运行李运输，但不得作为非托运行李带入客舱。枪支必须卸下子弹和扣上保险并妥善包装。弹药的运输应当按危险物品运输的有关规定办理。

(6)属于古董或者旅游纪念品的剑、刀及类似物品，只能作为托运行李运输并符合有关规定。

(7)承运人为了运输安全，可以按规定程序对旅客行李进行检查，必要时由有关部门进行检查。对拒绝接受行李检查的，承运人有权拒绝运输该旅客的行李。

(8)家庭饲养的狗、猫、鸟或者其他玩赏宠物的运输，应当按照下列规定办理。

①在订座时提出，并经承运人和有关连续承运人同意。

②在乘机之日按照承运人指定的时间，将小动物自行运至机场办理托运手续。

③必须具备中国和运输过程中有关国家运输小动物出境、入境和过境所需的有效证件。

④小动物必须装在适合其特性的坚固容器内，并符合安全和卫生要求。

⑤旅客携带的小动物及其容器和食物，应当交承运人托运，并按逾重行李交付运费。除经承运人特许外，不能放在客舱内运输。

⑥旅客应当对托运的小动物承担全部责任。小动物被拒绝入境或者过境而造成的受伤、丢失、延误、患病或者死亡，承运人不承担责任。

(9)盲人或者持有医生证明的聋人旅客携带导盲犬或者助听犬乘机，按下列规定办理。

①经承运人同意携带的导盲犬或者助听犬连同其容器和食物，可以免费运输而不计算在免费行李额内。

②带进客舱的导盲犬或者助听犬，必须在上航空器前为其戴上口套和系上牵引绳索，并不得占用座位和让其任意跑动。装在货舱内运输的，其容器必须符合规定。

③收运导盲犬或者助听犬的其他运输条件，按照运输小动物的有关规定办理。

④在中途不降停的长距离飞行航班上或者在某种型号的航空器上，不适宜运输导盲犬或者助听犬的，承运人可以不接受运输。

5.2.3 航空货物运输基本条件

航空货物运输的基本条件是为了保证货物运输质量和安全、保障承运人与货主双方合法权益而确定的，主要包括普通货物、特殊货物、邮件以及快递货物等的相关运输条件。

1. 航空货物运输服务的种类

航空货物运输服务可分为3类：航空普通货物运输、航空邮件运输、航空快递运输。

2. 国内航空货物运输的办理条件

1)普通货物的办理条件

(1)非宽体飞机载运的货物，每件货物重量一般不超过80kg，体积一般不超过40cm×60cm×100cm。宽体飞机载运的货物，每件货物重量一般不超过250kg，体积一般不超过100cm×100cm×140cm。超过以上重量和体积的货物，承运人可依据机型及出发地和目的地机场的装卸设备条件确定可收运货物的最大重量和体积。

(2)每件货物的长、宽、高之和不得小于40cm。

2)特种货物的办理条件

(1)急件运输条件。托运人要求急运的货物，经承运人同意，可以办理急件运输，并按规定收取急件运费。

(2)微生物制品的运输条件。凡对人体及动植物有害的菌种、带菌培养基等微生物制品，非经民航总局特殊批准不得承运。凡经人工制造、提炼，进行无菌处理的疫苗、菌苗、抗菌素、血清等生物制品，如托运人可提供无菌、无毒证明，则按普货承运。微生物及有害生物制品的仓储、运输应当远离食品。

(3)植物和植物产品的运输条件。植物和植物产品运输须凭托运人所在地县级(含)以上的植物检疫部门出具的有效“植物检疫证书”。

(4)骨灰和灵柩的运输条件。骨灰应当装在封闭的塑料袋或其他密封容器内，外加木盒，最外层用布包装。

灵柩托运的条件：

①托运人应当凭医院出具的死亡证明及有关部门出具的准运证明，并事先与承运人联系约定；

②尸体无传染性；

③尸体经过防腐处理，并在防腐期限以内；

④尸体以铁质棺材或木质棺材为内包装，外加铁皮箱和便于装卸的环扣。棺内敷设木屑或木炭等吸附材料，棺材应当无漏缝并经过钉牢或焊封，确保气味及液体不致外溢；

⑤在办理托运时，托运人须提供殡葬部门出具的入殓证明。

(5)危险货物的运输条件。危险货物的运输必须遵守中国民用航空总局有关危险货物航空安全运输的管理规定。

(6)动物的运输条件。动物运输必须符合国家有关规定，并出具当地县级(含)以上检疫部门的免疫注射证明和检疫证明书；托运属于国家保护级的动物，还需出具有关部门的准运证明；托运属于市场管理范围的动物要有市场管理部门的证明。托运人托运动物时，应当事先与承运人联系并订妥舱位。办理托运手续时，须填写活体动物运输托运申明书。需专门护理和喂养或者批量大的动物，应当派人押运。动物的包装要注意安全和卫生，外包装上应当标明照料和运输的注意事项。有特殊要求的动物装舱，托运人应当向承运人说明注意事项或在现场进行指导。

(7)鲜活易腐物品的运输条件。托运人托运鲜活易腐物品时，应当提供最长允许运输时限和运输注意事项，订妥舱位，按约定时间送机场办理托运手续。政府规定需要进行检疫的鲜活易腐物品，应当出具有关部门的检疫证明。包装要适合鲜活易腐物品的特性，不致污染、损坏飞机和其他货物。客运班机不得装载有不良气味的鲜活易腐物品。需要特殊照料的鲜活易腐物品，应由托运人自备必要的设施，必要时由托运人派人押运。鲜活易腐物品在运输、仓储过程中，承运人因采取防护措施所发生的费用由托运人或收货人支付。

(8)贵重物品的运输条件。贵重物品包括黄金、白金、铱、铑、钯等稀贵金属及其制品；各类宝石、玉器、钻石、珍珠及其制品；珍贵文物(包括书、画、古玩等)；现钞、有价证券以及毛重每千克价值在人民币 2000 元以上的物品等。贵重物品应当用坚固、严密的包装箱包装，外加“井”字型铁箍，接缝处必须有封志。

(9)特种管制物品的运输条件。枪支、警械(简称枪械)是特种管制物品；弹药是特种管制的危险物品，托运时应当出具下列证明。

①托运人托运各类枪械、弹药时，必须出具出发地或运往县、市公安局核发的准运证或国家主管部委出具的许可证明；

②进出境各类枪支、弹药的国内运输必须出具边防检查站核发的携运证。枪械、弹药包装应当是出厂原包装，非出厂的原包装应当保证坚固、严密、有封志。枪械和弹药要分开包装，枪械、弹药运输的全过程要严格遵循交接手续。

(10)押运货物的运输条件。根据货物的性质，在运输过程中需要专人照料、监护的货物，托运人应当派人押运，否则承运人有权不予承运。押运货物需预先订妥舱位。

押运员应当履行承运人对押运货物的要求并对货物的安全运输负责。押运员应当购买客票和办理乘机手续。

承运人应当协助押运员完成押运任务，并在押运货物包装上加贴“押运”标贴。在货运单储运注意事项栏内注明“押运”字样，并写明押运的日期和航班号。

3)航空快递的运输条件

(1)航空快件发件人向航空快递企业交运航空快件时，航空快递企业要求发件人出具单位介绍信或其他有效证件的，发件人应予提供。发运国际航空快件，发件人还应当同时提供商业发票、品质说明、装箱单等报关所需的有关文件。

(2)航空快件包装内不得夹带禁止运输或者限制运输的物品、保密文件和资料等。收运航空快件必须经过安全检查。

4)航空邮件的运输条件

(1)航空邮件内不得夹带危险品及国家限制运输的物品。

(2)航空邮件应当进行安全检查。

5)货物包机、包舱运输的条件

(1)申请包机，凭单位介绍信或个人有效身份证件与承运人联系协商包机运输条件，双方同意后签订包机合同。包机人和承运人执行包机合同时，每架次货物包机应当填制托运书和货运单，作为包机的运输凭证。包机人和承运人可视货物的性质确定押运员、押运员凭包机合同办理机票并按规定办理乘机手续。

(2)包用飞机的吨位由包机人充分利用，承运人如需利用包机剩余吨位应当与包机人协商。

(3)包机合同签订后，除天气或其他不可抗力的原因外，托运人和承运人均应当承担包机合同规定的经济责任。包机人提出变更包机前，承运人因执行包机任务已发生调机的有关费用应当由包机人承担。

(4)包用飞机时，承运人按包机双方协议收取费用。

(5)申请包舱或包集装板(箱)的合同签定及双方应当承担的职责和义务参照包机的有关条款办理。

5.3 航空货物运输业务

航空货物运输生产过程大致分为货物收集、进港、运送、到港和交货等阶段。从性质上来看，航空货物运输一般处理程序可以分为两大部分。

(1)出发货：收货________仓储________吨位控制________出港。

(2)到达货：进港________仓储________发货(交付)。

5.3.1　航空货运市场分类

组织航空货运市场主要有 3 种方式。

(1)直接办理。航空运输企业通过自己的营业处或收货站，直接进行航空货运业务的办理。

(2)代理办理。航空运输企业进行直接销售可以减少代理费用，但直接办理的业务量不足时反而会增加销售成本。因此，航空公司的相当一部分货运吨位通过代理人办理。代理人根据与航空公司之间的协议，代表航空公司办理空余吨位，并按照协议收取代理费用。航空公司可以采取灵活的代理政策，鼓励代理人积极开拓市场，扩大销售业务。代理人可以同时代理多家航空公司的货运办理业务。

(3)联运。由于一个航空公司能够提供服务的航线有限，对于本身不能运达的部分航线，航空公司之间可以采用联运服务，这种服务是有偿的，上一个承运人即为下一个承运人的销售代理人，他们之间通过协议分配销售收入。

5.3.2　国内航空货物运输合同

国内航空货物运输合同就是规定国内航空运输承运人使用民用航空器将货物从起运点运输到约定地点，托运人或者收货人支付运输费用的合同。合同的主体是指参与航空运输活动的当事人，包括承运人、托运人和收货人。

1. 国内航空货物运输合同的订立

航空运输合同作为合同的一种，它的成立是合同当事人达成合意，并经过要约和承诺程序后订立的。航空运输使用人依照约定支付使用航空运输服务的对价，承运人向航空运输使用人出具运输凭证，合同即告成立，也就是说，托运人填交的货物托运单经承运人接收，并由承运人填发货运单后，航空货物运输合同即告成立。

1)货物托运

(1)托运人托运货物时，要凭本人居民身份证或者其他有效身份证件，并填写货物托运书，向承运人或其代理人办理托运手续。承运人或其代理人要求出具单位介绍信或其他有效证明时，托运人也应予以提供。托运政府规定限制运输的货物以及需向公安、检疫等有关政府部门办理手续的货物，应当随附有效证明。

(2)货物包装应当保证货物在运输过程中不致损坏、散失、渗漏，不致损坏和污染飞机设备或者其他物品。货物包装内不准夹带禁止运输或者限制运输的物品、危险品、贵重物品、保密文件和资料等。

(3)托运人应当在每件货物外包装上标明出发站、到达站和托运人、收货人的单位、姓名及详细地址等。

(4)货物重量按毛重计算，计量单位为千克。

2)货物收运

(1)承运人应当根据运输能力，按货物的性质和急缓程度有计划地收运货物。批量大和有特定条件及时间要求的联程货物，承运人必须事先安排好联程中转舱位后方可收运。遇有特殊情况，如政府法令、自然灾害、停航或者货物严重积压时，承运人可暂停收运货物。凡是国家法律、法规和有关规定禁止运输的物品，严禁收运。凡是限制运输的物品，应符合规定的手续和条件后，方可收运。需经主管部门查验、检疫和办理手续的货物，在手续未办妥之前不得收运。

(2)承运人收运货物时，应当查验托运人的有效身份证件。凡国家限制运输的物品，必须查验国家有关部门出具的准许运输的有效凭证。承运人应当检查托运人托运货物的包装，不符合航空运输要求的货物包装，须经托运人改善包装后方可办理收运。承运人对托运人托运货物的内包装是否符合要求，不承担检查责任。承运人对收运的货物应当进行安全检查。对收运后24h内装机运输的货物，一律实行开箱检查或者通过安检仪器检测。

(3)航空货运单(以下简称货运单)应当由托运人填写，连同货物交给承运人。如承运人依据托运人提供的托运书填写货运单并经托运人签字，则该货运单应当视为代托运人填写。托运人应当对货运单上所填关于货物的说明或声明的正确性负责。

2. 国内航空货物运输合同的履行

合同订立后，合同双方当事人应按照合同规定履行其职责。承运人通过货物承运、运送以及交付等过程，须保证货物安全及时地运送至目的地，并告知收货人在一定期限内领货。收货人应按照承运人的通知，及时到约定地点领取货物，并支付托运人未付或少付的运输费用。

1)货物运送

(1)对于急件运输的货物，承运人应当按指定的日期和航班运出。对于限定时间运输的货物，承运人应当在约定的期限内尽快将货物运抵目的地。

(2)根据货物的性质，承运人应当按下列顺序发运。

①抢险、救灾、急救、外交信袋和政府指定急运的物品。

②指定日期、航班和按急件收运的货物。

③有时限、贵重和零星小件物品。

④国际和国内中转联程货物。

⑤一般货物按照收运的先后顺序发运。

(3)承运人应当建立舱位控制制度，根据每天可利用的空运舱位合理配载，避免舱位浪费或者货物积压。承运人应当按照合理或经济的原则选择运输路线，避免货物的迂回运输。

(4)承运人对承运的货物应当精心组织装卸作业，轻拿轻放，严格按照货物包装上的储运指示标志作业，防止货物损坏。

(5)承运人应当根据进出港货物运输量及货物特性，分别建立普通货物、贵重物品、鲜活物品、危险物品等货物仓库。

(6)货物托运后，托运人或收货人可在出发地或目的地向承运人或其代理人查询货物的运输情况，承运人或其代理人对托运人或收货人的查询应当及时给予答复。

2)货物的到达和交付

(1)货物运至到站后，除另有约定外，承运人或其代理人应当及时向收货人发出到货通知。通知包括电话和书面两种形式。急件货物应在货物到达后2h内发出，普通货物应当在到达后24h内发出。自发出到货通知的次日起，货物免费保管3d。逾期提取，承运人或其代理人按规定核收保管费。对于动物、鲜活易腐物品及其他指定日期和航班运输的货物，托运人应当负责通知收货人在到达站机场等候提取。

(3)收货人凭到货通知单和本人居民身份证或其他有效身份证件提货；委托他人提货时，凭到货通知单和货运单指定的收货人及提货人的居民身份证或其他有效身份证件提货。如承运人或其代理人要求出具单位介绍信或其他有效证明时，收货人应予提供。承运人应当按货运单列明的货物件数清点后交付收货人，发现货物短缺、损坏时，应当会同收货人当场查验，必要时填写货物运输事故记录，并由双方签字或盖章。

(3)托运人托运的货物与货运单上所列品名不符或在货物中夹带政府禁止运输或限制运输的物品和危险物品时，承运人应当按下列规定处理。

①在出发站停止发运，并通知托运人提取，运费不退。

②在中转站停止运送，通知托运人提取，运费不退，并对品名不符的货件，按照实际运送航段另核收运费。

③在到达站，对品名不符的货件，另核收全程运费。

(4)货物自发出到货通知的次日起14天无人提取，到达站应当通知始发站，征求托运人对货物的处理意见；满60天无人提取又未收到托运人的处理意见时，按无法交付货物处理。凡属国家禁止和限制运输物品、贵重物品及珍贵文史资料等货物，应当无价移交国家主管部门处理；凡属一般的生产生活资料，应当作价移交有关物资部门或商业部门；凡属鲜活、易腐或保管有困难的物品，可由承运人酌情处理。如作毁弃处理，所产生的费用由托运人承担。经作价处理的货款，应当及时交承运人财务部门保管。从处理之日起90天内，如有托运人或收货人认领，扣除该货物的保管费和处理费后的余款退给认领人；如90天后仍无人认领，应将货款上缴国库。对于无法交付货物的处理结果，应通过始发站通知托运人。

3. 国内航空货物运输合同的变更与解除

货物承运后，托运人或持有国内航空货运单的人可以向承运人提出合理的变更和解除合同的要求，按照相应的法律规定，承运人确定托运人的请求，变更和解除才成立。以下是对于国内航空货物运输合同变更与解除的相关规定。

(1)托运人要求运输合同变更时，应当提出书面要求、个人有效证件和货运单托运人联，要求变更运输的货物应是一张货运单填写的全部货物。

(2)承运人应及时处理托运人的变更要求，更改或重开货运单，重新核收运费。不能按照要求办理时，应当迅速通知托运人。在运送货物前取消托运，承运人可以收取退运手续费。

(3)由于承运人执行特殊任务或天气等不可抗力的原因，需要变更运输时，承运人应当及时通知托运人或收货人，商定处理办法，并按照下列规定处理运输费用。

①在出发站退运货物，退还全部运费。

②在中途站变更到达站，退还未使用航段的运费，另核收由变更站至新到达站的运费。

③在中途站将货物运至原出发站，退还全部运费。

④在中途站改用其他交通工具将货物运至目的站，超额费用由承运人承担。

【案例 5-2】

2004 年 9 月 4 日，上诉人将旧手机配件一批交到被上诉人广州市××航空服务有限公司××分公司处托运，该公司的工作人员应上诉人的要求在航空货运单上填写有关内容，约定：始发站广州，目的站济南，收货人夏某，计费重量 9kg，货物品名为配件，付款总额为 100 元(包括航空运费 56 元，地面运费 10 元，其他费用 25 元，保险费 8 元)。在该货运单上上诉人没填写“运输声明价值”和“运输保险价值”。被上诉人广州市××航空服务有限公司××分公司后将上诉人托运货物交由广州市某运输有限公司承运，广州市某运输有限公司再交由广州市白云国际机场某服务有限公司装卸服务部承运时，上诉人托运的货物发生了破损，其中损坏的旧手机配件、翻新手机配件共 74 台(套)。上诉人、被上诉人对赔偿数额协商未果，上诉人遂诉至法院。

分析

请分析上述问题责任在哪一方？

5.3.3 国内航空货物运输流程

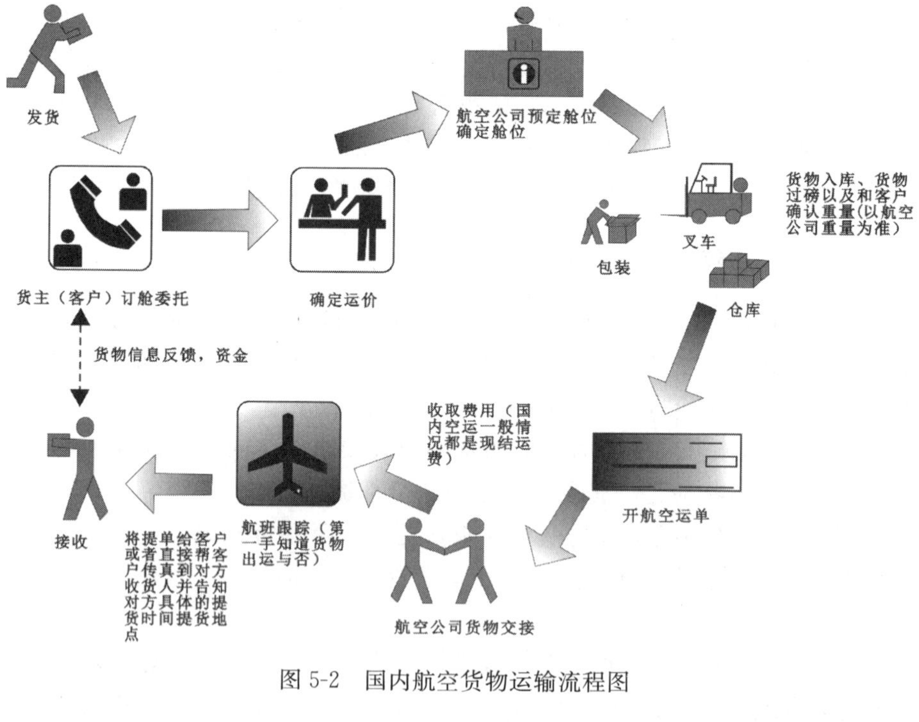

图 5-2　国内航空货物运输流程图

国内航空货物运输的主要流程如图 5-2 所示，另外在收货人提取货物时也有相应的规定。

(1)收货人凭航空公司的货物提取联或到货通知单携本人身份证或其他有效身份证件提取货物(若由单位收取应一并出具加盖单位公章的单位介绍信)。

(2)收货人委托他人提取货物时，应凭航空货运单上的收货人及被委托人的有效身份证件提取货物。

(3)收货人应到航空货运公司指定的提货处办理提货手续，并付清所有应付费用。

(4)收货人应在航空货运单和货物提取记录上签字后提取货物。

(5)收货人提取货物时，应当面清点，发现货物有丢失、短少、污染、损坏或延误到达等情况，应当面向航空货运有关部门提出异议。

(6)若收货人提取货物并在航空货运单上签字而未提出异议，则视为按运输合同规定货物已完好交付。

5.3.4　航空货物运输单证

航空货物运输单证是托运人或受托运人委托的承运人填制的，承托双方为在承运人的航线上承运货物所订立的证据，是办理货物运输的依据，也是计收货物运费的财务票证。这里主要介绍航空托运单和航空货运单两种单证。

1. 航空托运单

托运人托运货物时，应先填写货物托运书一份，且应对所填写事项的真实性与正确性负责，并在托运书上签字或者盖章。承运人在检查货物托运书填写内容符合要求，以及货物符合托运的一般规定后，方可受理。

1)航空托运单的分类

航空托运单主要分为以下两大类。

(1)航空主运单(master air waybill，MAWB)。凡由航空运输公司签发的航空托运单都称为航空主运单，它是航空运输公司据以办理货物运输和交付的依据，是航空公司和托运人订立的运输合同，每一批航空运输的货物都有自己相对应的航空主运单。

(2)航空分运单(house air waybill，HAWB)。集中托运人在办理集中托运业务时签发的航空托运单被称为航空分运单。在集中托运的情况下，除了航空运输公司签发航空主运单外，集中托运人还要签发航空分运单。

在此期间，航空分运单作为集中托运人与托运人之间的货物运输合同，合同双方分别为货 A、B 和集中托运人；而航空主运单作为航空运输公司与集中托运人之间的货物运输合同，当事人则为集中托运人和航空运输公司。货主与航空运输公司没有直接的契约关系。

不仅如此，在起运地货物由集中托运人交付航空运输公司，在目的地由集中托运人或其代理从航空运输公司处提取货物，再转交给收货人，因而货主与航空运输公司也没有直接的货物交接关系。

2)航空托运单的性质和作用

航空托运单(airway bill)与海运提单有很大不同，却与国际铁路运单相似。它是由承运人或其代理人签发的重要的货物运输单据，是承托双方的运输合同，其内容对双方均具有约束力。航空托运单不可转让，持有航空托运单也并不能说明可以对货物要求所有权。

(1)航空托运单是发货人与航空承运人之间的运输合同。与海运提单不同，航空托运单不仅证明航空运输合同的存在，而且航空托运单本身就是发货人与航空运输承运人之间缔结的货物运输合同，在双方共同签署后产生效力，并在货物到达目的地交付给运单上所记载的收货人后失效。

(2)航空托运单是承运人签发的已接收货物的证明。航空托运单也是货物收据，在发货人将货物发运后，承运人或其代理人就会将其中一份(发货人联)交给发货人，作为已经接收货物的证明。除非另外注明，它是承运人收到货物并在良好条件下装运的证明。

(3)航空托运单是承运人据以核收运费的账单。航空托运单分别记载着属于收货人负担的费用、属于应支付给承运人的费用和应支付给代理人的费用，并详细列明费用的种类、金额，因此可作为运费账单和发票。承运人往往也将其中的承运人联作为记账凭证。

(4)航空托运单是报关单证之一。出口时航空托运单是报关单证之一。在货物到达目的地机场进行进口报关时，航空托运单也通常是海关查验放行的基本单证。

(5)航空托运单同时可作为保险证书。如果承运人承办保险或发货人要求承运人代办保险，则航空托运单也可用做保险证书。

(6)航空托运单是承运人内部业务的依据。航空托运单随货同行，证明了货物的身份。运单上载有有关该票货物发送、转运、交付的事项，承运人会据此对货物的运输作出相应安排。

航空托运单的正本一式三份，每份都印有背面条款，其中一份交发货人，是承运人或其代理人接收货物的依据；第二份由承运人留存，作为记账凭证；最后一份随货同行，在货物到达目的地，交付给收货人时作为核收货物的依据。

航空托运单的内容与海运提单类似，也有正面、背面条款之分，不同的航空公司也会有自己独特的航空托运单格式。所不同的是，航运公司的海运提单可能千差万别，但各航空公司所使用的航空托运单则大多借鉴 IATA 所推荐的标准格式，差别并不大。所以这里只介绍这种标准格式，也称其为中性运单，见表 5-4。

表 5-4 航空托运单

<table>
<tr><td>始发站
Airport of Departure</td><td></td><td colspan="2">目的站
Airport of Destination</td><td></td><td colspan="4">航空货运单号码
Air Waybill Number</td></tr>
<tr><td colspan="5" rowspan="2">托运人姓名、地址、邮编、电话号码
Shipper's Name, Address, Postcode & Telephone No.</td><td colspan="4"></td></tr>
<tr><td colspan="4">安全检查
Safety Inspection</td></tr>
<tr><td colspan="5" rowspan="2">收货人姓名、地址、邮编、电话号码
Consignee's Name, Address, Postcode & Telephone No.</td><td colspan="4"></td></tr>
<tr><td colspan="4">填开代理人名称
Issuing Carrier's Agent Name</td></tr>
<tr><td>航线
Routing</td><td>到达站
To</td><td colspan="3">第一承运人
By First Carrier</td><td>到达站
To</td><td>承运人
By</td><td>到达站
To</td><td>承运人
By</td></tr>
<tr><td colspan="2">航班/日期
Flight/Date</td><td colspan="3">航班/日期
Flight/Date</td><td colspan="2">运输声明价值
Declared Value for Carriage</td><td colspan="2">运输保险价值
Amount of Insurance</td></tr>
<tr><td colspan="9">储运注意事项及其他 Handing Information and Others</td></tr>
<tr><td>件数 No. Of Pcs. 运价点 RCP</td><td>毛重/kg Gross Weight /kg</td><td>运价种类 Rate Class</td><td>商品代号 Comm. Item NO.</td><td>计费重量 /kg Chargeable Weight</td><td>费率 Rate/kg</td><td>航空运费 Weight Charge</td><td colspan="2">货物品名(包括包装、尺寸或体积) Description of Goods (incl. Packa-ging, Dimensions or Volume)</td></tr>
</table>

续表

预付 Prepaid	到付 Collect		其他费用 Other Charge
	航空运费 Weight Charge		本人郑重声明：
	声明价值附加费 Valuation Charge		
	地面运费 Surface Charge		
	其他费用 Other Charge		托运人或代理人签字、盖章 Signature of Shipper or His Agent
	总额(人民币) Total(CNY)		填开日期填开地点填开人或代理人签字、盖章 Executed on(Date) At(Place) Signature of Issuing Carrier of Its Agent
付款方式 Form of Payment			

2. 航空货运单

航空货运单是航空货物运输合同订立和运输条件以及承运人接收货物的初步证据。航空货运单上关于货物的重量、尺寸、包装和包装件数的说明具有初步证据的效力。除经过承运人和托运人当面查对并在航空货运单上注明经过查对或者书写关于货物的外表情况的说明外，航空货运单上关于货物的数量、体积和其他情况的说明不能构成不利于承运人的证据。

《中华人民共和国民用航空法》规定：托运人在履行航空货物运输合同规定的义务的条件下，有权在出发地机场或者目的地机场将货物提回，或者在途中经停时中止运输，或者在目的地点或者途中要求将货物交给非航空货运单上指定的收货人，或者要求将货物运回出发地机场；但托运人不得因行使此种权利而使承运人或者其他托运人遭受损失，并应当偿付由此产生的费用。托运人的指示不能执行的，承运人应当立即通知托运人。承运人按照托运人的指示处理货物，没有要求托运人出示其所收执的航空货运单，给该航空货运单的合法持有人造成损失的，承运人应当承担责任，但是不妨碍承运人向托运人追偿。收货人的权利依法开始时，托运人的权利即告终止；但收货人拒绝接收航空货运单或者货物，或者承运人无法同收货人联系的，托运人恢复其对货物的处置权。收货人于货物到达目的地点，并在缴付应付款项和履行航空货运单上所列运输条件后，有权要求承运人移交航空货运单并交付货物。除另有约定外，承运人应当在货物到达后立即通知收货人。承运人承认货物已经遗失，或者货物在应当到达之日起 7 日后仍未到达的，收货人有权向承运人行使航空货物运输合同所赋予的权利。航空货运单见表 5-5。

表 5-5 航空货运单

×××_12345675

×××12345675

<table>
<tr><td>始发站
Airport of Departure</td><td></td><td>目的站
Airport of Destination</td><td></td><td colspan="4">不得转让 Not Negotiable
航空货运单航空公司中文名称
Air Waybill 航徽英文名称
印发人
Issued By 地址、邮编</td></tr>
<tr><td colspan="4">托运人姓名、地址、邮编、电话号码
Shipper's Name, Address, Postcode & Telephone No.</td><td colspan="4">航空货运单一、二、三联为正本，并具有同等法律效力 Copies 1, 2and 3 of this Air Waybill are originals and Have the same validity</td></tr>
<tr><td colspan="4" rowspan="2">收货人姓名、地址、邮编、电话号码
Consignee's Name, Address, Postcode & Telephone No.</td><td colspan="4">结算注意事项及其他
Accounting Information</td></tr>
<tr><td colspan="4">填开代理人名称
Issuing Carrier's Agent Name</td></tr>
<tr><td>航线
Routing</td><td>到达站
To</td><td colspan="2">第一承运人
By First Carrier</td><td>到达站
To</td><td>承运人
By</td><td>到达站
To</td><td>承运人
By</td></tr>
<tr><td colspan="2">航班/日期
Flight/Date</td><td colspan="2">航班/日期
Flight/Date</td><td colspan="2">运输声明价值
Declared Value for Carriage</td><td colspan="2">运输保险价值
Amount of Insurance</td></tr>
<tr><td colspan="8">储运注意事项及其他 Handing Information and Others</td></tr>
</table>

<table>
<tr><td>件数
No. Of Pcs.
运价点 RCP</td><td>毛重/kg
Gross Weight/kg</td><td>运价种类
Rate Class</td><td>商品代号
Comm. Item NO.</td><td>计费重量/kg
Chargeable Weight</td><td>费率
Rate /kg</td><td>航空运费
Weight Charge</td><td>货物品名(包括包装、尺寸或体积) Description of Goods (incl. Packaging, Dimensions or Volume)</td></tr>
<tr><td></td><td></td><td rowspan="2"></td><td rowspan="2"></td><td rowspan="2"></td><td rowspan="2"></td><td></td><td rowspan="2"></td></tr>
<tr><td></td><td></td><td></td></tr>
</table>

<table>
<tr><td colspan="2">预付 Prepaid</td><td colspan="2">到付 Collect</td><td>其他费用 Other Charge</td></tr>
<tr><td></td><td>航空运费
Weight Charge</td><td></td><td colspan="2" rowspan="4">本人郑重声明：……

托运人或代理人签字、盖章
Signature of Shipper or His Agent</td></tr>
<tr><td></td><td>声明价值附加费
Valuation Charge</td><td></td></tr>
<tr><td></td><td>地面运费
Surface Charge</td><td></td></tr>
<tr><td></td><td>其他费用
Other Charge</td><td></td></tr>
<tr><td></td><td></td><td></td><td colspan="2" rowspan="2">填开日期、填开地点、填开人或代理人签字、盖章
Executed on(Date)At(Place)Signature of Issuing Carrier of Its Agent</td></tr>
<tr><td></td><td>总额(人民币)
Total(CNY)</td><td></td></tr>
<tr><td>付款方式
Form of Payment</td><td colspan="2"></td><td colspan="2"></td></tr>
</table>

航空货运单的一些规定如下。

(1)货运单应当由托运人填写，连同货物交给承运人。如承运人依托托运人提供的托运书填写货运单并经托运人签字，则该货运单应当视为代托运人填写。

(2)货运单应按编号顺序使用，不得越号。

(3)货运单必须填写正确、清楚。托运人应当对货运单上所填关于货物的声明或说明的正确性负责。如填写错误涉及收货人名称、运费合计等栏的内容，而又无法在旁边书写清楚时，应当重新填制新的货运单。需要修改的内容，不得在原字上描改，而应将错误处划去，在旁边空白处书写正确的文字或数字，并在修改处加盖戳印。货运单只能修改一次，如再发生填写错误，应另填制新的货运单。填错作废的货运单，应加盖“作废”的戳印，除出票人联留存外，其余各联随同销售日报送财务部门注销。

(4)每张货运单的声明价值一般不超过人民币 50 万元。

(5)货运单一式八份，其中正本三份、副本五份。正本三份分别为：第一份交承运人，由托运人签字或盖章；第二份交收货人，由托运人和承运人签字或盖章；第三份交托运人，由承运人接收货物后签字盖章。三份正本具有同等效力。承运人可根据需要增加副本。货运单的承运人联应当自填开货运单次日起保存两年。

5.4　航空旅客运输业务

旅客运输作为航空运输业务的重要组成部分，也是最具潜力、发展最快的部分之一，是世界各国航空公司的主要业务。

5.4.1　航空旅客分类

1. 按照年龄划分

(1)婴儿(INF)。婴儿是指在旅行开始日尚未达到 2 周岁生日的旅客。

(2)儿童(CHD)。儿童是指在旅行开始日尚未达到 12 周岁生日，但已达到或超过 2 周岁生日的旅客。

(3)成人(ADT)。成人是指在旅行开始日已经达到或超过 12 周岁生日的旅客。

上述年龄限制适用于旅行开始之日，且应用于整个航程，不必考虑婴儿或儿童旅客在旅行中超过了 2 周岁或 12 周岁等问题。

2. 照其他标准划分

按照其他标准划分旅客身份，旅客可分为学生旅客(SD)、青年旅客(ZZ)、军人旅客(MM)等。

5.4.2　国内航空旅客运输合同

国内航空旅客运输合同就是国内航空运输承运人使用民用航空器将旅客从起运点运输

到约定地点，旅客支付票款的合同。合同主体是指参与航空运输活动的当事人，包括承运人和旅客。

1. 国内航空旅客运输合同的订立

国内航空客票是国内航空旅客运输合同订立和运输合同条件的初步证据。旅客通过订座、购票等环节即与承运人形成合同关系。

(1)订座。订座是指旅客向承运人预订航班、座位等级，承运人对旅客所预订的航班、座位等级以及行李的重量、体积予以预留。旅客可向承运人的售票处或其销售代理人预订座位，旅客订座可以采用来人、电话、电报、传真等方式。

①旅客乘坐国内航班时，可根据有关规定向承运人的售票处或其销售代理人预订座位，旅客订座可以采用来人、电话、电报、传真等方式。

②对于旅客已经订妥的座位，承运人应在规定或预先约定的时限内予以保留。

③如果客票的全部或者部分乘机联没有订妥座位，旅客无权要求优先订座。

④旅客没有按照承运人的规定使用已经订妥的座位，也没有通知承运人的，承运人可以取消该旅客所有已经订妥的续程航班和回程航班座位，并向该旅客收取服务费。

⑤旅客要更改或者取消订座，应当在承运人规定的时限内提出；如果所适用的旅客运价附有其他条件，旅客更改或者取消订座，还应当符合这些条件的规定。

⑥旅客预订联程航班座位的航班衔接时间为：国内航班衔接国内航班，候机时间不得少于 2h；国内航班衔接国际航班，候机时间不得少于 3h。

⑦旅客持有订妥座位的联程或来回程客票，如在该联程或回程地点停留 72h 以上，须在联程或回程航班离站前两天中午 12 时以前办理座位再证实手续，否则原定座位不予保留。

⑧旅客应在承运人规定或预先约定的时限内购买客票，如旅客未在规定或预先约定的时限内购票，所订座位即被取消。

⑨旅客在订妥座位后，凭该订妥座位的客票乘机。

(2)购票。

①旅客应在承运人或其销售代理人的售票处购票。

②旅客购票凭本人有效身份证件或公安机关出具的其他身份证件，并填写旅客订座单。每名旅客均应单独填开一本客票。

③革命残废军人凭革命残废军人抚恤证按适用票价的 80%购票。

④不满 12 周岁的儿童按成人票价的 50%购买儿童票，提供座位。不满 2 周岁的婴儿按成人票价的 10%购买婴儿票，不提供座位；如需占用座位，应购买儿童票。每一成人旅客携带婴儿超过一名时，超过的人数应购儿童票。旅客购买儿童票、婴儿票，应提供儿童、婴儿出生年月的有效证明。

⑤承运人或其销售代理人应根据旅客的要求，出售联程、来回程客票。

⑥团体旅客订妥座位后，应在规定或预先约定的时限内购票，否则所订座位不予保留。

⑦承运人及其销售代理人不得在我国境外使用国内航空运输客票进行销售。

2. 国内航空旅客运输合同的履行

为安全、舒适、准时地运送旅客至目的地，航空公司即承运人应为旅客提供良好的乘车环境，履行其告知义务(前面提及的旅客乘机时间的问题)，并能针对特殊问题(如客票遗失、误机、错乘、漏乘)严格按照相关管理办法及时有效地处理。同时，旅客乘机必须出示有效客票，遵守乘机的基本条件要求，由于旅客自身原因造成其损失的，承运人可不承担责任；若给承运方造成损失，则承运人有权要求旅客赔偿。

1)验票和换票

旅客使用客票时，应交验有效客票，包括乘机航段的乘机联和全部未使用并保留在客票上的其他乘机联和旅客联，缺少上述任何一联，客票即为无效。国际和国内联程客票，其国内联程段的乘机联可在国内联程航段使用，不需换开成国内客票；旅客在我国境外购买的用国际客票填开的国内航空运输客票，应换开成我国国内客票后才能使用。

2)遗失客票的处理

若旅客遗失客票，应以书面形式向承运人或其销售代理人申请挂失，并提供原购票的日期、地点、有效身份证件、遗失地公安部门的证明以及足以证实客票遗失的其他证明。在旅客申请挂失前，客票如已被冒用或冒退，承运人不承担责任。

3)旅客误机的处理

(1)旅客如发生误机，应到乘机机场或原购票地点办理改乘航班、退票手续。

(2)旅客误机后，如要求改乘后续航班，在后续航班有空余座位的情况下，承运人应积极予以安排，不收误机费。

(3)旅客误机后，如要求退票，承运人可以收取适当的误机费。

4)旅客漏乘的处理

(1)由于旅客原因发生漏乘的，旅客要求退票，按误机的有关规定办理。

(2)由于承运人原因使旅客漏乘的，承运人应尽早安排旅客乘坐后续航班。如旅客要求退票，始发站应退还全部票款，经停地应退还未使用航段的全部票款，均不收取退票费。

5)旅客错乘的处理

(1)旅客错乘飞机，承运人应安排错乘旅客搭乘最早的航班飞往旅客客票上的目的地，票款不补不退。

(2)由于承运人原因使旅客错乘的，承运人应尽早安排旅客乘坐后续航班。如旅客要求退票，始发站应退还全部票款，经停地应退还未使用航段的全部票款，均不收取退票费。

3. 国内航空旅客运输合同的变更和解除

因特殊情况发生，旅客和承运人都可以要求变更或者解除旅客运输合同。变更和解除运输合同的标志是客票的改签或办理退票。

1)客票变更

旅客购票后，要求变更客票列明的乘机日期、航班、航程、票价级别等，均属客票变更，分为自愿变更和非自愿变更两种。

(1)旅客购票后，如要求改变航班、日期、舱位等级，承运人及其销售代理人应根据实际可能积极办理。

(2)航班取消、提前、延误、航程改变或不能提供原定座位时，承运人应优先安排旅客乘坐后续航班或签转其他承运人的航班。因承运人的原因使旅客的舱位等级变更时，票款的差额多退少不补。

(3)旅客要求改变承运人时，应征得原承运人或出票人的同意，并在新的承运人航班座位允许的条件下予以签转。航班取消、提前、延误、航程改变或不能提供原定座位时，要求旅客变更承运人时，应征得旅客及被签转承运人的同意后，方可签转。

2)退票

由于承运人或旅客原因，旅客不能在客票有效期内完成部分或全部航程，可以在客票有效期内要求退票。旅客要求退票时，应凭客票或客票未使用部分的乘机联和旅客联办理。退票只限在出票地、航班始发地、终止旅行地的承运人或其销售代理人售票处办理。票款只能退给客票上列明的旅客本人或客票的付款人。

旅客因病要求退票时，需提供医疗单位的证明，始发地应退还全部票款，经停地应退还未使用航段的全部票款，均不收取退票费。患病旅客的陪伴人员也按上述规定办理。

团体旅客购票后自愿退票的，按下列规定收取退票费。

(1)团体旅客在航班规定离站时间72h以前要求退票，收取客票价10%的退票费。

(2)团体旅客在航班规定离站时间72h以内至规定离站时间前一天中午12时前要求退票，收取客票价30%的退票费。

(3)团体旅客在航班规定离站时间前一天中午12时以后至航班离站前要求退票，收取客票价50%的退票费。

(4)持联程、来回程客票的团体旅客要求退票，也按以上(1)～(3)条的规定办理。

(5)团体旅客误机，客票作废，票款不退。

(6)团体旅客中部分成员要求退票，按照规定收取该部分成员的退票费。

3)不正常航班的服务

(1)由于机务维护、航班调配、商务、机组等原因，造成航班在始发地延误或取消，承运人应当向旅客提供餐食或住宿等服务。

(2)由于天气、突发事件、空中交通管制、安检以及旅客等非承运人原因，造成航班在始发地延误或取消，承运人应协助旅客安排餐食和住宿，费用可由旅客自理。

(3)航班在经停地延误或取消，无论何种原因，承运人均应负责向经停旅客提供膳宿服务。

(4)航班延误或取消时，承运人应迅速及时地将航班延误或取消等信息通知旅客，并做好解释工作。

(5)承运人和其他各保障部门应相互配合，各司其职，认真负责，共同保障航班正常运行，避免不必要的航班延误。

(6)航班延误或取消时，承运人应根据旅客的要求，认真做好后续航班安排或退票工作。

【案例 5-3】

2004年7月，原告谢某等乘客购买了被告东方航空公司从上海虹桥机场到内蒙古呼和浩特的MU5195航班机票，票价为1350元。航班原定起飞时间为7月30日14时35分，但直到20时7分才起飞。该班机到达上海虹桥机场之前，执行的是温州－香港－温州的飞机航线。飞机计划到达虹桥机场的时间为13时50分，由于当时遇到雷雨无法着陆，于是飞机备降浦东机场，再从浦东机场起飞，于18时落地虹桥机场。虹桥机场值班签派员在18时17分再次修改飞机起飞时间为18时30分，谢某等乘客于18时15分方开始登机。

由于华东空中交通管制部门实施虹桥起飞经 PIKAS 点的离港航班 5 分钟间隔的流量控制，加上先前时段延误的大量航班排队等待离港，造成该机实际离港时间再次延误，于 20 时 7 分终于从虹桥机场起飞。

航班延误期间，被告东航公司未向原告谢某等乘客提供退票或改乘其他航班的服务。在等待起飞阶段，谢某等数十名乘客集体签名，表示将通过法律途径解决航班纠纷。事后，原告谢某等乘客以被告东航公司未采取有效措施向乘客提供帮助，在延误期间未作任何告知或说明，事后也未赔礼道歉并作出补偿，应当承担违约责任为由，向法院提起诉讼，要求被告给予精神赔偿 500 元并降低机票价格 500 元予以返还等。法院于 2012 年 12 月 1 日受理后，对此案公开开庭进行了审理。浦东法院一审判决东航赔偿每位乘客 1/10 的机票款额。对此，东航提起上诉。东航辩称，航班延误是天气原因所致，而非调度不当，延误后已履行了告知义务，并提供了晚餐和饮料。

分析

分析案件整个过程，你认为本案的责任应如何划分？

5.4.3　航空旅客运输流程

航空旅客运输大体流程如图 5-3 所示，其具体业务流程见表 5-6。

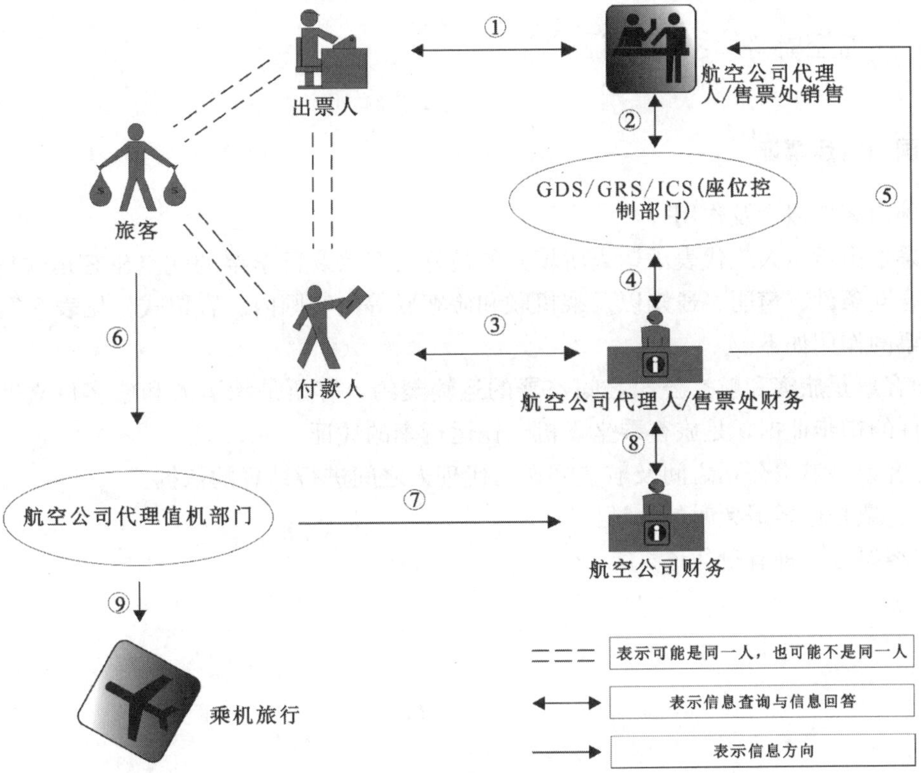

图 5-3　航空旅客运输流程简图

表 5-6 业务流程表

序号	业务
①	出票人向航空公司代理人/售票处销售部门查询有关旅行座位信息。在销售部门完成有关业务操作(包括审查付款人是否已付款)后出票人可从销售部门拿到机票信息(包括有形的纸质机票上的信息或无形的电子机票上的信息)
②	航空公司代理人/售票处销售部门通过 GDS/GRS/ICS 查询座位信息；航空公司座位控制部门通过 GDS/GRS/ICS 控制不同级别的座位开放
③	付款人向航空公司代理人/售票处财务查询有关旅行票价信息。在财务部门完成有关业务操作后支付票款，并得到付款凭证(包括有形凭证或无形凭证的信息)
④	航空公司代理人/售票处财务部门可以通过 GDS/GRS/ICS 查询票价，航空公司票价控制人员可利用收益管理系统确定票价后在以上系统发布
⑤	航空公司代理人/售票处财务部门在得到付款人付款后通知销售部门可以出票
⑥	旅客在航空公司/代理值机部门办理值机手续，包括领取登机牌、交运行李等
⑦	航空公司/代理值机部门办理值机手续后将旅客登机信息(包括有形机票或无形电子客票信息)手工或自动传递给航空公司的财务部门
⑧	航空公司财务部门内部对来自销售部门的财务信息和来自值机部门的财务信息进行检查和配比
⑨	旅客在办理完值机手续后，再经过“三检一关”(边防检查、卫生检疫、动植物检疫、海关)的有关检查后可以登机旅行

有关全球分销系统 GDS、代理人订座系统 GRS 以及航空公司 ICS 可参考本书有关章节。

5.4.4 航空旅客运输票证

1. 国内客运票证

1)国内客票概念及作用

客票指由承运人或代表承运人所填开的被称为客票及行李票的航空旅客运输凭证，包括运输合同条件、声明、通知以及乘机联和旅客联等内容国内。客票式样见表 5-7。

客票的作用如下。

(1)客票是旅客和航空公司之间签署的运输契约，客票是承运人和旅客订立航空运输合同条件的初步证据，是旅客乘坐飞机、托运行李的凭证。

(2)客票是航空公司之间及航空公司与代理人之间进行结算的依据。

(3)客票是旅客退票时的凭证。

(4)客票是一种有价凭证。

表 5-7　国内客票

填开单位 ISSUED BY 中国国际航空公司 AIR CHINA	客票有行李票 PASSENGER TICKET AND BAGGAGE CHECK 会计联 AUDOT COUPON	始发地/目的地 ORIGIN/DESTINATION	出票日期和 地点 DATE AND PLACE OF ISSUE 营业员 AGENT
		订座记录编号 BOOKING REFERENCE	
签 注　RESTRICTIONS/ENDOR- ESEMENTS(CARBON)	旅游编号 TOUR CODE	换开凭证 ISSUED IN EXCHANGE FOR	
旅客姓名 NAME OF PASSENGER	连续客票额 CONJUNCTION TICKET(S)		

不作为 运输用 NOT GOOD FOR PASSAGE	承运人 CARRIER	航班号 FIGHT	座位 等级 CLASS	日期 DATE	离港时间 DEPARTURE TIME	订座情况 STATUS	票价级别 /客票类别 FARE BASIS /TKT DESIGNATOR	免费行 李额 ALLOW
自 FROM								
至 TO	交运行李 BAGGAGE CHECKED				件数 PCS		重量 WT	
	票价计算 FARE CALCULATION							

票价 FARE		
实付等值货币 EQUIV FARE PD	须遵照旅客乘机联前面的须知条款 SUBJECT TO CONDITIONS ON THE BACK OF PASSENGER COUPON	
		付款方式 FORM OF PAYMENT
税款 TAX	⊙999 1125282100 5⊙	原出票 ORIGINAL ISSUE　证号 DOCUMENT NUMBER　地点 PLACE
总数 TOTAL		日期 DATE　营业员号 AGENT NUMBERIC COD

2）客票的组成

国内航空公司客票由会计联、出票人联、乘机联（一或二联）、旅客联组成。

（1）会计联。用于内部审核和记账。

（2）出票人联。用于业务量统计或完成销售日报。

（3）乘机联。用于旅客换发登机牌或交运行李，根据旅客航程的不同，乘机联数目有所不同。

（4）旅客联。由旅客持有，旅客在使用客票、退票和报销时必须持有旅客联。

3）客票的分类

（1）客票根据航程不同可分为单程客票、联程客票和来回程客票。单程客票指列明一个航班的点到点的客票；联程客票指列明两个及两个以上航班的客票；来回程客票指从出发地至目的地并按原航程返回原出发地的客票。

(2)客票根据使用日期的不同可分为定期和不定期客票。不定期客票上没有指定乘机日期，也称为OPEN票。

(3)客票根据乘机联数的不同可分为一联客票、两联客票、四联客票3种。目前国内客票只印制了一联和两联客票。一联客票供只有一个航段运输使用，两联客票供两个或两个以上航段使用。

4)BSP电子客票

BSP电子客票(ET—electronic ticket)是国际航协(IATA)规定的中性电子客票的英文缩写，电子票是一种流程化的电子数据，电子机票是普通纸质机票的电子形式，电子票将票面信息存储在订座系统中，可以像纸票一样执行出票、作废、退票、换票、改转签等操作。目前，它作为世界上最先进的客票形式，依托现代信息技术，实现无纸化、电子化的订票、结账和办理乘机手续等全过程，给旅客带来诸多便利，同时为航空公司降低了成本。

5)客票号码

客票号码由航空公司票证代号、乘机联数、序号、检验位共计14位数字组成。

6)有效期

(1)客票的有效期规定如下。

①正常票价的客票有效期自旅行开始之日起，一年内运输有效(定期客票自旅客开始旅行之日起计算，不定期客票自填开客票之次日零时起计算)；如果客票全部未使用，则从填开客票之日起，一年内运输有效。

②特种票价的客票有效期按照承运人规定的该特种票价的有效期计算。

③客票有效期的计算，从旅行开始或填开客票之日的次日零时算起，至有效期满之日的次日零时为止。

(2)客票有效期的延长。由于下列原因之一造成旅客未能在客票有效期内旅行，客票有效期将延长至承运人能够提供座位的第一个航班为止，但延长期以不超过7天为限。

①承运人未能提供旅客事先订妥的座位。

②承运人未能合理地按照航班飞行。

③承运人原因造成旅客已经定妥座位的航班衔接错失。

④承运人取消航班经停地点中的旅客的始发地点、目的地点或中途分程地点。

⑤航班延误、取消。

旅客开始旅行以后，经医生证明因病不能继续旅行时，其客票有效期可以按照下列规定予以延长。

①客票可以延长到根据医生证明适宜旅行之日为止，或延长到该日以后承运人能够提供座位的第一个航班为止。

②如果客票未使用的乘机联包括一个或一个以上的中途分程地点，客票有效期可以延长，但以医生证明适宜旅行之日起90天为限。

③患病旅客的陪伴人员，其客票有效期可与患病旅客的客票同样予以延长。

④旅客在旅途中死亡，陪伴人员的客票有效期可延长到办妥该旅客死亡手续为止，但

从旅客死亡之日起最多不得超过 45 天。

7)客票的相关规定

(1)客票为记名式，只限客票上所列姓名的旅客本人使用，不得转让和涂改，否则客票无效，票款不退。

(2)旅客未能出示根据承运人规定填开的包括所乘航班的乘机联和所有其他未使用的乘机联和旅客联的有效客票，无权乘机。旅客出示残缺客票或非承运人或其销售代理人更改的客票，也无权乘机。

确定客票乘机联的原则：每个不同的航班应有一张乘机联，每个不同的承运人的航段应有一张乘机联，每个中途分程航段应有一张乘机联，每个不同舱位等级的航段应有一张乘机联。

(3)客票的乘机联必须按照客票所列明的航程，从始发地点开始顺序使用。如果客票第一张乘机联未被使用，而旅客在中途分程地点或约定的经停地点开始旅行，则该客票无效，航空公司可不予接受。

(4)每一乘机联上必须列明舱位等级，并在航班上订妥座位和日期后方可由承运人接受运输。对未订妥座位的乘机联，承运人应当按旅客的申请，根据使用的票价和所申请的航班座位可利用情况为旅客预订座位。

(5)旅客应在客票有效期内完成客票上列明的全部航程。

(6)含有国内航段的国际联程客票，其国内航班的乘机联可直接使用，不需换开成国内客票。

(7)旅客在我国境外购买的用国际客票填开的国内航空运输客票，应换开成我国国内客票后才能使用。

(8)航空公司及其销售代理人不得在我国境外使用国内航空运输客票进行销售。

(9)定期客票只适用于客票上列明乘机日期的航班。

【案例 5-4】

2005 年 7～8 月，案外人吴某、何某(均已判刑)经密谋在深圳市某区以虚假的深圳市某公司的名义与化学试剂厂商谈银粉的购销事宜，意图骗取银粉。其中吴某冒充公司采购员苏某，负责业务洽谈；何某充当公司业务员，负责接发传真。经吴某与试剂厂法定代表人陈某商谈后，2005 年 8 月 8 日，吴某将拟订的合同传真给试剂厂，约定以 2390 元/kg 的价格购银粉 120kg，发货的同时汇款。第二天，吴某和何某又将一份伪造的汇票传真给试剂厂，并催促试剂厂发货。试剂厂将一份假的发货单传真给吴某，吴某看出发货单是假的，就打电话给陈某说要取消生意，于是试剂厂表示马上发货。

2005 年 8 月 10 日下午 16 时 19 分，试剂厂员工王某接受指派，以个人名义到机场公司办理空运银粉事宜。王某按普通货物向机场公司交纳了航空运费 370 元，燃油附加费 26 元，合计 396 元。机场公司开出了机场航空运输服务有限公司货运、快递发票，并将其中的发票联、抵扣联、收货人联交给试剂厂。发票上注明的始发站是长沙，目的站是深圳，托运人是王某，收货人是试剂厂法定代表人陈某，提货方式为机场自提，货物毛重 132kg，费率为 2.8，货物品名是银粉，并留下了王某和陈某的联系电话。收货人联上有“提货注意事项”，其中第一条明确记载“收货人凭本收货人联或其复印件和本人居民身份证或其他有效身份证件提货；委托他人提货时，凭本货运单所指定的收货人及提货人的居民身份证或其他有效身份证件提货。如承运人或其代理人要求出具单位介绍信或其他有效证明时，收货人应予提供”。办理托运手续时王某没有声明货物的价值。16 时 20 分，机场公司将该笔业务以 132 元的价格交给深圳航空公司实际承运。货物运到目的地深圳宝安机场后，深圳航空公司将货物交给深圳某公司代为交货。

在此期间，吴某利用试剂厂传真过来的假发货单，推测出货物运输方式和始发站，打电话给机场公司的机场发货处，冒充试剂厂工作人员说自己忘记了货单号，骗得发货处工作人员的信任，取得了涉案银粉的航班号、提货单号，并得知提货单上指定的收货人为陈某。吴某和何某立即找人伪造了陈某的身份证、驾驶证。2005 年 8 月 11 日上午 8 时许，吴某与何某前往深圳某公司提货处以伪造的陈某的身份证提取了 120kg 银粉。当日晚，由何某将银粉卖至番禺，得赃款 219600 元。事发后，吴某、何某已被深圳市某区人民法院依法分别判处有期徒刑。经鉴定，涉案银粉价值 286800 元，但没有追回任何赃物赃款。后试剂厂向机场公司发函要求该公司全额赔偿未果，于是诉至法院。

分析

(1)本次航空运输中，承运人具体指代的是谁？在本案中，你认为原告、被告的身份是否合理？为什么？

(2)你认为本案的责任应如何划分？

5.5 本章小结

本章从航空运输的基本概念、特点及种类入手，介绍了国内外航空运输线路和航线的基本内容，如航线要素及分类等；根据航空运输的分类阐述了旅客(国内)、货物(国内)的相关运输条件；而后，基于航空货物(旅客)运输合同的订立、履行、变更及解除，总结了航空货物(旅客)运输的基本流程，并涉及航空运输业务相关单证、客票等相关内容。

本章采用理论结合实际案例的形式，概要介绍了我国航空运输业的情况，给读者提供了较好的参考价值。

思考题

1. 简述航空运输的特点。
2. 简述航空旅客运输乘机条件。
3. 简述航空货物运输的种类与运输的基本条件。
4. 简述国内与国际航空货物运输合同的异同点。
5. 简述航空货物运输的流程。
6. 航空货物运输单证有哪几种？能否被当成领货凭证？为什么？
7. 简述航空旅客运输的流程。
8. 国内航空客票的种类及构成是什么？
9. 简述国内航空客票的有效期？
10. 简述国际航空客票的种类及原则。

11. 判断下列航线所属方向代号。
(1)PAR－LON－NYC
(2)LON－PAR－BJS
(3)RIO－HKG
(4)MOW－IEV－BJS

主要参考文献

戴彤焱，孙学琴，姜华. 2006. 运输组织学［M］. 北京：机械工业出版社.
李晓津，孔令宇，张晓民. 2005. 民航旅客运输学［M］. 北京：兵器工业出版社.
徐月芳，石丽娜. 2004. 航空客货运输［M］. 北京：国防工业出版社.
中国民用航空局，1986. 航空货物运输合同实施细则［S］.
中国民用航空局，1986. 民用航空运输企业全面质量管理暂行办法［S］.
中国民用航空局. 2012. 民航行业发展统计公报［K］.
中华人民共和国交通运输部.
http：//zh. wikipedia. or
http：//sunwenc. blog. sohu. com
www. iata. org
www. baike. baidu. com
http：//202. 112. 151. 72：8080
http：//jp. sxpi. com. cn
http：//www. holi365. com
http：//wuliu. sz. bendibao. com
http：//www. cwqlawyer. com
http：//w6. sxbq. net
http：//news. carnoc. com
http：//www. cclawnet. com
http：//club. learning. sohu. com
http：//www. hicourt. gov. cn/homepage/show4 _ content. asp? id=8956
http：//law. yanjiao. com. cn
http：//panli. 110. com

第6章 水路运输

水路运输方式作为一种应用广泛、发展历史最为悠久的运输方式，在现代综合运输系统中仍然发挥着重要作用，特别是在国际运输中起着无可替代的重要作用。

本章首先引出了水路运输的概念、特点以及分类方法，并从国内的内河运输和国际的海上运输以及主要航道等方面介绍了水路运输现状；接着本章讨论了水路运输的货物分类，从货物包装、货物运输和旅客运输3个角度分析了水路运输所需要的基本条件；随后重点从班轮货物运输的特点、运价、单证和流程以及租船货物运输的特点、种类、合同和市场介绍了水路货物运输业务，详细介绍了水路货物运输合同的订立、履行、变更和解除的具体要求；然后简单介绍了水路旅客运输的概念和分类，讨论了水路运输的乘船条件和水路旅客运输合同的订立、履行、变更和解除的具体要求；最后，结合案例利用所学知识对问题进行分析和解答。

6.1 水路运输概论

水路运输是铁路、公路、水路、航空和管道等现代5种运输方式中兴起最早、历时最长的一种运输方式。它最早产生于人类的原始社会，将人类从运输货物时的手提手搬、肩挑背扛和头顶等方式中解放出来，形成借助于其他运输工具来实现人或货物位移的运输，从而就有了最原始的航线，这就是人类运输史上的第一次革命。水路运输在其发展过程中与其他运输方式相互促进、相互影响，随着人类对河流和海洋认识的加深、新航道的开辟、人工运河的开凿、造船技术的进步、运输设备的改善，水路运输技术行以快速发展。

6.1.1 水路运输特点

水路运输(也叫船舶运输)是以船舶为主要运输工具、以港口或港站为运输基地、以水域(海洋、河、湖等)为运输活动范围的一种客货运输。水路运输主要承担大数量、长距离的运输，是干线运输中期主力作用的运输形式。其技术经济特征是载重量大、成本低、投资省，但灵活性小，连续性差。所以水路运输较适于担负大宗、低值、笨重和各种散装货物的中长距离运输，其中特别是海运，更适于承担各种外贸货物的进出口运输。水路运输的基础设施包括船舶、港口和航道。

水路运输的主要特点有以下6点。

(1)运输量大。随着造船技术的日益发展和精益求精，船舶向着大型化发展。巨型客轮已经达到8万吨，巨型油轮超过50万吨，就是一般的杂货轮也多在5、6万吨以上，远超出其他几种运输方式的单位运输量。

(2)运输成本低。水路运输的航道多为天然形成或为一些廉价开凿的人工运河，港口一般多为政府建设，不像公路或铁路那样需要大量投资建设公路或铁路的线路和场站；船舶运载量大，使用时间长，运输里程长，与其他运输方式相比，水运单位运输成本较低。

(3)速度低。商船体积大，水流阻力高，风力影响大，因此速度较低，一般航速在 10～20 节(1 节=1 海里/小时=1.852 公里/小时)之间，如要提高航速，燃料消耗会大大增加，极其不经济。

(4)受自然条件的限制与影响大。受海洋与河流的地理分布及其地质、地貌、水文与气象等条件和因素的明显制约与影响。如有些内河航道和海港由于冬季结冰而只能停航，有些内河航道的走向往往与运输的经济要求不一致，有些内河航道水位洪枯变化大，影响了航运利益发挥的连续性。

(5)开发利用涉及面较广。天然河流涉及通航、灌溉、防洪排涝、水力发电、水产养殖以及生产与生活用水的来源等；海岸线与海湾涉及建港、农业围垦、海产养殖、临海工业和海洋捕捞等。

(6)对综合运输的依赖性较大。河流与海洋的地理分布有相当大的局限性，水运航线无法在广大陆地上任意延伸，故水运的充分开发利用要与铁路、公路和管道等运输方式配合，并实行联运。

6.1.2 水路运输分类

水路运输有多种分类方法，以下是几种比较常用的分类方法。

(1)按贸易种类的不同，水路运输可分为外贸运输和内贸运输。外贸运输是指本国同其他国家和地区之间的贸易运输；内贸运输是指本国内部各地区之间的贸易运输。

(2)按航行区域的不同，水路运输一般主要分为内河运输和海上运输，这也是最常用的一种分类方法。若更加细分则还可分为远洋运输、沿海运输、内河运输、湖泊(包括水库)运输。远洋运输是指国际间的运输，以外贸运输居多；沿海运输是指几个邻近海区间或本海区内的运输，以内贸运输为主；内河运输是指在一条河流(包括运河)上或通过几条河流的运输，一般为国内运输，但若属于流经数国河流，如欧洲的莱茵河、多瑙河等，在这种河流上也有外贸运输；湖泊运输是指一个湖区内的运输，大多属于国内运输，但在像美国、加拿大两国间的五大湖这样的湖区内也有外贸运输。

(3)按运输对象的不同，水路运输可分为旅客运输和货物运输。旅客运输有单一客运(包括旅游)和客货兼运之分；货物运输按货类分有散货运输和杂货运输两类，前者是指无包装的大宗货物如石油、煤炭、矿砂等的运输(有时散货运输专指干散货如煤炭、矿砂等的运输)；后者是指批量小、件数多或较零星的货物运输。

(4)按运输工具的不同，水路运输可分为船舶运输和排筏(包括木排和竹排)运输。

(5)按船舶营运组织形式的不同，水路运输可分为定期船运输和不定期船运输。定期船运输是选配适合具体营运条件的船舶，在规定航线上，定期停靠若干固定港口的运输；不定期船运输是指船舶的运行没有固定的航线，而是按照运输任务或按租船合同所组织的运输。定期船运输和不定期船运输两种营运组织形式是相辅相成的。

6.1.3 我国水路运输发展现状

我国水运资源十分丰富，位居世界第一。我国东部毗邻渤海、黄海、东海、南海，大陆有 1.8 万千米的海岸线；岛屿 5000 多个，有 1.4 万千米的岛屿岸线；在漫长的海岸线上，分布有众多的海湾、海峡和河口。我国有 5 万多条河流，多呈东西走向，南北走向的为少。其中航运发达的有通称“三江两河”的内河水系——长江、珠江、黑龙江、京杭运河、淮河。我国湖泊分布甚广，大小湖泊 900 多个。

在如此丰富的水运资源支撑下，以及现在航运技术促进下，我国现代水路运输经过多年的发展，取得了长足进步。其特点是沿海港口和远洋运输发展较快，内河运输发展较缓慢。目前，全国内河航道通航里程 12.3 万公里，其中可通航千吨级船舶的三级以上高等航道超过 8800 公里；拥有内河船舶 17.2 万艘、5500 多万载重吨；生产用泊位近 2.6 万个，其中万吨级泊位 259 个；内河航运企业超过 4000 家。

在水路客运方面，主要由内河客运、沿海客运和远洋客运组成。近年水路客运量从 20 世纪一直到 2003 年呈逐年下降趋势，随后开始出现小幅上升，但在 2007 年水运客运量占各种运输方式总客运量的 1.03%。所以水路运输在客运方面处于明显的弱势方面。

在水路货运方面，由远洋运输、近洋运输和内河运输组成，主要承担外贸进出口货物运输和国内能源(主要是煤炭)、矿建资料、粮食等的运输。除近、远洋运输因具有其他运输方式所不可替代的作用而稳步发展外，沿海及内河水运都发展较为缓慢，除了煤炭等大宗货物运输外，在件杂货及农副产品等时效要求较高的物资运输上，与其他方式相比已无优势可言。

值得一提的是货运方面，集装箱货物运输是一种先进的现代化运输方式，是件杂货运输的发展方向，是交通运输现代化的产物和重要标志，是运输领域的重要变革。我国集装箱运输从 20 世纪 50 年代开始起步，水运部门在 1956 年、1960 年和 1972 年三次借用铁路集装箱短期试运。我国集装箱运输发展很快，港口吞吐量以年均 29%左右的速度递增，建成了一批集装箱专用深水泊位，培养了一批集装箱运输经营管理队伍，集装箱运输迅猛发展。

6.1.4 内河运输及国内主要航道

内河运输简称河运，是水路运输的一个重要组成部分，是使用船舶和其他水运工具，在国内的江、河、湖泊、水库等天然或人工水道运送货物和旅客的一种运输方式。它具有运量大、成本低、耗能少、投资省、少占或不占农田等优点，但其受自然条件限制较大，速度较慢，连续性差。内河运输是连接内陆腹地和沿海地区的纽带，对一个国家的国民经济和工业布局起着重要作用。我国国内主要航道分布见图 6-1。

世界发达国家内河运输一般都很发达，世界几条著名的通航河流如密西西比河、莱茵河、伏尔加河、多瑙河即分别代表了美国、西欧、俄罗斯(欧洲部分)和东欧等国家及地区内河航运所达到的水平。我国也有着丰富的内河航运资源，有 5000 多条大小河流和众多湖泊，拥有着发展内河运输的优良的自然条件，内河航道达到 12.35 万公里，约是建国初

2.7 万公里的 4.6 倍，中国当前已基本形成一个具有相当规模的内河航运水运体系。

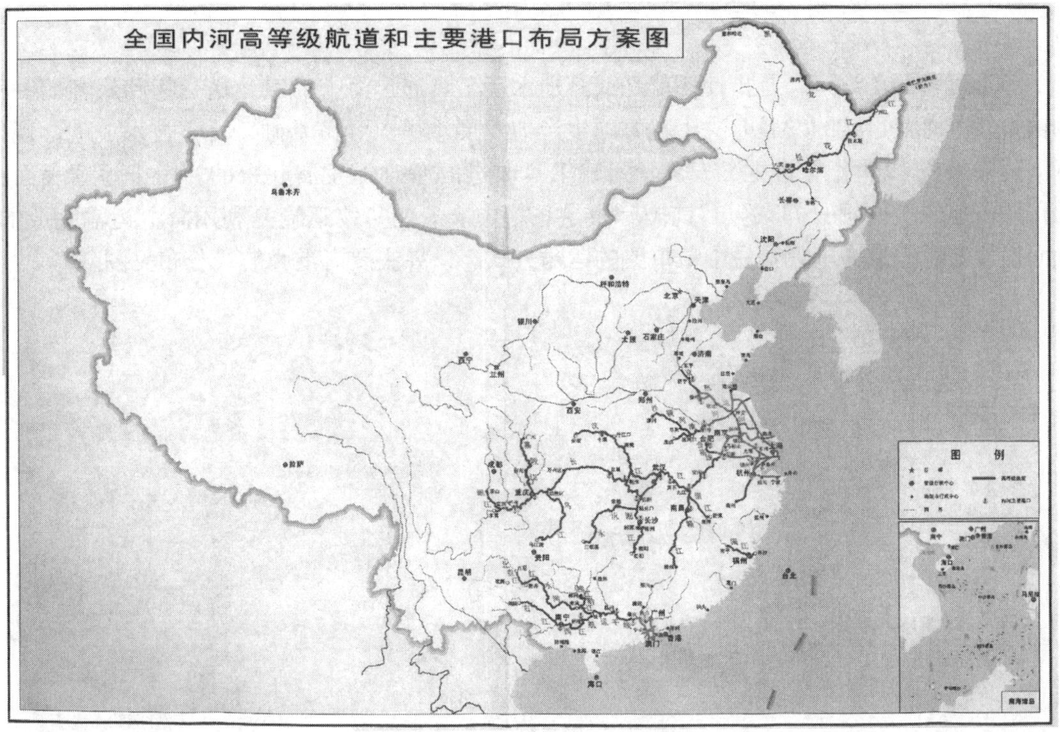

图 6-1　国内主要航道分布图

我国的主要内河航运资源分布如下。

(1)长江水系。长江是我国通航的最大河流，整个水系有通航支流 3500 多条，航道里程约 7 万千米，占全国内河航道总里程的 70%。长江干线从宜宾至长江口全长 2813 千米，分为上、中、下游三段，四川省宜宾市和湖北省宜昌市之间为上游，宜昌至江西省湖口之间为中游，湖口至长江口之间为下游。2005 年，长江干线货运量达 7.95 亿吨，超过欧洲的莱茵河和美国的密西西比河，成为世界上运量最大、航运最繁忙的通航河流。2006 年，长江干线货运量增至 9.9 亿吨，2007 年高达 11.23 亿吨，分别是密西西比河货运量的 2 倍和莱茵河货运量的 3 倍。目前，5000 吨级船舶和万吨级船队可全年上行至武汉，2000 吨船舶可达宜昌，但只有较小的船舶才可到达宜宾。

(2)珠江水系。珠江为我国仅次于长江的第二大通航河流，水系现有通航河流 988 条，通航里程 1.3 万千米。通航 1000 吨级船舶的航道长 757 千米，通航 300～500 吨级航道 948 千米，通航 100～300 吨级航道 1546 千米。广州至黄浦通航 3000～5000 吨级海轮，黄浦至珠江出海航道通航 10000～25000 吨级远洋轮船。

(3)京杭运河。京杭运河是我国广阔疆域上唯一的一条南北走向的河流，通航里程为 1004 千米，经北京、天津两市及河北、山东、江苏、浙江四省，由北向南纵向贯通海河、黄河、淮河、长江、钱塘江五大水系，京杭大运河是我国仅次于长江的第二条“黄金水道”。

(4)黑龙江水系。黑龙江水系由黑龙江、松花江、第二松花江、嫩江、乌苏里江、石勒喀河等组成，黑龙江是主流，黑龙江通航里程 1890 千米，每年封冻期长约 180～200 天。

6.1.5　海上运输及世界主要航道

海上运输简称海运，是指使用船舶或其他水运工具通过海上航道运送货物和旅客的一种运输方式。海上运输的发展取决于航海国生产力发展水平、经济基础、科学技术成就。现代海上运输是在 19 世纪资本主义发展、运输工具改进的基础上发展起来的。由于地球表面水面积约占地球表面积的 71%，目前国际贸易总量中 2/3 的货物运输是利用海上运输完成的，从而使海上运输成为国际贸易中最重要的运输方式。世界主要海港和航线分布见图 6-2。

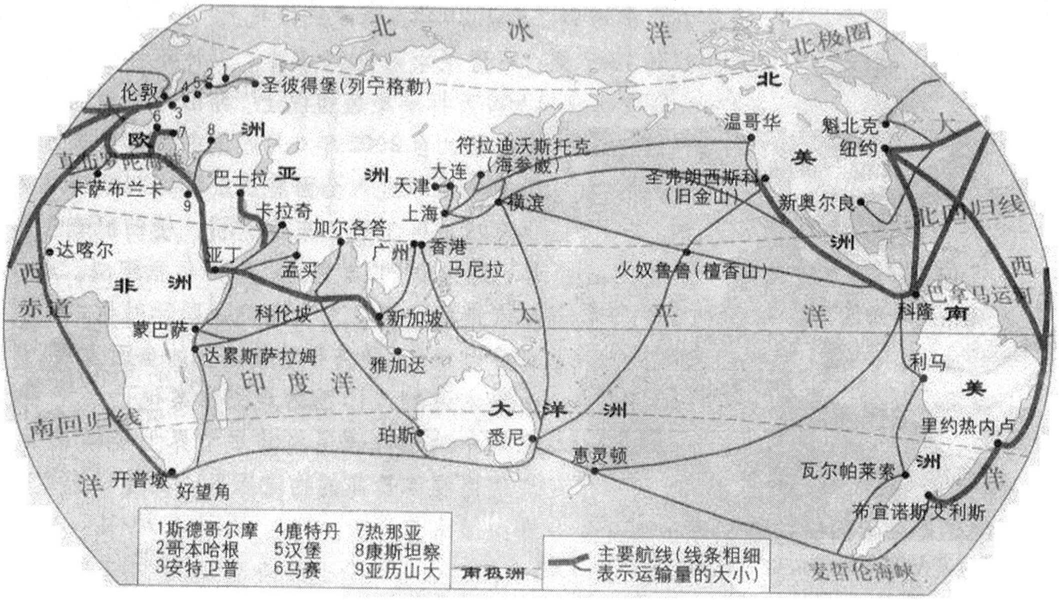

图 6-2　世界主要海港和航线示意图

世界上公认的主要海运航线有如下几条。

1)太平洋航线

远东—北美西海岸航线：该航线包括从中国、朝鲜、日本、俄罗斯远东海港到加拿大、美国、墨西哥等北美西海岸各港的贸易运输线。

远东—加勒比、北美东海岸航线：该航线常经夏威夷群岛南北至巴拿马运河后到达。

远东—南美西海岸航线：从我国北方沿海各港出发的船只多经琉球庵美大岛、硫黄列岛、威克岛、夏威夷群岛之南的莱恩群岛穿越赤道进入南太平洋，至南美西海岸各港。

远东—东南亚航线：该航线是中、朝、日货船去东南亚各港，以及经过马六甲海峡去印度洋、大西洋沿岸各港的主要航线。

远东—澳大利亚、新西兰航线：东至澳大利亚东南海岸分两条航线，中国北方能够沿海港口经朝、日到澳大利亚东海岸和新西兰港口的船只，需走琉球久米岛，加罗林群岛的雅浦岛进入所罗门海、珊瑚湖；中澳之间的集装箱船需在香港加载或转船后经南海、苏拉威西海、班达海、阿拉弗拉海，后经托雷斯海峡进入珊瑚海。

澳新—北美东西海岸航线：由澳新至北美海岸多经苏瓦、火奴鲁鲁等太平洋重要航站。

2)大西洋航线

西北欧—北美东海岸航线：该航线是西欧、北美两个世界工业发达地区之间的原燃料和产品交换的运输线，两岸拥有世界 1/5 的重要港口，运输极为繁忙。

西北欧、北美东海岸—加勒比航线：该航线多半出英吉利海峡后横渡北大西洋。

西北欧、北美东海岸—地中海、苏伊士运河—亚太航线：该航线属世界上最繁忙的航线，它是北美、西北欧与亚太海湾地区间贸易往来的捷径。

西北欧、地中海—南美东海岸航线：该航线一般经西非大西洋岛屿——加那利、佛得角群岛上的航站。

西北欧、北美东海—好望角、远东航线：该航线一般是巨型油轮的油航线。

南美东海—好望角—远东航线：这是一条以石油、矿石为主的运输线。

3)印度洋航线

波斯湾—好望角—西欧、北美航线：该航线主要由超级油船经营，是世界上最主要的海上石油运输线。

波斯湾—东南亚—日本航线：该航线东经马六甲海峡或者龙目、望加锡海峡至日本。

波斯湾—苏伊士运河—地中海—西欧、北美运输线：该航线目前可通行载重 30 万吨级超级油轮。

4)世界集装箱航海运干线

远东—北美航线。

北美—欧洲、地中海航线。

欧洲、地中海—远东航线。

远东—澳大利亚航线。

澳新—北美航线。

欧洲、地中海—西非、南非航线。

6.2　水路运输的基本条件

水路运输从运输对象的性质上可分为旅客运输和货物运输两种，根据两种不同运输对象的性质，在运输条件上也有一些不同的要求，考虑到货物运输在水路运输中发挥的作用，本节将主要针对水路货物运输的基本条件进行介绍。

6.2.1　水路运输货物分类

运输实践中所涉及的货物，种类繁多、形态和性质各异，对运输、装卸及保管的要求也各不相同。货物的种类可以从不同的角度进行分类，其中主要的分类方法有以下几种。

1)按形态分类

件杂货：包括包装货物、裸装货物、成组装货物和集装箱货物。

散装货：包括干制散装货和液体散装货，散装货在交接时按一批货物有多少吨来计。

2)按货物的性质分类

普通杂货：包括清洁杂货、液体杂货、粗劣货物。

特殊货物：危险货物、易腐性冷藏货物、贵重货物、活的动植物、长大货物笨重货物和邮件货物。

3)按装载场所分类

甲板货：指装载在船舶露天甲板上的货物。

舱内货：指装载在船舱内的货物。

舱底货：指装载在船舱内底部的货物。

衬垫货：指装载于舱内可用作衬垫的货物。

填空货：指可用作填补舱内空位的小件货物。

4)按运载状况分类

按运载状况分类大宗货物、零星货物、满载货物、部分满载货物、直达货物、挂港货物、装船货物、联运货物、选港货和变更卸货港的货物。

6.2.2 水路货物运输包装

为了方便货物的运输、贮藏、销售以及保证货物完整，给货物加以一定的包皮称为包装。包装有以商业销售为目的的商业包装和以保证货物运输质量为目的的运输包装。货物包装质量的好坏同货物质量有着一定的内在联系，因此对于货运质量起着重要的作用。

货物包装种类中主要有包装原则和包装形式。其中包装设计原则要求：要保证货物运输中品质完整良好，要结合货物的性质、状态、运输条件来确定包装形式、内容；便于运送、装卸和保管；经济上合理；遵守国家和国际上的有关规定。货物的包装形式包括箱状包装、捆包状包装、袋状包装、桶状包装、裸状包装和成组包装及其他形式包装。

货物运输过程中必须具有正确的标志，以便于识别和区分不同的货物，说明作业的要求，保护货物的完整和人身及运载工具的安全。

6.2.3 水路货物运输条件

水路货物运输条件是为了保证货物运输安全和质量而确定的，这些条件通常包括船舶适航条件、货舱适货条件及货舱的通风管理条件，船舶航行中的摇摆对货物的影响，港口作业及保管货物的条件。具体说来，主要有以下 3 个条件。

(1)船舶适航条件。船舶抵御风险的能力，船体的设计、性能、构造、状态方面能抵御合同约定中航次中通常出现的或者合理预见的风险；船舶应配备船员，主要体现在船员的数量和胜任职责两方面；船舶还要装备船舶和配备供应品，船舶在各方面都应准备完善。

(2)船舶货舱适货条件。应使货舱、冷藏舱、冷气舱和其他载货处适于并能安全收受、载运和保管货物。为了适应大多数货种的装载，货船应具备清洁、干燥、无异味、无虫害和结构紧密等条件，不同状态不同性质的货物的具体贮藏要求也不相同；为确保货舱具备装载条件，必要时船方应向公证性检验部门申请验舱，并获得船舱符合装载条件的证书。

(3)保证货运质量的条件。保证库场、船舱机器设备符合所装货物的要求；正确选配货位和堆装货物，其中包括正确隔离忌装货，正确配置货物，正确地进行货物装卸作业和在运输中做好管货工作。

6.2.4 水路旅客运输条件

对于水路旅客运输，一般采用安全性高、稳定性好的船舶。为了减少船舶的摇摆，大多数客船配有减摇装置；为了满足旅客休息和活动的需要，客船一般设有大量的甲板面积，其上层建筑也比较完善。对比货物运输，旅客运输对快速性、舒适性要求较高。

在水路运输过程中，承运人应该为旅客提供舒适的运输条件，其中包括以下几点。

(1)提供适航船舶并保持适航状态。

(2)提供适当舱位。承运人在运输途中应该给旅客提供与客票等级相符的舱室、铺位或者座位，舱内的设备应符合客票等级的相关规定，便于旅客旅行。

(3)合理尽速、直航目的港。承运人应当在约定期间或者合理的期间内，按照约定航线或者通常航向将旅客运送到目的港。

(4)为旅客提供膳食。

(5)运送旅客的行李。承运人应免费为旅客运送一定数量的行李，并对旅客的非自带行李负有妥善保管的义务。

(6)对旅客的人身伤亡、行李的灭失或者损坏的赔偿责任。

6.3 水路货物运输业务

国际贸易中海上货物运输按照船舶的经营方式主要分为班轮运输和租船运输两种。本节将以这两种运输方式为基础，分别重点介绍水路货物运输业务的相关知识，并详细阐明水路货物运输业务中合同订立、履行、变更和解除的具体要求。

6.3.1 班轮货物运输业务

1. 班轮运输特点

班轮运输又称定期船运输，是指船舶在固定的航线上和港口间按照公布的船期表进行的有规律反复地航行、按照事先公布的费率收取运费的运输业务的一种船舶营运方式。它的服务对象是非特定的、分散的众多货主。

班轮货物运输在其业务内容与形式上有着明显的特点，主要有以下 4 点。

(1)“四固定”的特点。即固定航线、固定港口、固定船期和相对固定的费率，这是班轮运输的基本特点。

(2)运价内已包括装卸费用。货物由承运人负责配载装卸，承托双方不计算滞期费和速遣费。

(3)承运人对货物的负责期限是从货物装上船起，到货物卸下船为止。

(4)承托双方的权利、义务和责任豁免以船公司签发的提单条款为依据，并受统一的国际公约制约。

班轮运输由于其运输业务的特点，它的主要作用体现在以下四点：

(1)特别有利于一般的杂货和小额贸易货物运输。在国际贸易中，除大宗商品利用租船运输外，零星成交、批次多、到港分散的货物，只有班轮有航班和舱位，不论数量多少，也不论直达或转船，班轮公司一般愿意接受承运。

(2)有利于国际贸易的发展。班轮运输的“四固定”特点为买卖双方洽谈运输条件提供了必要的依据，是买卖双方有可能根据班轮船期表商定交货期、装运期以及装运港口，并且根据班轮费率事先核算运费和附加费用，从而能比较准确地计算比价和核算货物价格。

(3)提供较好的运输质量。班轮运输公司所追求的目标是保证船期、吸引货载。班轮公司派出的船舶一般技术性能好，设备较全，质量较好，船员技术水平也较高。此外，在班轮停靠的港口一般都有自己专用的码头、仓库和装卸设备，有良好的管理制度，所以货运质量比较有保证。

(4)手续简便，方便货主。班轮承运人一般采取码头仓库交接货物的做法，并负责办理货物的装卸作业和全部费用。通常班轮承运人还负责货物的转口工作，并定期公布船期表，为货主提供方便。

2. 班轮运输运价

班轮货物运输过程中会产生各种成本费用开支，班轮公司为了补偿成本并获取合理利润，向托运人收取一定的费用，这种费用叫做班轮运费，其单位价格叫做运价。班轮运价按照班轮运价表的规定计算，为垄断性价格。不同的班轮公司有不同的班轮运价表，但它们都是按照各种商品的不同积载系数、不同的性质和不同的价值结合不同的航线加以确定的。

班轮运价由基本费率和多种附加费用组成。基本费率即班轮航线内基本港之间对每种货物规定的必须收取的费率，包括各航线等级费率、从价费率、冷藏费率、活畜费率及议价费率等。附加费是对一些需要特殊处理的货物或由于客观情况的变化等使运输费用大幅度增加，班轮公司为弥补损失而额外加收的费用。附加费用有很多种，常见的有超重附加费、超长附加费、燃油附加费、港口附加费、港口拥挤附加费、货币贬值附加费、绕航附加费、转船附加费、直航附加费和选卸港附加费等。

班轮运价表又称为运价本或费率本，它不仅包括商品、单位费率、计费标准、收费的币种、计算运费和附加费的方法，而且包括适用范围、基本港口、港口规则、船货双方的权利和义务，以及直航、转船、回运、选择或变更卸货港口的方法等内容。它的分类方法主要有以下 2 种。

(1)按照运价制定者不同，可分为班轮公会运价表、班轮公司运价表、货主运价表、双边运价表和协议运价表。

(2)根据费率结构不同，可分为等级费率运价表、单位商品费率运价表。

3. 班轮货运单证

班轮货物运输是海洋货物运输中一种多环节且各生产环节先后有序、紧密衔接的生产过程，出于安全、效率和管理需要的考虑，运输中各个作业环节能够承前启后、井然有序地不间断运行，并能清晰地界定相邻环节货物交接的责任，多年来已形成了多种货运单证。货运单证既是航运中各个相关业务部门间联系某项业务或通知某些事项而缮制的单证，也是各个作业环节证明货物交接并区分交接责任的证据，同时还是海关等监管部门对进出口船舶和货物进行监督管理的单证。

现在国际上通用的以及我国航行于国际航线船舶所使用的主要单证可以大致分为装船单证、卸货单证、交付单证 3 类，具体各个类别单证详述如下。

1)装船单证

(1)托运单。托运单是指由托运人根据买卖合同和信用证的有关内容向承运人或其代理人办理货物运输申请的书面凭证。承运人或其代理人对该单的签认，即表示已接受这一托运申请，承运人与托运人之间对货物运输的合同关系即告建立。在班轮运输的情况下，托运人只要以口头形式或通过函电向船公司或其代理人预订舱位，船公司对这种预约表示承诺，运输关系即告建立，并不需要什么特定形式。

海地出口托运单格式见下表 6-1。

表 6-1　海运出口托运单

SHIPPING LETTER OF INSTRUCTION

托运人
Shipper ______________________________

编号　　　　　　　　　　船名
No ______________　　S/S ______________

目的港
For ______________________________

标记及号码 Marks & Nos	件数 Quantity		货名 Description of Goods	重量公斤 Weight Kilos			
				净 Net		毛 Gross	
				运费付款方式 Method of Freight Payment			
共计件数(大写) Total Number of Packages in Writing							
运费计算 Freight		尺码 Measurement					
备注 Remarks							
台头 ORDER OF			可否转船 Whether transshipment allowed			可否分批 Whether partial shipment allowed	
通知 Notice			装期 Period of shipment		效期 Period of validity		提单张数 No. of B/L
收货人 Receiver			银行编号 Bank No.		信用证号 L/C No.		

(2)装货单。装货单俗称下货纸，是由托运人按照托运单的内容填制，交船公司或其代理人审核并签字或盖章后，据以要求船长将货物装船的承运凭证。

在托运人凭船公司或其代理人签字或盖章后的装货单要求船长将货物装船之前，还必须先到海关办理货物装船出口的报关手续，经海关查验后在装货单上加盖海关放行图章，表示该票货物已允许装船出口，才能要求船长将货物装船。故此时的装货单习惯上称为关单。船长或大副只能依据关单接受货物装船承运。由此可见，在船公司或其代理和海关签字或盖章的装货单既是托运人办妥货物托运和出口手续的证明，又是船公司下达给船长接受货物承运装船的命令。装货单格式见表 6-2。

表 6-2 装货单

SHIPPING ORDER

托运人

Shipper ______________________________

编号 船名

No ______________ S/S ______________

目的港

For ______________________________

兹将下列完好状况之货物装船后希签署收货单

Receive on board the under mentioned goods apparent in good order and condition and sign the accompanying receipt for the same.

标记及号码 Maks & Nos.	件数 Quantity	货名 Description of goods	重量公斤 Weight Kilos	
			Net	Gross

共计件数(大写)
The Number of Packing in Writing

日期 Date	时间 Time
装入何舱 Stowed	
实收 Received	
理货员签名 Tallied by:	经办人 Approved by:

(3)收货单

收货单，又称大副收据，是指某一票货物装上船舶后，由船上大副代表船方签署给托运人的作为证明船方已收到该票货物并已装上船的凭证。托运取得了大副签署的收货单后，即可凭以向船公司或其代理人换取正本已装船提单。

在传统的班轮运输中，船公司对货物承运责任是在货物装船时开始的。因此在货物装船时，大副必须认真核对装船货物的实际情况是否与装货单上记载的情况相符合，货物的外表状况是否良好，有无标识不清、水渍、油渍或污渍情况，数量(件数)是否短缺，货物损坏情况与程度，以及应急修理的事实等。如有上述情况发生，大副要在签署收获单时应将货物的实际状况明确、具体、如实地记载在收货单上。这种在收货单上标注的货物的外表状况不良或缺损情况的说明就是批注，习惯上称为大副批注。有了大幅批注的收货单称为不清洁收货单，反之称为清洁收货单。收货单格式见表 6-3。

表 6-3　收货单

MATE'S RECEIPT

船名　　　　　　　　　　航次　　　　　　目的港
Vessel Name ____________ Voy. ________ For ________

托运人
Shipper ______________________________

受货人
Consignee ______________________________

通知
Notify ______________________________

下列完好状况之货物业已收妥无损
Received on board the following goods apparent in good order and condition:

标记及号码 Maks & Nos.	件数 Quantity	货名 Description of goods	重量公斤 Weight Kilos	
			Net	Gross

共计件数(大写) The Number of Packing in Writing	
日期 Date	时间 Time
装入何舱 Stowed	
实收 Received	
理货员签名 Tallied by:	大副 Chief Officer

(4)提单。提单是船公司或其代理人签发给托运人，证明货物已经装上船舶并保证在目的港凭以交付货物，可以转让的证券。提单是班轮运输中一种非常重要的单证，它既有规定船公司作为承运人的权利、义务、责任和免责的运输合同的作用，又是表明承运人收到货物的货物收据，也是提单持有人转让货物所有权或凭以提取货物的物权凭证。

提单可以按照不同的分类方法分为很多种。

①按照收货人抬头分，提单可分为记名提单、指票提单和不记名提单。

记名提单：指提单正面收货人一栏内载明特定的人或者公司的提单。记名提单的承运人在目的港应向该特定的人或者公司交付货物，并且该提单一般不能流通转让。

指示提单：指提单收货人一栏内载明“由××指示”或者“凭指示”字样的提单。前者称为记名指示，通常载明由托运人指示或者银行指示，承运人应按记名的指示人的指示交付货物。后者称为不记名指示，视为由托运人指示。需要背书(记名、空白背书)才能转让。

不记名提单：指提单正面收货人一栏内不载明具体的收货人或者“由××指示”或“凭指示”，不需背书就可转让。

②按货物是否已装船分，提单可分为已装船提单和收货待运提单。

已装船提单：指在货物装船后签发的提单，注有船名、装船日期，正面载有“……上述货物已装于上列船上……”。

收货待运提单：指承运人、船长或者承运人的代理人在接收货物后、装船之前，因托运人的要求签发的提单。

③按提单有无不良批注分，提单可分为清洁提单和不清洁提单。

清洁提单：指没有任何表明货物和包装的外表状态不良的批注的提单，表明货物的外表状态良好。

不清洁提单：指具有表明货物或包装的外表不良批注的提单，如内装货物外露、包破、锈蚀、污损等。

④按运输方式分，提单可分为直达提单、海上联运提单和多式联运提单。

直达提单：中途不需要转船，提单中有“自由转船”条款，但无“转船”批注，认为是直达提单。

海上联运提单。

多式联运提单。

提单的形式见表 6-4。

表 6-4 提单

<table>
<tr><td colspan="2">shipper</td><td rowspan="6">B/LNo.
cosco

中国远洋运输(集团)总公司
CHINA OCEAN SHIPPING
(GROUP)CO.

original
combined transport bill of lading</td></tr>
<tr><td colspan="2">consignee or order</td></tr>
<tr><td colspan="2">notify address</td></tr>
<tr><td>pre-carriage by</td><td>Place of receiot</td></tr>
<tr><td>ocean vessel VOY. NO.</td><td>port of loading</td></tr>
<tr><td>port of discharge</td><td>final destination</td></tr>
</table>

<table>
<tr><td>marks</td><td>number and kind of
description of goods packages</td><td>gross weight
(KG)</td><td>description
of goods</td><td colspan="2">measurement
(M^3)</td></tr>
<tr><td colspan="6">Total number of containers or packages</td></tr>
<tr><td>freight & charges</td><td>revenue tons</td><td>rate</td><td>per</td><td>prepaid</td><td>collect</td></tr>
<tr><td colspan="2">prepaid at</td><td colspan="2">payable at</td><td colspan="2">place and date of issue</td></tr>
</table>

续表

total prepaid	number of original B(s)L	signed for thecarrier 中国远洋运输(集团)总公司 CHINA OCEAN SHIPPING (GROUP)CO.
date	loading on board the vessel by	

(5)装货清单。装货清单是船公司或其代理人根据装货单留底联，将全船待装货物分卸货港按货物性质归类，依挂靠港顺序排列编制装货单的汇总单。装货清单是船舶大副编制船舶积载图的主要依据，又是供现场理货人进行理货、港方安排驳运、进出库以及掌握托运人备货及货物集中情况等的业务单据。装货清单形式见表 6-5。

表 6-5　装货清单

LOADING LIST

关单号码 S/O No.	件数及包装 No. of Packages	货名 Description	重量公吨 Weight in Metric ton	估计立方米 Estimated Space in cu. M.	备注 Remarks

(6)载货清单。载货清单又称为舱单，是一份按卸货港顺序逐票列明全船实际载运货物的明细表。它是在货物装船完毕后，邮船公司的代理人根据大副收据或提单编制的，编妥后再送交船长签认。载货清单是国际通用的一份十分重要的单证，它是海关对出口或进口船舶所载货物进出国境实施监督管理的单证，也可以作为船舶载运所列货物的证明，是随船单证之一。出口载货清单格式见表 6-6。

表 6-6　出口载货清单

EXPORT MANIFEST

船名 m. v.	航次 Voy.	船长 Captain	从 From	到 To
开航日期 Sailed		页数 Sheet No.		

提单号码 B/L No.	标志和号数 Marks & Numbers	件数及包装 No. of Packages	货名 Description of Goods	重量 Weight 公斤 Kilos	收货 Consignees	备注 Remarks

(7)载货运费清单。载货运费清单简称运费清单或运费舱单，它是由船公司装货港的代理人按卸货港及提单顺序号逐票列明的所载货物应收运费的明细表，是船舶代理人向船公司结算代收运费明细情况的单证，是船公司营运业务的主要资料之一。该单证也可以直接寄往卸货港船公司的代理人处，供收取到付运费或处理有关业务之用。由于载货运费清单上包括了载货清单上所应记载的内容，故也可以代理载货清单作为船舶出口、进口报关

及在卸货港安排卸货应急之用，还可以作为查对全船有关航次装载货物情况之用。当前不少国家港口为了简化制单工作，常将“载货清单”和“载货运费清单”两单合并使用。载货运费清单的格式见表 6-7。

表 6-7 出口载货运费清单

EXPORT FRIGHT MANIFEST

船名 m. v.	航次 Voy.	船长 Captain	从 From	到 To
开航日期 Sailed		页数 Sheet No.		

提单号码 B/L No.	标志和号数 Marks & Numbers	件数及包装 No. of Packages	货名 Description of Goods	重量 Weight 公斤 Kilos	发货人 Shippers	收货人 Consignees	运费吨 Scale Tons		运费 Freight		备注 Remarks
							立方公尺 Cu. M.	公吨 Metric	费率 Rate	预付 Prepaid	

(8)危险货物清单。危险货物清单是专门列出船舶所载运全部危险货物的明细表。该单证是为了确保船舶、货物、港口、装卸、运输的安全而要求制定的，以提醒有关部门及人员在装卸作业和运输保管过程中特别注意。危险货物清单不仅是船舶、货物进出口报关和船舶配积载所必需的单证，而且也是向装货或卸货港的海关部门申报、申请监装或监卸所必需的单证，更是载运危险货物的船舶在指定地点和泊位进行装卸作业前，船港双方据以按照危险货物的性能和要求认真做好准备工作所必需的单证。危险货物清单的格式见表 6-8。

表 6-8 危险货物清单

DANGEROUS CARGO LIST

船名 m. v.	航次 Voy.	从 From	到 To	页数 Sheet No.

提单号码 B/L No.	件数及包装 No. of Packages	货名 Description of Goods	重量 Weight 公斤 Kilos	货物性能 Nature of Goods	装船位置 Where Stowed	备注 Remarks

(9)货物积载图。货物积载图是以图示的形式表示货物在船舱内的装载情况，使每一票货物都能形象具体地显示其在船舱内的位置。该单可分为计划积载图和实际积载图。实际积载图不仅是船方运送、保管货物的必备资料，也是卸货港安排卸货作业和现场理货的重要依据。

(10)剩余船位报告。为了使船舱位得到充分使用，在各挂靠港口装船完毕后，船上看舱人员应实地测量舱位的利用及剩余情况。之后，船长应将计算得出的各货舱的剩余舱位电告船公司在下一挂靠港口设置的分支机构、揽货机构或货船公司的代理人，使其能够做好补充货载的揽货及装船准备。剩余舱位报告的格式见表 6-9。

表 6-9　剩余舱位报告

船名　　　　　　　　　　　　船长

　　　　　　　　　　　　　　大副

港口　　　　　　　　　　　　日期

舱号	舱容（立方米）	前港占用舱容（立方米）	本港占用舱容（立方米）	剩余舱容（立方米）

2)卸货单证

(1)货物残损单。货物残损单是在卸货过程中发现受损货物时使用的，作为卸货交接证明的单证。货物残损单是理货组长汇总全船的现场记录编制而成的，而现场记录则是记载进出口货物原残、混装及货物装卸作业过程中出现的各种现场情况的原始记录。伴随卸货过程中，用现场记录对随时发现的货物残损或可能形成的残损情况的随时记录、随时签认，既可以及时解决对货损情况认识的分歧，避免待卸货完毕，最后一起签认生争执，同时也保证了货物残损单的正确无误。货物残损单格式见表 6-10。

表 6-10　货物残损单

DAMAGES CARGO LIST

船名 Vessel　　航次 Voy.　　泊位 Berth　　国籍 Nationality　　编号 No.

开工日期：　年　月　日　　　　制单日期：　年　月　日

Tally Commenced on:　　　　Date of List:

提单 B/L No.	标志 Marks	货名 Description	货损件数和包装 P' kgs. & Packing Damaged	货损情况 Condition of damage

理货组组长：　　　　　　　船长/大副：

Chief Tally:　　　　　　　Matser/Chief Officer:

(2)货物溢短单。货物溢短单是我国港口在卸货过程中，发现货物多于(溢余)或少于载货清单所记载的数量时使用的，作为卸货交接证明和区分交接责任的单证。货物溢短单是理货组长在全船卸货完毕时，按每单货物汇总该票货物的全部理货计数单，得出该票货物的实际卸货数量，逐票与载货清单核对无误后，以理货计数单位原始记录编制而成。货物残损单和货物溢短单都是日后收货人向船公司提出损害赔偿要求的证明材料之一，也是船公司处理收货人索赔要求的原始资料和依据之一，但是必须经船方的签认才有效。货物溢短单格式见表 6-11。

表 6-11　货物溢短单

OVERLANDED/SHORTLANDED CARGO LIST

船名 Vessel	航次 Voy.	泊位 Berth	国籍 Nationality	编号 No.

开工日期：　　年　　月　　日　　　制单日期：　　年　　月　　日

Tally Commenced on：　　　Date of List：

提单 B/L No.	标志 Marks	货名 Description	舱单记载件数和包装 P' kgs. & Packing on Manifest	溢卸件数和包装 P' kgs. & Packing on overlanded	短卸件数和包装 P' kgs. & Packing on shortlanded
总计 Total					

理货组组长：　　　船长/大副：

Chief Tally：　　　Matser/Chief Officer：

3)交付单证

提货单是收货人及其代理人据以向现场(码头、仓库或船边)提取货物的凭证。提货单的性质与提单完全不同，它只不过是船公司或其代理人指令码头仓库或装卸公司向收货人交付货物的凭证，不具备流通及其他作用。提货单格式见表 6-12。

表 6-12　提货单

DELIVERY ORDER

船名　　　航次　　　起运港

提单号　　　交付条款　　　目的港

卸货地点　　　入库时间　　　货物到港状态　　　抵港日期

托运人

Shipper

收货人

Consignee To Order

通知人

Notify

标记及号码	件数	货名	毛重量(kgs)	尺码(m^3)

请核对放货中海运输集团公司

凡属法定检验、检疫的进口商品，必须向有关监督机关申报。提货专用章

海关章	收货人章		

4. 班轮货运流程

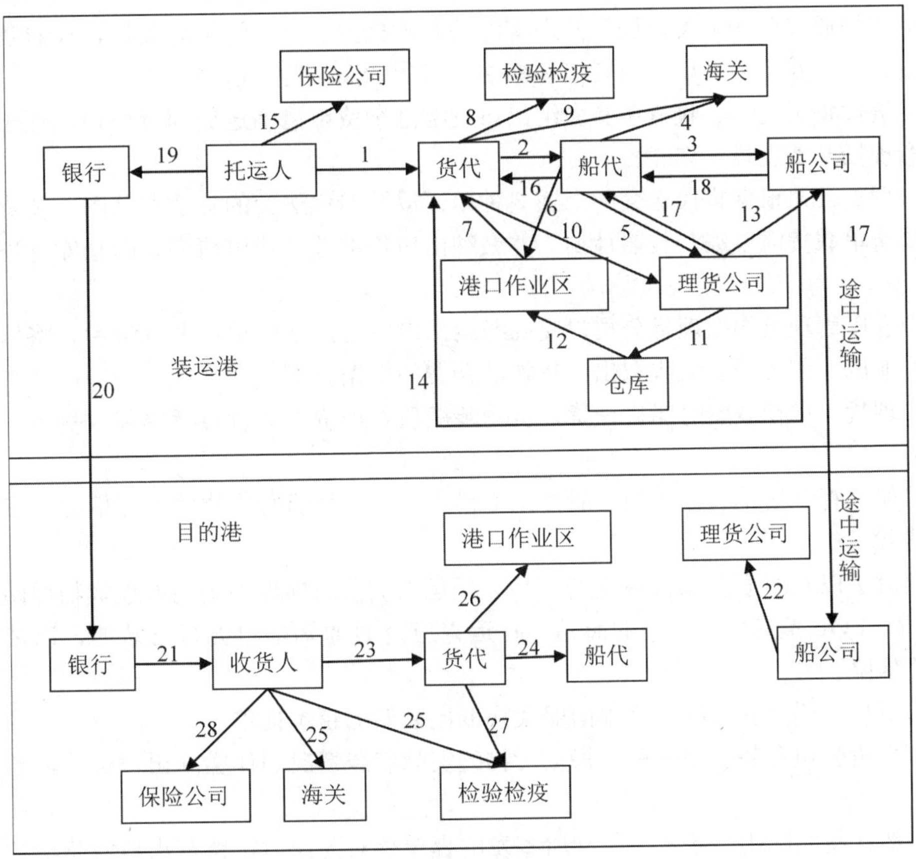

图 6-3　班轮货物运输流程图

班轮货物运输流程图见图 6-3，流程的具体内容如下。

(1)托运人根据贸易合同或信用证编制出口货运代理委托书，委托代理公司(货代)办理货物出口事宜。

(2)货代向船务代理公司(船代)递交托运单，提出货物装运申请。船代根据托运单的内容，考虑船舶航线、挂靠港、船期和舱位等条件，认为合适后，将装货联单交货代填制。船代审核无误后，在装货联单上注明船名、目的港及顺次编号，签章后将底联留下，其余各联还货代。

(3)船代根据装货单留底联，编制装货清单和出口载货清单送交载货船舶。船方根据装货清单和出口载货清单编制货物积载图送交船代。

(4)船代将出口载货清单送交海关办理船舶出口报关手续。

(5)船代同时将货物积载图、装货清单和出口载货清单送交理货公司。

(6)船代同时将货物积载图送交港口作业区。

(7)港口作业区根据货物积载图制订货物进仓计划并通知货代。

(8)对于法定检验检疫的商品，货代应在规定的时限和地点向检验检疫机构报检，经检验检疫合格后，由检验检疫机构签发出境货物通关单凭以报关。

(9)货代根据港方通知安排货物进仓，并从港区得到缴纳出口货物港杂费申请书后，连同装货单、收货单及出口货物报关单、发票、装箱单、出口收汇核销单、出口货物退税单、出境货物通关单等有关单证一并送交海关办理报关手续。海关验收后，在装货单上加盖海关放行章，并将装货单、收货单和缴纳出口货物港杂费申请书退还。

(10)货代将装货单、收货单和缴纳出口货物港杂费申请书送交理货公司，便于理货人员在装船现场开展理货工作。

(11)理货公司根据货代送交的上述3种单证以及船代送交的货物积载图、装货清单和出口货物清单载货清单编制装船计划，并缴纳出口货物港杂费申请书，向仓库管理员要求发货。

(12)仓库管理员根据理货公司提交的缴纳出口货物港杂费申请书发货后，将该申请书交港口作业区，作为托运人收取出口货物港杂费的依据。

(13)理货人员在装船时船边理货，货物装船后，理货人员将装货单和收货单一并送交船方。

(14)船方将装货单收存作为随船货运资料，并根据装船时货物的实际情况签发收货单并退还货代。

(15)对于以CIF贸易条件成交的商品，托运人应及时向保险公司办理货物保险。而对于以CFR、FOB贸易条件成交的商品，托运人应及时通知进口方货已装船，以使其尽快办理货物保险。

(16)货代凭船方签发的收货单向船代换取已装船的正本提单。

(17)理货公司在装船完毕后，根据货物的实际装载情况制作实际出口载货清单并送交船代。

(18)船代将实际出口载货清单和所签发的提单核对无误后，留存出口载货清单，并根据提单副本打印出口载货运费清单送船方作为随船货运资料，送沿途各港及目的港代理凭此收取到付运费或办理船舶进口报关手续。

(19)托运人凭船代签发的已装船正本提单，连同信用证规定的其他有关单证，到议付银行办理结汇。

(20)议付银行核对无误后，将贸易贷款垫付给托运人，同时将提单及有关单证寄付款银行。

(21)付款银行收到单证，经核对无误后，付款给议付银行，并通知收货人付款赎单。

(22)船舶到港后，理货人员在卸船时船边理货，发现货损货差应编制货物残损单或货物溢短单，并取得船长或大副的签认。

(23)收货人从卸货港船代处获得有关船舶到港信息后，编制进口货运代理委托书，并将正本提单及报关单证交货代，委托货代办理货物进口事宜。

(24)货代凭正本提单到船代换取提货单。

(25)收货人对于法定检验检疫的商品，应在规定的时限和地点向检验检疫机构报检。凭检验检疫机构签发的入境货物通关单和提货单等报关单证到海关办理货物进口报关手续，经海关检验征税后放行。

(26)货代凭加盖海关放行章的提货单到港口作业区提货交收货人。

(27)提货时，若发现货损、货差等情况，可向检验检疫机构申请公证检验，作为日后提起索赔的一项依据。

(28)对于货损、货差，收货人既可直接向承运人提出索赔，也可凭保险单等有关单证向保险人索取保险赔款。

6.3.2　租船货物运输业务

1. 租船运输特点

租船运输又称为不定期船运输。与班轮运输不同的是，租船运输没有固定的航线、港口、船期和运价。租船运输根据双方协商的条件，船舶所有人船东将船舶的全部或一部分出租给租船人使用，以完成特定的货物运输任务，租船人按预定的运价或租金支付运费的商业行为。

从最终的形式上讲，班轮运输和租船运输都是为了货物运输而采取的营运方式，但租船运输区别于班轮运输，租船运输具有以下特点。

(1)没有既定的船期表，也没有固定的航线和装卸港口，它是根据租船人的需要和船东的可能，由双方洽商租船运输条件，并以租船合同形式加以肯定，作为双方权利与义务的依据。

(2)没有固定运价。租船运输运价受到租船市场的供求关系影响，船多货少时运价低，反之则高。

(3)特别适合于大宗散货整船运输。这类货物的特点是批量大，价格低廉，不需要或需要比较简单的包装。

(4)船舶营运中相关费用及其风险由谁负责或担负，视租船的合同类别及合同条款而定。

租船运输由于其运输业务的独有特点，其主要作用体现为以下几点。

(1)租船运输一般是通过租船市场，由船、租双方根据自己的需要选择适当的船舶，以满足不同的需要，为开展国际贸易提供便利。

(2)国际的大宗货物主要是租船运输，由于运量大、单位运输成本较低。租船运价是竞争运价，所以租船运输一般比班轮运输运价低，有利于低值大宗货物的运输。

(3)只要是船舶能安全出入的港口，租船都可以进行直达运输。

(4)当贸易增加、船位不足，而造船、买船又难以应急时，租船运输可起到弥补需要的作用。另一方面，如一时舱位有余，为避免停船损失，可借租船揽货或转租。

2. 租船运输种类

租船运输的基本运营方式包括航次租船、定期租船和光船租船。以下将分别予以说明。

1)航次租船

航次租船又称航程租船、程租船，是出租人负责提供一艘船舶，在约定的港口之间运送约定的货物，进行一个航次或数个航次的租船方式，具有以下特点。

(1)出租人负责配备船长、船员，担负船长和船员工资、航行补贴、伙食费等。

(2)出租人负责营运安排和调度工作，并担负船舶的燃料费、修理费、港口费用、淡水费、物料费、船舶折旧费、维修费、船舶保险费等营运费用。

(3)按照装载货物的数量或船舶吨位的总和以及合同约定的运价计算运费。

(4)合同中需明确有关装卸货物的费用由出租人还是承租人负担。

(5)需定明可用于装卸的时间、计算方法，并规定速遣费、滞期费的计算标准。

航次租船分为很多形式，主要包括单航次租船、往返航次租船、连续单航次租船和连续往返航次租船 4 种。

2)定期租船

定期租船又称期租船，是出租人把船舶出租给承租人使用一定时期，并由承租人支付租金的租船方式。承租人可以将租来的船舶用于班轮运输，还可以将船舶转租出去，另作其他用途，但应符合合同约定的用途其特点如下。

(1)由船舶出租人负责提供一艘船舶，并负责配备船长、船员，同时担负船长的工资、航行补贴、伙食费用等。

(2)承租人负责船舶的调度安排及营运工作，除了船舶修理费、物料费、润滑油费、船舶折旧费、船舶保险费等由船舶出租人负担外，其他有关营运费用，如燃料费、港口费用均由承租人负担。

(3)租金率按船舶装载能力、租期长短以及航运市场价格等多方面因素，由出租人和承租人在合同中明确约定。

(4)合同中需订明淡水费的负担，因为常常锅炉用水的费用由承租人承担，而船长、船员的生活用水由出租人负担。

(5)合同中常订有关于交、还船的规定。

3)光船租船

光船租船又称船壳租船、光租、光船租赁，是指船舶出租人提供一艘不包括船员在内的空船给承租人使用一定时期，并由承租人支付租金的一种租船方式。这种租船运输的方式所具有特点如下。

(1)出租人只提供一艘空船。

(2)承租人负责配备船员、任命船长，并担负船长和船员的工资、奖金、补贴及伙食费等。

(3)承租人负责船舶调度和营运安排，并担负船舶保险费以外的一切营运费用。

(4)合同中通常订明光船租赁前存在的船舶担保物权及光船租赁期内产生的船舶担保物权的问题。

(5)合同中需订明超出一定数额的设备或一起变更的费用如何分担。

3. 租船运输合同

租船运输合同又称为租约，是承租人以一定的条件向出租人租用一定的船舶或舱位，以运输货物或旅客，就相互间的权利、义务作出明确规定的合同。一般认为，租船合同包括航次租船合同、定期租船合同和光船租船合同。

(1)航次租船合同是指船舶出租人向承运人提供船舶或者船舶的部分舱位，装运约定的货物，从一港运至另一港，由承运人支付约定运费的合同。

(2)定期租船合同是指船舶出租人向承租人提供约定的由出租人配备船员的船舶，由承租人在约定的期间按照约定的用途使用，并支付租金的合同。

(3)光船租船合同是指船舶出租人向承租人提供不配备船员的船舶，在约定的期间内由承租人占有、使用和营运，并向出租人支付租金的合同。

4. 租船市场

租船市场又称海运交易市场，是需要船舶的承租人和提供船舶运力的出租人协商、洽谈租船业务，订立有关租船合同的场所。它通常设在世界范围内货主和船舶所有人汇集、外贸和运输繁荣发达的地方，世界范围内主要的租船市场有伦敦市场、纽约市场、汉堡市场、鹿特丹市场、奥斯陆市场、东京市场和香港市场。租船市场的主要作用有以下 4 点。

(1)专门为船舶所有人和承租人提供各种租船业务的机会，他们无须亲自谈判，只要通过租船经纪人接触、协商和办理租船事宜，最终签约。

(2)租船市场能使出租人和承租人快速有效地成交业务。

(3)调节全球航运市场。因为整个世界的货物贸易量要与船舶运力协调，世界上各个地区的船货供求又不平衡，因此通过租船市场的“微调”作用，可使整个市场达到平衡状态。

(4)为船东和承租人提供大量的租船市场的信息资料，如通过航运报刊杂志、市场报告等方式发布行情动态及发展趋势。

6.3.3　水路货物运输合同的订立、履行、变更和解除

水路货物运输合同是指国内沿海港口、沿海与内河港口，以及内河港口之间由承运人收取运费，负责将托运人托运的货物经水路由一港运至另一港的合同。

1. 国内水路货物运输合同的订立

1)托运人托运货物时的注意事项

(1)国内水路货物运单的填写要求如下。

①一份运单，填写一个托运人、收货人、起运港、到达港。

②货物名称填写具体品名，名称过繁的，可以填写概括名称。

③规定按重量和体积择大计费的货物，应当填写货物的重量和体积(长、宽、高)。

④填写的各项内容应当准确、完整、清晰。

(2)托运人应当及时办理港口、海关、检验、检疫、公安和其他货物运输所需的各项手续，并将已办理各项手续的单证送交承运人。因托运人办理各项手续和有关单证不及时、不完备或者不正确，造成承运人损失的，托运人应当承担赔偿责任。

(3)托运人托运货物的名称、件数、重量、体积、包装方式、识别标志，应当与运输合同的约定相符。托运人未按上述规定托运货物造成承运人损失的，应当承担赔偿责任。

(4)散装货物，托运人确定重量有困难时，可以要求承运人提供船舶水尺计量数作为申报的重量。

(5)对于以件运输的货物，承运人验收货物时，发现货物的实际重量或者体积与托运人申报的重量或者体积不符时，托运人应当按照实际重量或者体积支付运输费用，并向承运人支付衡量等费用。

(6)需要具备运输包装的货物，托运人应当保证货物的包装符合国家规定的包装标准；没有包装标准的，货物的包装应当保证运输安全和货物质量。

(7)需要随附备用包装的货物，托运人应当提供足够数量的备用包装，交承运人随货免费运输。

(8)托运危险货物时，托运人应当按照有关危险货物运输的规定妥善包装，制作危险品标志和标签，并将其正式名称、危险性质以及必要时应当采取的预防措施书面通知承运人。

(9)托运人应当在货物的外包装或者表面正确制作识别标志，识别标志的内容包括发货符号、货物名称、起运港、中转港、到达港、收货人、货物总件数。托运人应当根据货物的性质和安全储运要求，按照国家规定在货物外包装或者表面制作储运指示标志，识别标志和储运指示标志应当字迹清楚、牢固。

(10)同一托运人、收货人整船、整舱装运的直达运输货物可以不制作识别标志。外贸出口货物到港口不变换原包装的可以使用原包装的商品标志作为识别标志。

(11)除另有约定外，托运人应当预付运费。

(12)托运人托运货物时，可以办理保价运输。货物发生损坏、灭失的，承运人应当按照货物的声明价值进行赔偿，但承运人证明货物的实际价值低于声明价值的，按照货物的实际价值赔偿。

(13)除另有约定外，运输过程中需要饲养、照料的活动物、有生植物，以及尖端保密物品、稀有珍贵物品和文物、有价证券、货币等，托运人应当向承运人申报并随船押运。托运人押运其他货物须经承运人同意，托运人应当在运单内注明押运人员的姓名和证件。

(14)托运笨重、长大货物和舱面货物所需要的特殊加固、捆扎、烧焊、衬垫、苫盖物料和人工由托运人负责，卸船时由收货人拆除和收回相关物料；需要改变船上装置的，货物卸船后应当由收货人负责恢复原状。

(15)托运人托运易腐货物和活动物、有生植物时，应当与承运人约定运到期限和运输要求；使用冷藏船(舱)装运易腐货物的，应当在订立运输合同时确定冷藏温度。

(16)托运人托运木(竹)排应当按照与承运人商定的单排数量、规格和技术要求进行编扎。托运船舶或者其他水上浮物，应当向承运人提供船舶或者其他水上浮物的吨位、吃水、长宽高和抗风能力等技术资料。在船舶或者其他水上浮物上加载货物，应当经承运人同意，并支付运输费用。航行中，木(竹)排、船舶或者其他水上浮物上的人员(包括船员、排工及押运人员)应当听从承运人的指挥，配合承运人保证航行安全。

2)承运人承运货物时的注意事项

(1)承运人应当按照运输合同的约定接收货物。

(2)散装液体货物只限于整船、整舱运输，由托运人在装船前验舱认可后才能装载。

(3)运输笨重、长大货物时，应当在运单内载明总件数、重量和体积(长、宽、高)，并随附清单标明每件货物的重量、长度和体积(长、宽、高)。

(4)承运人在舱面上装载货物时，应当同托运人达成协议，或者符合航运惯例，或者符合有关法律、行政法规的规定。承运人与托运人约定将货物配装在舱面上的，应当在运单上注明“舱面货物”。

(5)承运人应当将与托运人约定的运输易腐货物和活动物、有生植物的运到期限和运输要求，使用冷藏船(舱)装运易腐货物的冷藏温度，木(竹)排的实际规格，托运的船舶或者其他水上浮物的吨位、吃水、长宽高和抗风能力等技术资料应在运单内载明。

(6)散装货物按重量交接的，承运人与托运人应当约定货物交接的计量方法，没有约定的应当按船舶水尺数计量，不能按船舶水尺数计量的，运单中载明的货物重量对承运人不构成其交接货物重量的证据。

(7)承运人接收货物应当签发运单，运单由载货船舶的船长签发的，视为代表承运人签发。

2. 海上货物运输合同的订立

提单是海上货物运输合同成立的证明，签发提单是承运人的重要业务之一。提单是根据货物装船后大副签署的收货单签发的，提单必须经过签署手续才能生效。

(1)提单签发人。有权签发提单的人只有承运人本人、船长和经承运人授权的代理人。

(2)提单的签发日期。提单的签发日期应与提单上所列货物实际装船完毕的日期，即收货单的签发日期一致。

(3)提单的份数。提单有正本提单和副本提单之分，副本提单只用于日常业务，不具有法律效力。

3. 国内水路货物运输合同的履行

(1)承运人应当使船舶处于适航状态，妥善配备船员、装备船舶和配备供应品，并使干货舱、冷藏舱、冷气舱和其他载货处所适于并能安全收受、载运和保管货物。

(2)承运人应当妥善地装载、搬移、积载、运输、保管、照料和卸载所运货物。

(3)承运人应当按照约定的、习惯的或者地理上的航线将货物运送到约定的到达港。

(4)承运人应当在约定期间或者合理期间将货物安全地运送到约定地点，否则为迟延交付。由此造成的损失，承运人应当承担赔偿责任。承运人未能在上述规定期间届满的次日起 60 日内交付货物，可以认为货物已经灭失。

(5)因不可抗力致使不能在合同约定的到达港卸货的，除另有约定外，承运人可将货物在到达港邻近的安全港口或者地点卸载，并及时通知托运人或收货人，视为已履行合同。

(6)对未按规定包装或提供备用包装的货物，承运人可以拒绝运输。

(7)托运人未按照危险货物运输有关规定通知承运人或者通知有误的，承运人可以在任何时间、任何地点根据情况需要将危险货物卸下、销毁，而不承担赔偿责任。

(8)货物运抵到达港后，承运人应当在 24h 内向收货人发出到货通知。

(9)根据约定应当由收货人委托港口作业的，货物运抵后，收货人没有委托时，承运人可以委托港口经营人进行作业，由此产生的费用和风险由收货人承担。

(10)应当向承运人支付没有付清运输费用，又没有提供适当担保的，承运人可以留置相应的货物，另有约定的除外。

(11)承运人发出到货通知后，应当每10天催提一次，满30天收货人不提取或者找不到收货人的，承运人应当通知托运人，托运人在承运人发出通知后30天内负责处理该批货物。托运人未在上述规定期限内处理货物的，承运人可以将该批货物作无法交付货物处理。

(12)承运人对收集的地脚货物，应当做到物归原主；不能确定货主的，应当按照无法交付货物处理。

(13)收货人有权就水路货物运单上所载货物损坏、灭失或者迟延交付所造成的损害向承运人索赔，承运人可以根据规定的抗辩理由进行抗辩。

(14)承运人将货物运输或者部分运输委托给实际承运人履行的，承运人仍然应对全程运输负责。合同可以同时约定，货物在指定的实际承运人运输期间发生的损坏、灭失或者迟延交付，承运人不承担赔偿责任。

(15)除另有约定外，散装货物按重量交接，其他货物按件数交接。

(16)散装液体货物装船完毕，由托运人会同承运人按照每处油舱和管道阀门进行施封，施封材料由托运人自备，并将施封的数目、印文、材料品种等在运单内载明，在卸船前由承运人与收货人凭舱封交接。

(17)收货人接到到货通知后，应当及时提货，不得因对货物进行检验而滞留船舶。

(18)承运人交付货物时，应当核对证明收货人单位或身份以及经办人身份的有关证件。

(19)收货人提取货物时，应当验收货物，并签发收据，发现货物损坏、灭失的，交接双方应当编制货运记录。

(20)收货人在到达港提取货物前或者承运人在到达港交付货物前，可以要求检验机构对货物状况进行检验，由此支付的检验费用可向造成货物损失的责任方追偿。

4. 海上货物运输合同的履行

(1)与班轮运输相关的主要货运单证主要有如下几种。

出口货运相关单证。

①托运单，又称订舱单或托单，是托运人向承运人或其代理人申请船运舱位的书面依据。

②装货单，是承运人或其代理人根据托运单有关要求，就船名、航班、出运期限、装运条件、运价等相关事项，经与托运人商定后，由承运人或其代理人签署而形成的一份出口货运的承诺性文件。

③航次装货清单，是船东或其代理人根据航次全船装货单留底资料，按卸货港、货物的性质归类，并按单证流水编号、航次挂靠顺序进行排列编制而成的一份装货汇总单。

④特殊货物清单，是专门为一些指定特殊货物按航次装货清单的要求进行汇编的清单。

⑤出口载货舱单与运费舱单。出口载货舱单又称为货运舱单或舱单，是在航次货物全部装完、签发提单给托运人后，按货物目的港和提单编码汇制的详细记载各票出口货物情况的一份货运单证，是船舶营运航次所载货物的明细表及每一提单项下货载情况的记录。出口货物运费舱单是指记载船舶航次属下每票提单货物运费条款、运费数额及与费用有关

情况的货运单证。

⑥与集装箱运输相关的其他主要单证包括集装箱发放通知单(又称空箱放行单)、集装箱设备交接单(简称设备交接单)、装箱单、场站收据。

⑦与传统班轮运输相关的其他主要单证——收货单或大副收据，指某票货物装上船舶后，由船上大副签署给托运人的作为证明船方已收到该票货物并已装上船舶的凭证。

⑧积载图，又称舱图，图中显示每票装货单货物或每只集装箱在船上堆放的位置。

进口货运相关单证，由船东代理人缮制和汇总的进口货运相关单证主要有装船清单、载货舱单、特殊货物舱单、舱图和运费清单等。

由卸货港船东代理人整理和缮制的进口货运单证主要有进口载货舱单、进口卸货清单、进口运费舱单、提货单以及与集装箱运输相关的进口重箱放行单、空箱归还单、设备交接单等。其中，进口载货舱单和进口运费舱单的格式与内容基本同出口载货舱单和出口运费舱单一样，由船东代理人根据装运港传送的本港货物的载货舱单整理而成(若 EDI 传送，则其输出数据已经格式化)。

提货单俗称小提单，是由船公司或其代理人签发给提单持有人或其他指定收货人，要求在规定时间和指定地点提取指定货物的单证。

进口重箱放行单是一份一式多联主要用做指定码头提取重箱、货物拆空后归还空箱，由承运人的代理人签发给收货人的书面单据。

此外还有与班轮运输相关的其他单证，如货物溢短单、货物残损单。

(2)与不定期船运输相关的主要货运单证包括提单、装卸时间事实记录、宣载通知书、装卸准备就绪通知书。

(3)海运单又称海上运单或海上货运单，它是由承运人签发给托运人，表明已收妥货物，以及承运人凭此单据在目的港交货给收货人的一种不可流转的单证。

(4)提单的背书转让，有记名背书、指示背书和空白背书等方式。

5. 国内水路货物运输合同的变更

承运人将货物交付收货人之前，托运人可以要求承运人变更到达港或者将货物交给其他收货人，但应当赔偿承运人因此受到的损失。

6. 海上货物运输合同的变更和解除

(1)船舶在装货港开航前，托运人可以要求解除合同。但除另有约定外，托运人应向承运人支付一半运费；货物已经装船的，还应负担装货、卸货和其他有关的费用。

(2)船舶在装货港开船前，因不可抗力或其他不属于承运人和托运人的原因致使合同不能履行的，双方均可以解除合同，并互相不负赔偿责任。

(3)因不可抗力或者其他不属于承运人和托运人的原因致使船舶不能在合同约定的目的港卸货的，除另有约定外，船长有权将货物在目的港邻近的安全港口或者地点卸载，并及时通知托运人或者收货人，视为已经履行合同。

6.4 水路旅客运输业务

6.4.1 水路旅客运输分类

水路旅客运输是以旅客及其行李为运输对象，以船舶为主要运输工具，以港口或港站为运输基地，以水域(海洋、河、湖等)为运输活动范围的一种运输过程。

水路客运根据旅客运输跨及的地域，可分为国内水路旅客运输和国际海上旅客运输。国内水路旅客运输又包括内河旅客运输和沿海旅客运输。

6.4.2 水路旅客运输乘船条件

1. 国内水路旅客乘船条件及违反乘船条件的处理

国内水路旅客乘船条件如下。

(1)旅客应按所持船票指定的船名、航次、日期和席位乘船。重病人或精神病患者，应有人护送。

(2)每一成人旅客可免费携带身高不超过 1.1m 的儿童一人。超过一人时，应按超过的人数购买半价票。

(3)旅客漏船，如能赶到另一中途港乘上原船，而原等级席位又未售出时，可乘坐原等级席位，否则逐级降等乘坐，票价差额款不退。

如违反乘船条件，则处理如下。

(1)无票乘船人在船上主动要求补票，承运人应向其补收自乘船港(不能证实时，自客船始发港)至到达港的全部票价款，并核收补票手续费。

(2)在途中，承运人查出无票或持用失效船票或伪造、涂改船票者，除向乘船人补收自乘船港(不能证实时，自客船始发港)至到达港的全部票价款外，应另加收相同区段最低等级票价的 100%的票款，并核收补票手续费。

(3)在到达港，承运人查出无票或持用失效船票或伪造、涂改船票者，应向乘船人补收自客船始发港至到达港最低等级票价的 400%的票款，并核收补票手续费。

(4)在乘船港，承运人查出应购买全价票而购买半价票的儿童，应另售给全价票，原半价票给予退票，免收退票费。

(5)在途中或到达港，承运人查出儿童未按规定购买船票的，应按下列规定处理。

①应购半价票而未购票的，补收半价票款，并核收补票手续费。

②应购全价票而购半价票的，补收全价票与半价票的票价差额款，并核收补票手续费。

③应购全价票而未购票的，按无票处理。

(6)在途中或到达港，承运人查出持用优待票乘船的旅客不符合优待条件时，应向旅客补收自乘船港至到达港的全部票价款，并核收补票手续费，原船票作废。

(7)对超程乘船的旅客(误乘者除外)，承运人应向旅客补收超程区段最低等级票价的200%的票款，并核收补票手续费。

2. 海上旅客乘船条件及违反乘船条件的处理

海上旅客也应持有效客票乘船。旅客无票乘船、越级乘船或者超程乘船时，应当按照规定补足票款，承运人可以按照规定加收票款；旅客拒不交付的，船长有权在适当地点令其离船，且承运人有权向其追偿。

6.4.3　水路旅客运输合同的订立、履行、变更和解除

水路旅客运输合同是指承运人以适合运送旅客的船舶经水路将旅客及其自带行李从一港运送至另一港，由旅客支付票款的合同。水路旅客运输合同的主要形式即为船票，它属于一种有价证券，具备旅客运输合同的各种性质。

1. 国内水路旅客运输合同的订立

国内水路旅客运输合同的订立是通过旅客购票实现的，旅客购票时应注意以下问题。

(1)身高超过 1.1m 但不超过 1.4m 的儿童，购买半价票，超过 1.4m 者，购买全价票。

(2)每一成人旅客可免费携带身高不超过 1.1m 的儿童一人。超过一人时，应按超过的人数购买半价票。

(3)革命伤残军人凭民政部制发的革命伤残军人证，应给予优待购买半价票。

(4)没有工资收入的大中专学生和研究生，凭附有加盖院校公章的减价优待证的学生证每年可购买往返 2 次院校与家庭所在地港口间的学生减价票(简称学生票)。学生票只限该航线的最低等级。应届毕业生从院校回家，凭院校的书面证明可购买一次学生票。新生入学凭院校的录取通知书可购买一次学生票。

(5)船票在承运人或其代理人所设的售票处发售，在未设站的停靠点由客船直接发售。

(6)要求乘船的人凭介绍信，可以一次购买或预订同一船名、航次、起讫港的团体票，团体票应在 10 张以上。

(7)包房、包舱、包船按下列规定办理。

①包房，由售票处办理。

②包舱，经承运人同意后，由售票处办理。

③包船，由承运人办理。

包房、包舱、包船时，应预付全部票价款。

2. 国内水路旅客运输合同的履行

(1)旅客运送期间。旅客运输的运送期间，自旅客登船时起至旅客离船时止。船票票价含接送费用的，运送期间并包括承运人经水路将旅客从岸上接到船上和从船上送到岸上的期间。

(2)验票。承运人在旅客上船前、下船后和在客船航行途中应对旅客所持的船票进行

查验，并作查验记号。

(3)旅客遗失船票的处理。旅客在检票后遗失船票的，应按规定在船上补票。旅客补票后如在离船前找到原船票，可办理其所补船票的退票手续，并支付退票费。旅客在离船后找到原船票，不能退票。旅客在到达港出站前遗失船票，应按无票处理。

(4)对危险品和违禁品的处理。承运人可以在任何时间、任何地点将旅客违章随身携带的违禁品、危险品卸下、销毁或者使之不能为害，或者送交有关部门，而不负赔偿责任。

3. 海上旅客运输合同的履行

海上旅客运输的运送期间，自旅客登船时起至旅客离船时止。票价含接送费用的，运送期间还包括承运人经水路将旅客从岸上接到船上和从船上送到岸上的期间。

运送期间也是承运人的责任期间，承运人应当对运输全过程负责。在海上旅客运输合同中，承运人的根本任务(责任)就是将旅客及其所带行李及时、安全地运送到目的地。

4. 国内水路旅客运输合同的变更和解除

1)退票与退包

(1)在乘船港，旅客应在下列规定时限内退票，但应支付退票费。

①内河航线在客船开航以前，沿海航线在客船规定开航时间 2h 以前。

②团体票在客船规定开航时间 24h 以前。

(2)除另有规定外，旅客在中途港、到达港和船上不能退票。

(3)包房、包舱、包船的包用人应在下列规定的时限内要求退包，但应支付退包费。

①包房、包舱退包，在客船规定开航时间 24h 以前。

②包船退包，在客船计划开航时间 24h 以前。

(4)下列原因造成的退票或退包，承运人不得向旅客收取退票费或退包费。

①不可抗力。

②承运人或其代理人的责任。

(5)在春运等客运繁忙季节，承运人可以暂停办理退票。

2)中途离船

旅客可以中途离船，但一般情况下不能退票。旅客因病或临产必须在中途下船的，由承运人填写客运记录，交旅客至下船港办理退票手续，将旅客所持船票票价与旅客已乘区段票价的差额退还旅客，并向旅客核收退票费。患病或临产旅客的护送人也可按此规定办理。

3)延程乘船与超程乘船

(1)旅客在旅行途中要求延程时，承运人应向旅客补收从原到达港至新到达港的票价款，并核收补票手续费。客船满员时，不予延程。

(2)对超程乘船的旅客(误乘者除外)，承运人应向旅客补收超程区段最低等级票价的200%的票款，并核收补票手续费。

4)升级乘船与降级乘船

(1)旅客在船上要求升换舱位等级时，承运人应向旅客补收升换区段所升等级同原等级票价的差额款，并核收补票手续费。

(2)持低等级半价票的儿童可与持高等级船票的成人共用一个铺位。如持低等级船票的成人与持高等级半价票的儿童共用一个铺位，由承运人对成人补收高等级与低等级票价的差额款，并核收补票手续费，儿童的半价票差额款不退，且不另供铺位。

(3)由于承运人或其代理人的责任使旅客升等级乘船时，承运人不应向旅客收取票价差额款。

(4)在乘船港，由于承运人或其代理人的责任使旅客降等级乘船时，承运人应将旅客的原船票收回，另换新票，退还票价差额款，免收退票费。在途中，由于承运人或其代理人的责任使旅客降等级乘船时，承运人应填写客运记录，交旅客至到达港办理退还票价差额款的手续。

5)误乘

旅客误乘客船时，承运人应向其补收自乘船港(不能证实时，自客船始发港)至到达港的全部票价款，并核收补票手续费；旅客可凭客船填写的客运记录，到下船港办理原船票的退票手续，并支付退票费。

6)签证改乘

在乘船港不办理船票的签证改乘手续。旅客要求变更乘船的班次、舱位等级或行程时，应先行退票并支付退票费，再另行购票。

7)漏乘

旅客漏船，如能赶到另一中途港乘上原船，而原船等级席位又未售出时，可乘坐原等级席位，否则逐级降等乘坐，票价差额款不退。

8)客船停止航行的处理

(1)由于不可抗力或承运人的责任造成客船停止航行时，承运人对旅客和行李的安排应按下列规定办理。

①在乘船(起运)港，退还全部船票票款和行李的运费。

②在中途停止航行，旅客要求中止旅行或提取行李时，退还未乘(运)区段的票款或运费。

③旅客要求从中途停止航行地点返回原乘船港或将行李运回原起运港，应免费运回，退还全部船票票款或行李运费。如在返回途中旅客要求下船或提取行李时，应将旅客所持船票票价或行李运单运价与自原乘船(起运)港至下船(卸船)港的船票票价或行李运价的差额款退还旅客。

(2)由于不可抗力或承运人的责任造成客船停止航行，承运人安排旅客改乘其他客船时所发生的票价差额款，按多退少不补的原则办理。

5. 海上旅客运输合同的解除

在下列情形下，海上旅客运输合同可以解除。

(1)旅客登船前死亡。

(2)开航前，旅客患病，经医生证明不能登船。

(3)由于承运人的原因(如没有使客轮处于适航状态等)，旅客不能乘船，此时旅客可以免费办理退票手续或换发新客票。

(4)因不可抗力或者不能归责于承运人和旅客的原因，如战争、起运港或目的港被封锁、船舶被征用等，致使合同不能履行，解除后双方互不赔偿。

(5)旅客自动放弃乘船，此时旅客应承担产生的后果(如退票时交退票费等)。

【案例 6-1】 国际班轮运输合同案例

英国某航运公司所属 A 轮在上海装载甲公司托运的 10 万袋白糖时，因发现有 10%的脏包，便在收货单上作了批注，并按规定在提单上作同样的批注。但甲公司为能迅速出口货物与及时结汇，请求船东接受其作出的担保，并签发清洁提单。考虑到甲公司一时难以换货，在甲公司提供保函承诺承担由此而产生的责任的情况下，A 轮签发了清洁提单。当 A 轮抵达科伦坡卸货完毕后，收货人以脏包造成其损失为由，向斯里兰卡高等法院申请扣船并提起诉讼。A 轮被迫向收货人赔偿了损失，并将上述情况及时告知甲公司，要求甲公司按保函所言赔偿 A 轮损失。甲公司拒绝赔偿 A 轮损失，A 轮遂诉之上海海事法院。

分析

(1)提单具有哪些法律作用?

(2)甲公司向 A 轮出具的保函是否有效？效力如何?

(3)甲公司是否应赔偿 A 轮的损失?

解析

(1)提单是具有物权性质的单证，广泛运用于物流相关方面。收货人必须拿到提单提取货物，所以提单实质上就是真实的货物。提单分清洁提单和不清洁提单，区别在于有没有瑕疵等的批注。如果签发的是不清洁提单，则承运人无责任，卖方承担责任；如果签发的是清洁提单，则承运人应该承担责任。

(2)这里比较特殊的是，卖方与承运人签署了保函，承诺卖方承担任何瑕疵问题责任，该保函具有法律效力。

(3)甲公司应该赔偿承运人代其承受的损失。

【案例 6-2】 国际海上货物运输提单案例

美国纽约的高拉德兹公司和伊朗的沙尼科－利昂达公司签订了一份食糖销售合同，由前者向后者出售 12000～13000t 袋装混合精炼白糖，价格条件是 CFR. Free out(卖方或船方负责将货物运至卸货港，但不负责卸货费用)，装运期为 1975 年 3－4 月，装运港为印度的凯斯特拉港，卸货港为伊朗的伯思达·夏帕港。上述合同是在精炼糖公会规定的基础上制定的，其中特地提出以下几点。

(1)一旦货物到达装运船船边，买方就得开始承担风险。

(2)买方一被提示载有“运费已付”字样的全套两份清洁提单，便须立即现付货款。

(3)仲裁在伦敦进行。

1975 年 3 月 20 日，卖方开始食糖装船工作，4 天后突发大火，致使 200 袋重约 200.8t 的食糖遭受损害，其受害程度已排除其商业价值的可能性，于是这批受损的糖被重新卸岸，其余 1 万多吨食糖则在后来安全地运到目的港。

1975 年 4 月 6 日，船方签发两张提单，第一张写明装运的重量为 12999.2t，第二张写明装运的重量是 200.8t，它是以“Congen Bill”的格式签发的，上面载明“重量、尺码、数量、状态、内容和价值。鉴于遭到了火灾或灭火用水的损害，本船宣布了共同海损，本提单上所列之货物业已全部卸于凯斯特拉港”。这两张提单交由银行议付结汇时，买方只接受第一张提单，买方和其开户银行以第二张提单是一张不清洁提单为由拒绝接受。同时卖方的银行也拒收第二张提单。

案件的处理结果：关于本提单纠纷首先交由精炼糖公会下属的法律委员会仲裁，仲裁员认为本提单确实是一张不清洁提单，从而作出了有利于买方，不利于卖方和船方的裁决。卖方和船方对裁决不服，于 1978 年 11 月将这一诉讼交地方法院的法官康纳尔顿法官处理，康纳尔顿法官对本案发表了精辟的见解，认为仲裁结果是不适当的，买方应该付款，银行应该结汇。接下来是买方对法院的裁决不服向上级法院提出上诉，上级法院的法官赞同康纳尔顿法官的判决，因此，本案就以上级法院维持地方法院康纳尔顿法官的原则而告结束，买方败诉，买方或其银行最终还得按照本提单的规定向卖方支付约 200t 的糖款，而卖方银行则应向船方支付这批食糖的运费。

分析

(1)指出本案例所涉及的水路运输中的基本理论。

(2)应用基本理论对本案例进行分析。

解析

(1)提单是指在班轮运输中，由承运人收到托运人交运的货物或将其装船后签发的国际海上货运提单，它是国际海上货物运输中最广泛使用的一种合同形式。根据提单信用证的一般规定，提单必须是已装船提单。收货待运提单经承运人在提单正面加注“已装船”字样和装船日期并签字也可以成为装船提单。在提单正面上，承运人必须对货物的名称、数量、表面状况加以记载，承运人在提单上关于货物表面状况的描述是唯一能证明货物或其包装在装船时有缺陷的法律依据，从而在卸货和发现货物残损时，承运人可以据此负责。提单内一般都印有“上列表面状况良好的货物已装船”字样，所以承运人如果确认货物表面状况良好，就不需在提单上另加批注了，这种提单就是清洁提单，反之则为不清洁提单。

(2)在国际货物买卖中，提单清洁与否与当事人有重要的利害关系。

①买方一般不愿接受不清洁提单，因为一旦这种提单项下的货物因批注的事项在运输途中遭到天灾或损害时，买方就不能要求承运人赔偿损失。

②银行一般也不愿接受不清洁提单，不清洁提单不能作为议付货款的依据，根据《提单信用证统一惯例》的规定，否则在以信用证方式付款时，除非信用证另有规定，银行将拒绝接受不清洁提单。

③实践中，不清洁提单很难作为物权凭证进行自由转让。

提单清洁与否完全是由承运人是否在提单上加注不良批注决定的，本案中，承运人签发的两张提单上均无不良批注，对货物表面状况的描述是“货物表面状况良好”，据此足以认定本案中承运人签发的两张提单均是清洁提单。因此买方银行不能拒付货款，卖方也有义务向承运人支付运费，法院的裁决是公正的。

【案例 6-3】 危险品发生泄漏损害赔偿案

2010 年 2 月 3 日，一批由某石化公司托运的危险货物环氧氯丙烷 32 只集装箱共计 2560 桶，在装货港青岛装上某贸易公司的全集装箱船“东风”轮。该 32 箱环氧氯丙烷装载于该轮的第二舱内，目的港为厦门。贸易公司出具的提单号为 W01－268，石化公司负责环氧氯丙烷的包装、集装箱装箱、铅封，并负责申请商品检验等事项。每只集装箱装有 80 桶环氧氯丙烷，铁桶分上下两层装载于集装箱内。

“东风”轮驶离青岛港后，在上海港加载了一批由某市化工公司托运的危险货物乐果，共 3 只集装箱共计 720 桶，装载于该轮的第一舱，目的港为厦门，贸易公司向化工公司出具了提单。化工公司负责乐果的包装、集装箱装箱、铅封，并负责申请商品检验。每只集装箱装有 240 桶乐果，铁桶分上下两层装载于集装箱内。“东风”轮离开上海港，在驶往厦门的途中，船上值班人员发觉第二舱有化学气体泄漏。贸易公司决定并指示“东风”轮驶回青岛，该轮于 2 月 25 日抵达青岛港锚地。2 月 26 日，以青岛市口岸办公室为主，山东省商品检验局、青岛市卫生检疫所、青岛港务监督局等有关单位联合组成了关于“东风”轮除毒、抢险、检验工作领导小组。检验人员在锚地登轮对第二舱进行了检测，测定舱下 13m、8m、5m 处环氧氯丙烷的浓度分别为 167ppm、71ppm、70ppm；检验人员在甲板上还觉察到有农药气味，经在锚地对第二舱进行机构通风，环氧氯丙烷气体浓度得到了降低。

“东风”轮于 3 月 20 日从锚地移至码头卸货。32 集装箱环氧氯丙烷和 3 集装箱乐果被卸下。检验人员在验舱时发现第二舱舱底约有 $100m^2$ 的糊状残留物，经鉴定为泄漏的乐果，内含微量的环氧氯丙烷。对环氧氯丙烷集装箱进行拆箱检验，发现货桶的小孔盖普遍摇动，大孔盖部分未拧紧；将货桶放倒滚动，发现桶内液体时有从大孔盖四周外流，小孔盖也有这种现象。“东风”轮因第二舱受环氧氯丙烷和乐果的污染，必须作清洁处理。贸易公司在青岛港处理环氧氯丙烷和乐果泄漏而产生的费用、船期损失共计 65 万元。

根据以上事实，贸易公司于 2010 年 8 月 13 日向海事法院提起诉讼，诉称石化公司和化工公司未按照有关规定进行危险货物包装，请求法院判令被告石化公司和化工公司共同分担原告因装载于“东风”轮的危险货物环氧氯丙烷和乐果泄漏而造成的损失 65 万元。

解析

在本案中，问题的关键是确定运输过程中危险货物发生泄漏的责任归谁。本案原告贸易公司承运的两被告石化公司、化工公司的危险货物，均由两被告负责包装、装箱和铅封。尽管两被告的包装方法都取得了必备的合法单证，但这只是包装符合相关要求的初步证明。同时，根据卸货检验，卸出的集装箱本身状况良好，就排除了泄漏是航行中发生的事故所致。检验还证明，泄漏主要是环氧氯丙烷包装桶未做到气密，乐果包装不善和加固不牢所致，事实证明两被告在包装上存在问题，不符合有关规定。

集装箱非承运包装、装箱，则承运人对集装箱内货物的损失不负责任。根据《合同法》第 307 条第 2 款之规定，托运人要对承运人因此而受到的损失负赔偿责任。两被告虽然取得了清洁提单，也不能免除其责任。也就是说，贸易公司的诉讼请求应得到人民法院的支持，即判决两被告赔偿原告损失 65 万元。

6.5 本章小结

水路运输(也叫船舶运输)是以船舶为主要运输工具，以港口或港站为运输基地，以水域(海洋、河、湖等)为运输活动范围的一种客货运输，具有运输量大、运输成本低廉、速度低、受自然条件的限制与影响大、开发利用涉及面较广和对综合运输的依赖性较大等 6 个特点。

水路运输有多种分类方法，主要有以下 5 类。

(1)按贸易种类分为外贸运输和内贸运输。

(2)按航行区域分为内河运输和海上运输。

(3)按运输对象分为旅客运输和货物运输。

(4)按运输工具分为船舶运输和排筏运输(包括木排和竹排)。

(5)按船舶营运组织形式分为定期船运输和不定期船运输。

我国的主要内河航运资源分布有长江水系、珠江水系、京杭运河和黑龙江水系；世界上公认的主要的海运航线有太平洋航线、大西洋航线、印度洋航线以及一些世界集装箱航海运干线。

水路运输的基本条件分为水路货物运输条件和水路旅客运输条件，二者因运输对象的不同而存在差异性。

班轮运输又称定期船运输，是指船舶在固定的航线上和港口间按照公布的船期表进行的有规律反复的航行，并按照事先公布的费率收取运费的运输业务的一种船舶营运方式。它的服务对象是非特定的、分散的众多货主。班轮运输具有固定航线、固定港口、固定船期和相对固定的费率等 4 个基本特点。

班轮货物运输涉及的单证有托运单、装货单、收货单、提单、装货清单、载货清单、载货运费清单、危险货物清单、货物积载图、剩余船位报告、货物残损单、货物溢短单和提货单。

租船运输又称为不定期船运输。与班轮运输不同的是，租船运输没有固定的航线、港口、船期和运价。租船运输根据双方协商的条件，船舶所有人船东将船舶的全部或一部分出租给租船人使用，以完成特定的货物运输任务，租船人按预定的运价或租金支付运费的商业行为。租船运输的基本运营方式包括航次租船、定期租船和光船租船。

水路旅客运输是以旅客及其行李为运输对象，以船舶为主要运输工具，以港口或港站为运输基地，以水域(海洋、河、湖等)为运输活动范围的一种运输过程。

水路运输合同主要包括水路货物运输合同和水路旅客运输合同两种。水路货物运输合同是指国内沿海港口、沿海与内河港口以及内河港口之间由承运人收取运费，并负责将托运人托运的货物经水路由一港运至另一港的合同。水路旅客运输合同是指承运人以适合运送旅客的船舶，经水路将旅客及其行李从一港运至另一港，而由旅客支付票款的合同。

思考题

1. 水路运输区别于其他运输方式的主要特点体现在哪些方面?
2. 了解国内主要航道以及世界主要航道分布情况。
3. 班轮货物运输过程中所涉及的各单证分别具有什么样的作用?
4. 对比说明租船运输与班轮运输的异同点。
5. 简述班轮货物运输流程与内容。
6. 总结 3 种不同租船运输方式的异同点。
7. 谈谈对于水路旅客运输在 5 种方式旅客运输市场的优势与不足。
8. 结合所学知识，谈谈我国水路运输未来的发展。

主要参考文献

陈学文，傅宝双. 1994. 国际航运及外贸运输实务［M］. 北京：人民交通出版社.
郭萍，司玉琢. 2006. 租船实务与法律［M］. 大连：大连海事大学出版社.
胡骥. 2007. 对外贸易运输与保险［M］. 成都：西南交通大学出版社.
胡美芬，王义源. 2007. 远洋运输业务［M］. 北京：人民交通出版社.
徐大振，刘红，沈志江. 2005. 水运概论［M］. 北京：人民交通出版社.
严启明，韩艺萌. 2000. 国际货物运输［M］. 北京：对外经济贸易大学出版社.
杨永健. 1999. 浅析水路运输服务质量［J］. 中国水运，(7)：16－17.
张晓. 2005. 海上货物运输［M］. 大连：大连海事大学出版社.
周江雄，庞燕. 2006. 国际货物运输与保险［M］. 长沙：国防科技大学出版社.

第 7 章　管道运输

管道运输(pipeline transportation)是随着石油的生产而产生和发展的，是一种特殊的运输方式。本章从管道运输的概念入手，详细分析管道运输的特点、种类，阐述国内外管道运输的发展现状及趋势，并简略介绍几种管道运输的组成及相关设备。

7.1　管道运输概论

在我国秦汉时期，利用打通了竹节的竹子连接起来输送卤水及天然气，形成了世界上管道运输(利用管子输送流体)的雏形，但真正意义上的作为运输产业的管道运输始于 1865 年美国宾尼亚的第一条原油管道，长 57km。1880 年和 1893 年相继出现了 100mm 管径的成品油管道和天然气管道。第二次世界大战期间，美国在国内用两年多的时间修建了原油管道 2158km，成品油管道 2745km。自此以后，各种油气管道技术逐步成熟。我国第一条长距离输油管道建于 1985 年，全长 147km，成功将克拉玛依油田的原油输到独山子炼油厂。作为一种特殊的运输方式，管道运输在长距离输送、地形复杂区域输送(可翻山越岭，穿越深海)等方面优势明显，在世界范围内迅速得到发展。随着社会经济的突飞猛进和石油工业的蓬勃发展，运输品类也随之增多。

7.1.1　管道运输的概念及特点

管道运输是用管道作为运输工具的一种长距离输送液体和气体物资的运输方式，是一种专门由生产地向市场输送石油、煤和化学产品的运输方式，是统一运输网中干线运输的特殊组成部分。在输送流体(液体或气体)或流体与固体混合物时，需要加压设施加压，通过压力差使管内的流体从高压处向低压处流动。

管道运输除广泛用于石油、天然气及固体煤浆等的长距离运输外，还可运输矿石、煤炭、建材、化学品和粮食等。与其他运输方式相比，管道运输的输送工具是静止不动的泵机组、压缩机组和管道，其主要具有以下特点。

(1)管道运输投资省、占地少。管道大部分埋设于地下，占地少，只有铁路的 1/9。受地形地物的限制少，一般不需绕行，运输距离较短。

(2)管道运输运费低、能耗少。据国外资料统计，管道运输成本约为铁路运输成本的 22%。在美国，长输管道输油的能耗约为铁路运输的 1/12～1/7，无“三废”排放，有利于生态环境的保护。就石油的管道运输与铁路运输相比，交通运输协会的有关专家曾算过一笔账：沿我国成品油主要流向建设一条长 7000km 的管道，它所产生的社会综合经济效益，仅降低运输成本、节省动力消耗、减少运输中的损耗 3 项，每年就可以节约资金数十亿元左右。

(3)管道运输运量大，劳动生产率高，可全天候连续运输。一条管径为1220mm、压力为44～54 MPa的输油管线，其输量可达(70～80)$\times 10^6$t/年；而每100km的操作人员为铁路的一半，为汽车运输的1/9。管道在地下密闭运输，受气候影响较小，可全天候连续运输。

(4)管道运输安全可靠、环境污染小。管道在密闭状态下运输，油品不挥发，质量不受影响，具有较高的安全性，无噪音，对环境污染小。

(5)管道运输灵活性差。管道运输不如其他运输方式(如汽车运输)灵活，除承运的货物比较单一外，它也不容随便扩展管线。实现“门到门”的运输服务，对一般用户来说，管道运输常常要与铁路运输、汽车运输、水路运输配合才能完成全程输送。此外，运输量明显不足时，运输成本会显著增加。

(6)管道运输不能停输及反输，经济输量范围小。受管道输量的极限受泵的能力、加压站间距、管子强度及直径等限制，随意增输，管道压力必然增大，甚至超过管道耐压，可能导致严重后果。如直径1020mm的管道最佳输量为4200万t，增加或减少输量均会造成成本增加。

(7)管道运输起输量高，导致油田开发初期产量低而难于采用管道输送。

7.1.2 管道运输的种类

管道运输种类较多，这里主要按照输送介质、铺设方式、在生产中的作用进行划分。

(1)按输送介质分，主要分为输油管道、输气管道和固体料浆管道三大类，具体有原油管道、成品油管道、天然气管道、油气混输管道、固体物料浆体管道、水管道。

(2)按铺设方式分，主要分为埋地管道、架空管道、水下管道。

(3)按其在生产中的作用分主要是指油、气管道的分类，主要有矿场集输管道、长距离输送干线管道、分配管道。

7.1.3 国内管道运输

中国长输油气管道的建设始于新疆。1958年5月，新疆克拉玛依至独山子输油管道动工兴建，全长147km，年输油能力53万t，于1959年1月10日建成投产，从此掀开了中国大规模进行长输油气管道的序幕。

从图7-1中可以看到，原油管道占有较大比例，其次是输气管道，另外还有少数几条成品油管道、油气混输管道、固体物料浆体管道。

2002年投入使用的“兰州—成都—重庆”管道，是我国目前最长的、口径最大和压力最高的成品油运输管道，干线全长1250km，途经甘肃、陕西、四川和重庆，年输油能力达500万t。2005年建成的陕京二线天然气输气管线西起陕西省榆林市，经陕西、山西、河北三省一市28个县，干线全长851km，终点站为北京市大兴区采育镇，与原陕京线共同向北京等地供气，日供气能力由原来的2900万m^3提高至5500万m^3，极大地缓解了北京及周边省市冬季采暖用气紧张的局面。

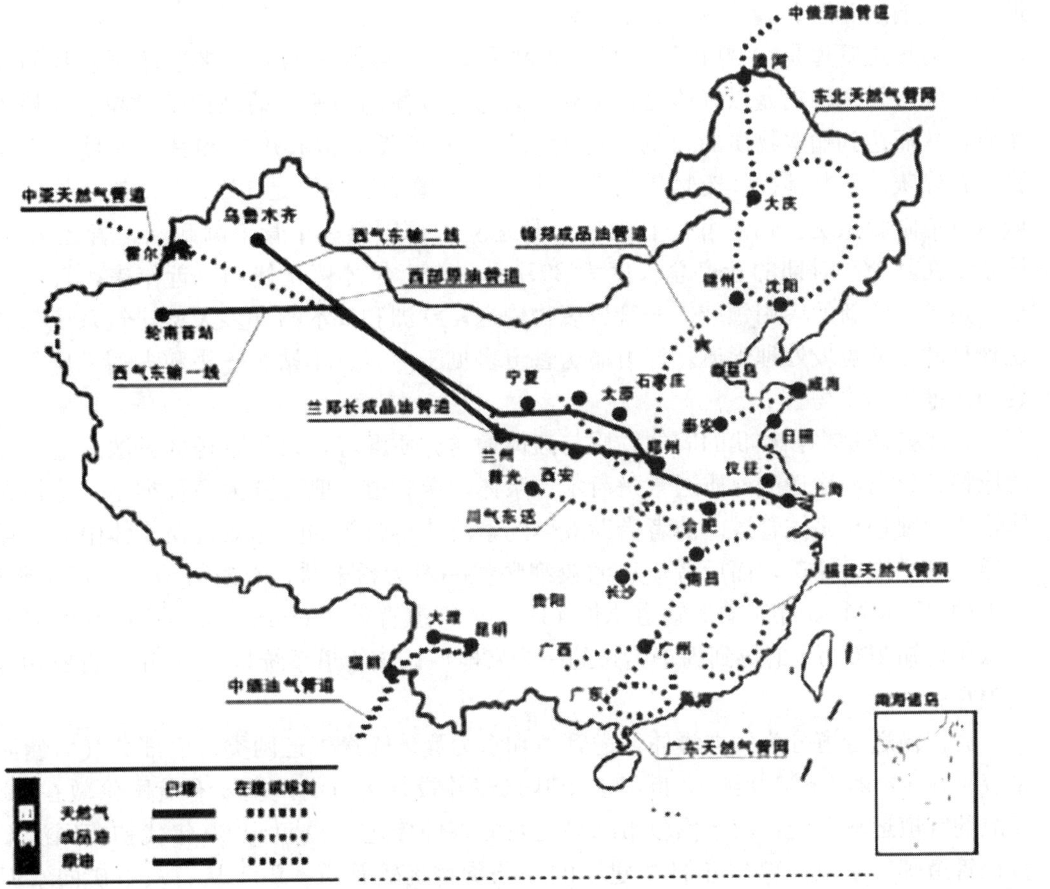

图 7-1　我国主要管道运输路线示意图

截至 2010 年底，我国已建油气管道的总长度约为 8.5 万 km，其中天然气管道 4.5 万 km，原油管道 2.2 万 km，成品油管道 1.8 万 km，形成了横跨东西、纵贯南北、覆盖全国、连通海外的油气管网格局。预计，“十二五”期间全国新增油气管道 7.4 万 km，其中，天然气管道 4.5 万 km，原油管道 0.9 万 km，成品油管道 2 万 km，总投资约 3500 亿元；预计到 2016 年底累计里程将突破 17 万 km。

随着中国经济的持续快速发展和能源结构的改变，经过多年的努力与探索，我国管道运输进入了一个崭新的发展时期，并已逐渐形成了跨区域的油气管网供应格局。西气东输、西部原油成品油管道等重点工程建成投产，西油东送、北油南运、西气东输、北气南下、海气登陆的油气管道运输优势将越来越明显，从而推进中国石油企业“走出去”战略的实施，中国石油企业在海外的合作区块和油气产量将不断增加，海外份额油田或合作区块的外输原油管道也将得到长远发展。

7.1.4　国际管道运输

采用管道运输和分送固、液、气体的构想已经有几百年的历史了，是现有的城市自来水、暖气、煤气、石油和天然气输送管道，排污管道物流的原始形式。现在国际上管道运输的内容主要有固体、液体和气体。国际上目前利用管道输送固体的形式有气力输送管道、浆体输送管道、囊体输送管道3种。

气力输送管道是在20世纪，开始通过采用气力或水力的方法来运输颗粒状的大批量货物。气力管道输送是以气体为传输介质，通过气体的高速流动来携带颗粒状或粉末状的物质，从而达到输送物质的目的。可输送的物质种类通常有煤炭和其他矿物、水泥、谷物、粉煤灰以及其他固体废物等。第一个气力管道输送系统是1853年在英国伦敦建立的城市管道邮政系统。1865年，在德国柏林建立了德国第一个管道邮政网，管径为65mm。该系统在其全盛时期的管道总长度为297km，1981年才停止使用。近年来，管道气力输送开拓了一个新的应用领域——管道废物输送，欧洲和日本的许多大型建筑系统都装备了这种自动化的垃圾处理管道。气力输送管道多见于港口、车站、码头和大型工厂等，用于装卸大批量的货物。

浆体输送是将颗粒状的固体物质与液体输送介质混合，采用泵送的方法运输，并在目的地将其分离，输送的介质通常是清水。浆体输送管道一般可分为两种类型，即粗颗粒浆体管道和细颗粒浆体管道。前者借助液体的紊流使得较粗的固体颗粒在浆体中呈悬浮状态并通过管道进行输送，而后者输送的较细颗粒一般为粉末状，有时可均匀悬浮于浆体中。美国的Black Mesa煤浆输送管道总长438km，管道直径456mm，每年从亚利桑那州的一个煤矿运输460万t的煤到内华达州的一个发电厂，该管道系统从1970年一直成功地运行到现在。

囊体输送管道分为气力囊体输送管道和水力囊体输送管道两类。大部分气力囊体管道系统是在19世纪下半叶到20世纪上半叶兴建并投入运行的。主要有英国伦敦在1927年建成的管道运输系统，用于伦敦市邮局之间的邮件传送；20世纪60年代初德国汉堡的大直径管道邮政系统；1972年日本建立的一条货物运输管道，用于从石灰石矿向水泥厂运送石灰石。

在国际管道运输发展史中，美国创造了几个世界第一。从宾夕法尼亚州建成的世界上第一条原油管道开始，1886年，美国建成了世界上第一条工业规模的长距离输气管道(全长140km，直径200mm)。1957年，美国俄亥俄州建成了世界上第一条煤浆输送管道(全长173km，管径254mm)。目前，美国油气干线管道总长度居世界第一位。

20世纪七八十年代是世界上输气管道建设的高峰期，北美、前苏联及欧洲天然气管道已连成地区性、全国性乃至跨国性大型供气系统。在浆体管道运输方面，英国1964年建成了世界上第一条石灰石输送管道，澳大利亚于1967年建成了世界上第一条铁精矿输送管道(萨瓦奇河铁精矿输送管道)，1978年巴西建成了世界上第一条磷酸盐矿浆输送管道。

7.2 管道运输设备

与其他运输方式一样，管道运输也拥有其独特的运输设备，用来完成气体、液体或固体的输送。

7.2.1 输油管道设备

1. 输油管道的组成

长距离输油管道由输油站和管线两大部分组成。

1)输油站

油管道干线是为输送油品而建立的各种作业场站，按其所处的位置可分为首站、中间站、末站。

(1)首站。输油管道的起点称为首站，主要由油罐区、计量系统和输油泵组成，用于收集原油或石油产品，经计量后加压下一站输送。

(2)中间站。输油管道沿途设有中间输油站，也称为中间泵站，主要由输油泵、加热炉、阀门组成。对所输送的油品加压、升温(热输管道)，中间站的数量确定原则是各泵站提供的总扬程与消耗的总能量平衡。

(3)末站。输油管道的终点称为末站，主要有油罐区、计量装置以及油品传输设备等。

2)管线

管线主要包括管道，沿线阀室，穿越江河、山谷等的设施和管道阴极防腐保护设施等。为保证长距离输油管道的正常运营，还设有供电和通信设施。

2. 输油管道的主要设备

(1)输油泵。泵是一种将机械能(或其他能量)转化为液体能的水力机械，它也是国内外输油管线广泛采用的原动力设备，是输油管线的心脏。泵的种类较多，按工作原理的不同，可将其分为叶片式泵(如离心泵、轴流泵等)、容积式泵(如齿轮泵、螺杆泵等)和其他类型泵(如射流泵、水锤泵等)3类。目前国内输油管道采用的输油泵主要有400KD型、DKS型、KS型、Sh型、D(DA)型、Y(YS)型、DY型等。

(2)原动机。输油泵的原动机主要有电动机、柴油机和燃气轮机，电动机由于其价廉、体积小、轻便、维护管理方便、工作平稳、便于自控、防爆安全性好等特点，在输油管道上被广泛采用。

(3)加热系统。为防止原油在输送过程中在输油管道中凝结，同时为减少结蜡、降低动能损耗，在原油输送时应对原油进行加热输送。加热系统通常采用加热炉为原油提供热能。

(4)储油罐。储油罐是一种储存石油及其产品的设备，按建造方式可分为地下油罐、半地下油罐、地上油罐；按建造材料分为金属油罐、非金属油罐；按结构形式分为圆柱形油罐、卧式油罐、双曲率形油罐。

(5)管道系统。输油系统一般采用有缝或无缝钢管，大口径可采用螺旋焊接钢管。

(6)清管设备。利用清蜡球或其他类型的刮蜡器械清除管道里的蜡，可减少输油阻力，增加原油的流动性。

(7)计量系统。计量系统包括流量计、过滤器、温度及压力测量仪表、标定系统及排污管5个部分。对长输管线上的油品进行计量，可及时掌握油品的收发量、库存量及耗损量。

7.2.2 输气管道设备

输气管道系统主要由矿场集气管网、干线输气管道(网)、城市配气管网以及与此相关的站和场等设备组成。这些设备从气田的井口装置开始，经矿场集气、净化及干线输送，再经配气管网送到用户，形成一个统一的、密闭的输气系统(图 7-2)。

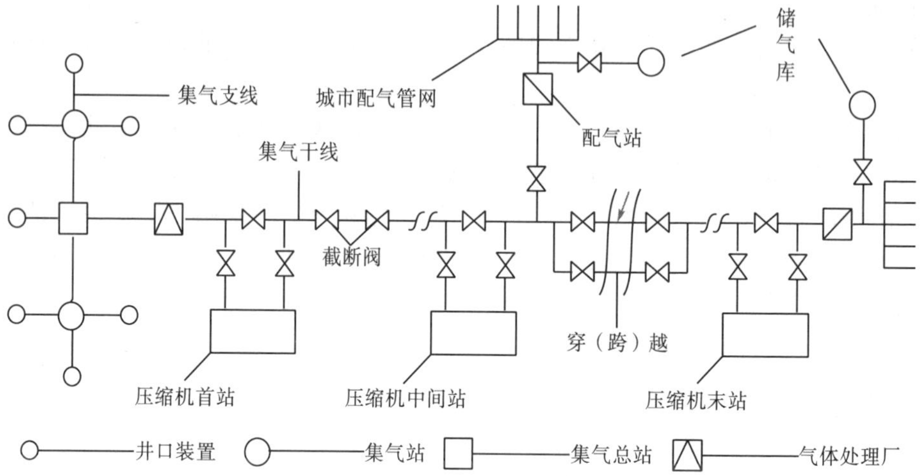

图 7-2 输气管道系统示意图

输气管道主要设备有矿场集气设备、输气站、干线输气设备、城市配气站等。

1. 矿场集气设备

集气过程指从井口开始，经分离、计量、调压、净化和集中等一系列过程，到向干线输送为止。集气设备包括井场、集气管网、集气站、天然气处理厂、外输总站等。

一般气田的集气有单井集气和多井集气两种流程。单井集气与多井集气都可采用树枝形或环形集气管网。环形管网可靠性好，但投资较大。由于气井井口压力较高，集气管道工作压力一般可达 1 MPa 以上。

2. 输气站

输气站又称压气站，其核心设备是压气机和压气机车间。任务是对气体进行调压、计量、净化、加压和冷却，使气体按要求沿着管道向前流动。

压气站站址的选择要求地面平坦，有缓坡可排水，土壤承载能力不低于 0.12MPa。地下水位低，土壤干燥。站址尽量靠近已有的道路系统和居民区，以减少建筑费用，便于安排职工生活。

3. 干线输气设备

干线是指从矿场附近的输气首站开始到终点配气站为止。由于输气管道输送的介质是可压缩的，其输量与流速、压力有关。压缩机站与管路是一个统一的动力系统，压缩机的出站压力就是该站所属管路的起点压力，终点压力为下一个压缩机站的进站压力。一般地，输气管线可以有一个或多个压缩机站。

4. 城市配气站

城市配气指从配气站(干线终点)开始，通过各级配气管网和气体调压所按用户要求直接向用户供气的过程。配气站是干线的终点，也是城市配气的起点与枢纽。气体在配气站内经分离、调压、计量和添味后输入城市配入管网。

7.2.3　固体料浆管道设备

用管道输送各种固体物质的基本措施是将待输送固体物质破碎为粉粒状，再与适量的液体配置成可泵送的浆液，通过长输管道将这些浆液输送到目的地后，再将固体与液体分离送给用户。料浆管道的基本组成部分与输气、输油管道大致相同，但还有一些制浆、脱水干燥设备，由浆液制备厂、输送管道(管道和中间泵站)、浆液后处理系统三部分构成。

以煤浆为例，煤浆管道首站一般与制浆厂合在一起，首站的增压泵从制浆厂的外输罐中抽出浆液，经加压后送入干线。中间泵站的任务是为煤浆补充压力能，停运时则提供清水冲洗管道，泵站间的距离则由管道水力计算结果和泵的功率大小决定。煤浆的后处理系统包括脱水、储存等部分。管输煤浆可脱水储存，也可直接储存，脱水的关键是控制煤表面的水含量。

7.3　管道运输发展现状及趋势

管道运输是一种常用却不常见的运输方式，由于其一般敷设在地下，人们不能像认识其他运输方式一样来了解它的运行状况，因此，管道运输的发展常常不太引起人们的注意。然而，管道运输作为一种新兴的运输方式，虽然起步较晚，但现在世界各国的油气运输主要以管道运输为主，并逐渐形成庞大的供应网络。无论在传统技术方面还是应用前景，随着相关领域研究的进一步深入，管道运输必定带给人们新的运输理念。

1. 传统管道运输的新技术

在管道运输技术的研究领域，各国研究人员也作出了相当大的努力。近几十年来，全球油气管道建设进入了高峰期，各种新材料、新工艺、新设备、新技术的应用，使得长输油气管道无论在设计、施工、运营管理方面，还是在管材、原动机、储库调峰技术方面都有了很大发展，特别是大口径、高压干线输气管道的施工和运营管理技术发展更加迅速。其中国外的一些管道输送技术发展主要表现为提高输送压力、采用新兴管材、干线采用大口径管道、输气干线呈网络化发展、采用高压富气输送工艺、高度的自动化遥控和先进的通信技术、采用先进快速的管道机械化施工技术和装备等方面，这些经验和技术可供国内管道研究和施工人员学习和借鉴。

2. 真空管道运输

真空管道运输(evacuated tube transportation，ETT)是一种极具发展潜力的运输方式，从其极高速度、极低能耗、极低噪声、极低污染和较高安全性等方面来看，它比现有的水运、铁路、公路、航空等运输方式更具优越性和发展前景。从技术上来看，实现真空管道运输系统比航天飞行和太空探索都容易得多，而且所需要的技术都是较为成熟的。真空管道运输系统的建成以及在全球的普及与应用，将是继火车、汽车、飞机和信息技术之后人类的又一大福音。更重要的是，将使人们今天面临的交通困境与物流问题从根本上得以解决，也将给全球经济与社会生活方式带来全新的变化。

输油、输气管道只能输送液体、气体，而真空管道运输系统既可以运送货物，也可以运送旅客，在这种意义上，它跟航空、铁路、汽车和船舶运输相似，对载运对象具有广泛的适应性。2004 年，在西南交通大学举办的一次院士研讨会上，中国工程院院士沈志云提出了关于“真空管道高速交通”的设想后，我国就有许多学者活跃在这一领域，致力于这项工程的研究实施，致使我国在这方面的研究一直走在世界前列。原在西南交大做博士后工作的张耀平一直活跃在真空管道高速运输的研究领域，他认为 ETT 可以解决生态环境破坏、能源污染、道路拥挤和交通安全等问题，并且坚信我国启动 ETT 的研究与发展不仅有着深远意义，更是一大历史重任。

3. 城市地下物流兴起

在纽约州能源与发展局的资助下，纽约市完成了基于风力舱体管道(pneumatic capsule pipeline，PCP)技术的地下物流技术与经济的可行性研究，主要内容包括 6 个方面：①地下隧道中的原料运送；②固体废物运往城外处理和再利用；③在纽约和华盛顿特区之间传递邮件和包裹；④用板条箱、普通的箱子或袋子运送货物；⑤在海港与内陆的处理或检查站之间运输集装箱；⑥解决位于纽约亨特地区大型食品市场的卡车进出问题。研究发现上述 6 个方面的应用在技术上是可行的，前 5 个应用在经济上是可行的。以上提到的这些应用在将来不仅可以为纽约带来经济上的繁荣，降低货物运输的成本，还可以降低由于卡车运输带来的大多数问题，如交通堵塞、交通事故、噪声和空气污染。

在社会经济的大背景下，世界范围内管道运输发展趋势如下。

1)油气输送干线向长距离、大口径、高压力、大输量的方向发展。大口径和高压力是增大输量和降低管道运输成本的基本途径，当其他条件相同时，随管径的增大，输油成本降低。提高管道工作压力可以增加输量，增大站间距，减少站数，从而使投资减少，降低输油气的成本。

2)采用高强度、高韧性及可焊性良好的管材。为了减少钢材耗油，要求提高管材的强度；为了防止断裂事故，保证管道的焊接质量，要求管材有良好的韧性及可焊性。

3)管道建设向极地和海洋延伸。目前世界上新开发和待开发的大型油气田不少分布在北极地区或海洋中，这些油气田的开发促使管道建设不断向极地与海洋延伸。

4)形成大型供气系统

目前全世界已形成若干地区性、全国性乃至跨国性大型供气系统。一个大型供气系统通常由多条输气干线、多个集气管网、多个配气管网以及地下储气库等子系统构成，可以将许多气田(或油田)与成千上万的用户连接起来。

5)管道运输系统逐步完善

管道运输除最广泛的液体输油管道及输气管道外，目前正在研究和开发水力管道、风动管道、集装胶囊管道、管道旅客运输等。

结合世界管道运输的发展趋势，在分析我国管道运输存在问题的基础上，探讨我国管道运输的未来发展，这里主要讨论原油管道、成品油管道、天然气管道的发展趋势。

(1)原油管道。原油管道发展总的方向是：以国内国外两种石油资源为基础，以炼化企业的布局及加工量为导向，进一步改造和完善现有系统，适时新建部分原油管道；充分利用现有管道的管输能力和设施进行必要的调整改造，使其向网络化方向发展，以便多种资源能够通过管网系统连为一体，做到互相补充、灵活调度。

(2)成品油管道。发展成品油管道将是今后输油管道建设的重点，成品油管道发展总的方向是：结合原油资源情况，炼油企业生产性况，铁路、公路、水路运输方式经济性比较，依据市场需求和按照产运销一体化的原则，贯通炼厂、商业油库、转运站，形成网络。从大趋势看，在未来的几十年，高速发展的成品油管道建设是由沿海、沿江各炼厂向内地延伸，并逐步替代火车运输成品油。

(3)天然气管道。天然气管道发展总的方向是：利用国内国外两种资源，建设跨区域天然气管道网络系统，到 2020 年新建包括进口周边国家天然气资源的跨国管道、陆上管道、海底管道在内的天然气管道 2.5×10^4 km。完善各输气管线之间联络线建设和天然气输配系统，在京津冀鲁晋、中南、长江三角洲、东北地区建设区域性地下储气库组。至此，我国天然气长输管道总长度将超过 4.6×10^4 km，形成以西气东输，川气东输，青海、长庆气东输，海气登陆以及进口天然气为核心的跨越东北、京津冀鲁晋、长江三角洲、中南、中部、西北、西南、东南沿海各省、直辖市、自治区的跨区域管网系统，形成资源多元化、供应网络化、纵横交错、调度灵活的供气格局。

7.4　本章小结

1. 管道运输概论

管道运输是以管道作为运输工具的一种长距离输送液体和气体物资的运输方式，是一种专门由生产地向市场输送石油、煤和化学产品的运输方式，是统一运输网中干线运输的特殊组成部分。在输送流体(液体或气体)或流体与固体混合物时，需要加压设施加压，通过压力差使管内的流体从高压处向低压处流动。

2 管道运输的特点

管道运输投资省，占地少；管道运输运费低，能耗少；管道运输运量大，劳动生产率高，可全天候连续运输；管道运输安全可靠，环境污染小；管道运输灵活性差；管道运输不能停输及反输，经济输量范围小；管道运输起输量高，导致油田开发初期产量低而难于采用管道输送。

3. 管道运输的种类

按输送介质分为输油管道、输气管道和固体料浆管道三大类；按敷设方式分为埋地管道、架空管道、水下管道；按其在生产中的作用(主要是指油、气管道的分类)分为矿场集输管道、长距离输送干线管道、分配管道。

4. 输油管道设备

输油管道由输油站(首站、中间站、末站)与管线构成，其主要设备有输油泵、原动机、加热系统、储油罐、管道系统、清管设备、计量系统。

5. 输气管道设备

输气管道主要设备有矿场集气设备、输气站、干线输气设备、城市配气站等。

6. 固体料浆管道设备

固体料浆管道设备由浆液制备厂、输送管道(管道和中间泵站)、浆液后处理系统三部分构成。

7. 管道运输的发展现状及趋势

传统管道运输的技术翻新、真空管道运输理念的提出、城市地下物流的兴起；油气输送干线向长距离、大口径、高压力、大输量的方向发展；采用高强度、高韧性及可焊性良好的管材；管道建设向极地和海洋延伸；形成大型供气系统；管道运输系统逐步完善。

思考题

1. 简述管道运输的概念。
2. 与其他运输方式相比，管道运输具有什么特点?
3. 管道运输的种类有哪些?
4. 简述管道运输的发展趋势。
5. 简述输油管道运输的组成及主要设备，并思考输油管道运输的流程有哪些。
6. 查找资料，深入了解目前管道运输的发展现状及趋势。

主要参考文献

Liu H. 2008. 纽约市地下物流可行性研究及对世界其他主要城市的启示 [J]. 现代交通技术，(5)：86—92.

高育红. 2009. 最经济的运输方式——管道运输 [J]. 交通与运输，(4)：53—54.

李骏编. 2006. 现代交通运输与载运工具 [M]. 成都：西南交通大学出版社.

刘雯，邹晓波. 2005. 国外天然气管道输送技术发展现状 [J]. 石油工程建设，(3)：20—23.

梅云新. 2005. 中国管道运输的发展与建设 [J]. 交通运输系统工程与信息，(2)：2—7.

石悦. 2008. 未来交通运输工具——真空管道运输系统的构想与展望 [J]. 内蒙古公路与运输，(5)：44—48.

佟立本. 2003. 交通运输设备 [M]. 2 版. 北京：中国铁道出版社.

袁方. 2006. 成口油管道输送的优势及发展 [J]. 石油库与加油站，(4)：37—39.

张奇兴. 1998. 我国管道运输的现状和发展 [J]. 中国石化，(8)：37—39.

张耀平. 2001. 真空管道运输在未来物流体系中的角色与定位 [J]. 物流科技，(10)：6—8.

http：//resource. stockstar. com

http：//news. qq. com

http：//210. 34. 157. 47/

http：//auto. sina. com. cn

http：//col. njtu. edu. cn

http：//col. njtu. edu. cn

http：//www. cctv. com

http：//www1. jrj. com. cn

第 8 章　国际多式联运

国际多式联运是在集装箱运输基础上产生和发展起来的新型运输方式，它是将最常见的水路运输、铁路运输、公路运输和航空运输等多种基本运输方式结合起来组织形成连贯的、门到门的货物运输方法。

8.1　国际多式联运概述

随着经济和科学技术的不断进步，交通运输发展日新月异，各种运输工具在技术方面趋于成熟、运输模式发展多样化，客货运输的效率越来越高。但人们对交通运输服务的需求逐渐提高，体现在数量迅速增加和质量要求高，单一运输方式已经难以满足人们对于交通运输的要求。多式联运作为一种运输组织模式，整体上提高了运输效率，满足了人们对运输服务的需求，在国际运输市场上已经崭露头角。

多式联运是指从装运地到目的地的运输过程中包含两种或两种以上的运输方式，将铁路、公路、水运、航空等组合起来形成的一种连贯的、门到门的货物运输方法，由多式联运经营人全程负责的运输工作。多式联运是在集装箱运输的基础上发展起来的，该运输方式并没有新的通道和运输工具，而是利用现代化的组织手段，将各种单一运输方式有机地结合起来，打破了各个运输区域界限，是现代管理在运输业中运用的结果。

多式联运按照运输范围可以分为国内多式联运和国际多式联运，本章主要讨论国际多式联合运输。

8.1.1　国际多式联运的发展

任何一种新的运输模式的发展都离不开科学技术的发展，蒸汽机车、蒸汽轮船的出现都得益于蒸汽机的发明，而汽车、飞机以及更高效率内燃机车的出现也是因为有了内燃机。运输模式的发展也离不开贸易结构变化、经济发展、经营管理变革和社会服务。

促进国际多式联运产生和发展的主要因素有以下几点。

(1)货物流通过程的变化。商品的流通成本是价格的主要组成部分之一，从经济学的角度来看，流通过程所消耗的资源越少，越有利于商品的流通和使用。多式联运运输方式对流通过程中的各个环节进行了优化，并降低了流通过程中的成本，因此得到了广泛的推广和使用。

(2)货物运输方式的变化。集装箱运输的产生不仅对运输业本身，而且对于与运输业有关的其他工业部门也带来了很大的变化。它不仅给货主节省了包装费、运费、保险费，还能大大缩短货物的装卸时间，提高了运输工具的周转率。海上集装箱运输的发展带来了西伯利亚大陆桥、美国小陆桥、微桥运输的发展，从而迫使船舶公司从根本上改变自己对传统运输方式的认识。集装箱运输从海上向两端陆上延伸发展到国际多式联运，最终实现门到门的运输。

(3)货物贸易结构的变化。第二次石油危机后，世界经济贸易结构发生了很大变化，发达国家的工业品出口结构更趋于高级化，且经济基础中心由重工业、化工业转移到以电子技术为代表的高精尖产品，因此在销售地建立了很多生产、加工和销售基地。发展中国家为了摆脱发达国家的控制，避免失去国际市场，努力发展本国经济，向工业化目标发展。因此，各国跨国适箱货源不断增加，为集装箱的多式联运创造了条件。

(4)经营方式的变化。国际多式联运开展之前，很多运输方式经营者各自为政，自成体系，其经营范围十分有限。进入国际多式联运业务之后，其经营范围得到了扩展，并可最大限度地利用自己所拥有的设备、设施，既方便了货主，又节省了资源。

8.1.2　国际多式联运的定义及特征

国际多式联运(international multimodal transport)是指多式联运经营人按照多式联运合同，以至少两种不同的运输方式将货物从一国境内接管货物的地点运至另一国境内指定地点交货的运输方式(图 8-1)。国际多式联运通常以集装箱为运输单元，将不同运输方式有机地组合在一起，构成连续的综合性一体化货物运输方式。这里的至少两种运输方式可以是海陆、陆空、海空等，这与一般的海海、陆陆、空空的联运存在着本质的区别。

图 8-1　国际多式联运示意图

国际多式联运与一般联合运输、一般国际运输存在很大的区别，联合国贸易和发展会议秘书处在其提交的《多种方式联运使用的现代化运输技术》报告中指出，国际多式联运的主要特征是多式联运经营人和发货人之间的合同关系性质，构成了多式联运的特征，多式联运经营人以独立的法律实体向发货人提供用一种以上的运输方式运输货物的单一合同。因此，多式联运的主要特征有以下几点。

1)多式联运的货物必须是国际间的运输

多式联运使用的是两种或两种以上不同方式的连贯的运输合同。多式联运方式下的货物必须是跨国境的国际间的运输，这是区别于国内运输和是否适合国际法规的限制条件。

2)发货人和多式联运经营人之间必须订立一个多式联运合同

在货物运输过程中，多式联运经营人必须与发货人订立多式联运合同，明确两者之间的权利、义务、责任、豁免的合同关系和多式联运的性质，这是多式联运的主要特征，也是多式联运区别于传统运输方式的重要依据。

3)多式联运经营人责任关系和期间

多式联运经营人必须对全程负责，这也是多式联运的一个重要特征。多式联运经营人是多式联运货物全程运输的组织人，在接受发货人托运后，往往是自己承运一部分，但要对货物运输的全程负责，与实际承运人订立分运合同，实际承运人只对自己实际运输的区段负责。多式联运经营人作为一个独立的法律实体，对货物负有履行合同的责任，并承担自接管货物之时起到交付货物时止的全程运输责任，以及对货物在运输中因灭失、损坏、迟延交付所造成的损失负赔偿责任。

4)使用一份全程多式联运单据

多式联运全程合同运输单据是指证明多式联运合同以及多式联运经营人接收货物并负责按合同条款交付货物所签发的单据，它同时是一种物权证明和有价证券。

国际多式联运大多为“门到门”运输，故货物在装船、装车或装机后应同时由实际承运人签发提单或运单，多式联运经营人签发多式联运提单。在此情况下，海运提单或运单上的发货人应为多式联运经营人，收货人及通知方一般应为多式联运经营人的国外分支机构或其代理人；多式联运提单上的收货人和发货人则是真正的、实际的收货人和发货人，通知方则是目的港或最终交货地点的收货人或该收货人的代理人。

多式联运提单把海运提单的可转让性与其他运输方式下的运单不可转让性合并在一起，因此，多式联运经营人既可根据托运人的要求签发可转让的也可签发不可转让的多式联运提单。

5)实行全程单一的运费费率

多式联运经营人在对货主负全程运输责任的基础上，制定了一个从货物发运地至目的地的全程单一费率，并一次性向货主收取。全程单一费率一般包括运输成本、经营管理费用和合理利润。

6)信用证上的条款

根据多式联运的需要，信用证上的条款应该有以3三点改动。

(1)向银行议付时不能使用船公司签发的已装船清洁提单，而应凭多式联运经营人签发的提单，同时应注明该提单的抬头如何制作，以明确可否转让。

(2)多式联运一般采用集装箱运输，所以应该在信用证上增加制定采用集装箱运输条款。

(3)如不由银行转单，改由托运人、发货人或多式联运经营人直接寄单，一边收货人或其代理人能尽早取得货运单证，加快在目的港(地)提货的速度，则应在信用证上加列

"装船单据由发货人或由多式联运经营人直接寄收货人或其代理人"之条款。如有多式联运经营人寄单，发货人出于议付结汇的需要，应让多式联运经营人出具一份"收到货运单据并已寄出"的证明。

7)海关验放手续

国际多式联运货物的起运地大都在内陆城市，因此，内陆海关只对货物办理转关监管手续，由出境海关查验放行。进口货物的最终目的地如为内陆城市，进境港口的海关一般不进行查验，只办理转关监管手续，待货物到达最终目的地时，由当地海关查验放行。

8.1.3　国际多式联运的主要类型

国际多式联运的主要类型有海陆联运、海空联运和江(河)海联运 3 种，分别阐述如下。

(1)海陆联运。这是多式联运的主要方式，又可以分为船舶与汽车联运、船舶与火车联运两种。由于汽车运费较高且经济运输距离较短，对于陆运距离长的货物运输，其竞争力不如船舶与火车联运，但是它可以实现门到门的运输。对于长距离的陆上运输则主要采用海铁联运，这种组织形式多以船舶公司或者国际货运代理公司为主体，签发多式联运提单。

(2)海空联运。海空联运的优点是相对于全程海运或者全程空运而言的，它的运输时间比全程海运要短，而运输费用要比全程空运低。海空联运又被称为空桥运输，在运输组织的方式上与陆桥的运输方式不同，陆桥运输在整个货运过程中使用的是同一个集装箱，不需要换装，而空桥运输的货物通常要在航空港装入航空集装箱。

(3)江(河)海联运。江(河)海联运是利用发达的内陆水运系统进行的国际集装箱联合运输。当前，许多国家利用国内既有的内陆河航运系统，因地制宜地开展江(河)海联运，例如，我国长江沿岸的集装箱货物通过上海或者上海附近的口岸由太平洋航线运往世界各地，珠江下游中小城市的集装箱通过深圳、香港、珠海口岸由太平洋航线运往世界各地。

8.1.4　国际多式联运的优点

国际多式联运区别于传统的货物运输业务方式，其优点主要体现在以下几方面。

(1)统一化、简单化。在国际多式联运的方式下，货主只需要办理一次托运、订立一份运输合同、一次支付费用、一次保险，体现了国际多式联运业务的简单化。所有运输事项均由多式联运经营人负责办理，与货物运输距离、运输方式、运输途中换装等无关。如在运输过程中发生货物灭失或损害，由多式联运经营人对损失负责，每一运输区段承运人只需对自己运输区段的货物损害承担责任。这种做法丝毫不会影响多式联运经营人对每一运输区段实际承运人的任何追偿权利，体现了国际多式联运的统一化。

(2)减少中间环节，缩短货物运输时间，降低货损货差事故，提高货运质量。国际多式联运将集装箱作为运输单元进行直达运输。货物在发货人指定地点装箱后，可直接运送至收货人指定的地点。在运输途中换装时无须换箱、装箱，减少了中间环节。货物经多次换装，由于使用专业机构装卸，并不涉及箱内的货物。因此，货损、货差事故以及货物被窃事故减少，在一定程度上提高了货运质量。此外，由于各个运输环节的各种运输工具之间配合紧密、衔接紧凑，货物所到之处中转迅速及时，减少了货物停留时间，从根本上保证了货物安全、迅速、准确、及时地运抵目的地。

(3)降低运输成本，节省运杂费用。由于多式联运可实现门到门运输，对货主来讲，在将货物交由第一承运人后即可取得货运单证，并据以结汇，结汇时间提前，这有利于加速货物资金的周转，减少了利息的支出。货物由集装箱装载运输，可节省货物的包装费用和保险费用。多式联运可采用一张货运单证，统一费率，因此简化了制单和结算手续，节省了资源。

(4)提高运输组织水平，实现合理化运输。在国际多式联运开展之前，各种运输方式的经营人各自为政，各自的业务范围十分局限，货运量受到限制。多式联运打破了传统行业的限制，经营范围得以扩展，提高了运输组织水平，改善了不同运输方式间的衔接工作，实现了合理化运输。

(5)便于形成综合运输网络，推动物流业发展。通过多式联运，许多与运输有关的企业可以进行横向联合，发展地区之间的联营与协作，这有利于经济发展，为逐步形成与经济发展相适应的综合运输体系创造了条件，国际多式联运的发展也为国际物流的产生和发展创造了条件。只有在国际多式联运的发展达到一定程度的时候，各种运输方式组织形成一个有机的运输系统才能实现“门到门”运输。在此基础上，拓展物流经营人的业务，提高服务质量，为物流的发展提供可能性。

(6)其他优点。从政府的角度出发，发展国际多式联运具有以下重要意义：有利于加强政府部门对整个货物运输过程的监督与管理；保证本国在整个货物运输过程中获得较大的运费收入配比例；有助于引进新的先进运输技术；减少外汇支出；改善本国基础设施的利用状况；通过国家的宏观调控与指导职能，保证使用对环境破坏最小的运输方式达到保护本国生态环境的目的。

8.1.5 国际多式联运现状及主要航线

1. 国外国际多式联运的现状

20 世纪 70 年代，国外的国际多式联运得到较快的发展，进入海陆空国际联运全面发展时期。目前，国际集装箱总运量中，采用多式联运方式的完成运量约占 10%。国外主要的国际多式联运线路如下。

(1)西伯利亚大陆桥运输线。该运输线是世界上最著名的国际集装箱多式联运线之一，通过原苏联西伯利亚铁路，把远东、东南亚和澳大利亚地区与欧洲、中东地区连接起来，因此又称为亚欧大陆桥。西伯利亚大陆桥于 1971 年由对外贸易运输公司正式确立。2011 年，全年货运量高达 10 万标准箱，最多时达 15 万标准箱。使用这条陆桥运输线的经营者主要是日本、中国和欧洲各国的货运代理公司。其中，日本出口欧洲杂货的 1/3，欧洲出口亚洲杂货的 1/5 是经这条陆桥运输的。由此可见它在沟通亚欧大陆、促进国际贸易中所处的重要地位(图 8-2)。

图 8-2　亚欧大陆桥示意图

(2)北美大陆桥运输线。北美大陆桥运输指从日本向东，利用海路运输到北美西海岸，再经由横贯北美大陆的铁路线陆运到北美东海岸，再经海路运输到欧洲的“海—陆—海”运输结构。北美大陆桥包括美国大陆桥运输和加拿大大陆桥运输。美国大陆桥有两条运输线路，一条是从西部太平洋沿岸至东部大西洋沿岸的铁路和公路运输线；另一条是从西部太平洋沿岸至东南部墨西哥湾沿岸的铁路和公路运输线。北美大陆桥是世界上历史最悠久、影响最大、服务范围最广的陆桥运输线。

(3)北美小陆桥运输线。北美小陆桥运输是指日本经美国太平洋沿岸各港的海铁联运，它与大陆桥运输的区别是运输终点为美国东海岸，而不再下海。采用这样的运输方式使海运和陆运结合起来，从而达到运输迅速、降低运输成本的目的。小陆桥运输刺激美国铁路发展了双层集装箱列车与超长列车，以提高运输效率，降低运输成本。北美大陆桥和北美小陆桥如图 8-3 所示。

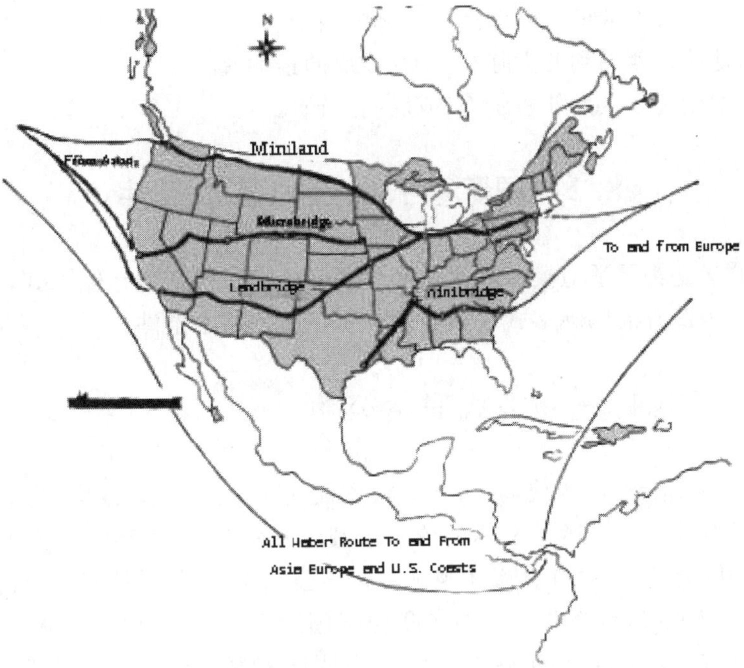

图 8-3　北美大陆桥和北美小陆桥示意图

(4)北美、东北亚、东南亚、澳新各港口/中国沿海主要港口/中国内地(或反方向运输)。

(5)远东各港口/欧洲各港口/欧洲内地(或反方向运输)。

(6)远东、东南亚各港口/澳大利亚港港口/澳大利亚内地(或反方向运输)。

2. 我国国际多式联运现状

我国于1980年8月由中国对外贸易中心(以下简称中国外运)开办境内国际集装箱接转西伯利亚大陆桥运输，当时国际多式联运业务量不大。1986年，铁道部运输局与中国远洋运输集团公司(以下简称中远)合作开办国际集装箱海铁联运业务，从而使得我国国际集装箱多式联运得到了较快的发展。从1994年，原铁道部所属的中国铁路集装箱运输中心、中国铁路对外服务公司先后与香港九龙广州铁路公司、香港东方海外货柜航运有限公司、美国总统轮船公司、丹麦马士基航运公司合作开办了国际集装箱多式联运业务。目前，中外运系统、中远系统、中国铁路系统、中国海运集团系统、地方国际航运公司、国际货运代理企业、中外合资与中外合作企业等都在不同程度上开办了国际集装箱多式联运业务。

目前，我国开办的国际多式联运路线如下。

(1)我国内地—我国港口—日本港口—日本内地(或反向运输)。

(2)我国内地—我国港口(包括香港)—美国港口—美国内地(或反向运输)。

(3)我国港口—肯尼亚的蒙巴萨港—乌干达地区(或反向运输)。

(4)我国内地—我国港口(包括香港)—德国汉堡港或比利时安特卫普港—北欧、西欧内地(或反向运输)。

(5)我国内地—我国港口(如上海、新港)—科威特—伊拉克(或反向运输)。

(6)我国东北地区—图们—朝鲜清津港—日本港口(或反向运输)。

(7)我国港口—日本港口—澳洲港口—澳洲内地。

(8)我国内地接转西伯利亚大陆桥运输(或反向运输)。

(9)我国内地接转亚欧大陆桥运输(或反向运输)。

8.2 国际多式联运的基本条件

国际多式联运是为了适应集装箱运输而发展起来的一种新型运输方式，打破了很多传统的运输规则，因此开展国际多式联运必须具备一定的基本条件。

8.2.1 联合国国际货物多式联运公约

20世纪70年代末到80年代初，国际集装箱运输进入大规模发展阶段。此前，在国际货物运输方面已有几部单一运输国际公约。在海运方面有1924年的《关于同意提单的若干法律问题的国际公约》(简称《海牙规则》)，该公约1968年被修订为《海牙-维斯比规则》。1978年又进一步进行修改，变为《联合国国际海上货物运输公约》(简称《汉堡规则》)。铁路运输方面，1938年生效的有欧洲主要国家制定的《国际铁路货物运输规则》和原东欧国家1951年签订的《国际货物联运协定》(简称《国际货协》)。公路方面有1956

年签订的《国际公路运输合同公约》。航空方面有 1929 年签订的《同一国际航空运输某些规则的公约》(简称《华沙公约》)。

上述各国际公约都未考虑到集装箱运输的特点，并都是为了单一运输方式制定的。1980 年 5 月，联合国在日内瓦召开了 84 个贸易法会议成员参加的国际多式联运会议，并通过了《联合国国际货物多式联运公约》。

《联合国国际货物多式联运公约》共分为八部分 40 条，另外还附有有关国际货物多式联运的海关事项条款共 6 条。第一部分为总则，第二部分为单据，第三部分为多式联运经营人的赔偿责任，第四部分为发货人的赔偿责任，第五部分为索赔诉讼，第六部分为补充规定，第七部分为海关事项，第八部分为最后条款。本书将主要介绍其总则的部分主要内容。

1. 定义

(1)国际多式联运是指按照多式联运公约，以至少两种不同的运输方式，由多式联运经营人将货物从一国境内接管货物的地点运到另一国境内指定交付货物的地点。

(2)多式联运经营人是指其本人或通过其代表订立多式联运合同的任何人，他是事主，而不是发货人的代理人/代表或参加多式联运的承运人的代理人/代表，并且负有履行合同的责任。

(3)多式联运合同是指多式联运经营人凭以收取运费，负责完成或组织完成国际多式联运的合同。

(4)多式联运单据是指证明多式联运合同，以及证明多式联运经营人接管货物并负责按照合同交付货物的单证。

(5)发货人是指本人、以其名义或其代表与多式联运经营人订立多式联运合同的任何人，获知其本人、以其名义或其代表按照多式联运合同将货物实际交给多式联运经营人的任何人。

(6)收货人是指有权提取货物的人。实际操作中，收货人必须是提单上记名的人或是正本提单的持有人。

(7)货物包括发货人提供的任何集装箱、货盘，或类似的装运工具或包装。

(8)国际公约是指各国之间书面签订的，并接受国际法约束的国际协定。

(9)强制性国家法律是指任何有关货物运输的成文法，其规定不得用合同条款加以改变而不利于发货人。

(10)书面包括电报、电传。

2. 适应范围

本公约各项规定适用于两国境内各地之间的所有多式联运合同。

(1)多式联运合同规定的多式联运经营人接管货物的地点是在一个缔约国境内。

(2)多式联运合同规定的多式联运经营人交付货物的地点是在另一个缔约国境内。

适应范围是指该公约对适用对象而言，一旦发生争议，则存在民事法律关系中的涉外因素，这种法律关系与不同国家的法律有关。因此，必须考虑在不同情况下如何确定运用哪一国家的法律来解决争议。

3. 强制适用

(1)根据第二条，受本公约制约的多式联运经营人的多式联运合同一经签订，本公约各项规定及应对这种合同强制适用。

②本公约的任何规定不得影响发货人选择多式联运或分段运输的权利。

公约的强制适用，是规定了当事人之间的基本权利义务和基本的法律关系，根本目的在于规范运输领域内应有的秩序，若是任意规范，当事人可以随意修改或选择，将造成运输秩序的不规范。

4. 多式联运的管理

(1)本公约不得影响任何国际公约或国家法律中有关运输业务的管理和控制的适用，或与之相抵触。

(2)本公约不得影响各国在国家一级水平上管理和控制多式联运业务和多式联运经营人的权利，包括就下列事项采取措施的权利：多式联运经营人、托运人、托运人组织以及各国有关当局之间就运输条件，特别是在引用新技术，开始新的运输业务之前，进行协商；颁发多式联运经营人的许可证；参加运输；为了本国的经济和商业利益而采取的一切其他措施。

(3)多式联运经营人应遵守其营业所在国所适用的法律和本公约的规定。

8.2.2 国际多式联运的基本条件

国际多式联运具有众多优越性，而且逐渐在贸易上越来越得到重视。可以说，运输业经营人的竞争，其成败在很大程度上取决于能否实现国际多式联运。而开展国际多式联运的基本条件主要有以下几点。

(1)发展的宏观经济环境及雄厚的资金。经济的繁荣发展使各国跨国适箱货源不断增加，这是国际多式联运运输发展的基本条件，多式联运涉及集装货运站、大型搬运工具和先进的信息管理系统等，这都需要国际多式联运经营人有雄厚的资金基础。

(2)具备服务良好的国际多式联运经营网络。国际多式联运最大的优势就是能把货物运送到货主需要送达的地方，随着国际贸易的日益发展，货主的需要可能遍及世界各地。所以，国际多式联运经营人必须在沿海港口有自己的代理人，而且在各国的内陆大城市也要有自己的分支机构或代理，以实现提供最佳的服务。

(3)在国内外建立集装箱货运站。国际多式联运改变了传统运输的交接概念，把交货地点延伸到港口或车站以外的地点进行。集装箱货运站是接收货物并进行装箱、拼箱或是为货主拆箱、分拨的比较理想的地方。集装箱货运站具有货物交接、储存、中转的功能，在多式联运业务中发挥着重要作用。

(4)要积极建立现代化的信息管理系统。国际多式联运的情况复杂多变、环节众多，需要现代化的信息管理系统将它们连接起来。从货物接收、单证签发、货物发运、中转、装卸到交付，要一环扣一环地进行有效工作，而承运人和发货人都可以随时查询货物的有关信息，一旦发现问题可以及时地采取措施。如果没有优质高效的信息管理系统，就无法确保各环节工作的协调和信息的及时沟通。

(5)有具备专业知识的队伍。国际多式联运涉及面广，接触行业多，组织世界范围内的货物运输，随时有可能面对不测事件，因此要求有一支知识面广、经验丰富的专业知识队伍来进行运输。

(6)具备多式联运路线和先进设备。货主一般都要求货物运输方便快捷，运费低廉，安全可靠。国际多式联运方式要满足托运人的要求，就要具备多种运输线路可供选择，多式联运路线要与社会各界广泛联系，以合同的形式把各种运输方式组合起来，这并不是某单一承运人所具备的。

8.2.3 国际多式联运经营人

1. 国际多式联运经营人的定义

国际多式联运经营人是指本人或通过其代表与发货人订立多式联运合同的任何人，他是事主，而不是发货人的代理人/代表或参加多式联运的承运人的代理人/代表，并且负有履行合同的责任。

2. 国际多式联运经营人类型

多式联运经营人可以分为两种：以船舶运输为主的国际多式联运经营人和无船国际多式联运经营人两大类。

1)以船舶运输为主的国际多式联运经营人

这类国际多式联运经营人在利用自己拥有的船舶提供港至港服务的同时，将他们的服务扩展到包括陆上运输甚至空运在内的门到门运输。在一般的情况下，他们可能不拥有也不从事公路、铁路、航空货物运输，而是通过与相关承运人订立分合同来安排相关的运输。此外，他们也可能不拥有也不从事场站设施，而是与相关场站经营人订立装卸与仓储合同来安排相关的装卸与仓储服务。

2)无船国际多式联运经营人

无船国际多式联运经营人根据是否拥有运输工具和场地设施分为以下 3 种。

(1)承运人型。这类国际多式联运经营人不拥有运输船舶，但却拥有汽车、火车或飞机等运输工具。他与货主签订国际多式联运合同后，除了利用自己所拥有的运输工具完成某区段的实际运输外，对于自己不拥有或经营的运输区段则需要通过与相关的承运人订立分包合同来实现该区段的运输。

(2)场站经营人型。这类国际多式联运经营人拥有货运站、堆场、仓库等场站设施等。他与货主订立国际多式联运合同后，除了利用自己拥有的场站设施完成装卸、仓储服务外，还需要与相关的各种运输方式的承运人订立分合同，由这些承运人来完成货物运输。

(3)代理人型。这类国际多式联运经营人不用有任何运输工具和场站设施，需要通过与相关的承运人、场站经营人订立分合同来履行他与货主订立的国际多式联运合同。

有船承运人在接收货物后，不但要负责海上运输，还须安排汽车、火车与飞机的运输，对此经营人往往再委托给其他相应的承运人来运输，对交接过程中可能产生的装卸和包装储藏业务，也委托给有关行业办理。但这个经营人必须对货主负责整个运输过程中产生的责任。无船承运人在接收货物后，也是将运输委托给各种方式运输承运人进行，但他本人对货主仍应负责。无船经营人不拥有船舶，通常是内陆运输承运人、仓储业者或其他从事陆上货物运输中某一环节的人，也就是说无船经营人往往拥有除船舶以外一定的运输工具。

3. 国际多式联运经营人的基本条件

国际多式联运是国际货物运输中最为复杂的一种运输方式，国际多式联运经营人从发货人那里接管货物开始起，就要对货物运输过程中发生的任何区段的货物灭失及损害，进行以本身的身份直接承担责任。因此，为了能够很好地全面履行合同义务，多式联运经营人必须具备以下主要条件。

(1)取得从事国际多式联运的资格。国际多式联运经营人必须具有中华人民共和国企业法人资格，国际多式联运经营人必须是具有经营管理的组织机构、业务章程和具有企业法人资格的负责人，以使之能够与发货人或其代表订立多式联运合同。在我国，中外合资企业、中外合作企业的企业法人必须经交通部、铁道部共同批准，并办理相应手续才能经营国际集装箱多式联运业务；除非法律、行政法规另有规定，外商独资企业不得从事国际集装箱多式联运业务。

(2)具备国际多式联运线路以及相应的经营网络。从事国际多式联运业务的企业不仅一直具有各种运输方式、运输知识、有经验和能力的专业队伍，而且必须建立自己的国际多式联运路线，并在所经营的路线上又有分支机构的代表或代理人等所组成的完整的业务服务网络，同时还拥有先进的信息管理系统，以实现运输的全程控制、实时控制。

(3)与自己经营的国际多式联运线路有关的实际承运人、场站经营人之间存在长期的合作协议。多种运输方式组成的国际多式联运线路既不是国际多式联运经营人也不是某一实际承运人所具备的，因此，为了确保国际多式联运业务的稳定性，国际多式联运经营人必须与有关的实际承运人、场站经营人签署长期合作协议，以便从这些实际承运人或场站经营人处获得订舱、仓储优先权和享受运杂费优惠。

(4)具备必要的运输设备，尤其是场站设施和短途运输工具。尽管法规上从未要求从事国际多式联运业务的企业必须具有短途运输工具、货运站、仓库等硬件设施，但是为了能在激烈的市场竞争中立足，即使代理型的国际多式联运经营人也要以投资入股、联营、长期租赁等形式获得必要的运输设备。

(5)拥有充足的自有资金。多式联运经营人要完成或组织完成全程运输，并对运输全程的货物灭失、损害和延误运输负责，就必须具有开展业务所需的流动资金和足够的赔偿能力。因此，各国国际货物多式联运经营执照的申请，也要求较高的注册资金门槛。

(6)有符合该规则规定要求的国际多式联运单据。多式联运经营人从发货人或其代理人手中接收货物后，即能够签发自己的多式联运单证，用以证明合同的订立、执行并开始对货物负责任。为了确保该单证的可转让性，多式联运经营人必须在国际运输中具有一定的资信或令人信服的担保。

(7)具备自己所经营的国际多式联运线路的运价表。由于国际多式联运是由国际多式联运经营人以不同运输方式组成综合性和一体化运输，通过一次托运、一张单证、一次计费，由各运输区段的承运人共同完成货物的全程运输。采用单一费率是多式联运的必要条件和特点之一。单一费率计算体由运输成本、经营管理费和利润所构成，而其中的运输成本不仅随着不同的交货条件、运输方式和运输线路而变化，而且在很大程度上取决于市场供需状况以及各区段实际承运人的运费标准。国际多式联运企业应力争制定出自己所经营的路线的运价表并对外公布，以提高其知名度和市场竞争力。

4. 国际多式联运经营人的法律地位

国际多式联运法律关系网中的核心是多式联运经营人与托运人的多式联运合同关系，多式联运合同事主合同，而多式联运经营人与实际承运人、代理人即受雇人间的法律关系是附着在签署的主合同关系之上的，处于从属地位。只有正确区分这些法律关系，才能明确多式联运经营人在国际多式联运中的法律地位(图 8-4)。

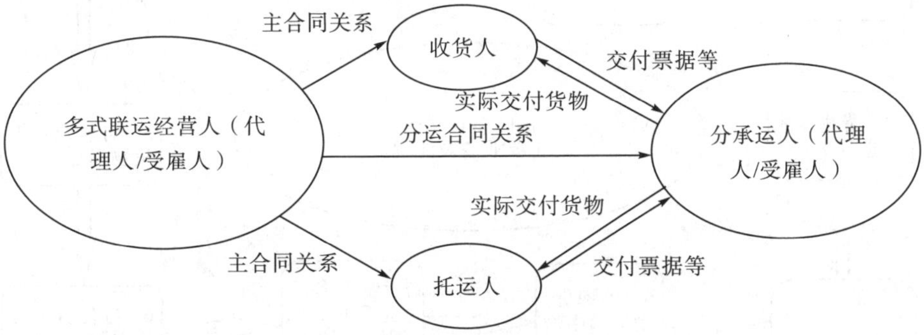

图 8-4　多式联运中的法律关系

(1)多式联运经营人以本人的身份与发货人订立多式联运合同，签发多式联运提单。如果多式联运经营人还以实际承运人的身份参加多式联运全程中某一区段的实际运输，同时兼做区段实际承运人，除了对全程运输负责，还要对实际承运的区段负责。无论多式联运经营人是否实际参加运输，他的地位都是承运人。

(2)多式联运经营人要以本人的身份与承担实际运输区段的承运人订立分运输合同，以完成其他区段的运输。在这些分运输合同中，多式联运经营人所处的地位是发货人或收货人，或者两者皆是，因而处于委托人或货主的法律地位。

(3)多式联运经营人为了履行多式联运合同，完成全程的运输，在各运输方式衔接点要与各类运输合同的运输代理人订立委托代理合同，由代理人也能够完成运输或其他的相关业务。这时多式联运经营人在委托合同中处于委托人的法律地位。

(4)多式联运经营人以本人的名义与国际货物多式联运过程中所涉及的各有关单位订立相应的合同，在签订合同和履行这些合同的过程中，多式联运经营人是代表货方履行义务、承担责任、开展相关业务的。

从以上分析中可以看出，多式联运经营人在全程运输中的不同环节是以不同身份来承担责任、履行义务的。

8.3 国际多式联运业务

国际多式联运与传统的运输方式相比有着众多优势，主要体现在运输组织、业务办理等各方面，本节主要介绍国际多式联运的主要业务流程、国际多式联运单据和国际多式联运合同。

8.3.1 国际多式联运的主要业务及流程

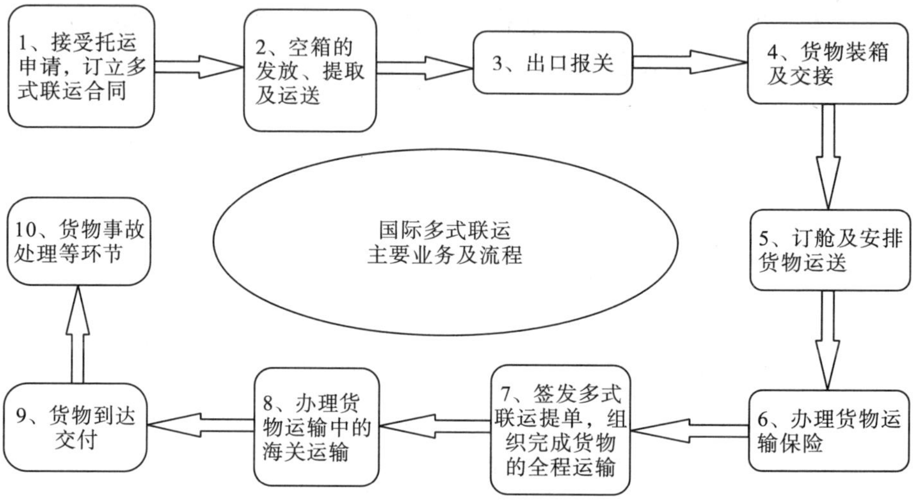

图 8-5 国际多式联运主要业务及流程

国际多式联运的主要业务及流程(图 8-5)般业务程序，主要包括以下环节。

(1)接受托运申请，订立多式联运合同。多式联运经营人在货主提出托运申请后，根据经营的联运线路情况来确定是否接受该托运申请。如果接受申请，则双方协定有关事项，再交给发货人的或其代理人的场站收据(空白)副本上签字或盖章(必须是海关能接受的)，证明接受委托申请，即为双方已经订立多式联运合同并已经开始执行。

(2)空箱的发放、提取及运送。多式联运中使用的集装箱源可以是经营人自己购置使用的、向租箱公司租用的或是由全程运输的某一分运人提供的 3 种，一般是由经营人提供集装箱。如果双方协议由发货人自行装箱，则多式联运经营人应签发提箱单、租箱公司或分运人签发的提箱单交给发货人或其代理人，由他们在规定的时间内到指定的堆场提箱并自行将空箱托运到货物装箱地点，准备装货。如是发货人委托，也可由经营人办理从堆场到装箱地点的空箱托运。如拼箱货，则由多式联运经营人将所用空箱调运到接收货物的集装箱货运站，准备装箱。

(3)出口报关。多式联运都要到相应的货物发送地附近的海关办理报关，出口报关事宜一般由发货人或其代理人办理，也可委托多式联运经营人代为办理。报关时，应提供场站收据、装箱单、出口许可证等有关单据和文件。

(4)货物装箱及交接。如是发货人自装箱，发货人或其代理人提取空箱后组织货物装箱，装箱报关后进行交接，并请海关派人员到装箱地点监装和办理加封事宜。如要理货，还应请理货人员现场理货并与之共同制作装箱单。如是拼箱货，发货人应负责将货物运至指定的集装箱货运站，由货运站按多式联运经营人的指示装箱。

由货主自装箱货物运至双方协议规定的地点，多式联运经营人或其代表在指定地点接收货物。如是拼箱货，多式联运经营人在指定的货运站接收货物。验收货物后，代表联运经营人接收货物的人应在堆场收据正本上签字或盖章并将其交给发货人或其代理人。

(5)(向实际承运人)订舱及安排货物运送。多式联运经营人在合同订立之后，应制订该合同涉及的装箱货物的运输计划。该货物运输计划包括货物的运输路线、区段的划分、各区段实际承运人的选择确定及各区段衔接地点的到达、起讫时间等内容。

(6)办理货物运送保险。在发货人方面，应投保货物运输保险。该保险由发货人自行办理，或由发货人承担费用由经营人作为代理。货物运输可以是全程也可以是分段担保。在多式联运经营人方面，应投保货物责任险和集装箱保险，由经营人或其代理人负责办理保险。

(7)签发多式联运提单，组织完成货物的全程运输。多式联运经营人或其代表收取货物后，经营人应向发货人签发多式联运提单，一般是一式三份，在提单交给发货人前，应注意按双方协定的付费方式、内容、数量向发货人收取全部应付费用。多式联运经营人有完成和组织全程运输的责任和义务。

(8)办理货物运输过程中的海关业务。国际多式联运的全程运输应视为国际货物运输，因此该环节涉及的工作包括货物及集装箱进出口国的通关手续、进口国内陆段保税(海关监管)运输手续及结关等内容。如果陆上运输要通过其他国家海关和内陆运输线路，则还应包括这些海关的通关及保税运输手续。这些涉及海关的手续一般由多式联运经营人的派出机构或其代理人办理，所涉及费用由发货人或收货人承担。货物交付应该在货物交付地附近的海关办理。

(9)货物到达交付。当货物运至目的地后，由目的地代理通知收货人提货。收货人凭多式联运提单收货，经营人或其代理按合同规定收取收货人全部费用，收回提单签发提货单(交货记录)，提货人凭提单到指定地点提取货物。

(10)货物事故处理等环节。如果全程运输中发生了货物灭失、损害和运输延误，无论是否能确定损害发生的区段，发收货人均可向多式联运经营人提出索赔。多式联运经营人根据提单条款及双方协议确定责任并作出赔偿。若确知事故发生区段和实际责任者，可进一步向其索赔。如不能确定事故发生区段，一般按在海运段发生处理。如果已对货物及责任投保，则存在要求保险公司赔偿和向保险公司进一步追索问题。如果受损人和责任人之间不能取得一致，则需在诉讼时效内向仲裁机构请求解决。

8.3.2　国际多式联运单据

国际多式联运经营人在接收所运的货物时，按照《多式联运公约》的规定，在多式联运合同下向发货人签发单据，即为多式联运单据。

多式联运单据是指证明多式联运合同，以及证明多式联运经营人接收货物并负责按照合同条款交付货物的单证。由此可知，多式联运单据并非运输合同，而只是运输合同的证明；另外，多式联运单据是多式联运经营人收到货物的收据和凭其交货的凭证。

多式联运单据在性质上与海运提单有很多相似之处，它的作用主要有以下几方面。

(1)证明运输合同的功能。多式联运单据是多式联运合同的重要组成部分，它是多式联运经营人签发给货主表明运输合用的证明。

(2)证明货物接收的功能。多式联运单据是多式联运经营人接收货物的证明，多式联运经营人向货主签发多式联运单据表明其已经接管货物。

(3)货物交付凭证的功能。多式联运单据是收货人从多式联运经营人处提取货物的凭证。不论多式联运经营人签发的是哪类多式联运单据，收货人或多式联运单据持有人在目的地提货时，必须出具多式联运单据。

(4)可转让多式联运单据具有物权证明的功能。

多式联运单据表面上和联运提单也并不完全一样，联运提单承运人只对自己执行的一段负责，而多式联运承运人对全程负责；联运提单由船舶公司签发，包括海洋运输在内的全程运输，多式联运单据由多式联运承运人签发，也包括全程运输的多种运输方式，但可以不包含海洋运输。

多式联运单据的种类主要可以分为可转让的多式联运单据和不可转让的多式联运单据两种。可转让的多式联运单据又可以分为指示多式交付和向持票人交付两类；不可转让的多式联运单据一般为记名多式联运单据。

多式联运单据反映了运输过程中多式联运经营人、发货人、收货人等当事人的具体权利和义务，不仅作为货物的收据和交货凭证，也能证明货物的情况。它必须包括的内容在《多式联运公约》中有一些明确规定，主要有以下几方面。

(1)由发货人提供的货物的品类、运输标志、危险货物的危险特性声明，包括件数、货物的毛重或其他方式表示的数量。

(2)由承运人标注的货物的外表情况。

(3)多式联运经营人的名称和主要营业场所。

(4)发货人、收货人(必要时包括通知人)名称。

(5)多式联运经营人接管货物的地点和日期。

(6)交付货物的地点。

(7)交付货物的时间、期限。

(8)表示该单据可否转让的声明。

(9)多式联运单据签发的地点和日期。

(10)多式联运经营人或经其授权人的签字。

(11)有关运费支付的说明，包括应有发货人或由收货人支付的运费和币种。

(12)有关运输方式、运输线路、转运地点的说明。

(13)有关声明与保留。

(14)在不违背单据签发地国家法律的前提下，双方同意列入单据的其他事项等。

多式联运提单如表 8-1 所示。

表 8-1　多式联运提单样例

1. Shipper Insert Name，Address and Phone		B/L No.
2. Consignee Insert Name，Address and Phone		中远集装箱运输有限公司 COSCO CONTAINER LINES TLX：33057 COSCO CN FAX：+86(021)6545 8984 ORIGINAL
3. Notify Party Insert Name，Address and Phone（It is agreed that no responsibility shall attsch to the Carrier or his agents for failure to notify）		Port−to−Port or Combined Transport BILL OF LADING RECEIVED in external apparent good order and condition except as other−Wise noted. The total number of packages or unites stuffed in the container，the description of the goods and the weights shown in this Bill of Lading are furnished by the Merchants，and which the carrier has no reasonable means of checking and is not a part of this Bill of Lading contract. The carrier has Issued the number of Bills of Lading stated below，all of this tenor and date，One of the original Bills of Lading must be surrendered and endorsed or signed against the delivery of the shipment and whereupon any other original Bills of Lading shall be void. The Merchants agree to be bound by the terms and conditions of this Bill of Lading as if each had personally signed this Bill of Lading. SEE clause 4 on the back of this Bill of Lading（Terms continued on the back hereof，please read carefully）. * Applicable Only When Document Used as a Combined Transport Bill of Lading.
4. Combined Transport *	5. Combined Transport *	
Pre−carriage by	Place of Receipt	
6. Ocean Vessel Voy. No.	7. Port of Loading	
8. Port of Discharge	9. Combined Transport *	
	Place of Delivery	

Marks & Nos. Container/Seal No.	No. of Containers or Packages	Description of Goods（If Dangerous Goods，See Clause 20）	Gross Weight Kgs	Measurement
		Description of Contents for Shipper's Use Only（Not part of This B/L Contract）		

10. Total Number of containers and/or packages（in words）	
Subject to Clause 7 Limitation	

11. Freight & Charges	Revenue Tons	Rate	Per	Prepaid	Collect
Declared Value Charge					

续表

Ex. Rate:	Prepaid at	Payable at	Place and date of issue
	Total Prepaid	No. of Original B(s)/L	Signed for the Carrier, COSCO CONTAINER LINES
LADEN ON BOARD THE VESSEL			
DATE		BY	

8.3.3 国际多式联运合同

国际多式联运合同是指多式联运经营人负责以两种或两种以上的运输方式将货物从一国境内的货物接收地点运至另一国境的交货地点，并统一收取全程运费的运输合同。

国际多式联运合同的内容一般包含运输货物的状况、运输费率、承运的始发地和目的地、损失赔偿责任划分、赔偿限额、诉讼适用法律、违约金额、仲裁机构(一般为中国海事仲裁委员会)、合同有效期等与普通运输合同相比有着较大的不同，主要有以下特点。

(1)多式联运合同是双方合同，合同双方均负有义务和享有权利，且合同的承运人一般都是两人以上。

(2)多式联运合同是有偿合同。

(3)多式联运合同是不要式的合同。尽管可用多式联运提单证明，但提单不是运输合同，没有具体体现形式。

(4)多式联运合同有约束第三者的性质，收货人不参与合同的订立，但可直接获得合同规定的利益，并自动受合同约束。

(5)多式联运合同有时包括接受委托、提供服务内容，这些内容由双方议定。

一般来讲，国际多式联运合同应具备以下条件。

(1)必须是对货物的运输，而且是国际间的货物运输，即合同的接货地点与交货地点要求在两个不同的国境之中。

(2)在全程运输中要使用两种或两种以上运输方式，而且是这些运输方式的连续运输。

(3)多式联运经营人应具有接收货物、保管货物和完成或组织运输及有关服务的责任。

(4)该合同应是承揽、有偿和非要式的合同。

(5)全程运输过程中分为若干运输区段，但是托运人只需要一次性交费并使用同一凭证。

国际多式联运合同需要经过多式联运经营人与托运人双方平等协商订立，只有双方都表示一致时才能成立，确立双方的民事法律地位。国际多式联运经营人为了揽取货物运输，要对自己的企业、经营业务范围作公开宣传，并通过航线班期公告、运价本、提单条款等形式公开说明。发货人或其代理人要向多式联运经营人提出托运申请，并说明货物的品种、数量、起运地、目的地、运输期限等内容，然后多式联运经营人根据托运人的要求并考虑经营具体情况。来确定是否接受托运。如果接受托运申请，则双方就运费率和支付方式、货物交接方式及时间、集装箱提取地点及时间等事项来进行商定，由多式联运经营人在给交货人的场站收据副本联上签字或盖章，以证明接受委托。此时，国际多式联运合同即告成立，发货人与多式联运经营人的合同关系已确定并开始执行。

8.4　国际多式联运与国际物流

随着经济的发展和社会的进步，全球化的趋势进一步深入，货物的流动早已不仅仅局限于一个国家之内，人们在国际市场上的经济活动越来越频繁、国际间的合作越来越普遍，国际物流即成为国际贸易中一个必然的组成部分。

8.4.1　国际物流概述

国际物流是不同国家之间的物流，是国内物流的延伸和进一步发展，有时也称为国际大流通或大物流。国际物流的实质是按照国际分工原则，依照国际惯例，利用国际化的物流网络、物流设施和物流技术，实现货物在国际间的流动与交换，以促进区域经济的发展和世界资源优化配置。国际物流活动对于一个国家的产品在国际市场上的贸易活动竞争力的提高，有着巨大的促进作用。通过合理地组织国际物流互动，做到高效率、高质量、低成本地满足国际客户对于本国商品的需求，来提高本国商品在国际市场上的竞争力，扩大国际市场份额，同时也可以将国内市场上需求的产品及时、高效地输送进国内，以此来满足国内人民生活、生产建设和国际经济发展的需要。

国际物流有很多自己的特点，主要体现在以下几方面。

(1)国际物流作业环节多、周期长。国际物流活动发生在国与国之间，空间跨度大，货物在途时间长，而且还涉及海关必要手续，货物途中换装等作业。以上所列因素都会使得国际物流中的如运输、储存保管、包装、装卸、流通加工等环节变得更加复杂，整个业务流程的完成周期也将变长。

(2)国际物流环境复杂，差异性大。由于各国间存在着差异性，各国的物流企业对于物流活动规则、物流技术和标准以及法律法规的差异，使得物流过程中的管制、查验以及相关手续复杂性迅速增加，国际上的物流业务所涉及的单证繁多而复杂。

(3)国际物流经营风险性高。国际物流由于跨国运作、作业环节复杂并且完成周期很长，使其作业完成过程中的不确定因素增加，经营风险大大增加。

(4)国际物流的标准化要求高。各国间的物流系统能够实现顺畅地连通，组建起完善的国际物流体系，首先就要建立国际物流标准体系来统一各国间通用的物流标准，否则就会造成国际物流资源的浪费和成本的增加，也难以发挥出国际物流的高效率、低成本优势。

(5)国际物流要有国际化信息系统支持。国际物流的复杂性、周期长的特点，决定了整个作业过程中的信息大量性、复杂性和多样性，这对于信息的传递要求将会很高。

国际物流系统是一个复杂的大系统，主要包括商品的运输、储存、包装、装卸与搬运、流通加工、检验、通关以及国际物流信息等八大子系统，见图 8-6。其中，运输和储存两个子系统是物流系统的两大支柱，国际物流主要是通过这两个子系统实现自身的空间效益和时间效益，以满足国际贸易活动和跨国公司经营的要求。

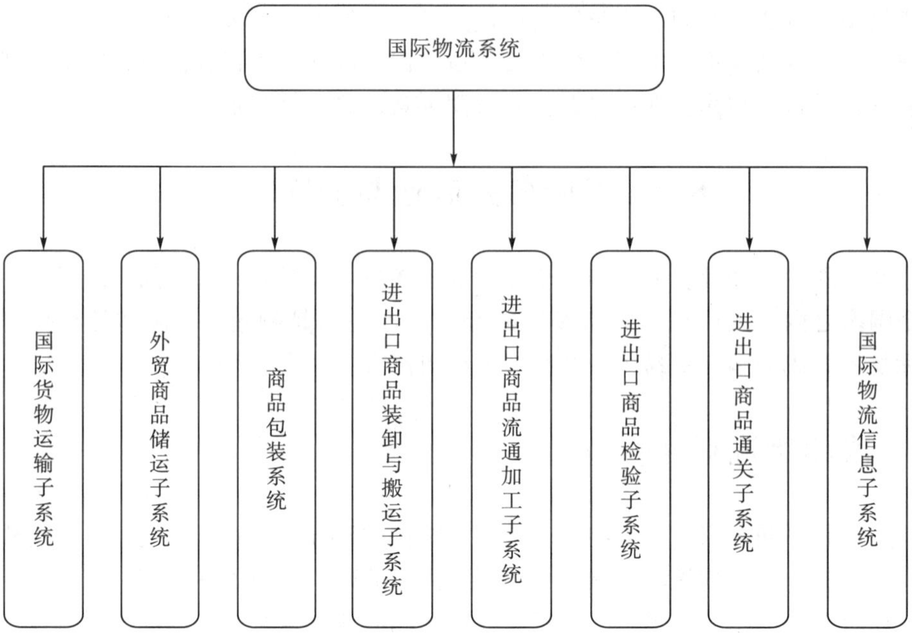

图 8-6 国际物流系统组成

8.4.2 国际物流与国际多式联运的联系

随着世界经济一体化和国际分工进程的加快，国际物流业获得了突飞猛进的发展，国际物流在国际经济中处于举足轻重的地位。而现代物流技术作为一种实现经济高速运行、融高新技术于一体的先进管理技术与组织方式，以最低的费用和最少的资金占用，安全、准时、高质量地为用户提供多功能、一体化的综合服务，在全世界范围内受到了广泛的关注。

国际多式联运作为一种十分具有竞争优势的运输方式，力争给货主提供优质、简便、价格低廉的运输服务，在国际贸易中逐渐显现出其优越性，也促进了国际物流业更加迅速地向前发展。同样，国际物流的先进技术和科学的管理模式也会在对国际多式联运的运输组织过程起到越来越重要的作用。二者在优化物流活动的目标上是一致的，它们相互包含、相互联系也相互影响。

(1)国际多式联运是构建现代物流网络系统的基础，是国际物流的有机组成部分，是实现国际物流现代化的重要基础。整个现代物流活动是由包装、装卸、保管、库存管理、流通加工、运输和配送等活动组成的，其中运输是物流活动的主要部分，是现代物流的核心环节。不论企业的输入物流还是输出物流，或是流通领域的销售物流，都需要依靠运输来实现商品的空间转移。通过国际多式联运，国际物流体系高效运作，减少了中途作业环节，降低了整个运输过程的运输成本，从而也实现了整个物流过程物流成本的降低，货物的集散空间成本和风险降低，效益大幅度增加，经营范围扩大。所以以国际多式联运为基础来开展国际物流活动可以优化运输过程中各种运输方式的组合，实现运输过程中各种运输方式的顺畅衔接，也可节省更多途中时间，合理控制物流总成本和提高整个系统的作业效率，并且可有效利用信息化来促进国际物流网络体系的运作。

(2)在硬件的要求上，国际物流体系和国际多式联运的目标是一致的，二者都要求能够用完善的运输网络、设施，需要多种运输方式配合来实现商品的位移，需要有配套的仓储条件、商品检验、信息系统的支持来实现货物的通常流通。例如，在国际多式联运中，集装箱是被普遍采用的运输单元，这在物流体系中也是得到广泛提倡和应用的。国际物流体系的高标准化要求对于促进多式联运的开展是极其有利的，特别是运输工具的规格和标准方面实现统一，可以减少很多不必要的作业环节。其中一些法律法规方面的协调，国际标准运输体系和国际物流信息化平台的建立，都会产生国际多式联运的运输组织过程进一步优化，提高运输效率。

(3)国际物流服务水平也受到国际多式联运因素的影响。根据物流及运输的特点，为实现良好的物流服务，由国际多式联运所组成的运输环节作为物流服务的有机组成部分，必须满足以下要求：运输时间、运输频率、运输安全、运输可靠性、运输可获得性、运输网络及运输方式衔接的便利性，信息的及时性与准确性等。以上这些运输环节的每个因素都将影响整个物流服务的水平和质量，必须努力完善每个因素来保证整个物流过程的高质量。

(4)国际物流管理技术可以指导国际多式联运的管理。国际物流作为一个十分复杂的大系统，其管理理念和先进技术发展成熟，为实现这些物流提供运输服务的中介行业也逐渐形成了自己的行业体系。国际物流管理逐渐实现专业化、社会化，物流企业则通过业务电子化和网络化为更多企业的生产和销售活动提供运输服务。而国际多式联运作为国际物流复杂系统中的运输子系统，也有多种运输方式相互衔接，很多国际物流中的成熟管理技术可以应用到多式联运的组织过程中，特别是信息技术可以在多式联运过程中发挥巨大效应。因此，国际多式联运可以利用国际物流体系中的标准化和信息技术平台，来为自己的发展提供有利条件。

可以看出，国际多式联运作为国际运输中发挥重要作用的运输组织形式，对国际物流的发展有着重要的影响。当前国际物流呈现出新趋势、新特点，世界各国越来越重视物流对本国经济的发展、人民生活水平的提高和国际竞争力的影响。在全球经济一体化的进程逐步加快的情况下，资源在全球范围内的流动和配置日益加强，国际物流向着系统更加集成化、物流管理更加网络化、国际物流标准更加统一化和专业化的第三方物流发展。在这种条件下，国际多式联运业务也要紧紧跟上发展的步伐，才能满足国际物流发展的需要。

为了符合国际物流的各方面发展趋势，国际多式联运也应强化系统内的作业的措施，以提高国际多式联运服务质量，主要措施如下。

(1)加快集装箱装运站等基础设施的建设。集装箱是国际多式联运的基本运输单元，而集装箱装运站是开展国际多式联运的重要基础设施。国际多式联运主要通过运输网络的整体协作达到货物运输的通畅、快捷和便利。而不同运输方式的交接点效率的高低也就成为整个运输网络效率高低的关键。因而不仅需要建立和完善集装箱货运站网络，而且要有科学的管理、专业的人员和配套的机械，这样才能实现国际多式联运办理作业过程的短时间、高效率、低成本，以促进国际物流向系统集成化的目标发展。

(2)加快国际多式联运通信技术的发展，提高多式联运信息化的程度。国际多式联运系统涉及多种运输方式及众多的经营者、管理者和消费者，通过借助信息电子手段用于交换信息，缔结合同和跟踪途中的货物，可以降低作业过程的成本，提高信息交换速度，确保信息、作业更加准确。所以在用户需求快速变化及各种技术不断进步的情况下，必须建立一个多式联运信息化管理平台，这对于实现物流管理网络化，使信息的传递更加方便、快捷、准确，加强整个物流系统的信息连接非常重要，其国际物流覆盖面不断扩大，规模经济效益更加明显。

(3)建立国际多式联运统一化标准。国际多式联运涉及跨国运输，由于存在着各国之间运输工具的差异性、对于运输方面的法律规章的差异性以及运输技术标准的差异性，使得多式联运系统内部各环节的衔接不能顺畅。如果能够以整个系统为出发点，建立起符合各个国家的运输规则的技术标准，减少途中的换装等冗余作业，迅速处理运输中所遇到的纠纷，可以大大提高运输效率，减少中间作业成本。这样的国际多式联运标准体系的建立，从一定程度上也促进了国际物流标准体系的建立，减少了整体物流系统成本，促进了国际物流体系的建立，实现了国际物流的标准统一化目标。

(4)完善国际多式联运法律体系。建立国际间能够通过的法律体系，以管理规范国际多式联运中的各项活动，用法律来协调各部门、各地区间的差异，来给多式联运的顺利进行提供坚强保障。

(5)国际多式联运业务向国际物流系统中的其他子系统进行扩展，实现整个系统的协调运行。以国际多式联运业务为经营中心的企业可以逐步涉及国际物流体系中的其他业务，建立扩展到以国际物流为经营中心的企业，以便实现在国际物流体系内各环节间的良好衔接，减少中间业务衔接的阻碍。从整体上更加优化的规划各业务分工与配合，实现系统的整体最大效益，以便实现国际物流体系的网络化、专业化目标。

【案例 8-1】

原告：A，住所地为匈牙利布达佩斯。

被告：B，住所地为香港。

被告：C，住所地为香港。

原告 A 作为买方与 D 签订了一份售货确认书，购买了一批货物，D 以托运人身份将货物装集装箱交由 B 承运。B 加封铅，并签发一式三份正本全程多式联运提单，并盖了章。该份清洁记名提单载明：收货地厦门，装货港香港，卸货港布达佩斯，收货人为 A。提单正面管辖权条款载明：提单项下的纠纷应适用香港法律并由香港法院裁决。提单背面条款载明：应适用《海牙规则》及《海牙－维斯比规则》处理纠纷。货抵香港后，B 将其转至 C 承运。C 在香港的代理新兴行船务公司签发了提单并加箱封。B 收执的提单上载明副本不得流转，并载明装货港香港，目的港科波尔，最后目的地布达佩斯；托运人为 B，收货人为 B 签发的正本提单持有人及本份正本提单持有人，通知人为本案原告 A，并注明该箱从厦门运至布达佩斯，中途经香港。之后，C 另一代理人李某传真 A，告知集装箱预计于 6 日后抵达科波尔港，用铁路运至马哈特。C 将集装箱运抵科波尔后，铁路运输公司出具运单，载明箱号、铅封号以及集装箱货物与 C 代理新兴行船务公司出具给 B 的提单内容相同。之后，李某依照原告 A 的指示，将箱经铁路运至马哈特集装箱终点站。4 月 15 日，A 向李某提交 B 签发的一份正本提单并在背面盖章。6 月 6 日，A 提货时打开箱子发现是空的。同日，铁路公司布达佩斯港口出具证明，集装箱封铅及门锁在 4 月 15 日箱抵达布达佩斯时已被替换。

11 月 28 日，A 第一次传真李某索赔灭失的货物。来年 1 月 2 日，李某复函称，已接马哈特集装箱终点站通知货物被盗之事。在此之前，C 两家代理李某和香港新兴行船务公司来往函电中也明确货物被盗，并函复 B 厦门办事处及托运人 D。后虽经 A 多次催讨，三方协商未果。

4 月 10 日，原告 A 向厦门海事法院起诉。被告 B 未在答辩期内予以答辩，在庭审时提出管辖权异议和答辩理由，被告 C 在答辩期内也未答辩，庭审时才进行了辩称。

分析

(1)分析多式联运经营人与区段承运人的责任分担形式。

(2)分析收货人提起索赔的诉讼时效。

(3)关于本案的管辖权异议。

【案例 8-2】

2001 年 11 月 18 日，华映公司与特灵台湾公司签订了进口 3 套冷水机组的贸易合同，交货方式为 FOB 美国西海岸，目的地为吴江。2001 年 12 月 24 日，买方华映公司就运输的冷水机组向人保吴江公司投保一切险，保险责任期间为仓至仓条款。同年 12 月 27 日，原告东方海外公司从美国西雅图港以国际多式联运方式运输了装载于 3 个集装箱的冷水机组经上海到吴江。原告签发了空白指示提单，发货人为特灵台湾公司，收货人为华映公司。

货物到达上海港后，2002 年 1 月 11 日，原告与被告中外运江苏公司约定，原告支付被告陆路直通运费、短驳运费和开道车费用等共计 9415 元，将提单下的货物交由被告陆路运输至目的地吴江。事实上，被告并没有亲自运输，而由吴淞公司实际运输，被告向吴淞公司汇付了 8900 元运费。2002 年 1 月 21 日货到目的地后，收货人发现两个集装箱破损，货物严重损坏。收货人依据货物保险合同向人保吴江公司索赔，保险公司赔付后取得代位求偿权，向原告进行追偿。原告与保险公司达成了和解协议，已向保险公司作出 11 万美元的赔偿。之后，原告根据货物在上海港卸船时的理货单记载“集装箱和货物完好”，以及集装箱发放/设备交接单(出场联和进场联)对比显示的“集装箱出堆场完好，运达目的地破损”，认为被告在陆路运输中存在过错，要求被告支付其偿付给保险公司的 11 万美元及利息损失。

分析

(1)原被告之间是陆路运输合同关系还是货运代理合同关系?

(2)货物损失是否发生在陆路运输区段?被告是否应承担货损责任?

8.5　本章小结

本章首先系统分析了国际多式联运的概念、特征、基本条件等，介绍了国际多式联运发展现状以及主要的航线，国际多式联运公约总则主要内容；探讨了国际多式联运开展的基本条件，重点阐述了国际多式联运经营人的定义、类型、基本条件和法律地位；多式联运业务部分从主要业务流程、单据性质和内容、合同的订立等方面比较了国际多式联运业务和一般联合运输、一般国际运输的差异，并进一步探讨了国际多式联运和国际物流。

本章主要包含以下要点。

(1)国际多式联运发展的主要要素包括货物流通过程的变化、货物运输方式的变化、货物贸易结构的变化和经营方式的变化3种。

(2)国际多式联运的主要特征和优点。

(3)开展国际多式联运的基本条件。

(4)多式联运经营人必须具备的主要条件：取得从事国际多式联运的资格；具备国际多式联运线路以及相应的经营网络；与自己经营的国际多式联运线路有关的实际承运人、场站经营人之间存在长期的合作协议；具备必要的运输设备，尤其是场站设施和短途运输工具；拥有充足的自有资金；具备自己所经营的国际多式联运线路的运价表；有符合该规则规定要求的国际多式联运单据。其分类主要有船舶运输为主的国际多式联运经营人和无船国际多式联运经营人两大类，其中无船国际多式联运经营人又可分为代理人型、承运人型和场站经营人型3种。

(5)国际多式联运的一般业务程序：接受托运申请，订立多式联运合同；空箱的发放、提取及运送；出口报关；货物装箱及交接；订舱及安排货物运送；办理货物运送保险；签发多式联运提单，组织完成货物的全程运输；办理货物运输过程中的海关业务；货物到达交付；货物事故处理等环节。

(6)多式联运的单据作用主要有：证明运输合同的功能；证明货物接收的功能；货物交付凭证的功能；可转让多式联运单据具有物权证明的功能。

(7)多式联运合同的特点和具备条件。

(8)国际物流特点及系统组成，强调国际多式联运和国际物流的关系：国际物流管理技术可以指导国际多式联运的管理；在硬件要求上，国际物流体系和国际多式联运的目标是一致的；现代物流服务水平也受到国际多式联运因素的影响；国际多式联运是构建现代物流网络系统的基础，是国际物流的有机组成部分。

思考题

1. 简述国际多式联运的特征。
2. 国际多式联运需要具备哪些基本条件？结合实例进行分析。
3. 简述多式联运经营人需要具备的条件。
4. 简述多式联运的主要业务流程。
5. 简述国际多式联运与一般国际运输、一般联合运输的异同点。
6. 简述国际多式联运和国际物流的关系。

主要参考文献

陈艳. 2007. 国际物流与货运［M］. 北京：中国铁道出版社，经济科学出版社.

程铁. 2005. 现代物流与国际多式联运之关联研究［J］. 天津航海，(2)：26-28.

江静. 2006. 国际集装箱运输与多式联运［M］. 北京：中国商务出版社.

李勤昌. 2008. 国际货物运输实务［M］. 北京：清华大学出版社.

王晓东，赵忠秀. 2008. 国际物流与商务［M］. 北京：清华大学出版社.

王燕，张艳奎. 2005. 现代物流与国际多式联运的关系［J］. 集装箱化，(1)：23－25.

杨志刚，王立坤，周鑫. 2008. 国际集装箱多式联运实务与法规［M］. 北京：化学工业出版社.

曾露玲. 2005. 现代物流与国际多式联运的关系［J］. 物流科技，(113)：18－19.

中国国际货运代理协会. 2005. 国际多式联运与现代物流理论与实务［M］. 北京：中国商务出版社.

周江雄，庞燕. 2006. 国际货物运输与保险［M］. 北京：国防科技大学出版社.

http：//wiki. mbalib. com/

第9章 运输费用

运输中的有关各方不仅需要进行业务上的往来，同时必须进行财务上的往来，以便结清货主、船公司、海关、港口、外轮代理公司和货运代理等之间各方面的经济财务账，保证各项费用及时划到各方账上，使运输生产得以顺利进行。运输费用的计算和核收工作是运输商务工作的一项重要内容，本章将在介绍运价的特点、功能、种类、形式和制定方法的基础上，论述铁路、公路、水路、航空运输方式运价的种类和运输费用的具体构成，并重点阐明各种运输方式货物运输费用的计算方法。此外，本章各节引入了一些案例，以便读者结合案例更好地学习本章的内容。

9.1 运价的基本原理

9.1.1 运价的特点

运输业是独立的物质生产部门之一，但它不生产有形产品，其生产活动只是使旅客或货物发生空间位移，生产过程与消费过程是同一过程。运输业有自己的产品，也创造价值。运输产品的社会劳动消耗量或社会生产费用构成了运输产品的价值，简称运输价值。

1. 运价与运费的含义

运价就是运输价值的货币体现，表现为运输单位产品的价格。各种运输方式都有其特定的运价。

运费是指支付货运或全部或部分使用船只、火车、飞机或其他类似运输手段的费用。

2. 运价的特点

运输业产品价值的构成和实现与工农业生产相比有以下几个特点：①运输业的产品不具有实物形态，只是货物和人在空间位置上的转移，构成运输产品价值(运输价值)的材料，不是用于制造产品本身，而是用于设备的维修和养护；②运输生产的特点决定了对运输设备的投资比较大，固定资产耗损的价值补偿对运输价值影响较大；③运输产品的生产过程同时也是消费过程，运输价值的创造过程也就是运输价值的实现过程。

相应地，运价也表现出以下几个特点。

(1)按距离计算价格。货物运输产品的计量单位是吨·公里或吨·海里，其价格构成中也包含距离这个因素。运价以每吨·公里(吨·海里)若干元表示，同种货物的每吨公里或吨·海里的运价因不同的运输距离而有所差别，甚至差别显著。运价的这种特性通常用不同的运价率表示。

一般来说，运价率随运距延长而不断降低，在近距离降低得很快，远距离降低得慢，超过一定距离就不再降低，这是由运输成本递远递减的趋势所决定的。但在差别运价率的制定中，递远递减的程度、递远递减的终止里程，除了根据所不同运距的运输成本外，还要考虑国家的运价政策、市场的竞争战略，促进对外贸易的发展和运输生产力的扩大。此外，运价率的变化因运输方式的不同而不同。通常，铁路、水运的运价率变化明显，汽车运输的运价率变化较小。

(2)只有销售价格一种形式。这是由运输的生产过程同时又是销售过程这一特点所决定的。工业产品有出厂价格和销售价格之分；农业产品有收购价格和销售价格之分；商品在不同的流通环节有批发价格与零售价格；而运价只有销售价格一种，没有其他价格形式。

虽然运价只有销售价格一种形式，但它是形成商品各种价格形式的重要因素。这是因为产品的运输费用将追加到成本中，所有商品经过运输以后，运费必须在商品销售时收回。可见，运价直接参与商品价格的构成。

(3)随所运货物种类及所选择的运输方式的不同而变化。首先，运输对象繁多的种类决定了运价的种类也是繁多的。其次，各种运输方式都有自己特定的运价，即运输方式不同，运价也不同。运输方式是一个广义的概念，既有因采用不同的运输工具而体现的区别，又有因运送周期、批量，甚至运价条款所反映的不同方式。

9.1.2　运价的结构和种类

1. 运价的结构

运价结构是指运价体系各部分构成及其相互关系，主要可以分为以下两种形式。

1)按距离别的差别运价结构(里程运价结构)

运输费用是随着运输距离的延长而增加的，按距离远近制定运价是最简单也是最基本的运价结构形式。但实际中并不是完全按距离远近成正比例地制定运价的，绝大多数距离运价是按递远递减原则制定的，即运价随着距离增加而增加，但不如距离增加得快。换言之，虽然运价总额长距离比短距离多，但每千米运价则是短距离时较高而长距离时较低，这是因为运输成本的变化是递远递减的，即单位运输成本是随着运输距离的延长而逐渐降低的。运输支出按 3 项作业过程可分为发到作业支出、与运行作业有关的支出和中转作业支出，运输距离增加，虽然运输总支出会随之增加，但是其中成比例增加的只是与运行作业有关的支出和中转作业支出，而始发和终到作业支出是不变的。因此，运输距离长时，分摊到单位运输成本中的始发和终到作业费用较少，因而运输成本低。相反，如果运输距离短，分摊到单位运输成本中的始发和终到作业费用较多，成本就高。运输成本结构的这种变化是实行递远递减运价的基础。

按运输距离别制定的差别运价、衡量单位运价水平的运价率与运输距离的关系主要有以下 4 种情况。

(1)运价率的递远递减变化与运输成本的变化上基本一致。

(2)运价率在一定距离范围内递远递减，超出该范围后运价率就保持不变。这有时候是为了计算运费的简便，而且运输成本的递远递减在一定距离以上也已经不明显。

(3)运价率在一定距离范围内先递远递减，超出该范围后运价率反而递增。这种运价结构可能是为了限制某种过远的运输。

(4)运价率始终保持一定水平，不随运输距离的变动而变化，这也被称为纯里程运价。

总运价是根据运价率和运价距离共同确定的，有些运价的计算还要加上另外的发到作业费用。

国外的距离运价结构中还有成组运价结构和基点运价结构。成组运价结构是将某一区域内的所有发送站或到达站集合成组，所有在一个组内的各点都适用同一运价，也称为区域共同运价。基点运价是把某一到达站作为基点，并制定基点运价，运费总额是从发站到基点的运费加上从基点到终点站的运费。这两种运价结构显然也是以距离运价为基础的。

2)按货种别(或客运类别)差别运价结构

按货种别的差别运价结构是指不同的货物适用不同的运价。实行按货种别的差别运价的依据在于各种货物的运输价值或运输成本客观上存在差异，同时按照运价政策和运输供求的需要，个别货物的运价和运输价值可以有不同程度的背离。

影响各种货物运输成本的主要因素如下。

(1)由于各种货物的性质和状态不同，需要使用不同类型的车辆或货舱装载，如散堆装货物需要使用敞车或砂石车，贵重品、怕湿货物和危险品需要使用棚车，石油、液体货物需要使用罐车，易腐货物需要使用冷藏车，某些货物还需要使用专用车。而各种车辆的自重、造价、修理费和折旧费不同，车辆的代用程度也不同，从而对运输成本有不同的影响。

(2)各种货物的比重和包装状态不同，对货车载重力的利用程度也不同。重质货物在整车运送时可达到货物标记载重量；而轻质货物单位体积的重量低，占有车辆容积大，不能充分利用车辆载重力，而且同种轻质货物对车辆载重力的利用程度不同，还因包装状态和包装方法的不同而有所差别。因此，完成同样周转量的不同货物所占用的运输能力和所花费的支出可能是不同的。

(3)由于货物性质和所使用的车辆类型不同，装卸作业的难易程度也不同。车辆停留时间长短不一，货流的集中程度对运输成本也有影响，例如煤炭、矿砂、砂石等大宗货物，发送和到达比较集中，便于组织运输。有些货物则不仅需要使用特殊的车辆，而且需要提供特殊的设施，这些都会使运输成本提高。

(4)各种货物的产销地理分布状况决定了其运输距离是不同的，而不同运输距离的货物其运输成本是有差别的。

因此，在制定运价时要根据不同类别的货物制定相应的运价。按货种别的差别运价是通过货物分类和确定级差来体现的。在我国现行运价制度中，铁路采用分号制，水运和公路采用分级制，即将货物运价分成若干号或若干级别，每个运价号或级别都规定一个基本运价率，各种货物根据其运输成本和国家政策的要求，分别纳入合适的运价号或运价级别中。

在旅客运输中，同一种运输方式下不同客运类别所需要的设备、设施、占用的运输能力及消耗的运输成本也是有很大差别的，例如，客船上的一等舱、二等舱与四等舱、五等舱之间，飞机上的头等舱与经济舱之间，火车上的软卧包厢与硬座车厢之间，就有很大差别。客运运价也应该根据客运类别的不同而采用差别运价。

2. 运价的种类

按照不同的标准，运价有以下几种分类方法。

(1)根据运输对象的不同，运价可以分为客运运价(或票价)、货物运价和行李包裹运价。

(2)根据运输方式的不同，运价可以分为铁路运价、公路运价、水运运价(包括长江运价、地方内河运价、沿海海运运价和远洋运价)、航空运价以及当货物或旅客运输是由几种运输方式联合完成时在各种运输方式运价基础上形成的联运运价。

(3)根据运价适用的地区不同，运价可以分为适用于国际运输线路、航线的国际运价，适用于国内旅客和货物运输的国内运价和适用于某一地区的地方运价。

(4)根据运价适用的范围不同，运价可以分为普通运价、特定运价和优待运价。普通运价是运价的基本形式，如铁路有适用于全国正式营业线路的全国统一运价，其他运输方式也有普通运价这种形式。特定运价是普通运价的补充形式，适用于一定的货物、一定的车型、一定的地区、一定的线路和航线等。优待运价属于优待减价性质，例如，客票中有减价的儿童票、学生票，也有季节性的优惠票。货运优待运价适用于某些部门或专门用途的货物以及回空方向运输的货物等。

(5)按货物运载方式和要求的目的不同，运价可以分为整车运价、零担运价和集装箱运价。整车运价适用于一批重量、体积或形状需要以一辆货车或卡车装载，按整车托运的货物，通常有两种计费形式，一种是按吨计费，另一种是按车计费，大多数国家采用按吨计费。零担运价适用于每批不够整车运输条件而按零担托运的货物，也是铁路和公路运输中普遍采用的运价形式。一般来说，由于零担货物批量小、到站分散、货物种类繁多，在运输过程中需要比整车货物花费较多的支出，所以同一品名货物的零担运价要比整车运价高很多。集装箱运价适用于适用集装箱运送的货物。目前我国集装箱运输发展很快，各种运输方式对于集装箱运价都有不同的规定。集装箱运价一般有两种形式：一种是单独制定的集装箱运价，另一种是以整车或零担为基础计算的。一般来说，集装箱运价按低于零担运价、高于整车运价的原则制定。

(6)按运输距离远近的不同，运价可以分为长途运价和短途运价。

(7)依据运输特点和条件的不同，运价还可分为联运运价、专程运价、特种货物运价以及区域运价等。

9.1.3　运价的形式

1. 铁路运价的形式

(1)统一运价，这是铁路运价的主要形式，适用于全国各个地区，实行按距离别、货种别的差别运价。

(2)特定运价，除上述统一运价外，根据运价政策按特定运输条件办理，或在特定的地区、线路运输的货物规定特定运价，对于需要提高服务水平和改善服务质量的列车，如客运空调列车、快运货物列车等实行优质优价。特定运价一般按普通运价减成或加成计算，也可另定，它是统一运价的补充，可以因时因地因货制定。

(3)浮动运价，对于在不同季节忙闲不均的线路，在不同的季节可实行不同的运价。

(4)地方铁路运价，为了提高地方修建铁路的积极性，允许地方铁路采用单独的运价。

(5)新路新价，对于新建的铁路或进行复线或电气化改造的铁路，可实行新路新价，其运价水平一般高于统一运价。

(6)合同运价，合同运价也称为协议运价，其运价水平由货主和承运人根据运输市场供求关系及各自的利益协商协定，国外运输企业多采取这种运价形式。

2. 公路运价形式

(1)计程运价，又按整车运输和零担运输分别计算。整车运输以吨·公里、零担运输以千克·千米为单位计价。

(2)计时运价，以吨·时为单位计价，适用于特大型汽车或挂车以及计时包车运输的货物。

(3)长途运价，适用于长途运输的货物，实行递远递减的运价结构。

(4)短途运价，适用于短途运输的货物，按递近递增原则采取里程分段或基本运价加吨次费的方法计算。

(5)加成运价，对于一些专项物资、非营运线路单程运输的货物、特殊条件下运输的货物、特种货物等可实行加成运价。

3. 水路运价形式

(1)里程运价，又称航区运价，是据同一航区各港间不同货种、不同运距而规定的差别运价。

(2)航线运价，适用于某两个港口之间的直达货物运价。

(3)联运运价，适用于水陆联运、水水联运等的货物运价，一般分别按铁路、公路和水路各区段的运价以统一规定的减免率进行计价。

国际水路运价有以下几种形式。

(1)班轮运价。远洋运输的班轮采取级差运价和航线运价相结合的运价。班轮运输是按照班轮公司或班轮公会制定并事先公布的运价和计费规则计算费用的。

(2)航次租船运价。航次租船运输是按照船舶所有人和承租人之间在租船合同中约定的运价和装运货物数量计算运费的，有时也以一个运费总额包干。航次租船运价取决于租船市场的供求关系，其升降幅度受货物对运费的负担能力和运输成本的限制。

(3)国际油船运价。在油船航次合同中，运价通常都是以船舶所有人和承租人同意的，由某一国际航运组织或经纪人组织制定的油船费率表所规定的费率为基准，并按租船市场行情确定增减的比例。

4. 航空运价形式

航空货物运价分为国内和国际货物运价，国际货物运价又分为普通货物运价、特种货物运价、专门货物运价、集装箱运价等几种形式。

5. 地铁常见定价形式

作为一种城市公共交通设施，轨道交通本身具有外部性的特点，也就是说，它不能按照赢利性市场的产品进行定价，其产品在定价时必须站在社会的角度，考虑社会效益的最大化。政府对公共产品的价格管制使企业无法以企业利润最大化作为定价方法，只能选择以下几种定价方式。

(1)运输成本加平均利润。票价以运输成本为基础，再考虑运输市场平均赢利水平来制定。其出发点是能保证赢利，缺点是当运输成本不合理时，会导致票价背离客运服务的价值。

(2)低票价加政府补贴。票价以较低水平来制定，以吸引客流转向有利于节约能源、保护环境、减轻道路拥挤和减少事故的轨道交通系统。政府则对轨道交通运营的亏损进行财政补贴。

(3)福利票价。票价以较低水平来制定，或对退休人员、残疾人员和学生等予以票价减免，一般在比较强调社会福利的情况下使用。轨道交通运营企业的亏损由政府财政补贴。

9.1.4　运价制定方法

运输业是国民经济的基础产业，运输价格的制定一般受国家宏观运价政策的指导和监控。随着我国经济体制改革的不断深化，运输市场竞争机制已经基本形成，运价的形成机制得到了进一步理顺与调整，政府放松了对运价的管制，由对运价的直接管理变为依靠经济和法律手段实现对运价的宏观监控，运价形式正向多元化、多层次化方向发展。例如，道路运输价格分为政府定价、政府指导价和经营者定价 3 种价格形式，除少数情况外，多数企业已完全拥有定价权，价格变化比较灵活，可随市场变化情况变动。

运价的制定必须是在价格理论的基础上，根据运输市场的供需状况和主客观条件因地制宜，灵活决策。通常采用的定价方法概括起来可分成三大类，即成本定向型定价方法、需求定向型定价方法和竞争定向型定价方法。

1. 成本定向型定价方法

成本定向型定价方法是根据成本定价原理进行定价的，也称为成本加成定价方法，其基本模型是

$$\text{运价}=\text{单位成本}+\text{加成额} \tag{9-1}$$

式中，单位成本既包括平均变动成本，也包括分摊的固定成本；加成额主要是利润，还包括税金等。加成部分既可以用绝对数直接加到价格上，也可以按一定的相对数(百分率)计入运价。这种方法首先要计算出运输总成本及总运量，求出单位运输成本后，再加上一定比例的利润和税金，就得出单位运输价格——运价，可用公式表示为

$$P = \frac{AC(1+i)}{1-r} \tag{9-2}$$

式中，P，为单位运输价格；AC 为单位运输成本；i 为成本利润率；r 为税率。

这种定价方法是目前最流行的定价方法之一，它具有以下优点。

(1)能保证企业补偿全部费用，收回投资，取得合理利润，完全符合企业定价的目标，从而保证了定价的科学性。

(2)计算简便，误差较小。

(3)货主和承运人都认为较公平。

(4)若各个企业都采用这种定价方法，则竞争是公平的。

由于这种定价方法只按成本定价，可能不符合市场的实际情况，而且计算成本的基本数据只能是过去的统计数据，难以反映出未来的成本状况，从而使成本定向型定价方法的应用有一定的局限性。

2. 需求定向型定价方法

需求定向型定价方法是根据负担能力定价原理和运输价格原理进行定价的，主要是从需求者的角度对运输服务质量(安全、速度等)的要求，考虑货物对运价的承受能力进行定价。这种定价方法的基本模型是

$$运价=货物价值\times承受能力系数 \tag{9-3}$$

式中，货物价值是指投入运输的单位货物(通常以重量吨或容积吨计算)的市场价格；承受能力系数通常根据市场调查或经验确定。一般来说，商品价值较高的贵重货物具有较大的承受能力，运价可以定得高一些；商品价值较低的大宗货物对运价承受能力较低，运价不能定得过高。

运输企业在进行货源调查的同时，应注意调查货主对运价水平的反映及各种货物对运价的承受力，注意收集货主对货物销售价格与货物价值之间关系的反映，从而准确把握货主对运价的负担能力和所承认的运输价值。这种定价方法被认为是成本定向型定价的补充。

3. 竞争定向型定价方法

竞争定向型定价方法是以对付竞争对手、确保市场占有率为目的或者为了渗入市场而针对市场的形势进行定价的。

由于运输市场竞争的激烈性，在定价决策时，不能只从企业利益、货主的承受能力方面考虑，还要考虑市场供求状态和竞争对手的运价水平。在运用竞争定向型定价方法时，可以根据企业的内部条件与外部环境、企业与货主的关系、企业的长期目标与短期目标等具体情况决定选择下列 3 种情况。

(1)运价与竞争对手的运价水平完全一致。

(2)运价比竞争对手的运价水平略高。

(3)运价低于竞争对手的运价水平。

【案例 9-1】 春秋航空有限公司(以下简称春秋航空)是首个中国民营资本独资经营的低成本航空公司(廉价航空公司)。春秋航空经中国民用航空总局批准成立于 2004 年 5 月 26 日，由春秋旅行社创办，注册资本 1 亿元人民币，经营国内航空客货运输业务和旅游客运包机运输业务，2005 年 7 月 18 日开航。春秋航空的目标是要做以商务旅客为主的

低成本航空公司。春秋航空是国内唯一不参加中国民航联网销售系统(CRS)的航空公司。2006 年，春秋航空的平均票价比市场上平均价格低约 36%，并在安全运行第一周年即实现赢利。春秋航空平均上座率达到 95.4%，成为国内民航最高客座率的航空公司。

春秋航空是中国第一家真正意义上的低成本航空公司，奉行“省之于旅客，让利于旅客”的经营理念，向旅客提供安全、低价、准点、便捷、温馨的空中旅行服务。提供低票价的目标是让“旅游者和对票价比较敏感的商务旅客”有机会感受安全、低价、准点、便捷和温馨的服务，春秋航空奉行低成本、高质量的服务理念。

国内传统航空公司飞机的平均飞行时间在 10h 左右，而春秋航空的平均飞行时间保证在 13h，春秋航空充分提高了飞机的利用率。春秋航空着重发展机票的网上销售和电子客票的机场服务方面，欧美以及亚洲的低成本航空公司无一不在电子客票方面颇有建树，电子客票可以为航空公司节约成本。

春秋航空的班机不提供机上免费餐食，春秋航空将机上餐食的费用从旅客支付的票价中剥离出来还给旅客，作为廉价航空公司，不提供食物是省钱的一方面，同时也在飞机内贩售食物和自己公司的飞机模型等特色产品。

春秋航空提出“让人人坐得起飞机”的口号，通过低成本运行模式降低票价，推出了 1 元、99 元、199 元、299 元等特价机票，让利于消费者。春秋航空的机票可以在门店支付，也可以在网上支付。门店支付机票费比网上支付高 30 元。春秋的特价票不得退票、不得变更、不得转签，属于过期不候类型，如果旅客迟到而飞机飞走了，机票就作废了。在机票改签方面，普通航空公司的较低价格的打折票也不能改签和退票。廉价航空公司与普通航空公司的区别在乘客看来只是没有免费食物供应，座椅不能调整(注：普通航空公司的座椅靠背实际上是可以调整的)。

春秋航空的低成本运作不是低于成本运作；春秋航空有价格超低的特价机票，但并不是全部的机票，只是部分舱位。春秋航空在定价过程中既考虑到了乘客需求，又将市场竞争纳入考虑，属于需求定向型和竞争定向型结合的定价方法。

【案例 9-2】　2009 年 12 月 16 日，南航、深航、东航等航空公司发布了 2010 年春运机票销售价格，其中武汉至广州往返机票最低 500 元，创史上新低，即使加上 100 元的税费，也比武广高铁单程一等座票价低 149 元。天河机场售票处负责人介绍，历年春运期间，武汉至广州航线上，农历 12 月 28～30 日是出发高峰期；正月初六至初八是返程高峰期，票价少有折扣。

南航在其官网(www.csair.com)发布的 2010 年春运票价中，2 月 12 日(除夕)，武汉飞广州机票最低 190 元；2 月 20 日(正月初七)，广州飞武汉机票最低 310 元。同一时间段，深航往返最低票面价 560 元，东航为 750 元，国航为 820 元。

据官方报道，武广高铁开通后，最快 3h 内可到达广州，令航空公司有很大的经营压力，在春运期间推出特价机票就是应对高铁竞争，抢夺客源。

9.2 铁路运费计算

9.2.1 铁路旅客票价

旅客票价是以每人每千米的票价率为基础，按照旅客旅行的距离和不同的列车设备条件，采取递远递减的办法确定的。票价中包括旅客意外伤害强制保险费，具体票价以国务院铁路主管部门公布的票价表为准。

1. 铁路旅客票价的分类

铁路旅客票价分为普通票价、加快票价、卧铺票价和市郊票价 4 种。

普通票价适用于普通旅客列车，分硬座和软座的全价和半价；加快票价是旅客乘坐普通快车、特别快车，在普通票价之外补加的票价；卧铺票价也是一种补加票价，按卧铺车设备条件规定了不同的收费标准，普通硬卧分为上、中、下铺，软卧分为普通和高级软卧的上、下铺；市郊票价是在普通硬座票价基础上的减成票价。

此外，还有为便利旅客乘坐快车、卧铺车和简化售票手续，提高发售速度而使用的各种联合票、变径专用票以及为某些旅客专用的客票，如残废军人半价票、外籍旅客票和国际联运票等。我国现行的铁路客运票价体系见表 9-1。

表 9-1 我国现行的铁路客运票价体系

总类别	细分类别
按列车席	硬座
	软座
	硬卧
	软卧
	高级软卧包房
按列车速度等级	普通旅客列车(慢车)
	普通旅客列车(普快车)
	快速旅客列车(K 字头)
	特快旅客列车(T 字头)
	直通特快旅客列车(Z 字头，直达不停)
	局管内快速列车(N 字头)
	旅游列车(Y 字头)
	临时列车(L 字头)
	城际列车(C 字头)
	动车组列车(D 字头)

续表

总类别	细分类别
按列车车型	普通车型(无空调)
	普通车型(有空调)
按距离	200km 以内
	200km 以上

2. 铁路旅客票价的构成

旅客票价包括 3 部分：①客票票价，分 3 种，包括硬座、软座、市郊客票票价，其中硬座票价是基础票价，软座等票价均以硬座票价为基础，按一定比率换算；②附加票票价，包括加快、卧铺、空调票票价，附加票票价也以硬座票价为基础；③保险费。前两部分构成基本票价，因此也可以说，旅客票价包括基本票价和旅客意外伤害强制保险费两部分，基本票价是以每人每千米的票价率为基础，按照旅客旅行的距离和不同的列车设备条件，采取递远递减的办法确定。保险费按硬座客票基本票价的 2%计算，作为旅客旅行中发生意外伤害时支付保险费的基金。

旅客票价构成要素有以下几方面。

(1)基础票价率与各种票价率。旅客票价以硬座客票票价率为基础，其他各种票价率均以其为基准制定。当硬座客票基础票价率确定后，其他各种票价率就按其加成或减成比例计算。现行各种票价率的比例关系见表 9-2。

表 9-2　各种票价率的比例关系

票种			票价率/［元/(人・千米)］	比例/%
硬座客票			0.058 61	100
软座客票			0.117 22	200
市郊客票			单程 0.049 82	85
月票			按市郊单程票价率 18 回计算	
季票			按市郊单程票价率 40 回计算	
加快票	普快		0.011 72	20
	快速		按普快票价 2 倍计算	
硬卧票	开放式	上铺	0.064 47	110
		中铺	0.070 33	120
		下铺	0.076 19	130
	包房式	上铺	按开放式硬卧中铺票价另加 30%计算	
		下铺	按开放式硬卧下铺票价另加 30%计算	
软卧票	上铺		0.102 57	175
	下铺		0.114 29	195
高级软卧票	上铺		0.123 08	210
	下铺		0.134 80	230

续表

票种	票价率/［元/(人·千米)］	比例/%
空调票	0.014 65	25

(2)旅客票价里程区段(表 9-3)。

表 9-3　旅客票价里程区段

里程区段/km	每区段里程/km	区段数
1～200	10	20
201～400	20	10
401～700	30	10
701～1 100	40	10
1 101～1 600	50	10
1 601～2 200	60	10
2 201～2 900	70	10
2 901～3 700	80	10
3 701～4 600	90	10
4 601 以上	100	10

(3)递远递减率。旅客票价采取递远递减率的方法进行计算，旅客票价从 201km 起实行递远递减。现行各里程区段的递远递减率和递减票价率(以硬座票价为例)见表 9-4。

表 9-4　旅客票价递远递减率和递减票价率(以硬座票价为例)

区段/km	递减率/%	票价率/［元/(人·千米)］	各区段全程票价/元	区段累计票价/元
1～200	0	0.058 61	11.722	11.722
201～500	10	0.052 749	15.824 7	27.546 7
501～1 000	20	0.046 888	23.444	50.990 7
1 001～1 500	30	0.041 027	20.5135	71.504 2
1 501～2 500	40	0.035 166	35.166	106.670 2
2501 以上	50	0.029 305		

3. 铁路旅客票价的计算

1)基本票价的计算

除初始区段不足起码里程按起码里程和最后一个区段按中间里程计算外，其余各区段均分别按其区段里程计算，根据各区段的递减票价率求出该区段的全程票价和最后一个区段按中间里程求出的票价加总，即为基础票价。起码里程规定为，客票 20km，加快票 100km，卧铺票 400km。

保险费不分软、硬座客票，均按硬座客票基本票价的 2%计算(附加票票价由基本票价单一组成，不含保险费)，以角为单位，不足 1 角的尾数均进整。将基本票价和保险费相加即得旅客票价。

联合票价(票面价格)为旅客票价加附加费。附加费的种类有客票发展金、候车室空调费、卧铺票订票费。客票发展金 1997 年前称为软票费，旅客票价不大于 5 元时为 0.5 元，大于 5 元时为 1 元；候车室空调费向乘车超过 200km 的硬席旅客收取，金额为 1 元，软席旅客不收候车室空调费；卧铺票订票费向购买卧铺票(包括各种等级的软卧、硬卧)的旅客收取，金额为 10 元。

旅客列车根据车体的不同分为普通车和新型空调车，以上票价为普通车票价，新型空调车票价在普通车的基础上上浮 50%，有些列车根据客流情况和车体折旧等因素会上浮 40%和 30%的票价，即通常所说的新型空调车一档折扣票价和新型空调车二档折扣票价。当然还有一些特殊浮动的列车，例如，北京——大连 T81 次执行 75%的上浮率，各地方铁路公司也有不同的上浮率。在进行票价浮动时，客票、加快票、空调票和卧铺票根据四舍五入后的普通票价表分别上浮并四舍五入到元，作为新型空调车的分票种票价，然后再求和。附加费不上浮。关于新型空调车的高级软卧票价，有关文件规定的指导价为在普通列车软卧票价的基础上上浮 180%，各路局可根据情况自行浮动。从目前的执行情况来看，除沈局、哈局的列车高包按 208%上浮率执行以外，其他各局的高包都是按 180%的上浮率执行。

2)票价计算举例

【案例 9-3】　北京—丰台，17km，6451 次，普通无空调硬座普客 17km 不足起码里程，按起码里程 20km 计算。

硬座客票：0.05861×20=1.1722(元)

保险费：1.1722×2%=0.023444(元)，进整得 0.1 元

旅客票价：1.1722+0.1=1.2722(元)，四舍五入得 1 元

客票发展金：0.5(元)

联合票价：1+0.5=1.5(元)

【案例 9-4】　北京—天津，137km，441 9 次，普通空调软座普快 200km 以内无递远递减，软座客票基价 0.117 22 元；137km 位于 131～140km 区段内，按中间里程即 135km 计算。

软座客票：0.117 22×135=15.824 7(元)

保险费：0.058 61×135×2%=0.158 247(元)，进整得 0.2 元

15.824 7+0.2=16.024 7(元)，四舍五入得 16 元

加快票：普快，0.011 722×135=1.582 47(元)，四舍五入得 2 元

空调票：0.014 65×135=1.977 75(元)，四舍五入得 2 元

旅客票价：16+2+2=20(元)

客票发展金：1(元)

联合票价：20+1=21(元)

【案例 9-5】　鞍山—北京，707km，2550 次，新空调硬座普快卧(下铺)707km 普通票价，707km 位于 701～740km 区段内，按 720km 计算票价。

硬座客票：考虑递远递减，查表 7-4 可得

27.546 7+(720−500)×0.046 888=37.862 06(元)

保险费：37.862 06×2%=0.757 241 2(元)，进整得 0.8 元

37.862 06+0.8=38.662 06(元)，四舍五入得 39 元

加快票：硬座客票 20%，即

37.862 06×20%=7.572 412(元)，四舍五入得 8 元

空调票：硬座客票 25%，即

37.862 06×25%=9.465 515(元)，四舍五入得 9 元

卧铺票(下)：硬座客票 130%，即

37.862 06×130%=49.220 678(元)，四舍五入得 49 元

新型空调车票价上浮 50%，则

硬座客票：39×150%=58.5(元)，四舍五入得 59 元

加快票：8×150%=12(元)

空调票：9×150%=13.5(元)，四舍五入得 14 元

卧铺票：49×150%=73.5(元)，四舍五入得 74 元

附加费：客票发展金 1 元，候车室空调费 1 元，卧铺订票费 10 元

【案例 9-6】 沈阳北—北京，732km，K54 次，新空调高级软卧快速(下铺)732km 和 707km 票价在一个区段，因此普通票价和上例相同，以下直接从新空调上浮票价开始计算。

软座客票：(37.862 06×200%+0.8)×308%=235.6942896 元，四舍五入得 236 元

加快票：8×308%=24.64(元)，四舍五入得 25 元，快速=普快×2=50(元)

空调票：9×308%=27.72(元)，四舍五入得 28 元

卧铺票：(37.86206×195%)×308%227.39953236(元)，四舍五入得 228 元

附加费：客票发展金 1 元，卧铺订票费 10 元

联合票价：236+50+28+227+1+10=552(元)

上述票价为普通票价，根据规定还有优惠或免费票价。例如，身高不足 1.2m 的一名儿童随成人旅行可免票；身高 1.2～1.5m 的随行儿童可享受半价客票、加快票、空调票；学生可享受家庭至学校(或实习地点)之间的半价硬座客票、加快票、空调票；持有伤残军人证以及公免乘车证的可享受半价优惠等。

这些优惠票的具体执行细则如下。

免票儿童单独使用卧铺时应购买全价卧铺票，有空调时还应购买半价空调票。如例 9−5 中的 2550 次卧铺票，儿童应付的联合票价为

74(全价卧铺票)+7(半价空调票)+1(客票发展金)+1(候车室空调费)+10(卧铺订票费)=93(元)

29.5(半价客票)+6(半价加快票)+7(半价空调票)+74(全价卧铺票)+1(客票发展金)+1(候车室空调费)+10(卧铺订票费)=128.5(元)

残票享受所有除附加费外的半价，如 K54 次高包的残票票价为(236+50+28+227)/2+1+10=281.5(元)

9.2.2　铁路货物运价的分类

铁路货物运价可分别按使用范围和货物运输种类进行分类。

1. 按使用范围分类

铁路货物运价按其使用范围可以分为普通运价、特殊运价、军运运价等。

1)普通运价

(1)普通运价是货物运价的基本形式，是全国正式营业铁路适用的统一运价。我国现行的整车、零担、集装箱各号运价都属于普通运价。无论普通货物还是特殊条件运送的货物，都以此作为计算运费的基本依据。特殊条件运送的货物，在某些情况下作出了一些特殊规定。例如，超限货物的运价是按照超限货物的超限等级的不同分别在普通货物运价的运价率上加成50%、100%、150%计算运费。又如，自备集装箱空箱的回送属于特殊条件运送的货物，其运价率按其适用重箱货物运价率的50%计算。

(2)优待运价是对一定的机关或企业发送或到达的货物规定的低于普通运价的一种运价。例如，托运人自备货车或租用铁路货车装运货物用铁路机车牵引，或铁路货车装运货物用该托运人的自备机车牵引运输时，按所装货物的运价率减成20%计费。

(3)国际铁路联运运价是指为国际铁路间联运货物所规定的运价，包括过境运输和国内段运输两部分运价。国际铁路联运货物过境运费、杂费按《国际货协统一过境运价规程》的规定办理；国内段的运费、杂费按现行《铁路货物运价规则》的规定办理。

(4)水陆联运运价是指水陆联运货物在铁路区段运输的运价。《铁路和水路货物联运规则》是计算铁水联运货物运杂费的依据。水运段的运费、杂费、包干费按《铁路和水路货物联运规则》办理。铁路段的运费、杂费按《铁路和水路货物联运规则》和《铁路货物运价规则》办理。

2)特殊运价

特殊运价是指地方铁路、临时营业线和特殊线路的运价，如集通线(地方铁路)、宣杭线(临时营业线)、广九线(特殊线路)的运价等。

3)军运运价

军运运价是对军用物资运输所规定的运价。按军运办理时必须提供铁路军运运费后付凭证或军运现付计费凭证。《铁路军事运输计费付费办法》是计算军运运费的重要依据，未规定的按《铁路货物运价规则》办理。

2. 按货物运输种类分类

(1)整车货物运费。

(2)零担货物和集装箱货物运费。

(3)托运人自备或租用铁路机车车辆运输货物的运费。

(4)货物快运费、冷藏车运费。

(5)自备货车装备物品及集装用具的回送费。

9.2.3 铁路货物运输费用的构成

铁路货物运输费用是对铁路运输企业所提供的各项生产服务消耗的补偿，包括运行费用、车站费用、服务费用和额外占用铁路设备的费用等。

铁路货物运输费用具体由货物运费、杂费以及一些专项和代收费用构成。其中，货物运费由发到运费和运行运费构成；杂费又包括营运杂费，延期使用运输设备、违约及委托服务费用以及租、占用运输设备费用；专项和代收费用包括铁路建设基金、新路新价均摊运费、电气化附加费、印花税等。总体来讲有

铁路货物运输费用=货物运费+杂费+专项和代收费用 (9-4)

但在2013年货运改革后，铁路货运收费也进行了相应的变革，删除了过称费这一项标准，并实行一口价策略，包括装卸费，对应环节是上门取货装车和送货到门卸车；取送达费，对应环节是门到站和站到门的汽车短途运输，收取接取送达费，费率为0.5元/t·km，可上浮20%，下浮不限，具体由铁路局根据当地市场水平确定；铁路杂费，对应环节是发站、到站；铁路运费、铁路建设基金等，对应环节是铁路线上运输，即有

铁路货物运输费用=货物运费+杂费+装卸费+接取送达费 (9-5)

对于上门装卸货物、门到站、站到门的接取送达等服务及收费，托运人可自愿选择。

9.2.4 铁路货物运输费用的计算

1. 铁路货物运费的计算程序及公式

1)铁路货物运输费用的计算程序

(1)根据货物运单上填写的发到站，按货物运价里程表计算出发站至到站的运价里程。

(2)根据货物运单上填写的货物名称，查铁路货物运输品名分类与代码表、铁路货物运输品名检查表，确定适用的运价号。

(3)整车、零担货物按货物适用的运价号，集装箱货物根据箱型，冷藏车货物根据车种分别在铁路货物运价率表(表9-5)中查出适用的运价率(基价1和基价2)。

表9-5 铁路货物运价率表

办理类别	运价号	基价1		基价2	
		单位	标准	单位	标准
整车	1	元/t	7.10	元/(t·km)	0.0418
	2	元/t	7.80	元/(t·km)	0.0502
	3	元/t	9.80	元/(t·km)	0.0562
	4	元/t	12.20	元/(t·km)	0.0629
	5	元/t	13.40	元/(t·km)	0.0722
	6	元/t	19.60	元/(t·km)	0.0989
	7			元/(t·km)	0.3275
	机械冷藏车	元/t	14.70	元/(t·km)	0.0996

续表

办理类别	运价号	基价 1		基价 2	
		单位	标准	单位	标准
零担	21	元/10kg	0.15	元/(10kg·km)	0.00071
	22	元/10kg	0.21	元/(10kg·km)	0.00103
集装箱	20ft 箱	元/箱	337.50	元/(箱·km)	1.4000
	40ft 箱	元/箱	459.00	元/(箱·km)	1.9040

(4)根据《铁路货物运价规则》确定货物的计费重量(自轮运转货物为轴数，集装箱为箱数)。

(5)货物适用的发到基价加上运行基价与货物的运价里程相乘之后，再与货物的计费重量(自轮运转货物为轴数，集装箱为箱数)相乘，即可计算出运费。

(6)根据《铁路货物运价规则》及有关规定计算货物的杂费以及专项和代收费用等。

2)铁路货物运费的计算公式

根据现行《铁路货物运价规则》，不同运输种类的货物运费的计算公式如下。

(1)整车货物。一般整车货物按重量计费时，运费计算公式为

运费＝［基价 1(元/t)＋基价 2(元/(t·km))×运价里程(km)］×计费重量(t)　(9-6)

自轮运转货物按轴计费时，运费计算公式为

运费＝［基价 2(元/(轴·km))×运价里程(km)］×轴数　(9-7)

(2)零担货物

零担货物的运费计算公式为

运费＝［基价 1(元/10kg)＋基价 2(元/(10kg·km))×运价里程(km)］×计费重量(kg)/10　(9-8)

(3)集装箱。集装箱的运费计算公式为

运费＝［基价 1(元/箱)＋基价 2(元/(箱·km))×运价里程(km)］×箱数　(9-9)

2. 铁路货物运费的计算因素

1)运价里程

一般根据货物运价里程表按照发站至到站间国铁正式营业线最短径路计算，但货物运价里程表内或铁道部规定有计费经路的，按规定的计费经路计算运价里程。

2)运价号

我国现行的铁路货物运价实行分号运价制。运价号是指将不同运输种类的货物划分为不同的号，并根据该号制定相应的运价率。整车货物运价号分为 9 个(1～9 号)，冷藏车货物运价按冰保车和机保车两类来计算，相当于 2 个运价号；零担货物运价号分为 4 个(21～24 号)；集装箱货物按箱型不同进行计算，相当于 5 个运价号。

计算货物运费时，应按照货物运单上填写的货物品名，查铁路货物运输品名分类与代码表和铁路货物运输品名检查表，确定该批货物适用的运价号。

3)运价率

铁路货物运价是根据运价号制定的对应于每一运价号的基价 1 和基价 2。基价 1 是货

物在发站及到站进行发到作业时单位重量(箱数)的运价，它只与计费重量(箱数)有关，与运价里程无关。基价 2 是指货物在途期间单位重量(箱数)每一运价千米的运价，它既与计费重量(箱数)有关，又与运价里程有关。

(1)整车货物的运价号为 1～7 号，冷藏车货物分为加冰冷藏车和机械冷藏车。基价 1 的单位为元/t，基价 2 的单位为元/(t·km)；整车货物的运价号 7 号，基价 1 无，基价 2 的单位为元/(轴·km)。

(2)零担货物的运价号为 21 号和 22 号。基价 1 的单位为元/10kg，基价 2 的单位为元/(10kg·km)。

(3)集装箱货物分别按 20ft 箱、40ft 箱制定基价 1 和基价 2。基价 1 的单位为元/箱，基价 2 的单位为元/(箱·km)。

4)计费重量

用来计算运输费用的货物重量称为计费重量，计费重量是根据货物实际重量、轴数、箱数按有关规定确定的。整车货物计费重量单位为 t(1t 以下四舍五入)、轴；零担货物计费重量单位为 10kg(不足 10kg 的进整为 10kg)；集装箱计费以箱为单位。

5)尾数处理

计算出的每项运费、杂费均以元为单位，尾数不足 1 角时，按四舍五入处理。

3. 整车货物运费

1)计费重量

整车货物除下列情况外，均按货车标记载重量(简称标重，以下同，标重尾数不足 1t 时四舍五入)计费。货物重量超过标重时，按货物重量计费。

(1)使用矿石车、平车、砂石车，经铁路局批准装运铁路货物运输品名分类与代码表 01、0310、04、06、081 和 14 类货物按 40t 计费，超过时按货物重量计费。

(2)表 9-6 所列货车装运货物时，计费重量按表中规定计算，货物重量超过规定计费重量的，按货物重量计费。

③使用自备冷板冷藏车装运货物时按 50t 计费；使用自备机械冷藏车装运货物时按 60t 计费；使用标量不足 30t 的家畜车，计费重量按 30t 计算；使用标量低于 50t、车辆换长小于 1.5 的自备罐车装运货物时按 50t 计费(表 9-6 中明定的车种车型按第 2 项办理)。

④始发、中途均不加冰运输的加冰冷藏车和代替其他货车装运非易腐货物的铁路冷藏车，均按冷藏车标重计费。

⑤车辆换长超过 1.5 的货车(D 型长大货车除外)本条未明定计费重量的，按其超过部分以每米(不足 1m 的部分不计)折合 5t 与 60t 相加之和计费。

⑥米、准轨间换装运输的货物，均按发站的原计费重量计费。

表 9-6　整车货物规定计费重量表

车种车型	计费重量/t
B_6　B_{6N}　B_{6A}　B_7(加冰冷藏车)	38
BSY(冷板冷藏车)	40
B_{18}(机械冷藏车)	32

续表

车种车型	计费重量/t
B_{19}(机械冷藏车)	38
B_{20}　B_{21}(机械冷藏车)	42
B_{10}(机械冷藏车)	44
B_{22}　B_{23}(机械冷藏车)	48
B_{15E}(冷藏车改造车)	56
SQ_1(小汽车专用平车)	80
SQ_4(小汽车专用平车)	60
QD_3(凹底平车)	70
GY_{95S}、GY_{95}、GH_{40}、GY_{40}、$GH_{95/22}$、$GY_{95/22}$(石油液化气罐车)	65
GY_{100S}、GY_{100}、$GY_{100-Ⅰ}$、$GY_{100-Ⅱ}$(石油液化气罐车)	70

承运人提供的 D 型长大货车的车辆标重大于托运人要求的货车吨位时，经铁路局批准可根据实际使用车辆的标重减少计费重量，但减吨量最多不得超过 60t。

2)几种情况下运费的计算

按一批办理的整车货物，运价率不同时，按其中高的运价率计费。

需要限速运行(不包括仅通过桥梁、隧道、出入站线限速运行)的货物，按运价率加 150%计费。

站界内搬运的货物，按实际运输里程和该货物适用的运价率计算运费，不另收取送车费(不足 1km 的尾数进整为 1km)。

途中装卸货物，不论托运人、收货人要求在途中装卸地点的前方或后方货运站办理托运或领取手续，途中装车按后方货运站计算运价里程；途中卸车按前方货运站计算运价里程，不另收取送车费。

整车分卸的货物，按照发站至最终到站的运价里程计算全车运费和押运人乘车费；途中每分卸一次，另行核收分卸作业费 80 元(不包括卸车费)。

3)超长、超限货物运费

(1)超长、超限货物运费计算。运输超限货物，发站应将超限货物的等级在货物运单内注明，并按下列规定计费。

①一级超限货物：按运价率加 50%。

②二级超限货物：按运价率加 100%。

③超级超限货物：按运价率加 150%。

对安装超限货物检查架的车辆不另收运费。

需要限速运行的超限货物，只核收本条规定的加成运费，不另核收超限货物加成运费。

(2)使用游车时的运费计算。超长、超限货物使用游车时，游车运费按主车货物的运价率和游车标重计费。利用游车装运货物，所装货物运价率高于主车货物时，按所装货物的运价率核收游车运费。运输超限货物或需要限速运行的货物使用游车时，游车运费不加成。两批货物共同使用游车时，游车运费各按主车货物的运价率及游车标重的1/2计费。

D型长大货物车运输货物需用隔离车时，隔离车不另核收运费。隔离车加装货物时，按所加装货物适用的运价率核收运费。

自轮运转的轨道机械以自备货车或租用铁路货车作为游车时，按整车7号运价率核收游车运费；以铁路货车作为游车时，按整车6号运价率和游车标重核收游车运费。

(3)危险货物运费计算。运输危险货物时，根据危险货物的性质、等级按下列规定计费。

①一级毒害品(剧毒品)按运价率加100%。

②爆炸品、压缩气体和液化气体、一级易燃液体(代码表02石油类除外)、一级易燃固体、一级自燃物品、一级遇湿易燃物品、一级氧化剂和过氧化物、二级毒害品、感染性物品、放射性物品按运价率加50%。

4. 零担货物和集装箱货物运费

1)计费重量

零担货物按货物重量或货物体积折合重量择大计算运费，如表9-7所示，即每立方米重量不足500kg的轻浮货物，按每1m^{3}折合重量500kg计算，但下列货物除外。

(1)规定计费重量的货物(指裸装货物)按规定计费重量计费。

(2)铁路货物运输品名分类与代码表列的童车、室内健身车、209其他鲜活货物、9914搬家货物及行李、9960特定集装化运输用具等裸装运输时按货物重量计费。

表9-7 零担货物规定计费重量表

序号	货物名称	计费单位	规定计费重量/kg
1	组成的摩托车：	每辆	
	双轮；		750
	三轮(包括正、侧带斗的，不包括三轮汽车)		1500
2	组成的机动车辆、拖斗车(单轴的拖斗车除外)；	每辆	
	车身长度不满3m；		4500
	车身长度为3m以上，不满5m		15000
	车身长度5为m以上，不满7m		20000
	车身长度7为m以上		25000
3	组成的自行车	每辆	100
4	轮椅、折叠式疗养车	每(辆)件	60
5	牛、马、骡、驴、骆驼	每头	500
6	未装容器的猪、羊、狗	每头	100
7	灵柩、尸体	每具(个)	1 000

2)运费计算

集装箱货物的运费按照使用的箱数和铁路货物运价率表中规定的集装箱运价率计算。

罐式集装箱、其他铁路专用集装箱按铁路货物运价率表中规定的运价率分别加30%、

20%计算；标记总重为 30.480t 的通用 20ft 集装箱按铁路货物运价率表中规定的运价率加 20%计算，按规定对集装箱总重限制在 24t 以下的除外。

装运一级毒害品(剧毒品)的集装箱按铁路货物运价率表中规定的运价率加 100%计算；装运爆炸品、压缩气体和液化气体、一级易燃液体(代码表 02 石油类除外)、一级易燃固体、一级自燃物品、一级遇湿易燃物品、一级氧化剂和过氧化物、二级毒害品、感染性物品、放射性物品的集装箱按铁路货物运价率表中规定的运价率加 50%计算。

装运危险货物的集装箱按上述两款规定适用两种加成率时，只适用其中较大的一种加成率。

自备集装箱空箱运价率按铁路货物运价率表规定重箱运价率的 40%计算。承运人利用自备集装箱回空捎运货物，按集装箱适用的运价率计费，在货物运单铁路记载事项栏内注明，免收回空运费。

运价率不同的货物在一个包装内或按总重量托运时，按该批或该项货物中高的运价率计费。在货物运单内分项填记重量的货物应分项计费，但运价率相同时，应合并计算。

5. 托运人自备或租用铁路机车车辆运输货物的运费

托运人自备货车或租用铁路货车(不论空重)用自备机车或租用铁路机车牵引时，按照全部列车(包括机车、守车)的轴数与整车 7 号运价率计费。托运人自备货车或租用铁路货车装运货物用铁路机车牵引，或铁路货车装运货物用该托运人机车牵引运输时，按所装货物运价率减 20%计费。托运人的自备货车或租用铁路货车空车挂运时，按 7 号运价率计费。自备或租用铁路的客车、餐车、行李车、邮政车、专用工作车挂运于货物列车时，空车按 7 号运价率加 100%计费；装运货物时按其适用的运价率加 100%和标重计费，但换长 1.5 以下的专用工作车不装货物时不加成。随车人员按押运人乘车费收费。

6. 货物快运费、冷藏车运费

货物快运费按铁路货物运价率表规定的该批货物适用运价率的 30%计算核收。使用铁路加冰、机械冷藏车运输的货物按铁路货物运价率表中规定的冷藏车运价率计费。使用铁路冷板冷藏车运输的货物按加冰冷藏车运价率加 20%计费。使用铁路机械冷藏车运输，要求途中保持温度−12 ℃(不含)以下的货物，按机械冷藏车运价率加 20%计算。加冰冷藏车始发或途中不加冰运输的，仍按冷藏车运价率计费。自备冷藏车、隔热车(无冷源车)和代替其他货车装运非易腐货物的铁路冷藏车，均按所装货物适用的运价率计费。

7. 自备货车装备物品及集装用具的回送费

托运人自备的货车装备物品(禽畜架、篷布支架、饲养用具、防寒棉被、粮谷挡板)、支柱等加固材料和运输长大货物用的货物转向架、活动式滑枕或滑台、货物支架、座架及车钩缓冲停止器，凭收货人提出的特价运输证明书回送时，不核收运费。

托运人自备的可折叠(拆解)的专用集装箱、集装笼、托盘、网络、货车篷布，装运卷钢、带钢、钢丝绳的座架、玻璃集装架、爆炸品保险箱及货车围挡用具，凭收货人提出的特价运输证明书回送时，整车按 2 号、零担按 22 号运价率计费。

8. 运输变更及运输阻碍运费

1)货物运输变更运费

(1)货物发送前取消托运时，由发站处理，运输合同即终止，相应运单、货票作废。其费用清算办法为：由发站退还全部运费和按里程计算的杂费，如货物运费低于变更手续费时，收变更手续费，但不退还运费。

(2)货物发送后，托运人或收货人要求变更到站(包括同时变更收货人)时，变更处理站在承运人记载事项栏内记载有关变更事宜，并将变更事项记入货票内。其费用清算办法为：运费与押运人乘车费应按发站至处理站，处理站至新到站分别计算，由到站向收货人清算，运输费用多退少补。

(3)货物发送后，托运人或收货人要求变更收货人，变更处理站在承运人记载事项栏记载有关变更事宜，并记入货票内。其费用清算办法为：由到站核收变更手续费。

2)运输阻碍运费

对已承运的货物，因自然灾害发生运输阻碍变更到站时，处理站应在货物运单和货票上记明有关变更事项。新到站按如下原则处理运费。

(1)运费按发站至处理站与自处理站至新到站的实际经由里程合并计算。若新到站经由发站至处理站的原径路时，计算时应扣除原径路的回程里程，杂费按实际发生核收。

(2)运输阻碍免收变更手续费。

9. 特殊线路运费

根据国家有关政策规定，对临管铁路和部分新线实行特殊运价。按每吨公里计费。如大秦、京秦、京原、丰沙大等铁路的煤炭分流运价，京九、京广等铁路的分流加价等。

10. 铁路货物的其他运输费用

铁路货物运输费用中除了货物运费外，还包括杂费以及一些专项和代收费用。其中，杂费包括货运营运杂费，延期使用运输设备、违约及委托服务费用以及租、占用运输设备费用。专项和代收费用包括铁路建设基金、新路新价均摊运费、电气化附加费、印花税等。

1)货运杂费

(1)铁路货物运输营运杂费，包括过秤费、表格材料费、冷却费、长大货物车使用费、长大货物车空车回送费、取送车费、机车作业费、货车中转技术作业费、押运人乘车费、货车篷布使用费、集装箱使用费、自备集装箱管理费、货物作业装卸费、货物保价费等 14 项。

在 2013 年货运改革之后，删除了过秤费，成为 13 项，对于协议运输相关收费项目，则仅设综合物流服务费一项，其收费条件为：应客户要求，按照有利于企业生产和铁路运力配置的原则，双方签订协议，铁路通过提供实质性服务落实协议事项，适用于按协议运输的大宗稳定物资，零散白货不得收取。

(2)延期使用运输设备、违约及委托服务费用，包括货物暂存费、专用线及专用铁路货车使用费、长大货物车延期使用费、货车篷布延期使用费、集装箱延期使用费、冷藏车(取消托运时)空车回送费、机械冷藏车制冷费、货物运输变更手续费、清扫除污费等。

在 2013 年货运改革之后，货物暂存费更名为仓储费，其具体收费标准由双方依法规协商确定，在协议中明确；对于货物承运前和交付后仍在车站仓储时，按 1 元/(吨・日)核收仓储费，满足额外提供的仓储服务。

(3)租用或占用铁路运输设备费用，包括地方铁路及在建线货车使用费、地方铁路货车篷布和集装箱使用费、自备车或租用铁路货车停放费、车辆租用费、铁路码头使用费、路产专用线租用费等 6 项杂费。

杂费的计算公式为

$$杂费=杂费费率\times杂费计费单位 \tag{9-10}$$

2)电气化附加费、新路新价均摊运费和铁路建设基金

$$电气化附加费=费率\times计费重量(箱数或轴数)\times电化里程 \tag{9-11}$$

$$新路新价均摊运费=均摊运价率\times计费重量(箱数或轴数)\times运价里程 \tag{9-12}$$

$$铁路建设基金=费率\times计费重量(箱数或轴数)\times运价里程 \tag{9-13}$$

3)印花税

印花税属于铁路代收费用，按运费的 0.05%核收。

9.2.5　国际铁路联运货物运输费用的计算

国际铁路联运货物运输费用包括货物运费、杂费(押运人乘车费、装卸费、口岸换装费等)及自承运货物至交付收货人期间发生的其他费用。

1. 计算和核收运输费用的依据及规定

国际铁路物联运的运输费用按运输合同缔结当日有效的下列运价规程计算。

(1)相邻国家铁路间运送时发送国和到达国铁路的运输费用，应按各国铁路国内运价规程计算，如果这些国家铁路间签订有直通运价规程，则可按该运价规程计算。

(2)过境运送时发送国和到达国铁路的运输费用，应按各国铁路现行的国内运价规程计算；而过境路的运输费用，按各有关路采用的用于该种国际运送的过境运价规程计算。

我国在办理国际铁路货物联运时，进出口货物在国内段的运输费用按我国的《铁路货物运价规则》计算，《统一货价》参加国过境我国铁路或我国过境其他《统一货价》参加国铁路的货物运送的运输费用按《统一货价》计算。

参加《国际货协》和《统一货价》的各国铁路间运送货物时运输费用的核收规定如下。

发送路运输费用以发送国货币在发站向发货人核收；到达路运输费用以到达国货币在到站或按到达路国内的规定向收货人核收。我国铁路规定，对于进口货物，国内段运费由进口国境站向收货人核收。

过境路运输费用，按承运当日统一货价计费，以瑞士法郎算出的款额，按支付当日规定的兑换率折成核收运输费用国家的货币，在发站向发货人或在到站向收货人核收。在核收过境路的运输费用时，在参加《统一货价》的各国铁路之间运送货物时，在发站向发货人或在到站向收货人核收；从参加《统一货价》的国家向未参加《统一货价》的国家运送货物时，在发站向发货人核收，相反方向运送时，则在最终到站向收货人核收。

通过几个过境铁路运送时，准许由发货人支付一个或几个过境铁路的运输费用，而其余铁路的运输费用由收货人支付。但我国过境蒙古发往苏联的货物，其过境运输费用一律

在发站向发货人核收，不准许在到站向收货人核收。

自20世纪90年代初起，过境货物运输费用的清算正逐渐由《国际货协》和《统一货价》参加国铁路间相互清算，改变为各国指定的国际货物运输代理公司之间清算。目前，过境俄罗斯、蒙古、哈萨克斯坦铁路外贸货物的运送，必须通过与上述国家铁路签有协议的运输代理公司来办理，由这些代理公司向铁路支付过境运费。

我国铁路规定，自2000年7月1日起，过境我国铁路的外贸货物运送一律由经国家主管部门批准、认可具有国际货物运输代理权，并拥有过境货物运输代理业务经营范围的企业(简称代理人)办理。过境运费以《统一货价》规定的费率为基础，提供了相应的减成，在接入国境站或港口站(由港口站接入时)向代理人核收。

2. 我国国内段铁路运输费用的计算

国际铁路联运货物国内段的运输费用除了一些特殊规定外，均适用《铁路货物运价规则》的一般规定。对运输费用的特殊规定如下。

1)运价里程

应按国内发(到)站至出(进)口国境站的最短径路确定(但《铁路货物运价规则》的货物运价里程表内有计费经路的，应按规定计费经路计算运价里程)，并将出(进)口国境站至我国与邻国国境线的运价里程计算在内。进口货物在国境站应收货人的代理人要求受理货物运输变更时，运费按进口国境线至新到站的里程计算。

2)计费重量

进口整车货物时，应按下列规定确定计费重量。

(1)以一辆车或数辆车接运一批货物以及数辆车套装接运数批货物(包括换装剩余的整车补送货物)，按接运车辆标重计费。货物重量超过标重时，按货物重量计费。

(2)以一辆车接运数批货物的，每批按30t计费，超过30t的按货物重量计费。

(3)原车过轨不换装货物，按车辆标重计费，货物重量超过标重时，按货物重量计费。

(4)汽车按接运车辆标重计费。发送路用双层平车装运的小轿车，换轮直达到站时，每车计费重量为90t。

3)杂费

除《铁路货物运价规则》列出的杂费项目外，国际铁路货物联运国内段杂费还包括验关手续费、货物声明价格费、换装费(换装需要加固时，加收装载加固材料费)、变更手续费、货车滞留费等。

3. 过境运输费用的计算

1)计算过境运输费用的程序

国际铁路联运货物过境运输费用按照《统一货价》计算，计算程序如下。

(1)在《统一货价》第8条过境里程表中分别查找货物所通过各个国家的过境里程。

(2)在《统一货价》附件的国际铁路货物联运通用货物品名表中，确定所运货物适用的运价等级和计费重量标准。

(3)在《统一货价》第9条过境统一货价参加路慢运货物运费计算表中，根据运价等级和各过境运送里程找出相应的运价率。

(4)货物计费重量除以 100 后，再乘以其适用的运价率，即得该批货物的基本运费。

(5)根据货物运送的办理种别确定其适用的加成率。《统一货价》对过境货物运费的计算是以整车慢运货物为基础，对其他办理种别的货物，在基本运费的基础上再加上基本运费与其适用的加成率的乘积，即可得该批货物的过境运费。

(6)按规定的项目和标准计算出发生的杂费和其他费用。

2)运费的计算

(1)整车货物运费的计算。

慢运整车货物运费的计算规则如下。

①过境里程的确定。一国的过境里程系指从进口的国境站(国境线)到出口的国境站(国境线)或以港口站为起讫的里程。

②过境运价等级的确定。根据货物名称及其顺序号或所属类、项确定。

③计费重量的确定。整车货物按照货物的实际重量计算，但不得低于车辆装载最低计费重量标准。四轴车装载最低计费重量标准为：一等货物 20t，二等货物 30t。

对于 1435mm 轨距铁路的货物运费，不应超过该批货物按规定轴重所可能装载重量计算出的运费。在个别情况下，所承运货物重量超过其按容许轴重可能装载的重量时，其运费应根据货物实际重量计算。

运送自轮运转的货物时，运费按照计算表中所列的每轴运费乘以按自轮运转货物运送的机车车辆轴数计算。

在办理按一张运单用直达列车或成组车辆运送货物时，将每辆车作为一批整车货物分别计算。

④运价率的确定。根据货物的运价等级和过境运送里程在《统一货价》的过境统一货价参加路慢运货物运费计算表中查出。

⑤运费的计算公式为

$$运费=货物运价率\times 计费重量/100 \tag{9-14}$$

快运及随旅客列车挂运整车货物运费的计算规则如下

$$快运整车货物运费=货物运价率\times 计费重量\div 100\times(1+100\%) \tag{9-15}$$

$$随旅客列车挂运整车货物运费=货物运价率\times 计费重量\div 100\times(1+200\%) \tag{9-16}$$

(2)零担货物运费的计算。零担货物按照货物的实际重量计费，计算方法是

$$慢运零担货物运费=货物运价率\times 计费重量\div 100\times(1+50\%) \tag{9-17}$$

$$快运零担货物运费=货物运价率\times 计费重量\div 100\times(1+50\%)\times(1+100\%) \tag{9-18}$$

(3)集装箱货物运费的计算。按零担和整车办理的小吨位、中吨位集装箱货物和托盘货物的运费，按零担和整车的计费方法计算，但箱盘自重不予计费。运送属于铁路的小吨位、中吨位空集装箱和空托盘时，免收运送费用。大吨位集装箱装运的货物和大吨位空集装箱按大吨位集装箱货物办理运送。发货人应对每个重或空大吨位集装箱填写单独运单，每个大吨位集装箱的运费均应单独计算。

计算集装箱货物运费时应依据以下资料：①集装箱种类有 20ft、30ft 或 40ft；②过境运价里程。

慢运 20ft 大吨位重集装箱的运费按一等 15t 核收，而不按箱内货物的实际重量核收。30ft 和 40ft 集装箱的运费按 20ft 集装箱的费率计算后，再分别加收 50%和 100%。

20ft、30ft 和 40ft 大吨位空集装箱的运费按相应种类重集装箱运费的 50%核收。

快运大吨位集装箱的运费按慢运费率计算后，再加收 50%；若随旅客列车运送，则加收 100%。

3)杂费的计算

(1)货物换装费：包装货物和成件货物每 100kg 按 1.2 瑞士法郎核收；散装和堆装货物每 100kg 按 1.0 瑞士法郎核收；罐装货物(包括冬季加温)每 100kg 按 0.8 瑞士法郎核收。

集装箱换装费按以下规定核收。

①总重 2.5t 及 2.5t 以下的小吨位重集装箱按 8.8 瑞士法郎/箱核收。

②总重为 2.5～10t(含 10t)的中吨位重集装箱按 17.6 瑞士法郎/箱核收。

③大吨位重集装箱按 68.0 瑞士法郎/箱核收。

④大吨位空集装箱：34.0 瑞士法郎/箱核收。

(2)更换轮对费。每轴核收 70.0 瑞士法郎。

(3)验关费。

整车货物：每批 4.0 瑞士法郎。

大吨位集装箱货物：每箱 4.0 瑞士法郎。

零担货物：每批 2.2 瑞士法郎。

(4)固定材料费。在国境站换装货物时，由铁路供给的设备、用具和装载用的加固材料，不论车辆载重量如何，每车核收 35.1 瑞士法郎。

(5)声明价格费。不论快运或慢运，每一过境路的声明价格费按每 150 瑞士法郎核收 2 瑞士法郎，不满 150 瑞士法郎的按 150 瑞士法郎计算。

4)过境运输费用计算实例

【案例 9-7】蒙古一家公司从日本购买了一批 72t 的铜器，由日本通过海运运到我国天津新港，然后过境我国铁路从二连站运到蒙古。要求计算该批货物通过我国铁路的过境运输费用。

该批货物为慢运整车货物，且铁管为 37 类一级，按实际重量计费，计费重量为 58t。由中国国境站间运价里程表可知，天津新港至二连的过境运价里程为 993km。查过境统一货价参加路慢运货物运费计算表得，该批货物的运价率为 4.58 瑞士法郎/100kg。

该批货物的运费：4.58×72000÷100=3297.6(瑞士法郎)

杂费：换装费=1.2×72 000÷100=864(瑞士法郎)，验关费每车 4.0 瑞士法郎

该批货物的过境运输费用：3297.6+864+4.0=4165.6(瑞士法郎)

9.3 公路运费计算

随着社会的进步和经济的发展，公路基础设施、车辆等运输条件不断改善，以汽车为代表的公路运输逐渐受到世界各国的重视。在发达国家高速公路建设较早，公路旅客运输在综合客运体系占有绝对的优势，已基本形成了以私人小汽车为代表的自用性旅客运输为主体的公路客运体系。

9.3.1　公路旅客票价的分类及构成

公路旅客运价按不同客运种类、不同客车类型、不同营运方式和不同道路条件实行差别运价。客运车型计费等级分为普通客车、中级客车、高级客车3类。每类按其座位总数分为大型、中型、小型3种。

(1)普通客车票价。普通客车票价指普通大型客车的客运班车票价，按旅客运输基本运价计价。普通中型客车的票价是在旅客基本运价的基础上加价30%～40%。

(2)中级客车票价。中级大型客车票价可高于基本运价20%～40%。中级中型客车票价可高于基本运价60%～100%。

(3)高级客车票价。高级大型客车票价可高于基本运价80%～100%。高级中型客车票价可高于基本运价170%～210%。

9.3.2　公路货物运价的分类和构成

根据不同的标准，公路货物运价可以分为以下几类。

(1)按车辆类别不同分为普通车辆运价和特种车辆运价。

(2)按货物类别不同分为普通货物运价和特种货物运价。特种货物运价又有大型特型笨重货物运价、危险货物运价、贵重货物运价以及鲜活货物运价之分。

(3)按营运类别不同分为整批货物运价、零担货物运价和集装箱运价。集装箱运价也有标准集装箱运价、非标准箱运价和特种箱运价之分。

(4)按公路类别不同分为等级公路货运运价和非等级公路货运运价。

(5)按运输区域不同分为国内汽车货物运价和出入境汽车货物运价。

(6)按货物运输速度不同分为普通货物运价和快速货运运价。

(7)按计价依据不同分为计程运价和计时运价。

(8)按运输距离不同分为长途运价和短途运价。

整批货物及集装箱的运输费用一般由吨(箱)次费用、运价费用和货物运输其他费用构成。零担货物和计时包车运输货物的公路运输费用一般由运价费用和货物运输其他费用构成。其中，公路货物运输其他费用主要包括调车费、延滞费、装货(箱)落空损失费、排障费、车辆处置费、检验费、装卸费、车辆通行费、保管费、道路阻塞停车费、运输变更手续费等。

9.3.3　公路货物运输费用的计算

1. 公路货物运费的计算公式

(1)整批货物运费的计算公式为

整批货物运费(元)=吨次费(元/t)×计费重量(t)+整批货物运价[元/(t·km)]×计费重量(t)×计费里程(km)+货物运输其他费用(元)　(9-19)

式中，整批货物运价按货物运价价目计算。

(2)零担货物运费的计算公式为

零担货物运费(元)=计费重量(kg)×计费里程(km)×零担货物运价[元/(kg·km)]+货物运输其他费用(元) (9-20)

式中，零担货物运价按货物运价价目计算。

(3)集装箱运费的计算公式为

重(空)集装箱运费(元)=重(空)箱运价[元/(箱·km)]×计费箱数(箱)×计费里程(km)+箱次费(元/箱)×计费箱数(箱)+货物运输其他费用(元) (9-21)

式中，集装箱运价按计价类别和货物运价费目计算。

(4)计时包车运费的计算公式为

包车运费(元)=包车运价[元/(t·h)]×包用车辆吨位(t)×计费时间(h)+货物运输其他费用(元) (9-22)

式中，包车运价按照包用车辆的不同类别分别制定。

由以上公路货物运费的计算公式可以看出，计算公路货物运费的关键在于明确公路货物运输的运价价目、计费重量(箱数)、计费里程(时间)以及货物运输的其他费用。下面分别介绍上述运费计算因素的确定方法。

2. 公路货物运价价目

1)基本运价

整批货物基本运价：指一整批普通货物在等级公路上运输的每吨公里运价；零担货物基本运价：指零担普通货物在等级公路上运输的每千克公里运价；集装箱基本运价：指各类标准集装箱重箱在等级公路上运输的每箱公里运价。

2)吨(箱)次费

吨次费：对整批货物运输，在计算运价费用的同时按货物重量加收吨次费。

箱次费：对汽车集装箱运输，在计算运价费用的同时按不同箱型加收箱次费。

3)普通货物运价

普通货物实行分等计价，以一等货物为基础，二等货物加成15%，三等货物加成30%。

4)特种货物运价

(1)大型特型笨重货物运价规定：一级大型特型笨重货物在整批货物基本运价的基础上加成40%~60%；二级大型特型笨重货物在整批货物基本运价的基本上加成60%~80%。

(2)危险货物运价规定：一级危险货物在整批(零担)货物基本运价的基础上加成60%~80%；二级危险货物在整批(零担)货物基本运价的基础上加成40%~60%。

(3)贵重、鲜活货物运价规定：在整批(零担)货物基本运价的基础上加成40%~60%。

5)特种车辆运价

按车辆的不同用途，在基本运价的基础上加成计算。特种车辆运价和特种货物运价两个价目不准同时加成使用。

6)非等级公路货运运价

在整批(零担)货物基本运价的基础上加成10%~20%。

7)快速货运运价

按计价类别在相应运价的基础上加成计算。

8)集装箱运价

(1)标准集装箱运价。重箱运价按照不同规格箱型的基本运价执行，空箱运价在标准集装箱重箱运价的基础上减成计算。

(2)非标准箱运价。重箱运价按照不同规格的箱型，在标准箱基本运价的基础上加成计算，空箱运价在非标准集装箱重箱运价的基础上减成计算。

(3)特种箱运价。在箱型基本运价的基础上，按装载不同特种货物的加成幅度来进行加成计算。

9)出入境汽车货物运价

按双边或多边出入境汽车运输协定，由两国或多国政府主管机关协商确定。

3. 公路货物运费的计价标准

1)计费重量(箱数)

(1)计量单位。整批货物运输以吨为单位，零担货物运输以千克为单位，集装箱运输以箱为单位。

(2)计费重量(箱数)的确定。

对于一般货物，无论整批还是零担货物，计费重量均按毛重计算。整批货物吨以下计至 100kg，尾数不足 100kg 的，四舍五入。零担货物起码计费重量为 1kg，重量在 1kg 以上，尾数不足 1kg 的，四舍五入。

轻泡货物指每立方米重量不足 333kg 的货物。装运整批轻泡货物的高度、长度、宽度以不超过有关道路交通安全规定为限度，按车辆标记吨位计算重量。零担运输轻泡货物以货物包装最长、最宽、最高部位尺寸计算体积，按每立方米折合 333kg 计算重量。

包车运输按车辆的标记吨位计算。货物重量一般以起运地过磅为准，起运地不能或不便过磅的货物，由承托双方协商确定计费重量。散装货物，如砖、瓦、砂、石、土、矿石、木材等，按体积由各省、自治区、直辖市统一规定重量换算标准计算重量。托运人自理装车的货物，按车辆额定吨位计算其计费重量。统一规格的成包成件货物，根据某一标准件的重量计算全部货物的计费重量。接运其他运输方式的货物，无过磅条件的，按前程运输方式运单上记载的重量计算。拼装分卸的货物，按最重装载量计算。

2)计费里程

(1)计费里程的单位。公路货物运输计费里程以千米为单位，尾数不足 1km 的，进整为 1km。

(2)计费里程的确定。货物运输的计费里程按装货地点至卸货地点的实际载货的营运里程计算；营运里程以省、自治区、直辖市交通行政主管部门核定的营运里程为准，未经核定的里程由承托双方商定。同一运输区间有两条(含两条)以上营运路线可供行驶时，应按最短的路线计算计费里程或按承托双方商定的路线计算计费里程。拼装分卸的货物，其计费里程为从第一装货地点起至最后一个卸货地点止的载重里程。出入境汽车货物运输的境内计费里程以交通主管部门核定的里程为准；境外里程按毗邻国(地区)交通主管部门或有权认定部门核定的里程为准。未核定里程的，由承托双方协商或按车辆实际运行里程计算。因自然灾害造成道路中断，车辆需绕道而驶的，按实际行驶里程计算。城市市区里程按当地交通主管部门确定的市区平均营运里程计算，当地交通主管部门未确定的，由承托双方协商确定。

3)计时包车货运计费时间

计时包车货运计费时间以小时为单位，起码计费时间为4h；使用时间超过4h，按实际包用时间计算。整日包车，每日按8h计算；使用时间超过8h的，按实际使用时间计算。时间尾数不足半小时的舍去，达到半小时的进整为1h。

4)运价的单位

各种公路货物运输的运价单位分别为：整批运输单位为元/(t·km)，零担运输单位为元/(kg·km)，集装箱运输单位为元/(箱·km)，包车运输单位为元/吨位·h，出入境运输涉及其他货币时，在无法按统一汇率折算的情况下，可使用其他自由货币为运价单位。

4. 公路货物运输的其他费用

(1)调车费。应托运人要求，车辆调出所在地而产生的车辆往返空驶，应计收调车费。

(2)延滞费。车辆按约定时间到达约定的装货或卸货地点，因托运人或收货人责任造成车辆和装卸延滞的，应计收延滞费。

(3)装货(箱)落空损失费。应托运人要求，车辆开至约定地点装货(箱)落空造成的往返空驶里程，按其运价的50%计收装货(箱)落空损失费。

(4)排障费。运输大型特型笨重物件时，因对运输路线的桥涵、道路及其他设施进行必要的加固或改造所发生的费用称为排障费，排障费由托运人负担。

(5)车辆处置费。应托运人要求，运输特种货物、非标准箱等需要对车辆改装、拆卸和清理所发生的工料费用称为车辆处置费，车辆处置费由托运人负担。

(6)检验费。在运输过程中国家有关检疫部门对车辆的检验费以及因检验造成的车辆停运损失由托运人负担。

(7)装卸费。装卸费由托运人负担。

(8)通行费。货物运输需支付的过渡、过路、过桥、过隧道等通行费由托运人负担，承运人代收代付。

(9)保管费。货物运达后，明确由收货人自取的，从承运人向收货人发出提货通知书的次日(以邮戳或电话记录为准)起计第4天开始核收货物保管费；应托运人的要求或由托运人的责任造成的需要保管的货物，计收货物保管费，货物保管费由托运人负担。

(10)道路阻塞停车费。汽车货物运输过程中，如发生自然灾害等不可抗力造成的道路阻滞，无法完成全程运输，需要就近卸存、接运时，卸存、接运费用由托运人负担。

(11)运输变更手续费。托运人要求取消或变更货物托运手续的，应收变更手续费。

5. 公路货物运费的结算

结算公路货物运费时，应遵守如下规定。

(1)货物运费在货物托运、起运时一次结清，也可按合同采用预付费用的方式随运随结或运后结清。托运人或者收货人不支付运费、保管费以及其他运输费用的，承运人对相应的运输货物享有留置权，但当事人另有约定的除外。

(2)运费尾数以元为单位，不足 1 元时四舍五入。

(3)货物在运输过程中因不可抗力灭失，未收取运费的，承运人不得要求托运人支付运费；已收取运费的，托运人可以要求返还。

9.4　航空运费计算

民航运输业是国民经济基础性、先导性产业，具有资金、技术密集的特点。民航业的持续健康发展，不仅与旅游等相关产业存在直接的互动关系，而且对改善投资环境、促进整个国民经济和社会发展发挥着重要的保障作用。机票价格一直是消费者、经营者所关心的问题，关乎消费者利益，也关系到企业的收益。

9.4.1　航空旅客票价的分类及构成

航空旅客票价指旅客由出发地机场至目的地机场的航空运输价格，不包括机场与市区之间的地面运输费用。航空旅客票价为旅客开始乘机之日适用的票价。客票出售后，如票价调整，票款不作变动。运价表中公布的票价适用于直达航班运输。如旅客要求经停或转乘其他航班时，应按实际航段相加计算票价。

航空客票按使用范围分为国际客票和国内客票；按旅客的航程要求分为单程客票、来回程客票和回程客票；按客舱等级主要分为一等舱客票和普通舱(也称经济舱)客票；按客票的票价分全价客票、折扣价客票(如季节性折扣客票等)、儿童客票、婴孩客票等。航空运输电子客票如图 9-1 所示。

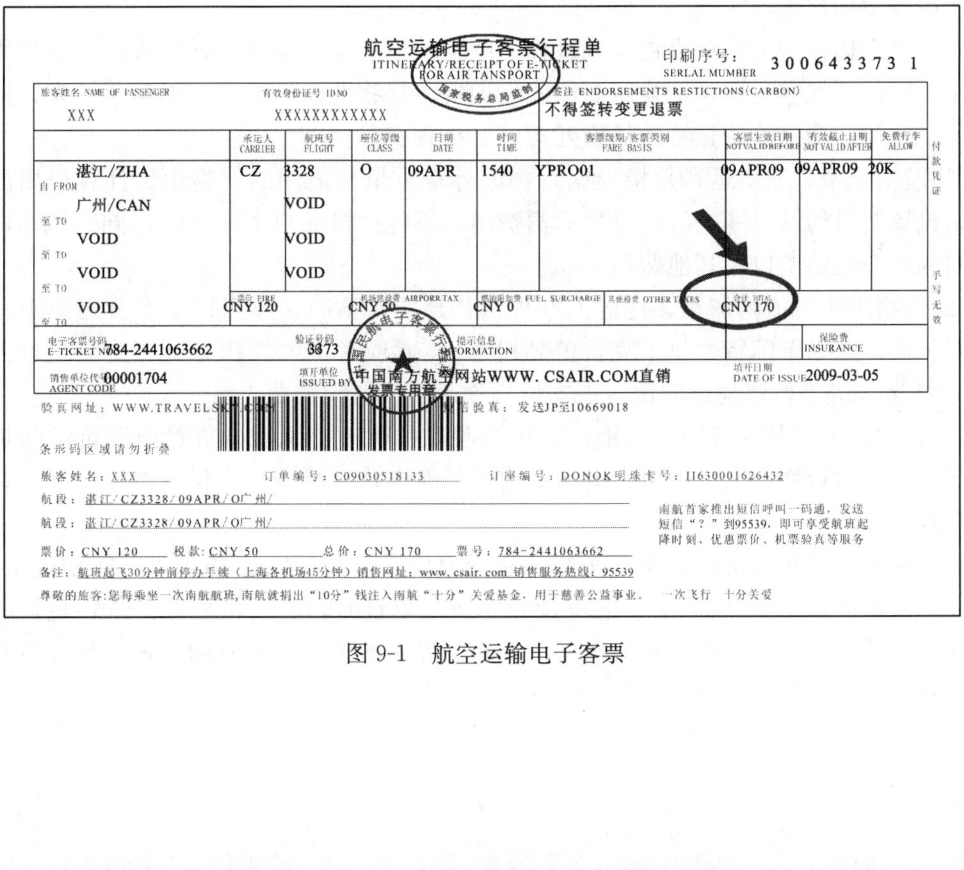

航空运输电子客票行程单
ITINERARY/RECEIPT OF E-TICKET FOR AIR TANSPORT
印刷序号：SERLAL MUMBER　3 0 0 6 4 3 3 7 3　1
国家税务总局监制

旅客姓名 NAME OF PASSENGER　XXX
有效身份证号 ID NO　XXXXXXXXXXXX
签注 ENDORSEMENTS RESTICTIONS(CARBON)　不得签转变更退票

	承运人 CARRIER	航班号 FLIGHT	座位等级 CLASS	日期 DATE	时间 TIME	客票级别/客票类别 FARE BASIS	客票生效日期 NOT VALID BEFORE	有效截止日期 NOT VALID AFTER	免费行李 ALLOW
自 FROM 湛江/ZHA	CZ	3328	O	09APR	1540	YPRO01	09APR09	09APR09	20K
至 TO 广州/CAN		VOID							
至 TO VOID		VOID							
至 TO VOID		VOID							
至 TO VOID									

票价 FARE CNY 120　机场建设费 AIRPORR TAX CNY 50　燃油附加费 FUEL SURCHARGE CNY 0　其他税费 OTHER TAXES　合计 TOTAL CNY 170

付款凭证　手写无效

电子客票号码 E-TICKET NO 784-2441063662　验证号码 8873　提示信息 INFORMATION　保险费 INSURANCE

销售单位代号 AGENT CODE 00001704　填开单位 ISSUED BY 中国南方航空网站WWW. CSAIR.COM直销　填开日期 DATE OF ISSUE 2009-03-05

中国民航电子客票行程单 发票专用章

验真网址：WWW.TRAVELSKY.COM　短信验真：发送JP至10669018

条形码区域请勿折叠

旅客姓名：XXX　订单编号：C09030518133　订座编号：DONOK明珠卡号：II630001626432

航段：湛江/CZ3328/09APR/O广州/

航段：湛江/CZ3328/09APR/O广州/

票价：CNY 120　税款：CNY 50　总价：CNY 170　票号：784-2441063662

备注：航班起飞30分钟前停办手续（上海各机场45分钟）销售网址：www.csair.com 销售服务热线：95539

南航首家推出短信呼叫一码通，发送短信“？”到95539，即可享受航班起降时刻、优惠票价、机票验真等服务

尊敬的旅客:您每乘坐一次南航航班,南航就捐出“10分”钱注入南航“十分”关爱基金，用于慈善公益事业。　一次飞行　十分关爱

图 9-1　航空运输电子客票

航空客票通常同旅客免费交运行李的行李票合在一起，故也称客票及行李票。航空旅客票价有以下几种。

(1)普通票价，指按距离别制定的基本票价。

(2)浮动票价，指根据不同季节而在普通票价的基础上加减成的票价。

(3)包机票价，按满员计算的票价。

(4)其他票价，同一航线上，为了鼓励旅客乘座飞机，规定有各种不同类别的票价，如头等票价、公务票价、特种经济票价、预购旅游旺季往返票价、预购旅游淡季往返票价、优待折扣票价等。

9.4.2 航空货物运价的分类和构成

航空货物运价应当采用填开航空货运单当日承运人公布的货物运价。货物运价的使用必须按照货物运输的正方向，而不能按反方向使用。使用货物运价时，还必须符合货物运价规则中提出的要求和规定的条件。

按运价的制定方法，航空货物运价可分为协议运价和公布运价。按运价的组成，航空货物运价可分为公布直达运价和非公布直达运价，其中，公布直达运价可按货物的性质进一步分为普通货物运价、指定商品运价、等级货物运价和集装货物运价；非公布直达运价包括比例运价和分段相加运价。

航空货物运价的优先使用顺序为协议运价、公布直达运价、非公布直达运价。使用协议运价时，优先顺序为双边协议运价、多边协议运价。使用公布直达运价时，优先顺序为指定商品运价、等级运价、普通货物运价。使用非公布直达运价时，优先顺序为比例运价、使用分段相加运价。

航空货物运输费用是在货物运输过程中产生的，承运人应当向托运人或者收货人收取的费用一般包括航空运费、货物声明价值附加费、货物地面运输费、退运手续费、航空货运单费、到付运费手续费、特种货物处理费、保管费等。

(1)航空运费。航空运费是指根据货物的计费重量和适用的货物运价计算得出的货物始发站机场至目的站机场之间的货物运输费用，不包括机场与市区之间、同一城市两个机场之间的地面运输费以及其他费用。

(2)货物声明价值附加费。托运人办理货物声明价值时，应当在航空货运单上注明货物声明价值。如果国际货物每千克价值超过 20 美元或者国内货物每千克价值超过人民币 20 元，托运人应当按照规定向承运人支付货物声明价值附加费。

(3)其他费用。其他费用是指承运人可以收取的除航空运费、货物声明价值附加费以外的费用，包括货物地面运输费、退运手续费、航空货运单费、到付运费手续费、特种货物处理费、保管费等。

在使用航空货物运价时，应当按照“从低原则”计算航空运费，即当货物重量(货物毛重或者货物体积重量)接近某一个重量分界点的重量时，需要将根据该货物重量和对应的货物运价计算得出的航空运费与根据该重量分界点的重量和对应的货物运价计算得出的航空运费相比较，然后取其低者。

9.4.3　航空货物运输费用的计算

国内航空货物运输计费规则如下。

(1)货物运费计费以元为单位，1 元以下的四舍五入。

(2)最低运费，按重量计得的运费与最低费相比取其高者。

(3)按实际重量计得的运费与按较高重量分界点运价计得的运费比较取其低者。

(4)分段相加组成运价时，不考虑实际运输路线，不同运价组成点组成的运价相比取其低者。

1. 指定商品运价

指定商品运价是指承运人根据在某一航线上经常运输某一类货物的托运人的请求或为促进某地区间某一种货物的运输，经国际航空运输协会同意所提供的优惠运价，其运价种类代号为 C。

1)运价计算方法

(1)指定商品编号与分组。根据货物种类，按照数字顺序将其分为 10 大组，每大组又分为若干小组。

0001～0999：食用肉类和植物类产品。

1000～1999：活体动物及非食用动物和植物类产品。

2000～2999：纺织品、纤维及其制品。

3000～3999：金属及其制品，但不包括机械、车辆和电器设备。

4000～4999：机械、车辆和电器设备。

5000～5999：非金属矿和产品。

6000～6999：化工产品及其有关制品。

7000～7999：纸张、芦苇、橡胶和木材制品。

8000～8999：科学、专业精密仪器、机械和配件。

9000～9999：其他货物。

(2)运价查找方法。

第一步：查找两点间所有的指定商品运价。

第二步：记下指定商品品名编号。

第三步：选择适用的品名编号。

第四步：检查最低计费重量限制。

2)运价计算有关规定与要求

两地间既有指定商品运价(SCR)又有普通商品运价(GCR)时，优先使用 SCR。如果使用 SCR 计得的运费高于 GCR 计得的运费，可以使用 GCR 计得的运费。两地间既有确指品名运价，又有泛指品名运价，优先使用确指品名运价；如果泛指品名运价高于确指品名运价，而重量分界点较低，两种计费方法可以比较，取低者作为货物的运费。

2. 等级货物运价

等级货物运价是指规定地区范围内，在普通货物运价的基础上附加或附减一定百分比作为某些特定货物的运价。只有当某种货物没有指定商品运价可适用时，方可选择适合的等级货物运价，其起码重量规定为5kg。

1)等级货物运价分类

(1)附减等级货物运价。该运价主要适用于书报、杂志及无人押运行李等价值不高的货物，其运价种类代号为R。

(2)附加等级货物运价。该运价主要适用于一些较贵重的或对运输条件要求较高的物品，如贵重物品、灵柩、骨灰及活体动物等，其运价种类代号为S。

2)等级货物运价计算程序

(1)根据货物品名判断其是否适用于等级货物运价。

(2)用适用的公布运价乘以附加(或附减)百分比，得到等级货物运价，并将计得的等级货物运价进位。

(3)用适用的等级货物运价乘以计费重量，得到货物运费。

3. 普通货物运价

普通货物运价又称一般货物运价，适用于各种货物，以货物重量计算运费。当一批货物不能使用等级货物运价，也不属于指定商品时，就应该选择普通货物运价。航空公司通常根据不同的货物重量等级采用不同的运输价格，重量越大，运价越优惠。目前最为普遍的重量等级是45kg、100kg、100kg以上。普通货物运价分类如下：45kg以下，运价类别代号为N；45kg，运价类别代号为Q；45kg以上可分为100kg、300kg、500kg、1000kg、2000kg等多个计费重量分界点，但运价类别代号仍以Q表示。

(1)运费的计算方法为

$$运费=适用的运价\times计费重量 \tag{9-23}$$

(2)运费的收取方法是，根据货物重量和适用的运价计得的运费，与其较高重量分界点的重量和适用的运价计得的运费相比较，取低者作为货物的运费。

【案例 9-8】 北京—巴黎的运价分类如下：N——21元/kg，Q——14.8元/kg，300kg——13.54元/kg，500kg——11.95元/kg。现有一件普通货物重35kg，要从北京运往巴黎，计算其运费。

N级运费：35×21=735(元)

Q级运费：45×14.8=666(元)

二者比较取其低者，故该件货物应按45kg以上运价计得的运费666元收取运费。

(3)运费限额，按计费重量和适用的运价计得一批货物的运费不得低于一个限额，该限额称为最低运费。

(4)计算实例。

【案例 9-9】 现有一箱机器零件，毛重 180kg，体积 1m^3，从攀枝花运往达州，试计算其运费。

对 3 种运费的计算如下：

GCR：1.30×180=234(元)

CCR：不属等级商品

SCR：4 787 类(起码重量为 250kg)1.00×250=250(元)

根据以上计算，该箱机器零件的运费应按普通货物运价计算的运费收取。

4. 比例运价

比例运价是指货物的始发站至目的站无公布直达运价时，可采用有关国际运价规则中公布的比例运价与已知的公布运价相加，构成非公布直达运价。

比例运价分为 3 种，即 GCR、SCR 和 ULD(集装器)运价，并且以美元和当地货币两种货币形式公布，托运人应当使用已公布的货币形式支付运费和其他费用。

(1)使用要求。比例运价是一种不可单独使用的附加数，只有和公布运价相加后才可使用。两段比例运价不能连续使用。比例运价的种类必须和公布运价的种类一致。只有国际运输时才可使用比例运价。采用不同的运价构成点组成的公布直达运价，应取其较低者作为货物的运价。采用比例运价构成的公布直达运价可作为等级货物运价的基础。

(2)区域性最低运价。货物的始发站至目的站无公布最低运费时，可使用区域性最低运费。在国际航协规定的运价手册中公布了各国至某一区域或国家(地区)的最低运费。

5. 分段相加运价

分段相加运价指货物的始发站至目的站无公布直达运价，同时也不能使用比例运价时，选择适当的运价构成点，按分段相加的方式组成全程最低运价。该运价的使用要求如下。

(1)在采用分段相加的方式组成全程运价时，要选择几个不同的运价构成点，将组成的全程运价比较，取其低者作为货物的非公布直达运价。

(2)当国内运价与国际运价相加时，国际运价的规定同样适用于相加后的全程运价。

(3)如果各段运价适用的计费重量不同，计算运费时应在货运单运价栏内分别填写。

(4)采用分段相加的方式组成的非公布直达运价可作为等级货物运价的基础。

6. 集装货物运价

集装货物运价适用于采用集装器运输的货物，低于普通货物运价。

(1)集装货物运价的内容。一般情况下，计算集装货物运费时应考虑：集装器运价种类代号、集装器最低计费重量、集装器最低运费。

(2)集装箱货物运价的适用范围。除特别公布的指定商品运价外，国际航协运价手册中公布的 ULD 运价适用于所有货物。

7. 起码运费

起码运费代号为 M，是航空公司办理一批货物所能接受的最低运费。

8. 附加费及运价使用说明

1)声明价值附加费

(1)在国际货物运输中，货物声明价值附加费的计算公式为

货物声明价值附加费=［货物声明价值-(货物毛重×20×美元换算成人民币的汇率)］×0.5% (9-24)

(2)在国内货物运输中，货物声明价值附加费的计算公式为

货物声明价值附加费=［货物声明价值-(货物毛重×20)］×0.5% (9-25)

2)其他附加费

(1)货物地面运输费的计算公式为

货物地面运输费=货物重量×货物地面运输费率 (9-26)

货物重量要在货物毛重、货物体积重量之间取其高者。货物体积重量是指将一份航空货运单的货物总体积，按照每 $6000cm^3$ 折合 1kg 计算所得的重量。

(2)到付运费手续费的计算公式为

到付运费手续费=(航空运费+货物声明价值附加费)×计价货币在货物到达目的站当地当日银行卖出价×5% (9-27)

3)运价说明

计算航空运费时，首先适用指定商品运价，其次是等级货物运价，最后是普通货物运价。无论适用何种运价，当最后计算的运费总额低于所规定的起码运费时，按起码运费计收。公布的直达运价是指一个机场到另一个机场的基本运费，不包含其他附加费，而且该运价仅适用于单一方向。除起码运费外，公布的直达运价一般以千克或磅为计算单位。运价的货币单位一般以起运地的货币单位为准，汇率以承运人签发运单的时间为准。

9.5 水运运费计算

在各种运输方式中，水运是重要的运输方式之一。水运因具有容量大、成本低和污染少等独有的特征，适合于大宗商品的远距离运输；而集装箱的出现又使得小件适箱的轻工业产品也可通过水运大批量的远距离的集中运输，达到节约成本的目的。随着我国国民经济的快速发展，贸易范围不断扩大，我国水运货物周转量在各种运输方式完成量中的比例越来越高。矿建材料、金属矿石、煤炭及制品和石油天然气及制品等大宗散货成为我国水运主要货种。

9.5.1 水运旅客票价的分类及构成

水路旅客运输工作应贯彻“安全第一，正点运行，以客为主，便利旅客”的方针。旅客应照章购买船票(图 9-2)，按船票票面指定的船名、航次、日期乘船。

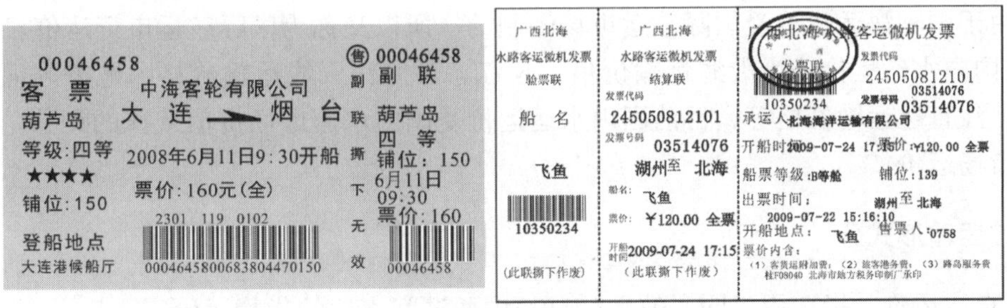

图 9-2　水路旅客运输客票

船票是水路旅客运输合同成立的证明，是旅客乘船的凭证。船票分全价票和半价票。

(1)儿童身高超过 1.1m 但不超过 1.4m 者，应购买半价票，超过 1.4m 者，应购买全价票。

(2)革命伤残军人凭中华人民共和国民政部制发的革命伤残军人证，应给予优待购买半价票。

(3)没有工资收入的大中专学生和研究生，家庭居住地和院校不在同一城市，自费回家或返校时，凭附有加盖院校公章的减价优待证的学生证每年可购买往返 2 次院校与家庭所在地港口间的学生减价票(以下简称“学生票”)。学生票只限该航线的最低等级。

(4)学生回家或返校，途中有一段乘坐其他交通工具的，经确认后，也可购买学生票。

(5)应届毕业生从院校回家，凭院校的书面证明可购买一次学生票。新生入学凭院校的录取通知书可购买一次从接到录取通知书的地点至院校所在地港口的学生票。

船票应具备的基本内容包括：承运人名称，船名、航次，起运港(站、点)(以下简称起运港)和到达港(站、点)(以下简称到达港)，舱室等级、票价，乘船日期、开船时间，上船地点(码头)。

旅客运输的运送期间，自旅客登船时起至旅客离船时止。船票票价含接送费用的，运送期间并包括承运人经水路将旅客从岸上接到船上和从船上送到岸上的期间，但是不包括旅客在港站内、码头上或者在港口其他设施内的时间。

9.5.2　水运货物运价的分类

1. 按运价的基本形式分

(1)国家定价，这是由国家或水运主管部门制定并统一颁布的，要求有关企业必须严格执行的运价。

(2)国家指导价，这种运价是在中准价的基础上可上下浮动一定幅度(目前交通部规定可上下浮动 20%)，故又称为浮动运价。

(3)市场运价，这种运价是在统一的水路货物运输市场中，由托运人、承运人双方自由商定的船舶货物运价，故又称为自由运价。

2. 按适用范围分

(1)国际海运运价，国际海运运输的全部是国际贸易货物，采用的运价称为国际海运运价。由于国际海运运价受国际航运市场的制约，所以又称为国际航运市场运价。

(2)国内水运运价分为沿海运输价格，长江、黑龙江干线运输价格，地方内河运输价格，海、江直达运输价格等。目前国内水运运价受国内水运市场价值规律的调节，绝大部分实行市场运价。

3. 按运输形式分

(1)直达运价，指适用于同一航区(航段)内两港间直达的货物运价。

(2)联运运价，指适用于水陆联运、水水联运等的货物运价。

(3)集装箱运价，指适用于集装箱货物运输的价格。

4. 按运价制定方式分

(1)单一运价，指对同一货种而言，不论其运输距离长短，都采用相同的每货运吨运价。这种运价形式仅适用于短途航线、轮渡或某些海峡间的货物运输。

(2)均衡里程运价，指对同一货种而言，货物的运价率随运输距离的增加而成正比例地增加，即吨·千米运价为不变值。

(3)递远递减运价，指对同一货种而言，每吨·千米运价随运输距离的增加而逐步降低。目前，我国沿海、长江等主要航区均采用此种形式的运价。

(4)航线运价，指适用于某两个港口之间直达货物的运价。两港口可以跨越航区，即只要是两港间的直达货物运输，都可以采用这种形式的运价。

(5)季节性运价。

此外，在某些内河运输中，还有上水运价、下水运价、枯水期运价、洪水期运价之分。在国际海上运输中，还有不定期船舶运价、定期船舶运价之分。

9.5.3 班轮运价的种类及运输费用的构成

班轮运价是按照班轮运价表的规定计算的，为垄断性价格。不同的班轮公司或不同的轮船公司有不同的运价表，但它都是按照各种商品的不同积载系数、不同的性质和不同的价值结合不同的航线加以确定的。

1. 班轮运价的种类

1)根据运价的制定者分类

(1)班轮公会运价是指由班轮公会制定，供参加该公会的班轮公司使用的运价，运价的调整或修改都由班轮公会决定。这种运价水平较高，是一种具有垄断性质的运价。

(2)班轮公司运价是指由班轮公司自行制定并负责调整的运价。虽然货方可以对班轮公司制定的运价提出意见，但解释权和决定权仍在船公司。

(3)双边运价是指由船、货双方共同商议制定，共同遵守的运价。对运价的调整或修改，须经双方协商，任何一方都无权单方面改变。

(4)货方运价是指由货方制定，船方接受采用的运价。对运价的调整或修改要在与船方协商的基础上进行，但货方有较大的决定权。一般来说，能够制定运价的货方都是掌握有相当大数量货源的货主，能够常年向船公司提供货源。

2)根据运价的形式分类

(1)单项费率运价指对各种不同的货物在不同的航线上分别制定一个基本运价，只需根据货物的名称及所运输的航线，即可直接查出该货物的运价来计收运费的运价。

(2)等级运价指将全部货物划分为若干等级，按照不同的航线分别为每一个等级制定一个基本运价的运价。

(3)航线运价指不分距离远近，只按航线、货物等级制定的运价，即只要起运港和目的港属于航线上规定的基本港口，不论距离远近，都按照航线费率表上为各等级货物规定的运价计算运费。这种运价是按照各航线上各挂靠港的平均距离规定平均运价的，只要航线相同，不论远近，都按该航线分货类的平均运价计算运费。

2. 班轮运费的构成

班轮运费是由基本费率和附加费(如果有规定)两部分构成的，所以一些港口只查到基本费率，还不一定是实际计算运费的完整单价。

(1)基本运费，是指每一计费单位(如一运费吨)货物收取的基本运费(freight unitprice)，即航线内基本港之间对每种货物规定的必须收取的费率，也是其他一些百分比收取附加费的计算基础。基本费率有等级费率、货种费率、从价费率、特殊费率和均一费率之分。

(2)附加费，为了保持在一定时期内基本费率的稳定，又能正确反映出各港的各种货物的航运成本，班轮公司在基本费率之外，为了弥补损失又规定了各种额外加收的费用，主要有以下几种。

①燃油附加费(bunker surcharge or bunker adjustment factor，B. A. F.)，在燃油价格突然上涨时加收。

②货币贬值附加费(devaluation surcharge or currency adjustment factor，C. A. F.)，指在货币贬值时，船方为实际收入不致减少，按基本运价的一定百分比加收的附加费。

③转船附加费(transhipment surcharge)，指凡运往非基本港的货物，需转船运往目的港，船方收取的附加费，其中包括转船费和二程运费。

④直航附加费(direct additional)，指当运往非基本港的货物达到一定的货量，船公司可安排直航该港而不转船时所加收的附加费。

⑤超重附加费(heavy lift additional)超长附加费(long length addtional)和超大附加费(surcharge o bulky cargo)，指当一件货物的毛重、长度或体积超过或达到运价本规定的数值时加收的附加费。

⑥港口附加费(port additional or port surcharge)，指有些港口由于设备条件差/装卸效率低，以及其他原因，船公司加收的附加费。

⑦港口拥挤附加费(port congestion surcharge)，指有些港口由于拥挤，船舶停泊时间增加而加收的附加费。

⑧选港附加费(optional surcharge)，指货方托运时尚不能确定具体卸港，要求在预先提出的两个或两个以上港口中选择一港卸货，船方加收的附加费。

⑨变更卸货港附加费(alternational of destionation charge)，指货主要求改变货物原来规定的港，在有关当局(如海关)准许，船方又同意的情况下所加收的附加费。

⑩绕航附加费(deviation surcharge)，指由于正常航道受阻不能通行，船舶必须绕道才能将货物运至目的港时，船方所加收的附加费。

9.5.4 集装箱海运运费的构成

集装箱海运运费主要由以下几部分构成。

(1)海运运费，指集装箱班轮公司为完成集装箱货物海上运输而从货方取得的报酬。

(2)堆场服务费也称为码头搬运费，是指在装船港堆场接收出口的整箱货以及堆存和搬运至船边的费用；在卸船港船边接收进口集装箱以及将集装箱搬运至堆场和堆存的费用。

(3)拼箱服务费，指对出口货装箱、进口货拆箱所收取的费用。

(4)集散运输费又称为支线运输，是指由内河、沿海的集散港至集装箱进出口港之间的集装箱运输。

(5)内陆运输费包括以下几项。

①区域运费。区域运费是指承运人按货方的要求，在货方指定的地点之间进行重箱和空箱运输时所收取的费用。

②无效拖运费。当承运人将集装箱按货方要求运至指定地点，而货方却没有发货，且要求将集装箱运回时，承运人将收取全部区域费用以及货方宣布运输无效后可能产生的任何延迟费用。

③变更装箱地点费。当承运人应货方要求同意改变原定集装箱交付地点时，货方应对承运人因变更装箱地点而引起的全部费用给予补偿。

④装箱时间与延迟费。承运人免费允许货方装货的装箱时间长短以及超过允许装箱时间后收取的延迟费的多少，主要视各港口的条件、习惯、费用支出等情况而定。例如，在发货人工厂、仓库装箱时，免费允许货方装货的装箱时限为20ft箱2h，40ft箱3h。上述时间均从集卡司机将空集装箱交货方时起算，即使雨天或恶劣气候也不能超出规定的时限，否则对超出时间应计收延迟费。

⑤清扫费。当货方提取重箱、拆箱、掏出货物后，还应负责清扫箱子，将清洁无味的集装箱归还承运人。

表 9-8 集装箱运输中不同交接方式下承运人收取运费的结构

交接方式	发货地				海上运输	收货地				运费结构
	A	B	C	D	E	D	C	B	A	
门到门	√		√		√		√		√	A+C+E+C+A
门到站	√		√		√		√	√		A+C+E+C+B
门到场	√		√		√	√	√			A+C+E+D+C
站到门		√	√		√		√		√	B+C+E+C+B
站到站		√	√		√		√	√		B+C+E+C+B
站到场		√	√		√	√	√			B+C+E+D+C
场到门			√	√	√		√		√	C+D+E+C+A

续表

交接方式	发货地				海上运输	收货地				运费结构
	A	B	C	D	E	D	C	B	A	
场到站			√	√	√		√	√		C+D+E+C+B
场到场			√	√	√	√	√			C+D+E+D+C

表 9-8 中，A 为内陆运输费；B 为装/卸港集装箱货运站装/拆箱费；C 为装/卸港集装箱作业区码头搬运费；D 为装/卸车费(换装费，即需要使用港区机械将集装箱从货主接运车上卸下或装上时发生的费用)；E 为海运运费。

9.5.5　港口使费的分类及构成

1. 港口使费概述

港口使费是指港口为船舶、货主提供各种必要的服务(如航道、泊位、码头、浮筒及锚泊地，为船舶安全航行提供灯塔、引航、拖轮、消防船等各种设施，提供货物装卸机械与仓库场地，提供燃油、淡水、物料、物品等补给，为船舶在港的各种业务提供有关的行政服务和劳务)，而向船方或货方征收的费用。

港口使费包含港口费目及港口费率两个内容。港口费目是收取港口费用的项目，港口费率是收取每项港口费用的费用标准或单价。

2. 港口使费的类型和构成

船舶港口使费是船舶进出港口和在港停留、作业期间所发生的各项费用的总称。按费用分摊的对象主要分为与船舶有关的费用、与货物有关的费用和其他相关费用三大类。

(1)与船舶有关的费用。这类费用是指船舶进出港或在港停泊，按规定缴纳的税金、手续费和补偿港口各种开支而向船方征收的费用，统称港口费。与船舶有关的费用主要包括引航费、拖轮费、系解缆费、船舶港务费、船舶吨税、停泊费、代理费、船舶检疫费、熏舱费、灯塔费和通信费等。

(2)与货物有关的费用。与货物的装卸、保管和管理有关的费用统称货物费，主要有装卸费、理货费、驳运费、开关舱费、堆存费、货物监管费、困难作业费、特殊平舱费、待时费、加班费、货物检疫费、看守费和港口机械设备使用费等。

(3)其他相关费用。其他相关费用主要包括船员交通费、垫舱物料费、清除垃圾费、供油服务费、伙食或医疗服务费等。

9.5.6　水运货物运输费用的计算

1. 国际海上货物运输费用的计算

航运企业在海上运输货物的过程中，要利用船舶载货而发生诸如船员工资、伙食、燃油、润滑油、物料、港口使费、修理、保险、管理费等营运支出，为了维持生产和扩大再生产而提取折旧费和一定的利润以及营业税等。航运企业(承运人)向托运人(货主)收取的运输劳务费叫做运费，而计算运费的单位价格，叫做运价，这种运价有叫做远洋运价的，也有叫做国际航运价格的。

1)班轮运费的计算

(1)计费标准的概念及表示方法。计费标准也称为计算标准，是指计算运费时使用的单位。最基本的计费标准是以货物的容积和重量作为单位，即将货物分为容积货物和重量货物，并且为货物的容积和重量规定一个比例关系，按照这种比例关系换算，如果某种货物按照其体积计算的容积吨与它的实际重量相比，不足一个按重量计算的重量吨时，则这种货物属于容积货物，应按容积计算运费；相反，超过一个重量吨时，则这种货物属于重量货物，应按重量计算运费。这种按货物容积(体积或尺码)或重量计算运费的单位称为运费吨或计费吨。

在班轮运输中，主要使用的计费标准是容积和重量；对于贵重货物，则按货价的一定百分比计算运费；对于某些特定货物也会按其实体的个数或件数计算运费。在船公司制定的运价本中，对运价的计算标准一般有以下几种规定。

按货物的毛重计收，在运价本中以 W 表示，一般以每一公吨为计费单位，也有按长吨(1 长吨=1.02 公吨)或短吨(1 短吨=0.91 公吨)计算的。

按货物的体积计收，在运价本中以 M 表示，一般以立方米为计费单位，也有以立方英尺计算的。

按货物的毛重或体积计收，在运价本中以 W/M 表示，指该种货物应按其毛重和体积计算运费，并选择其中运费较高者收取运费。

按货物的价格计收，在运价本中以 AD. VAL 表示，指该种货物应按其 FOB 价格的一定百分比计算运费，这种运费称为从价运费。

按货物重量、体积或价格三者中最高的一种计收，在运价本中以 W/M or AD. VAL 表示，指该种货物应分别按其毛重、体积和其 FOB 价格的一定百分比计算运费，并选择其中运费高者收取运费。

按货物的件数计收，在运价本中以 Per Unit，Head，Piece Etc. 表示，指车辆按“每辆”，活牲畜按“每头”计算运费。

按议价费率计收，在运价本中以 Open Rate 表示，指该种货物应按承运人与托运人双方临时议定的费率计收运费。这种费率适用于大宗低值货物如粮食、煤炭等，议价费率一般比等级费率低。

起码运费率，指按每一提单上所列的货物重量或体积所计算出的运费尚不足运价本中规定的最低费率时，则按起码运费率计收，即对每一提单应计收的最低运费不低于起码运费。班轮公司大多以其等级费率的第一级费率作为起码运费率。在集装箱运输中，又有按每一个集装箱计算收取运费的规定。

(2)班轮运费的计算公式。班轮运费是由基本运费和附加运费组成的，其计算公式如下。

如果附加运费为绝对数值，则运费计算公式为

$$运费总额=货运数量(重量或体积)\times基本费率+附加运费 \tag{9-28}$$

如果附加运费按百分比计算，则运费计算公式为

$$运费总额=货运数量(重量或体积)\times基本费率\times(1+附加运费百分比) \quad (9\text{-}29)$$

(3)运费计算的步骤如下。

①根据装货单留底联(或托运单证中的运费计算联)查明货物的装货港和目的港所在的航线，注意它们是否属于航线上的基本港口；所运货物是否需要转船或要求直达；对于选港货，还应注意选卸港名及选卸港口数。

②了解货物品名、特性、包装，以及是否属于超重、超长货物或冷藏货物。如果托运人提供的货物重量、尺码所使用的计量单位与运价表规定的计量单位不相符，还必须首先对计量单位按规定的换算率进行换算。

③根据货物品名，从货物分级表中找出该货物的等级和计算标准。如属于未列名货物，则参照性质相近货物的等级和计算标准计算。

④查找所属航线等级费率表，找出等级货物的基本费率。

⑤查出各项应收附加费的计算方法及费率。

⑥列式进行计算。

(4)计算实例。

【案例 9-10】　某班轮从上海港装运 10t 共 11m^3的蛋制品去英国普利茅斯港，要求直航，求全部运费。

(1)该票货物的运输航线属中国—欧洲地中海航线，目的港普利茅斯港是航线上的非基本港。

(2)查货物分级表知蛋制品为 12 级，计算标准为 W/M。

(3)查中国—欧洲地中海航线等级费率表知，12 级货物的基本费率为 116 元/吨。

(4)查中国—欧洲地中海航线附加费率表知，普利茅斯港直航附加费为 18 元/t，燃油附加费为 35%。

(5)因该批货物容积吨大于重量吨，所以运费吨为 11t，代入运费计算公式，得

$$运费总额=11\times[116\times(1+35\%)+18]=1920.60(元)$$

2)集装箱海运运费的计算

国际集装箱海运运费的计算办法与普通班轮运费的计算办法一样，也是根据费率本规定的费率和计费办法计算运费，并同样也有基本运费和附加费之分。但由于集装箱货物既可以交集装箱货运站(CFS)装箱，也可以由货主自行装箱整箱托运，因而在运费计算方式上也有所不同，主要表现在当集装箱货物是整箱托运，并且使用的是承运人的集装箱时，集装箱海运运费计收有“最低计费吨”和“最高计费吨”的规定，此外，对于特种货物运费的计算以及附加费的计算也有其规定。

(1)拼箱货海运运费的计算。目前，各船公司对集装箱运输的拼箱货运费的计算，基本上是依据件杂货运费的计算标准，按所托运货物的实际运费吨计费，即尺码大的按尺码吨计费，重量大的按重量吨计费。另外，在拼箱货海运运费中还要加收与集装箱有关的费用，如拼箱服务费等。由于拼箱货涉及不同的收货人，因而拼箱货不能接受货主提出的有关选港或变更目的港的要求，所以，在拼箱货海运运费中没有选港附加费和变更目的港附加费。

(2)整箱货海运运费的计算。对于整箱托运的集装箱货物运费的计收，一种方法是同拼箱货一样，按实际运费吨计费；另一种方法，也是目前采用较为普遍的方法是，根据集装箱的类型按箱计收运费。

在整箱托运集装箱货物且所使用的集装箱为船公司所有的情况下，承运人则有按“集装箱最低利用率”(container minimum utilization)和“集装箱最高利用率”(container maximum utilization)支付海运运费的规定。

一般来说，班轮公会在收取集装箱海运运费时通常只计算箱内所装货物的吨数，而不对集装箱自身的重量或体积进行收费，但是对集装箱的装载利用率有一个最低要求，即最低利用率。但对有些承运人或班轮公会来说，只是当采用专用集装箱船运输集装箱时，才不收取集装箱自身的运费，而当采用常规船运输集装箱时，按集装箱的总重(含箱内货物重量)或总体积收取海运运费。

规定集装箱最低利用率的主要目的是，如果所装货物的吨数(重量或体积)没有达到规定的要求，则仍按该最低利用率时相应的计费吨计算运费，以确保承运人的利益。在确定集装箱的最低利用率时，通常要包括货板的重量或体积。最低利用率的大小主要取决于集装箱的类型、尺寸和集装箱班轮公司所遵循的经营策略。当然，在有些班轮公会的费率表中，集装箱的最低利用率通常仅与箱子的尺寸有关，而不考虑集装箱的类型。目前，按集装箱最低利用率计收运费的形式主要有 3 种：最低装载吨、最低运费额以及上述两种形式的混合形式。

最低装载吨可以是重量吨或体积吨，也可以是占集装箱装载能力(载重或容积)的一个百分比。以重量吨或体积吨表示的最低装载吨数通常是依集装箱的类型和尺寸的不同而不同，但在有些情况下也可以是相同的。而当以集装箱装载能力的一定比例确定最低装载吨时，该比例对于集装箱的载重能力和容积能力通常都是一样的，当然也有不一样的。

最低运费额则是按每吨或每个集装箱规定一个最低运费数额，其中后者又被称为最低包箱运费。

至于上述两种形式的混合形式则是根据下列方法确定集装箱最低利用率的。

①集装箱载重能力或容积能力的一定百分比加上按集装箱单位容积或每集装箱规定的最低运费额；

②最低重量吨或体积吨加上集装箱容积能力的一定百分比。

当集装箱内所装载的货物总重或体积没能达到规定的最低重量吨或体积吨，而导致集装箱装载能力未被充分利用时，货主将支付亏箱运费。亏箱运费实际上就是对不足计费吨所计收的运费，即是所规定的最低计费吨与实际装载货物数量之间的差额。在计算亏箱运费时，通常是以箱内所载货物中费率最高者为计算标准。此外，当集装箱最低利用率是以“最低包箱运费”形式表示时，如果根据箱内所载货物吨数与基本费率相乘所得运费数额，再加上有关附加费之后仍低于最低包箱运费，则按后者计收运费。

集装箱最高利用率的含义是，当集装箱内所载货物的体积吨超过集装箱规定的容积装载能力(集装箱内容积)时，运费按规定的集装箱内容积计收，也就是说超出部分免收运费。至于计收的费率标准，如果箱内货物的费率等级只有一种，则按该费率计收；如果箱内装有不同等级的货物，则计收运费时通常采用下列两种做法：一种做法是箱内所有货物均按箱内最高费率等级货物所适用的费率计算运费；另一种做法是按费率高低，从高费率起往低费率计算，直至货物的总体积吨与规定的集装箱内容积相等为止。

需要指出的是，如果货主没有按照承运人的要求详细申报箱内所装货物的情况，运费则按集装箱内容积计收，而且费率按箱内装货物所适用的最高费率计。如果箱内货物只有部分没有申报数量，那么未申报部分运费按箱子内容积与已申报货物运费吨之差计收。

规定集装箱最高利用率的目的主要是鼓励货主使用集装箱装运货物，并能最大限度地利用集装箱的内容积。为此，在集装箱海运运费的计算中，船公司通常都为各种规格和类型的集装箱规定了一个按集装箱内容积计算的最高利用率，例如，20ft 集装箱的最高利用率为 $31m^3$，40ft 集装箱的最高利用率为 $67m^3$。最高利用率之所以以体积吨而不以重量吨为计算单位，是因为每一集装箱都有其最大载重量，在运输中超重是不允许的。因此，在正常情况下，不应出现超重的集装箱，更谈不上鼓励超重的做法。

(3)特殊货物海运运费的计算。一些特殊货物如成组货物、家具、行李及服装等在使用集装箱进行装运时，在运费的计算上有一些特别的规定。

①成组货物。班轮公司通常对符合运价本中有关规定与要求，并按拼箱货托运的成组货物，在运费上给予一定的优惠，在计算运费时，应扣除货板本身的重量或体积，但这种扣除不能超过成组货物(货物加货板)重量或体积的 10%，超出部分仍按货板上货物所适用的费率计收运费。但对于整箱托运的成组货物，则不能享受优惠运价，并且整箱货的货板在计算运费时一般不扣除其重量或体积。

②家具和行李。对装载在集装箱内的家具或行李，除组装成箱子再装入集装箱外，应按集装箱内容积的 100%计收运费及其他有关费用。该规定一般适用于搬家的物件。

③服装。当服装以挂载方式装载在集装箱内进行运输时，承运人通常仅接受整箱货“堆场—堆场”(CY/CY)运输交接方式，并由货主提供必要的服装装箱物料(如衣架等)，运费按集装箱内容积的 85%计算。如果箱内除挂载的服装外，还装有其他货物，服装仍按箱容的 85%计收运费，其他货物则按实际体积计收运费。但当两者的总计费体积超过箱容的 100%时，其超出部分免收运费。在这种情况下，货主应提供经承运人同意的公证机构出具的货物计量证书。

④回运货物。回运货物是指在卸货港或交货地卸货后的一定时间以后由原承运人运往原装货港或发货地的货物。对于这种回运货物，承运人一般给予一定的运费优惠，例如，当货物在卸货港或交货地卸货后 6 个月由原承运人运回原装货港或发货地，对整箱货(原箱)的回程运费按原运费的 85%计收，拼箱货则按原运费的 90%计收口程运费。但货物在卸货港或交货地滞留期间发生的一切费用均由申请方负担。

⑤货物滞期费。在集装箱运输中，货物运抵目的地后，承运人通常给予箱内货物一定的免费堆存期(free time)，但如果货主未在规定的免费期内前往承运人的堆场提取货箱，或去货运站提取货物，承运人则对超出的时间向货主收取滞期费(demurrage)。货物的免费堆存期通常从货箱卸下船时起算，其中不包括星期六、星期日和节假日。但一旦进入滞期时间，便连续计算，即在滞期时间内若有星期六、星期日或节假日，该星期六、星期日及节假日也应计入滞期时间，免费堆存期的长短以及滞期费的计收标准与集装箱箱型、尺寸以及港口的条件等有关，同时也依班轮公司而异，有时对于同一港口，不同的船公司有不同的计算方法。

根据班轮公司的规定，在货物超过免费堆存期后，承运人有权将箱货另行处理。对于使用承运人的集装箱装运的货物，承运人有权将货物从箱内卸出，存放于仓储公司仓库，由此产生的转运费、仓储费以及搬运过程中造成的事故损失费与责任均由货主承担。

⑥集装箱超期使用费。如果货主所使用的集装箱和有关设备为承运人所有，而货主未能在免费使用期届满后将集装箱或有关设备归还给承运人，或送交承运人指定地点，承运人则按规定对超出时间向货主收取集装箱期使用费。

(4)附加费的计算。与普通班轮一样，国际集装箱海运运费除计收基本运费外，也要加收各种附加费。附加费的标准与项目根据航线和货种的不同而有不同的规定。集装箱海运附加费通常包括以下几种形式。

①货物附加费(cargo additional)。某些货物，如钢管之类的超长货物、超重货物、需洗舱(箱)的液体货等，由于它们的运输难度较大或运输费用增高，所以对此类货物要增收货物附加费。当然，对于集装箱运输来讲，计收对象、方法和标准有所不同。例如，对超长、超重货物加收的超长、超重、超大件附加费(heavylift and over－length additional)只对由集装箱货运站装箱的拼箱货收取，其费率标准和计收办法与普通班轮相同。如果采用CFS/CY条款，则对超长、超重、超大件附加费减半计收。

②变更目的港附加费。变更目的港仅适用于整箱货，并按箱计收变更目的港附加费。提出变更目的港的全套正本提单持有人，必须在船舶抵达提单上所指定的卸货港48h前以书面形式提出申请，经船方同意变更。如变更目的港的运费超出原目的港的运费，则申请人应补交运费差额，反之，承运人不予退还。由于变更目的港所引起的翻舱及其他费用也应由申请人负担。

③选卸港附加费(optional additional)。选择卸货港或交货地点仅适用于整箱托运整箱交付的货物，而且一张提单的货物只能选定在一个交货地点交货，并按箱收取选卸港附加费。

选港货应在订舱时提出，经承运人同意后，托运人可指定承运人经营范围内直航的或经转运的3个交货地点内选择直走卸货港，其选卸范围必须按照船舶挂靠顺序排列。此外，提单持有人还必须在船舶抵达选卸范围内第一个卸货港96h前向船舶代理人宣布交货地点，否则船长有权在第一个或任何一个选卸港将选卸货卸下，即应认为承运人已终止其责任。

④服务附加费(service additional)。当承运人为货主提供了诸如货物仓储对已关或转船运输以及内陆运输等附加服务时，承运人将加收服务附加费。对于集装箱货物的转船运输，包括支线运输转干线运输，都应收取转船附加费(trans－shipment additional)。

除上述各项附加费外，其他有关的附加费计收规定与普通班轮运输的附加费计收规定相同。这些附加费包括：因港口情况复杂或出现特殊情况所产生的港口附加费(port additional)；因国际市场上燃油价格上涨而增收的燃油附加费(bunkel adjustment factor，BAF)；为防止货币贬值造成运费收入上的损失而收取的货币贬值附加费(currency adjustment factor，CAF)；因战争、运河关闭等原因迫使船舶绕道航行而增收的绕航附加费(deviation surcharge)；因港口拥挤致使船舶抵港后不能很快靠卸而需长时间待泊所增收的港口拥挤附加费(port congestion surcharge)等。此外，对于贵重货物，如果托运人要求船方承担超过提单上规定的责任限额时，船方要增收超额责任附加费(additional for excess of liability)。

需要指出的是，随着世界集装箱船队运力供给大于运量需求矛盾的逐渐突出，集装箱航运市场上削价竞争的趋势日益蔓延，因此，目前各船公司大多减少了附加费的增收种类，将许多附加费并入运价当中，给货主提供了一个较低的包干运价。这不仅起到了吸引货源的作用，同时也简化了运费结算手续。

2. 国内水路货物运输费用的计算

国内水路货物运输实行的是市场运价，所以在确定水路货物运价时，应以运输价值为基础，并考虑运输市场的供求关系、竞争导向因素、不同运输方式之间的比价关系以及货物的运费负担能力。水路货物运价的制定包括货运基本价格的制定、货类分级及级差率的确定、运价里程与计算里程的确定、运价率表的制定等。

1)货运基本价格的制定

货运基本价格简称基价，也称为基本价率，是指基准的运价率。基价确定方法有两种，即综合基价和组合基价。

(1)综合基价，是指以综合运输成本为基础进行测算的货运基本价格，其理论公式为

综合基价=(运输成本+利润+税金)/计划期换算货物周转量［元/(t·km)］(9-30)

式中，运输成本表示计划期部门或航区预计货运成本；利润表示按规定利润率计算办法所得的利润额；税金表示计划期按国家规定的工商税率计算出来的税金；计划期换算货物周转量表示以基本货类、基本船型为基础，各货类、船型按运输生产效率的一定比例换算而得的货物周转量。

综合基价确定后，不同货种、不同运距的货物运价率可按下式确定

运价率=综合基价×里程×级差系数(元/t)　(9-31)

以综合基价为基础而确定的货物运价是一种均衡里程运价，它既能反映货物运价的总体水平，也能反映不同运距、不同货种的运价差别，测算也比较方便。但是此法不能较好地体现运输成本随运距变化的情况，也不能反映运距的变化对停泊成本和航行成本的不同影响。

(2)组合基价，是指由航行基价和停泊基价组合而成的货运基本价格，它是递远递减运价的基础，比综合基价(均衡里程运价)合理，其理论计算公式为

组合基价=航行基价×里程+停泊基价(元/t)　(9-32)

航行基价=(航行成本+利润+税金)/计划期换算周转量［元/(t·km)］　(9-33)

停泊基价=(停泊成本+利润+税金)/计划期换算货运量(元/t)　(9-34)

式中，航行成本、停泊成本分别指与船舶航行、停泊有关的成本；航行基价、停泊基价中的利润、税金分别指船舶在航行、停泊期间应分摊的利润和税金；计划期换算周转量、计划期换算货运量分别指以基本货类、基本船型为基础，各货类、船型按运输生产效率进行换算而得的货物周转量、货运量。

组合基价确定后，不同货种、不同运距的货物运价率按下式计算

运价率=组合基价×级差系数(元/t)　(9-35)

以组合基价为基础而确定的货物运价是一种递远递减运价。随着运距的增加，每吨·千米停泊基价在逐步减少，而航行基价为不变值，从而每吨·千米运价随运距的增加也逐渐减少。采用递远递减运价能较好地体现运输成本随运距变化的情况，比均衡里程运价更

为合理。

(3)我国北方沿海、长江航区的航行基价与停泊基价。

从理论上说，由于航行成本基本上随运输距离的增加而增加，故每吨·千米(或每吨·海里)的航行成本可视为不变值。但运距的变化与单位航行成本并不绝对相等，一般是运距短的单位航行成本高，运距长的单位航行成本低。自然条件和地理位置不同的某些航区，各航行区段的单位航行成本有显著差别，所以沿海以运距的长短分别规定了不同的航行基价，长江则以上游区段、中游区段、下游区段分别规定了有差别的航行基价。

停泊基价的制定主要依据单位停泊成本。由于行驶在各航区的船舶的结构、装备等有较大差异，分摊到每货运吨的停泊成本也不同，沿海航区的船舶停泊基价一般小于内河航区。

2)货类分级及级差率的确定

(1)货物分级和分级数的确定

对货物分级应主要从运输效率和运输成本上来分析确定，通常要考虑货物的积载因数、货物运输及装卸的难易程度、货物的理化性质、货物的运费承担能力及与其他运输方式的比价等。不同级别的货类在运价上是有差别的，贵重货物高于普通货物，危险货物高于一般货物，成品货物高于原材料，轻质货物高于重质货物。

货物分级数的多少要能合理体现各种货类在运价上的差别和便于计算核收。我国沿海(包括北方沿海、华南沿海)、长江、黑龙江及部分地方航区采用10级分类制。

(2)级差率的确定。级差率是指同一航线不同级别货物运价率之间的递增(或递减)率，其计算公式为

$$级差率=(后级运价率-前级运价率)/前级运价率\times100\% \quad (9\text{-}36)$$

$$后级运价率=前级运价率\times(1+级差率)(元/t) \quad (9\text{-}37)$$

级差率的数值可以是正数，也可以是负数。若为正数，则说明后一级的运价率高于前一级；反之，后一级的运价率低于前一级。

级差系数是指各级货物的运价率对基级货物运价率(基价)的比例关系，可根据各级级差率推算。如果已知级差系数和基价，则其他级别的运价率可按下式确定

$$各级运价率=基价\times相应的级差系数 \quad (9\text{-}38)$$

3)运价里程与计算里程的确定

运价里程是指由水运主管部门统一颁布的为测定两港间运价率而特设的里程。它不同于实际里程和航行里程，比较稳定，不得任意更改，只有在航道或港区发生永久性变化时，才由水运主管部门统一修订。

在制定运价率表时，为便于运作和简化，往往把运价里程划分为若干区段，每一区段适合从某一里程起至下一里程止的特定范围。若两港间的运价里程落在某一里程区段内，则按统一规定的里程计算，这一里程称为计算里程。我国对沿海航区和长江航区里程区段的划分以及相应采用的计算里程均有不同规定。

(1)沿海航区(包括北方沿海、华南沿海)里程区段的划分表如9-9所示。

表 9-9　我国沿海航区里程区段划分表

里程区段/海里	区段数	每段里程/海里	里程区段/海里	区段数	每段里程/海里
1～15	1	50	201～400	5	40
51～100	5	10	401～1000	10	60
101～200	5	20	1000 以上		100

各里程区段又划分为若干小区段，如表 9-9 中的 51～100 海里区段中，以每 10 海里划分为 5 个小区段，即 51～60、61～70、…、91～100，其计算里程以各区段的中间值为准，并仅保留整数。例如，大连—天津运价里程为 247 海里，属 241～280 海里区段，其计算里程为 260 海里，天津—青岛运价里程为 461 海里，属 451～520 海里区段，其计算里程为 490 海里。

(2)长江航区里程区段的划分是以每 10km 为一里程区段，即 1～10km、11～20km、21～30km、…，以此类推。

以里程各区段的终值为准，即将运价里程的个位逢十进整。例如，上海—张家港运价里程为 170km，计算里程即为 170km，南京—南通运价里程为 264km，计算里程即为 270km。

4)运价率表的制定

确定了基价、级差率及运价里程之后，就可以计算出任何两港间的各级运价率，将所得数据汇列成表即可得到运价率表。货物运价率表有两种形式，即分航区运价率表和主要航线运价率表，前者是按北方沿海、华南沿海、长江和黑龙江四大航区分别制定货物运价，后者的制定运价步骤为如下

(1)列出主要航线起讫港并确定其所在航区。

(2)查运价里程并确定计算里程。

(3)确定航行基价、停泊基价和级差系数。

(4)计算各级货物的运价率。

【案例 9-11】　确定上海—青岛三级货物的运价率。

上海—青岛为北方沿海航线，其运价里程为 404 海里，属 401～460 海里区段，则计算里程为 430 海里。其航行基价在 200 海里区间为 0.0075 元/(t·海里)，201～400 海里区段为 0.0070 元/(t·海里)，400 海里以上为 0.0065 元/(t·海里)。三级货物的级差系数为 110.25%，停泊基价为 2.6 元/t，则

运价率=(0.0075×200+0.0070×200+0.0065×30+2.6)×110.25%=6.28(元/t)

【案例 9-12】　确定九江—宜昌木材的运价率。

九江—宜昌为长江航线，其中九江—武汉为下游区段，运价里程为 269km，以 270km 计算；武汉—宜昌为中游区段，运价里程为 626km，以 630km 计算。木材为四级货物，级差系数为 115.76%，停泊基价为 1.5 元/t，则

运价率=(0.0070×270+0.0136×630+1.5)×115.76%=13.84(元/t)

3. 港口费用的计算

各国港口的费收项目、计费方法和费率水平都不尽相同，但基本费收项目较为一致。

1)与船舶有关的费用

与船舶有关的费用约占船舶港口使费总额的36%，而引航费、拖轮费、系解缆费、船舶港务费、船舶吨税、停泊费、代理费等费用之和约占这类费用的90%。

引航费：大多数国家都规定外籍船舶进出本国港口实行强制引航，绝大部分港口按船舶的净吨(或总吨)和次数计费，如安特卫普港按船舶总吨计收；少数港口，如鹿特丹港则按船舶吃水和引航的距离收费。

拖轮费：船舶进出港口或移泊都需拖轮协助，该费用的计费方法较多，如我国是按拖轮的马力小时计费；汉堡港按船舶吨位计算；鹿特丹港则按船舶长度计算，还要考虑拖轮使用的区域。

系解缆费：多数港口按船舶的净吨(或总吨)计收，少数港口如马赛港按船舶长度计收。

船舶港务费：是港口当局向船方征收的费用，通常按船舶的净吨或总吨计费，多数港口，如马来西亚的港口规定进出港各计费一次，少数港口规定进出港只计费一次。

船舶吨税：是船舶出入国境的关税，由海关向船东征收，但各国吨税征收办法有很大差异，例如，波兰港口按船船的净吨计收，按年缴纳，但对不定期船和班轮规定不同的税率；而温哥华、科伦坡等港口是按船舶在港装卸的货量计收，具体税率也各有规定。

停泊费：绝大多数港口按净吨(或总吨)和停泊时间计费，以24h为一天，超1h按一天计算。

代理费：是船方向委托代理人支付的劳务费用。代理费一般按代理协议每船包干，少数按运费计收。其中，引航费、拖轮费、系解缆费在节假日和夜间要加收附加费。

2)与货物有关的费用

与货物有关的费用约占船舶港口使费总额的59%，最主要的是装卸费，约占这类费用的86%，其次是理货费。

装卸费一般是按装卸货物的重量吨计收的，对于体积大的轻泡货则按体积计收。关于货物的装卸费由谁负担，应依据运输合同规定的条款定。FAS条款规定由船方负担装卸费；FIO条款规定船方不负担装卸费；FILO条款规定船方只负担卸货费；LIFO条款规定船方只负担装货费；FIOST条款则规定船方不负担装卸费、积载费和平舱费。

大多数港口规定节假日和夜间装卸货物要支付加班费，其计费办法一般有两种：一种是按规定加班的费率，如多哈港规定，凡加班时间卸货费由原来的基本费率的5.1美元/t增加到15美元/t；另一种是按时间段收费，如日本港口规定上半夜增加50%，下半夜增加130%。

理货费一般以装卸货物的吨数计费，节假日、夜间也要加收加班费，一般是按规定加班的费率，如也门的港口节假日、夜间的理货费要加收130%。

其他相关费用约占船舶港口使费总额的5%，这类费用主要是日常的服务费，它是根据实际支出结算的。

9.6　本章小结

本章主要要求掌握以下内容：了解运价的特点和功能；运价的种类、结构形式以及制定运价的方法；理解各种运输方式旅客和货物运输费用的构成；掌握各种运输方式货物运输费用的计算方法和程序等，其中应重点掌握各种运输方式货物运输费用的构成和各种运输方式货物运输费用的计算方法和程序。

1. 运价的基本原理

运价就是运输价值的货币体现，表现为运输单位产品的价格。各种运输方式都有其特定的运价。运费是托运人根据运输契约向承运人支付的运输费用，或者是承运人根据运输契约向托运人收取的运输报酬，运费应是单位运价与运量之积。

2. 铁路运输费用的计算

铁路货物运输费用是对铁路运输企业所提供的各项生产服务消耗的补偿，包括运行费用、车站费用、服务费用和额外占用铁路设备的费用等。

铁路货物运输费用具体由货物运费、杂费以及一些专项和代收费用构成。其中，货物运费由发到运费和运行运费构成；杂费又包括营运杂费，延期使用运输设备、违约及委托服务费用以及租、占用运输设备费用；专项和代收费用包括铁路建设基金、新路新价均摊运费、电气化附加费、印花税等。

3. 公路运输费用的计算

整批货物及集装箱的运输费用一般由吨(箱)次费用、运价费用和货物运输其他费用构成。零担货物和计时包车运输货物的公路运输费用一般由运价费用和货物运输其他费用构成。其中，公路货物运输其他费用主要包括调车费、延滞费、装货(箱)落空损失费、排障费、车辆处置费、检验费、装卸费、车辆通行费、保管费、道路阻塞停车费、运输变更手续费等。

4. 航空运输费用的计算

航空货物运输费用是在货物运输过程中产生的，承运人应当向托运人或者收货人收取的费用，一般包括航空运费、货物声明价值附加费、货物地面运输费、退运手续费、航空货运单费、到付运费手续费、特种货物处理费、保管费等。

航空运费是指根据货物的计费重量和适用的货物运价计算得出的货物始发站机场至目的站机场之间的货物运输费用，不包括机场与市区之间、同一城市两个机场之间的地面运输费以及其他费用。

5. 水运运输费用的计算

(1)班轮运费。班轮运费通常由基本运费和附加运费两部分组成。基本运费是任何一种货物都要计收的运费，附加运费是视不同情况而加收的运费，附加运费可以按每一计费吨加收若干计收，也可按基本运费的一定比例计收。

(2)集装箱海运运费。集装箱海运运费包括海运运费、堆场服务费、拼箱服务费、集散运输费、内陆运输费。

(3)港口使费。港口使费包含港口费目及港口费率两个内容。港口费目是收取港口费用的项目，港口费率是收取每项港口费用的费用标准或单价。港口征收的港口使费有船舶吨税、港务费、装卸费、理货费、货物保管费、转口费、驳运费、代理费、检验费、节假日及夜班附加费、租用设备和杂项作业费以及与集装箱有关的港口收费等。

思考题

1. 简述运价的结构形式。
2. 简述铁路货物运费的计算程序和计算公式。
3. 铁路整车货物和集装箱货物的计费重量分别是如何确定的?
4. 铁路冷藏车货物、快运货物以及超长、超限和限速货物在运费计算上有何特殊性?
5. 公路货物运价有哪些种类?
6. 公路货物的计费重量、计费里程和计费时间分别是如何确定的?
7. 什么是班轮运价? 班轮运费是怎样构成的?
8. 集装箱运输的“站到门”交接方式中承运人应收取哪些费用?
9. 某海轮从大连港装运 150t 共 $165m^3$ 的蛋制品去英国普利茅斯港，要求直航，请计算全部运费。
10. 简述航空货物运价的种类及其适用条件。
11. 某轮船公司班轮运价表规定的货物分级表如表 9-10 所示。

表 9-10 某轮船公司货物分级表

货名	计算标准	等级
农机(包括拖拉机)	W/M	9
钟及零件	M	10
五金及工具	W/M	10
人参	AV/M	20
玩具	M	11

班轮运价表中规定，由中国口岸至东非主要港口的费率如表 9-11 所示。

表 9-11 中国口岸至东非主要港口费率

等级	1	2	…	9	10	11	…	AV
运费(HKD)	243	254	…	404	443	477	…	2.9%

现有工具 100 箱，每箱 $0.45m^3$，每箱毛重 580kg，试计算该批货物运往东非某主要港口的运费(燃料附加费 40%，港口拥挤费 10%)。

主要参考文献

陈鹏. 2006. 浅析国内航空旅客票价［J］. 空运商务，(4)36－39.

交通部，1996. 水路旅客运输规则.

交通部，1998. 汽车运价规则［S］.

李津，金俊武. 2005. 运输商务管理［M］. 北京：国防工业出版社.

刘作义，郎茂祥. 2003. 运输商务［M］. 北京：中国铁道出版社.

彭楚汰. 2003. 如何节省港口使费［J］. 中国水运，(1)27－29.

唐秋生，刘玲丽. 2006. 交通运输商务管理［M］. 北京：人民交通出版社.

铁道部运输局，1997. 铁路客运运价规则［S］.

铁道部运输局，2005. 铁路货物运价规则［S］.

王学锋. 2004. 国际物流运输［M］. 北京：化学工业出版社.

曾天文. 2007. 高速公路旅客运输相关问题研究［D］. 成都：西南交通大学.

中国民用航空总局，2004. 中国民用航空旅客、行李国内运输规则［S］.

第 10 章　运输保险与保价

在运输过程中，常常会因为不可抗力或承运人的过失而使货主的货物或者旅客的财产受到损失，甚至会威胁到旅客的生命安全。为了在损害发生后得到足够的赔偿，使损失减小到最少，旅客或货主可以选择参加运输保险或保价运输。

10.1　运输保险

运输保险是以处于流动状态下的财产作为保险标的的一种保险，包括运输货物保险和运输工具保险，这两种保险的共同特点是，保险标的处于运输状态或经常处于运行状态，与火灾保险的保险标的要求存放在固定场所和处于相对静止状态有区别，因此不能被火灾保险包容。

运输保险业务的内容包括运输货物保险、机动车辆保险、船舶保险、航空保险、摩托车保险等，在整个财产保险业中占有十分重要的地位。

10.1.1　保险概述

1. 保险的定义

“保险”一词具有稳妥可靠、保证安全等多种含义。但保险作为一个专用术语，迄今还没有统一的定义。一般认为是一种经济补偿手段，是对危险造成的损失进行补偿的制度。下面从广义和狭义两个角度来介绍。

广义的保险是指保险人向投保人收取保险费，建立专门用途的保险基金，并对投保人负有法律或合同规定范围内的赔偿或给付责任的一种经济保障制度；狭义的保险特指商业保险，即通过合同形式，运用商业手段，由专门机构向投保人收取保险费，建立保险基金，用做对被保险人在合同范围内的财产损失、人身伤亡以及年老丧失劳动能力者给付保险金的一种经济保障制度。

可见，保险既是一种经济制度，也是一种法律关系。从经济角度来讲，保险是以概率和大数法则为数理基础的，集合多数单位和个人共同建立保险基金，用来在发生自然灾害和意外事故时，对保险人的财产损失给予经济补偿或人身伤亡给付保险金的一项制度。或者说，它是指人们为了保障日常生产和生活的稳定，对同类危险事故发生所造成的损失或经济需要，运用多数单位的力量建立保险基金并根据合理的数学计算建立的经济补偿制度或金钱给付的安排。

从法律角度来讲，保险的含义是由相关法律给予明确的。我国《保险法》第 2 条对保险的定义是：本法所称保险，是指投保人根据合同约定，向保险人支付保险费，保险人对于合同约定的可能发生的事故因其发生所造成的财产损失承担赔偿保险金责任，或者当被保险人死亡、伤残、疾病或者达到合同约定的年龄、期限时承担给付保险金责任的商业保险行为。

2.保险的分类

迄今为止，世界各国对保险的分类尚无统一标准，只能从不同的角度进行大体上的分类。比较常见的分类标准有按保险性质、保险标的、实施形式和风险转移层次分类。

1)按保险性质分类

按保险性质的不同，可分商业保险、社会保险和政策保险三类。

(1)商业保险(commercial insurance)，是指投保人与被保险人订立保险合同，根据合同约定，投保人向保险人支付保险费、保险人对可能发生的事故因其发生所造成的损失承担赔偿责任，或者当被保险人死亡、疾病、伤残或者达到约定的年龄期限时给付保险金责任的保险。目前，一般保险公司经营的财产保险、人身保险、责任保险、保证保险均属商业保险。

(2)社会保险(social insurance)，是指国家通过立法对社会劳动者暂时或永久丧失劳动能力或失业时提供一定的物质帮助，以保障其基本生活的一种社会保障制度。当劳动者遇到生育、疾病、死亡、伤残和失业等时，国家以法律的形式由政府指定的专门机构为其提供基本的生活保障，将某些社会危险损失转移给政府或某个社会组织。

(3)政策保险(policy insurance)，是指政府出于某项特定政策的目的，以商业保险的一般做法而举办的一种保险。例如，为扶助农牧、渔业增产增收的种植业保险与养殖业保险；为促进出口贸易的出口信用保险。政策保险通常由国家设立专门机构或委托官方或半官方的保险公司具体承办。

2)按保险标的分类

所谓保险标的(或称保险对象)，是指保险合同中所载明的投保对象。在商业保险中，按不同的标的，广义上可将保险分为财产保险和人身保险两大类；狭义上可细分为财产保险、责任保险、信用保证保险和人身保险四类。

(1)财产保险(property insurance)，是指以各种有形财产及其相关利益为保险标的的保险，保险人承担对各种保险财产及相关利益因遭受保险合同承保责任范围内的自然灾害、意外事故等风险所造成的损失负赔偿责任。财产保险的种类繁多，主要有海上保险、运输货物保险、运输工具保险、火灾保险、工程保险、盗窃保险、农业保险等。

(2)责任保险(liability insurance)，其标的是被保险人依法应对第三者承担的民事损害赔偿责任或经过特别约定的合同责任。在责任保险中，凡根据法律或合同规定，由于被保险人的疏忽或过失造成他人的财产损失或人身伤害所应负的经济赔偿责任，由保险人负责赔偿。常见的责任保险有公众责任保险、雇主责任保险、产品责任保险、职业责任保险等。

(3)信用保证保险(credit&surely insurance)，其标的是合同的权利人和义务人约定的经济信用。信用保证保险是一种担保性质的保险，按照投保人的不同，信用保证保险又可分为信用保险和保证保险两种类型。信用保险的投保人和被保险人都是权利人，所承保的是契约的一方因另一方不履约而遭受的损失；保证保险的投保人是义务人，被保险人是权利人，保证当投保人不履行合同义务或有不法行为使权利人蒙受经济损失时，由保险人承担赔偿责任。目前，信用保证保险的主要险种有雇员忠诚保证保险、履约保证保险、信用保险等。

(4)人身保险(personal insurance)，是以人的身体或生命作为标的的一种保险。人身保险以伤残、疾病、死亡等人身风险为保险事故，被保险人在保险期间因保险事故的发生或生存到保险期满，保险人依照合同规定对被保险人给付保险金。由于人的价值无法用货币衡量，具体的保险金额是根据被保险人的生活需要和投保人所支付的保险费由投保人与保险人协商确定。人身保险主要包括人寿保险、健康保险、人身意外伤害保险等。

3)按保险的实施形式分类

按保险的实施形式，保险可分为强制保险与自愿保险。

(1)强制保险(compulsory insurance)又称法定保险，是指国家或政府根据法律或行政法规的规定在投保人和保险人之间强制建立起来的保险关系。这种保险依据法律或行政法规的效力，而不是投保人和保险人之间的合同行为而产生。

(2)自愿保险(voluntary insurance)又称任意保险，是由投保人和保险人双方在平等自愿的基础上，通过协商订立保险合同并建立起保险关系的。在自愿保险中，投保人对于是否参加保险，向哪家保险公司投保，投保何种险别，以及保险金额、保险期限等均有自由选择的权利。在订立保险合同后，投保人还可以中途退保，终止保险合同。至于保险人也有权选择投保人，自由决定是否接受承保和承保金额。在决定接受承保时，对保险合同中的具体条款，如承保的责任范围、保险费率等也均可通过与投保人协商决定。自愿保险是商业保险的基本形式。

4)按风险转移层次分类

按风险转移层次分类，保险可分为原保险和再保险。

(1)原保险(original insurance)，是指投保人与保险人直接订立保险合同，建立保险关系，投保人将风险损失转嫁给保险人。原保险的投保人不能是保险机构。

在原保险中，一般每笔保险业务只有一个投保人与一个保险人。根据不同需要，还可能出现共同保险与重复保险。共同保险简称共险，是指由两个或两个以上保险人共同承保同一标的的同一风险，而且保险金额不超过标的的保险价值的保险业务。在发生赔偿责任时，其赔款按保险人各自承保的金额比例分摊。重复保险是指投保人对同一标的、同一保险利益、同一期限内就同一标的的同一保险事故分别向两个或两个以上保险人投保，而保险金额之和不超过保险标的实际保险价值。我国《保险法》第 40 条对重复保险的定义作了如下规定：重复保险是指投保人对同一保险标的、同一保险利益、同一保险事故分别向两个以上保险人订立保险合同的保险。我国《保险法》同时又明确规定：重复保险的保险金额总和超过保险价值的，各保险人的赔偿金额的总和不得超过保险价值。除合同另有约定外，各保险人按照其保险金额与保险金额总和的比例承担赔偿责任。投保人在投保时应根据保险价值向保险人申报保险金额。由于保险标的本身损失不可能超过其保险价值，所以保险金额不得超过标的本身的保险价值。我国《海商法》第 220 条明确规定：保险金额由保险人与被保险人约定。保险金额不得超过保险价值，超过保险价值的，超过部分无效。

(2)再保险(reinsurance)又称分保，是原保险的保险人为了分散本身承担的风险，在支付事先商定的保险费的条件下，将所承保的风险责任的一部分转让给其他的一个或几个保险人承担。我国《保险法》第 28 条给再保险作了如下定义：保险人将其承担的保险业务，以承保的形式部分转移给其他保险人的为再保险。凡经再保险的业务，当发生保险责任范围内的损失时，原保险人在向投保人理赔时，可向再保险人取得相应部分的赔款补偿。

再保险的投保人本身就是保险人，即原保险人(original insurer)，又称保险分出公司(ceding company)；再保险业务中接受原保险人转让保险责任的人，为再保险人或称保险分入公司(ceded company)。我国《保险法》规定：再保险分出人应当应再保险接受人的要求将其自负责任及原保险的有关情况告知再保险接受人；再保险接受人不得向原保险的投保人要求支付保险费，原保险的被保险人或者受益人不得向再保险接受人提出赔偿或者给付保险金的请求，再保险分出人不得以再保险接受人未履行再保险责任为由，拒绝履行或者迟延履行其原保险责任。

图 10-1　部分保险公司

目前，保险业务在我国发展迅速，如中国人寿保险股份有限公司、中国平安保险集团、中国太平洋保险集团、中国人民保险集团公司和中国出口信用保险公司等，如图 10-1 所示。保险公司在承保的保险事故发生后，保险单受益人提出索赔申请后，根据保险合同的规定，对事故的原因和损失情况进行调查，并且予以赔偿。

3. 保险单

1)保险单概述

保险单简称保单，是保险人与被保险人订立保险合同的正式书面证明。保险单必须完整地记载保险合同双方当事人的权利、义务及责任。保险单记载的内容是合同双方履行的依据，保险单是保险合同成立的证明。但根据中国《保险法》的规定，保险合同成立与否并不取决于保险单的签发，只要投保人和保险人就合同的条款协商一致，保险合同就成立，即使尚未签发保险单，保险人也应负赔偿责任。保险合同双方当事人在合同中约定以出立保险单为合同生效条件的除外。实践中，一般是投保人交纳保费后，保险公司才签发保险单，但在特殊情况下，保险公司也愿意事先签发保险单，允许投保人在事后一段时间内交纳保险费(如保险公司为了挽留住大客户，允许其在保险单签发之日起多少天内交纳保险费)。

2)保险单的内容

保险单必须明确、完整地记载有关保险双方的权利和义务，保单上主要载有保险人和被保险人的名称、保险标的、保险金额、保险费、保险期限、赔偿或给付的责任范围以及其他规定事项。保险单根据投保人的申请，由保险人签署，交由被保险人收执，保险单是被保险人在保险标的遭受意外事故而发生损失时，向保险人索赔的主要凭证，同时也是保险人收取保险费的依据。

3)保险单的法律效力

在保险单中对投保人的交费情况与保险单的效力也作了相应的说明。就本书作者了解的情况而言，保险公司在保险单中就上述事项的说明有几种不同的表述，虽然字词相差不大，但对保险单会产生不同的法律效力，继而影响保险公司是否应该承担赔偿责任。

(1)保险费交清之前发生的事故，保险人不承担赔偿责任。该特别约定为免责条款，投保人交清保险费之前，保险合同已经成立并合法有效，保险费交清之前发生的事故属于保险合同中约定的赔偿范围，但是由于有以上规定，保险公司享有免责事由，保险公司可以此免责事由拒绝赔偿，而且保险公司可以根据已生效保险合同的约定，向投保人继续索要保险费。投保人补交保险费后，对之后还在保险期间内发生的保险事故，保险公司则应该承担赔偿责任。需要注意的是，上述免责条款应该向投保人明确说明，否则不产生法律效力。

(2)保险费交清之前，保险单不生效。该特别约定为附生效条件的条款，保险费交清之前，保险单已经成立，但是并没有生效。也就是说，只有投保人交清了保险费，保险单才生效，保险单生效的条件就是投保人向保险公司交清保险费。对保险费交清之前发生的事故，由于保险单并没有生效，保险公司无须承担赔偿责任。当然，保险公司也不能以没有生效的保险合同向投保人索要保险费。

(3)保险费交清之前，保险单无效。该特别约定是当事人意思表示错误的结果，保险单是否无效，只能看保险单约定的内容是否违反了法律、行政法规的强制性规定，如果是，则保险单无效，否则保险单不会产生无效的法律后果。也就是说，保险单的无效不是当事人所能约定的，其只能根据相应的法律、行政法规来判断。实践当中，应根据案件的具体情况来解释当事人的真实意思表示，如当事人的真实意思表示为保险费交清之前，保险单不生效的，则当事人的真实意思表示为保险合同附生效条件的条款。

(4)投保人应自起保之日起 5 日内交清保险费，否则保险单失效。该特别约定为合同终止条款，保险合同自保险公司签发保险单之时生效。投保人在起保之日起(保险单签发之日)5 日内没有交清保险费的，保险合同还是生效的，在此期间发生保险事故的，保险公司依然要承担赔偿责任。但从起保之日第六日起，投保人还没有交纳保险费的，保险合同的效力就终止了，在此期间发生的保险事故，保险公司无须承担赔偿责任，也无权向投保人索要保险费。

10.1.2　运输保险概述

运输保险是指在运输生产过程中，由于意外事故、自然灾害而给承运人的货物、旅客、运输工具、乘务人员、第三人造成的损失给予补偿的各种保险的总称，包括货物运输保险、运输工具保险、旅客人身意外伤害保险等。

运输保险业务的内容包括运输货物保险、机动车辆保险、船舶保险、航空保险、摩托车保险等，在整个财产保险业中占有十分重要的地位。

1. 运输保险的分类

(1)运输货物保险分为海上、内河、航空、陆上和多式联运等多种方式。据此，运输货物保险也可以被划分为水路运输货物保险、陆上运输货物保险和航空运输货物保险及联运险等。在此，联运险是指运输货物需要经过两种或两种以上的主要运输工具联运，才能将其从起点地运送到目的地的保险。

根据运输货物保险的承保范围，运输保险又可以分为国内运输货物保险和涉外运输货物保险。前者系货物运输在国内进行，后者则是货物运输超越了一国国境。

(2)运输工具保险是以各类运输工具，如汽车、飞机、船舶、火车等为保险标的的保险。因此，运输工具保险的适用范围相当广泛，包括客运公司、货运公司、航空公司、航运公司以及拥有上述运输工具和摩托车、拖拉机等机动运输工具的家庭或个人，均可以投保运输工具保险类的不同险种，并通过相应的保险获得风险保障。

2. 运输保险的意义

(1)有利于交通运输事业的发展。保险具有积累资金的功能，通过开展保险业务，可把分散的少量资金集中起来，组成雄厚的资金，对难以预料的意外财产损失，用长期积累的保险基金来补偿，这样就可以使遭受灾害的个别投保人的损失变成由全体投保人共担。可见，通过开展运输保险可使受灾的个别单位能够迅速恢复生产，从而保证运输事业的健康发展。

(2)保障交通运输事故中受害者的合法权益。交通运输安全管理无论如何周密，仅能减少事故发生。但事故发生必然会带来人民生命财产的损失。如何使受害者的损失得以赔偿，《中华人民共和国民法通则》(简称《民法通则》)对交通运输事故造成他人损害，规定了由侵权人进行赔偿的制度。但上述规定有时并不能使受害者得到足额赔偿。以货物运输为例，当货物在运输过程中发生灭失、毁损时，货主希望能够得到全额赔偿。而根据有关规定，若货物损失是由不可抗力造成的，则承运人可以免责，即货主将得不到赔偿。即使是由承运人的责任造成的损失，承运人一般也仅在一定的限额范围内按实际损失赔偿，即在大多数情况下，货主都不能得到全额赔偿。为了解决上述矛盾，并将运输中的风险向社会转移，各国普遍规定了货物运输保险制度，即货主通过参加货物运输保险，在发生交通运输事故后，由保险公司负责赔偿，从而保证了受害者的合法利益。在道路交通中实行的强制责任保险制度，也是为了切实保护交通事故受害人的合法权益。

(3)有利于安定人民的生活。保险被人们称为“精巧的社会稳定器”，建立保险制度的目的就在于为人民生活的安定提供经济保障。保险之所以具有安定社会的作用，是因为在社会生活的运转中，自然灾害和意外事故是普遍存在的，这种危险的存在与发生必然会给国家、企业、家庭及个人带来不安定的后果。运输生产是一种高度危险的作业，在运输生产过程中存在大量的危险。交通事故被认为是人类的一大公害，旅客在旅行途中发生的意外伤害会给旅客及其家庭带来灾难，运输工具的损毁会给运输企业带来重大损失，运输中货物的毁损对货主和承运人都将造成损失。通过开展运输保险，这些经济损失就可以通过保险公司给予补偿，这就在很大程度上安定了人心，稳定了社会。

10.1.3 货物运输保险概述

货物运输保险是以运输过程中的多种货物作为保险标的保险。不论国内贸易还是国际贸易，一笔交易从成交到兑现，货物都要经过运输这个环节，在货物运输过程中，遇到自然灾害或意外事故而使货物受到损失是难以避免的，对这种损失给予补偿的经济行为就是货物运输保险。

1. 货物运输保险的种类

根据使用的运输工具不同，货物运输保险可分为海洋货物运输保险、内河货物运输保险、陆路(铁路、公路)货物运输保险、航空货物运输保险、邮包保险等。

根据适用范围的不同，货物运输保险还可以分为以国内运输过程中的货物作为保险标的的国内货物运输保险和以进出口贸易中的运输货物为保险标的的国际(涉外)货物运输保险。

2. 货物运输保险的特征

货物运输保险属于损害保险范畴，是有形财产险的一种。货物运输保险的特征主要体现在其保障对象、承保标的、承保风险、保险合同变更、保险期限和保险关系 6 个方面。

(1)货物运输保险的保障对象具有多变性。货物运输保险的保障对象的多变性主要指的是被保险人的多变性。贸易活动中货物买卖的目的不仅是实现其使用价值，更重要的是实现货物的价值或货物的增值，这就决定了货物在运输过程中频繁易手，不断变换其所有人，从而必然会引起货物运输保险被保险人的不断变化。

(2)货物运输保险的承保标的具有流动性。货物运输保险承保的是流动中或运动状态下的货物，它不受固定地点的限制。

(3)货物运输保险承保的风险具有综合性。与一般财产保险相比，货物运输保险承保的风险范围远远超过一般财产保险承保的风险范围。从性质上看，既有财产和利益上的风险，又有责任上的风险；从范围上看，既有海上风险，又有陆上和空中风险；从风险种类上看，既有自然灾害和意外事故引起的客观风险，又有外来原因引起的主观风险；从形式上看，既有静止状态中的风险，又有流动状态中的风险。

(4)货物运输保险的保险合同变更具有自由性。由于运输中的货物面临的风险大小及出险概率的高低主要取决于承运人而非被保险人，所以货物运输保险的保险合同可以随着货物所有权的转移而自由转移，无须事先征得保险人的同意。因而，在实践中货物运输保险的保险合同往往被视同提货单的附属物，随着提货单的转移而转移。

(5)货物运输保险的保险期限具有空间性。由于采取不同运输工具的货物运输途程具有不固定性，所以货物运输保险的保险期限通常不是采取 1 年期的定期制，而是以约定的运输途程为准，即将从起运地仓库至到达目的地仓库的整个运输过程作为一个保险责任期限。这一特征使得货物运输保险的保险期限具有空间性特征，因此，仓至仓条款是确定货物运输保险的保险责任期限的主要依据。

(6)货物运输保险的国际性。货物运输保险的国际性主要表现在其所涉及的地理范围超越了国家和区域界限。国际运输货物保险所涉及的保险关系人不仅是本国的公民，而且包括不同国家和地区的贸易商、承运人、金融机构与货主等，因此由保险可能产生的纠纷的预防和解决，必须依赖于国际性法规和国际惯例。

10.1.4 国内水路、陆路货物运输保险

国内水路、陆路货物运输保险的有关规定适用于国内的内河货物运输、沿海货物运输、铁路货物运输、公路货物运输和水路陆路联合货物运输。

1. 国内水路、陆路货物运输保险中被保险人的义务

货物运输保险的被保险人是指在投保时对所承保货物享有保险利益的人，包括托运人、收货人及其货运代理人、承运人等，他们是所运货物的所有人、共有人，或者是对所运货物的安全有利益关系的人，但都对所运货物享有保险利益，是被保险人。

在国内水路、陆路货物运输保险中，被保险人负有下列义务。

(1)缴纳保险费的义务。

(2)如实告知义务。被保险人应如实回答保险人就保险标的或者投保人、被保险人的有关情况提出的询问。

(3)保证货物包装符合国家和主管部门规定的标准。

(4)遵守国家及交通运输部门关于安全运输的各种规章制度，接受并协助保险人对保险货物进行的查验防损工作，以消除货物在运输途中的不安全因素。

(5)通知和救助义务。货物如果发生保险责任范围内的损失，被保险人获悉后，应立即通知当地保险机构，并应迅速采取施救和保护措施防止或减少货物损失。

被保险人如果不履行上述义务，则保险人有权终止保险责任或拒绝赔偿一部分或全部经济损失。

2. 国内水路、陆路货物运输保险中承运人的义务

在货物运输保险中，承运人经常作为保险人的代理人，接受保险人的委托，代为办理货物运输保险业务。此时，承运人应当承担以下义务。

(1)出险通知义务。被保险人遭受保险合同规定责任范围内的损失后，承运人应当通

知保险人，使保险人在出险时能够立即开展对于损失的调查。

(2)调查协助义务。承运人有义务协助保险人对被保险人所遭受的损失进行调查。

(3)限额赔偿义务。对于因承运人责任所造成的被保险人的损失，承运人应当就与保险人约定的限额以内的部分向被保险人赔偿。

3. 国内水路、陆路货物运输保险所承担的责任

1)保险责任

基本险的责任范围如下。

(1)因火灾、爆炸、雷电、冰雹、暴风、暴雨、洪水、地震、海啸、地陷、崖崩、滑坡、泥石流等(不可抗力)所造成的损失。

(2)由于运输工具发生碰撞、搁浅、触礁、倾覆、沉没、出轨、隧道或码头坍塌等(意外事故)所造成的损失。

(3)在装货、卸货或转载时因遭受不属于包装质量不善或装卸人员违反操作规程所造成的损失。

(4)按国家规定或一般惯例应分摊的共同海损的费用。

(5)在发生上述灾害、事故时，因纷乱而造成货物的散失及因施救或保护货物所支付的直接合理的费用。

综合险在基本险责任的基础上扩展了以下责任：。

(1)因受震动、碰撞、挤压而造成货物破碎、弯曲、凹瘪、折断、开裂或包装破裂致使货物散失的损失。

(2)液体货物因受震动、碰撞或挤压致使所用容器(包括封口)损坏而渗漏的损失，或用液体保藏的货物因液体渗漏而造成保藏货物腐烂变质的损失。

(3)遭受盗窃或整件提货不着的损失。

(4)符合安全运输规定而遭受雨淋所致的损失。

2)除外责任

由于下列原因造成保险货物的损失，保险人不负赔偿责任。

(1)战争或军事行动。

(2)核事件或核爆炸。

(3)保险货物本身的缺陷或自然损耗，以及由于包装不善。

(4)被保险人的故意行为或过失。

(5)全程是公路货物运输的，盗窃和整件提货不着的损失。

(6)其他不属于保险责任范围内的损失。

3)保险责任起讫时间

自签发保险凭证和保险货物运离起运地发货人的最后一个仓库或储运处所时起，至该保险凭证上注明的目的地的收货人在当地的第一个仓库或储存处所时终止。但保险货物运抵目的地后，如果收货人未及时提货，则保险责任的终止期最多延长至以收货人接到到货通知单后的 15 天(以邮戳日期为准)为限。

4. 国内水路、陆路货物运输保险的保险金额和保险费率

在货物运输保险中，保险金额是保险人根据运输保单对保险标的所受损失给予补偿的最高金额。国内水路、陆路货物运输保险的保险金额可以按货价确定，也可按货价加运杂费确定。责任免赔 2000 元或者 20%，最低收费 100 元，费用收取保险金额的 1‰以上，一般货物按照 1‰收取，如果含有易碎物品，则按照 1.5‰收取保费。

保险费率是保险人向投保人收取保险费的计算依据，通常用占保险金额的千分比计算。保险金额与保险费率的乘积即为保险人应向投保人收取的保险费，其计算分式为

保险费=保险金额×保险费率

5. 国内水路、陆路货物运输保险的赔偿处理

当保险货物发生保险责任范围内的损失时，货物运抵保险凭证及载明的目的地的收货人在当地的第一个仓库或储存处所时起，收货人应在 10 天内向当地保险机构申请并会同检验受损的货物，否则保险人不予受理。

(1)索赔时效。当事人要求索赔的时效为 180 天。

(2)申请索赔时应提供的单证。被保险人向保险人申请索赔时，必须提供：保险凭证、运单(货票)、提货单、发货票；承运部门签发的货运记录、普通记录、交接验收记录、鉴定书；收货单位的入库记录、检验报告、损失清单及救护货物所支付的直接费用的单据。

(3)赔偿金额的确定。保险方对于因保险责任造成的损失和费用，在保险金额的范围内按实际损失赔偿，对被保险方为避免和减少保险财产的损失而进行的施救、保护、整理和诉讼费用也应负责偿付。计算货物运输保险的赔偿金额时，要区分足额保险和不足额保险两种情况。

足额保险时，保险人按实际损失赔偿，但最高赔偿额以保险金额为限。

(1)按货价确定保险金额的，保险人根据实际损失按起运地货价计算赔偿。

(2)按货价加运杂费确定保险金额的，保险人根据实际损失按起运地货价加运杂费计算。

保险金额低于货价的，属不足额保险。对于不足额保险的货物，只能根据实际损失按比例赔偿，所发生的施救费用也按比例赔偿，其计算公式为

赔偿金额=损失金额×保险金额/起运地货物实际价值

赔偿金额=损失金额×损失程度

应赔偿施救费用=施救费用×保险金额/起运地货物实际价值

货物发生保险责任范围内的损失时，如果根据法律规定或者有关规定，应当由承运人或其他第三者负责赔偿一部分或全部损失的，被保险人应首先向承运人或其他第三者索赔。如被保险人提出要求，保险人也可以先予赔偿，但被保险人应签发权益转让书给保险人，并协助保险人向责任方追偿。

保险货物遭受损失后的残值应充分利用，经双方协商，可作价折旧归被保险人，并在赔款时扣除。

(4)赔偿时效。保险人在接到索赔单证后，应当根据保险责任范围迅速核定应否赔偿，赔偿金额一经保险人与被保险人达成协议后，应在 10 天内赔付。被保险人与保险人发生

争议时，应当实事求是，协商解决，双方不能达成协议时，可以提交仲裁机关或法院处理。

10.1.5 海上货物运输保险

在海上运输中，常常会受到不可抗力的作用使货物受到损失，海上保险的标的通常与海上航行有关，如船舶和船上的货物等。海上保险承保的风险除了一般陆上也存在的风险(如雷电、恶劣气候、火灾、爆炸等)之外，还有大量的海上所特有的风险(如触礁、搁浅、海水进舱等)；海上保险一般属于国际商务活动，因为通常情况下，或者海上保险的当事人属于不同的国家，或者保险事故发生在异国他乡，总之大多会牵涉到国际关系。

1. 海上货物运输保险保障的风险

海上风险一般是指船舶或货物在海上航行中发生的或随附海上运输所发生的风险。在现代海上保险业务中，保险人所承担的海上风险是有特定范围的，一方面它并不包括一切在海上发生的风险，另一方面它又不局限于航海中所发生的风险，也就是说，海上风险是一个广义的概念，它既指海上航行中特有的风险，也包括一些与海上运输货物有关的风险。

根据我国现行的海运货物条款及英国伦敦保险协会货物新条款所承保的海上风险从性质上划分，海上货物运输保险承保的风险主要有 3 类。

(1)自然灾害。自然灾害是指恶劣气候、雷电、海啸、洪水、地震等人力不可抗拒的灾害，是保险人承保的主要风险。

(2)意外事故。意外事故是指运输工具遭受搁浅、触礁、沉没、互撞、与流冰或其他物体碰撞、货物起火爆炸等由于偶然原因所造成的事故。

(3)外来风险。外来风险是指除上述风险以外的其他风险，包括一般外来风险和特殊外来风险。前者包括偷窃、提货不着、短量、碰损、雨淋等，后者则主要指由于军事、政治、国家政策、法令以及行政措施等造成的风险。常见的外来风险有战争、罢工、交货不到、拒收等。

2. 海上货物运输保险保障的损失

在海上货物保险中，保险人承保的货物由于上述风险所造成的损失又称为海损，海损指货物在海运过程中由于海上风险而造成的损失，也包括与海运相关的陆运和内河运输过程中的货物损失。按照损失程度划分，海损可分为全部损失与部分损失两大类。

1)全部损失

全部损失简称全损，是指被保险货物由于承保风险造成的全部灭失或可视同全部灭失的损害。在海上保险业务中，全部损失可分为实际全损和推定全损两种。

实际全损也称为绝对全损，是指保险标的发生保险事故后灭失，或者受到严重损坏完全失去原有形体、效用，或者已不能再归保险人所有。保险货物的实际全损有保险标的完全毁损和灭失、保险标的失去原有的性质和用途、保险标的不能再归被保险人所有、船舶失踪，到一定时期仍无音讯 4 种情况。

推定全损是指货物发生保险事故后，认为实际全损已经不可避免，或者认为避免发生实际全损所需支付的费用与继续将货物运抵目的地的费用之和将超过保险价值。

实际全损与推定全损的区别如下。

(1)实际全损强调的是保险标的遭受保险事故后，确实已经完全毁损或失去原有的性质和用途，并且不能再恢复原样或收回；推定全损则是指保险标的已经受损，但并未完全灭失，可以修复或收回，不过因此需要支出的费用将超过该保险标的复原、获救或收回后的价值。可见，实际全损是一种物质上的灭失，而推定全损是一种经济上的损失。

(2)发生实际损失后，被保险人无须办理任何手续即可向保险人要求赔偿全部损失，但在推定全损的条件下，被保险人可以按部分损失向保险人索赔，也可以按全部损失要求保险人赔偿。如果采取后一种方式，即要求按全损赔偿，则被保险人还必须向保险人办理托付手续。

2)部分损失

部分损失是指保险货物的损失没有达到全部损失的程度。任何损失如果不属于全部损失，即为部分损失。按照损失的性质，海上货物运输部分损失可分为单独海损和共同海损。

单独海损是指在海上运输中，由于保单承保风险直接导致的船舶或货物本身的部分损失。构成单独海损必须具备以下两个条件。

(1)单独海损必须是故意的、偶然的海上风险直接导致的损失。

(2)单独海损由受损货物的货主或船方自行承担，并不影响他人利益。

共同海损是指在同一海上航程中，船舶、货物和其他财产遭遇共同危险，为了共同安全，有意地、合理地采取措施所直接造成的特殊牺牲、支出的特殊费用。共同海损必须具备以下条件。

(1)必须是确实遭遇危及船舶、货物的共同危险。

(2)所作出的特殊牺牲和支出的特殊费用必须具有非常性质。

(3)作出特殊牺牲或支出的特殊费用必须是有意的和合理的。

(4)牺牲或支出的费用必须是为挽救处在共同危险中的船舶和货物，并必须使船、货取得救助的实际效果。

【案例 10-1】

某载货船舶在航行过程中突然触礁，致使部分货物遭到损失，船体个别总部人头攒动使船板产生裂缝，急需补漏。为了船货的共同安全，船长决定修船，为此将部分货物卸到岸上并存舱，卸货过程中部分货物受损，事后统计这次事件造成的损失有：①部分货物因船触礁而损失；②卸货费、存舱费及货物损失。从以上各项损失的性质来看，属于什么类型的海损？

解析

(1)以上各项损失属于单独海损的有①，属于共同海损的有②。

(2)本案例涉及海上损失中部分损失的问题，部分损失分两种，另一种是单独海损，一种是共同海损。所谓单独海损，指损失仅属于特定方面特定利益方，并不涉及其他货主和船方。所谓共同海损，是指载货船舶在海上遇到灾害、事故，威协到船货等各方面的共同安全，为了解除这种威胁，维护船货安全，使航程得以继续完成，船方有意识地、合理地采取措施，造成某些特殊损失或支出特殊额外费用。构成共同海损必须具备以下条件：①共同海损的危险必须是实际存在的，或者是不可避免而产生的，而不是主观臆测的；②消除船、货共同危险而采取的措施必须是有意的和合理的；③必须是属于非正常性质的损失；④费用支出是额外的。

(3)结合本案例①损失是由于货船触礁导致，属意外事故，故其为单独海损；②损失是船长为避免实际的船板裂缝风险而采取的有意的、合理的避险措施，属于非正常性质的损失，费用支出也是额外的，故其属于共同海损。

3. 海运货物运输保险险别及其责任范围

我国海洋运输货物的保险险别按照能否单独投保来划分，有基本险与附加险两类。基本险所承保的主要是自然灾害和意外事故所造成的货物损失或费用，附加险所承保的是其他外来风险所造成的损失或费用。除基本险和附加险外，还有专门险，如图 10-2 所示。

- 海洋运输货物保险种类
  - 基本险
    - 平安险（FPA）
    - 水渍险（WPA）
    - 一切险（AR）
  - 附加险
    - 一般附加险
      - 偷窃提货不着险、淡水雨淋险、短量短少险
      - 混杂玷污险、渗漏险、碰损破碎险
      - 串味险、受潮受热险、钩损险
      - 包装破裂险、锈损险
    - 特别附加险
      - 交货不到险、进口关税险、舱面险
      - 拒收险、黄曲霉素险、港澳存仓火险
    - 特殊附加险
      - 战争险
      - 罢工险
  - 专门险
    - 海洋运输冷藏货物险
    - 海洋运输散装桐油险

图 10-2　海上运输货物保险种类

1)基本险

基本险又称主险，是可以独立投保，不必依附于其他险别项下的险别，是海上货物运输保险的主要险别之一。它是指对于被保险货物在运输中遭受暴风、雷电、流冰、海啸、洪水等自然灾害或由于运输工具搁浅、触礁、碰撞、沉没、失火或爆炸，以及装卸过程中整件货物落海等意外事故所造成的全部或部分损失，以及因上述事故引起的救助费用、共同海损的牺牲和分摊，由保险人负责赔偿的保险。我国货物保险的基本险分为平安险、水渍险和一切险 3 种

(1)平安险。平安险原意是单独海损不赔，指保险人仅负责赔偿因自然灾害或意外事故造成的货物全损和共同海损。

(2)水渍险。水渍险原意是负单独海损责任，是在平安险的基础上，增加了承保货物由于恶劣气候、雷电、海啸、地震、洪水等自然灾害造成的部分损失。相应地，费用的赔偿范围也有所扩大。水渍险承保的风险仍属于列明风险，被保险人向保险人索赔时，负责

证明损失的近因是承保风险。

(3)一切险。一切险又称为综合险，是 3 个基本险中责任范围最大的险种，除包括平安险和水渍险的各项责任外，本保险还负责被保险货物在运输途中由于外来原因所致的全部或部分损失。

基本险责任范围的关系如图 10-3 所示。

- 一切险
  - 水渍险
    - 平安险
      - (1)由于自然灾害造成的货物全部损失
      - (2)由于意外事故造成的货物损失
      - (3)在运输工具已经发生搁浅、触礁、沉没、焚毁意外故事前后，由于自然灾害造成的货物部分损失
      - (4)装卸或转运一件或数件、整件货物落海造成的损失
      - (5)被保险人遭受承保责任内危险的货物采取抢救、防止或减少货损的措施而支付的合理费用
      - (6)船舶遭遇海难后，在避难港和中途港的卸货损失和特别费用
      - (7)共同海损的牺牲、分摊和救助费用
      - (8)船舶互撞责任条款中规定应由货方偿还船方的损失
    - 由于意外事故造成的货物损失
  - 由于一般外来风险造成货物损失

图 10-3　基本险的责任范围

2)附加险

为了满足投保人的需要，保险人在基本险条款之外又制定了各种附加险条款，附加险是基本险的补充。因为各种运输货物的基本险别所保障的范围都不可能包括所有的意外损失，附加险就成为基本险的扩大和补充。附加险不能单独投保，只能在投保某一种基本险的基础上加保。它可以由被保险人根据需要选择确定加保一种或几种附加险。附加险所承保的是外来原因所致的损失，包括一般附加险、特别附加险和特殊附加险 3 种。

一般附加险不能单独投保，必须在投保了主险的基础上加保或部分加保。由于一般附加险的全部风险都属于一切险的责任范围，所以只要投保了一切险，则保险公司对一般附加险的所有风险都负责。一般附加险主要有以下 11 种。

(1)偷窃提货不着险。保险有效期内，保险货物被偷走或窃走，以及货物运抵目的地后，整件未交的损失，由保险公司负责赔偿。偷是指货物整件被偷走，窃是指货物中的一部分被窃取，偷窃不包括使用暴力手段的公开窃夺，提货不着是指货物的全部或整体未能在目的地交付收货人。

(2)淡水雨淋险。运输中，由于淡水、雨水以及雪融所造成的损失，保险公司都应负责赔偿。淡水包括船上淡水舱、水管漏水以及舱汗等。淡水是与海水相对而言的。平安险和水渍险所造成的各种损失负责赔偿，因此，淡水雨淋险扩展了平安险和水渍险的承保责任。

(3)短量短少险。负责保险货物数量短少和重量损失，通常包括货物的短少，保险公司要查清外包装是否发现异常现象，如破口、破袋、扯缝等。如属散装货物，往往将装船和卸船重量之间的差额作为计算短量的依据，但不包括正常的途耗。对某些大量的不合理的短少现象，被保险人必须提供本保险货物装船前的重量证明。

(4)混杂玷污险。本险别承保两类损失：一类是保险货物在运输过程中，混进了杂质

所造成的损失，另一类是承保货物在运输途中受其他货物玷污所致的损失。

(5)渗漏险。本险别承保两类损失：一类是承保流质、半流质的液体物质和油类物质，在运输过程中由于容器损坏而引起的渗漏损失，另一类是承保用液体储存的货物因液体渗漏而引起货物腐败变质等损失。

(6)破损破碎险。破损主要是对金属、木质等货物来说的，如搪瓷、钢精器皿、机器、漆木器等，在运输途中，因为受到震动、颠簸、挤压等造成货物本身的凹瘪、脱瓷、脱漆、划痕等损失。破碎则主要是对易碎性物质来说的，如陶器、瓷器、玻璃器皿、大理石等在运输途中由于野蛮装卸、运输工具震颠等造成货物本身的碎裂、断碎等的损失。鉴于平安险和水渍险对自然灾害或运输工具遭遇意外事故所引起保险货物的破损和破碎损失均已负责，所以破损破碎险就扩大到承包一切外来原因所致的碰损、破碎损失。

(7)串味险。保险货物因为受到其他物品的气味影响所造成的串味损失由保险公司承担，例如，茶叶、香料、药材在运输途中受到一起堆储的皮革、樟脑等的异味的影响，使其品质受到损失。这种串味如果与配积载不当直接有关，则船方负有责任，保险公司应向轮船公司追偿。

(8)受潮受热险。保险货物因受潮受热而引起的损失均属本险别保险责任。例如，船舶在航行途中，由于气温骤变或者船上通风设备失灵等使舱内水气凝结、发潮、发热引起货物损失；松香靠近机舱壁，由于舱内温度升高受热溶化等。

(9)损险。保险货物在装卸过程中，因使用手钩、吊钩等工具所造成的损失，例如，捆装棉布使用手钩钩破，包装粮食因吊钩钩坏麻袋而使粮食外漏等均属于其保险责任。

(10)包装破裂险。由于包装破裂造成货物短少、玷污等损失。此外，保险货物在运输过程中，为运输安全起见，需要修补包装、调换包装所支付的合理费用，也予负责。由于包装破损造成物资的损失从其他附加险的责任可以得到保障，因此该附加险主要解决的问题是修补或掉换包装的损失费用。

(11)锈损险。负责保险货物在运输过程中，因为生锈所造成的损失。这种生锈只要不是原装时就已存在，而是在保险期限内所发生的都应负责。因此，这一险别的责任是比较大的。一般来说，对裸装的金属板、块、条、管等(大五金)是不保此险的。原因是这些裸装物资几乎必然会生锈，责任范围难以掌握。

特别附加险所承保的风险大多与国家的行政措施、政策法令、航海贸易习惯有关，它并不包括在基本险种中，必须另行加保才能获得保障。特别附加险的险别有以下 6 种。

(1)交货不到险。从保险货物装上船舶开始，在 6 个月内不能运到保险单载明的目的地交货的，不论何种原因，保险公司应按全部损失赔付。这种情况往往不一定是承运方运输上的原因，而是某些政治上的因素引起的，例如，货物被另一个国家在中途港强迫卸下，造成禁运等。与提货不着险不同，交货不到险是不论任何原因的。

(2)进口关税险。本险别负责由于货物受损，却仍需按完好价值完全交纳进口关税所造成的费用支出。进口关税的税率一般是比较高的。当货物进入某国家之前，由于中途遭受损失其价值会因此而降低，如水损、玷污、发热变质以及内装数量短缺等。对于上述情况，有些国家规定在进口完交关税时，可以申请对损短的部分按其价值减税、免税；但也有些国家规定，进口货物无论有无短少、损残，均需按完好价值交税。进口关税险用于承保上述情况引起的关税损失。

(3)舱面险。海上运输的货物，无论是干货船还是散装船，一般都是将其装在舱内(集装箱除外)。在制定货物运输的责任范围和费率时，都是以舱内运输作为考虑基础的。如果货物是装在舱面的，保险公司对此不能负责。但是有些货物由于体积大、有毒性或者有污染性，根据航运习惯，必须装载于舱面。为了解决这类货物的损失补偿，就产生了特别附加舱面险。装在舱面的货物暴露于外很容易受损，特别是雨季淋湿、海水溅击更是经常发生的。保险公司通常只是在平安险的基础上加保舱面险，一般不愿意在一切险基础上加保，以免责任过大。

(4)拒收险。拒收险承保货物在进口时，不论何种原因而被进口国政府或有关当局拒绝进口或没收所造成的损失。保险人一般按货物的保险价值赔偿，如果货物在发运后尚未抵达进口港，进口国在此期间宣布禁运或禁止，保险人只负责赔偿将货物运回出口国或转口道其他目的地而增加的运费，但所赔金额不能超过这批货物的保险价值。如果在货物发运前，进口国已宣布禁运或禁止，则保险人不承担赔偿责任。

加保拒收险的货物主要是与人体健康有关的食品、饮料和药品等。加保时，被保险人必须持有进口所需的特许证和进口限额。由于大多数国家对这类货物的进口基本上都规定有卫生检验标准，一旦违反了进口国规定的标准，就会被拒绝进口乃至被销毁，因此这种风险比较大，一般情况下保险人都不愿意承保。

(5)黄曲霉素险。黄曲霉素是一种致癌霉素，发霉的花生、油菜籽、大米等通常含有此霉素，当其含量超过一定限度时，会对人体造成很大的伤害，所以很多国家都对这种霉素的含量有严格的限制标准，如果超过限制标准，货物就会被拒绝进口、没收或强制改变用途。黄曲霉素险就是承保此种损失的险别。但保险责任开始前已存在的黄曲霉素超标，不在保险人的责任范围之内。

对于被拒绝进口的强制改变用途的货物，被保险人应在保险人需要时尽力协助处理货物或申请仲裁。

(6)出口货物到香港(包括九龙在内)或澳门存仓火险责任扩展条款。我国出口到港澳地区的货物，如果进口人向港澳的银行办理进口押汇，在进口人未向银行偿还贷款之前，货物的权益属于银行，在保险单上必须注明货物过户给放款银行，如果货到目的地货主仍未还款，货物往往就存放在过户银行指定的仓库里，此时运输险的责任已经终止，为避免在此期间货物发生损失而损害银行及货主的利益，就需要加保本险别。本险别的责任自运输险责任终止时开始，责任的终止有两种情形，一是银行收回押款解除对货物的权益为止，二是自运输险责任终止时计满 30 天为止，两者以先发生的为准。

特殊附加险主要包括战争险和罢工险，是当前国际海上货物运输保险中普遍适用的，罢工险与战争险关系密切，按国际海上保险市场的习惯，保了战争险，再加保罢工险时一般不再加收保险费，所以一般被保险人在投保战争险的同时会加保罢工险。

(1)海上货物运输战争险。海上货物运输战争险是保险人承保战争或类似战争行为导致的货物损失的特殊附加险，被保险人必须投保货运基本险之后，才能经特别约定投保战争险。

(2)海上货物运输罢工险。海上货物运输罢工险是保险人承保被保险货物因罢工等人为活动造成损失的特殊附加险。我国保险公司对罢工险的保险责任范围包括：罢工者、被迫停工工人或参加工潮暴动、民众斗争的人员的行动所造成的直接损失；任何人的敌意行动所造成的直接损失；因上述行动或行为引起的共同海损的牺牲、分摊和救助费用。

海洋运输货物罢工险以罢工引起的间接损失为除外责任，即在罢工期间由于劳动力短缺或不能运输所致被保险货物的损失，或因罢工引起动力或燃料缺乏使冷藏机停止工作所致冷藏货物的损失。

4. 海洋运输货物专门险条款

海洋运输货物专门险又称为特种货物保险条款，可以单独投保。目前常用的特种货物海运保险条款主要有海洋运输冷藏货物保险条款和海洋运输散装桐油保险条款。

1)海洋运输冷藏货物保险条款

本险别是根据冷藏货物的特性而专门设立的。对于新鲜的水果、蔬菜、肉类以及水产品等货物，为保持其新鲜程度，运输时均须置于专门的冷藏箱，根据其特点保持一定的冷藏温度。这些冷藏货物在运输途中，除和一般货物一样，可能会遭遇各种海上灾害事故而受损，还可能因冷藏机发生故障，无法正常运转保持必要的温度而致腐烂、变质，因而需要通过投保海运冷藏货物险别，以得到全面保障。

海洋运输冷藏货物保险险别分为冷藏险和冷藏一切险两个险别，两者均可单独投保。冷藏险的责任范围包括由于冷藏机器停止工作达到 24h 以上所造成的货物腐烂或损失和水渍险的承保责任，即对被保险的冷藏货物在运输途中由于自然灾害或意外事故造成的腐败和损失予以赔偿。这里所说的冷藏机器包括载运货物的冷藏车、冷藏集装箱及冷藏船上的制冷设备。冷藏一切险的责任范围更广，在承保的各项责任基础上，还负责被保险鲜货在运输途中由于外来原因所致的腐烂或损失。

海洋运输冷藏货物保险的除外责任在海运货物保险条款的基础上稍有改变：①增加了一项除外责任，将“被保险鲜货在运输途中的任何阶段，因未存放在有冷藏设备的仓库或运输工具中，或辅助运输工具没有隔湿设备所造成的鲜货腐烂的损失”列入除外责任；②是将海运货物保险条款除外责任中的“在保险责任开始前，被保险货物已经存在的品质不良或数量断差所造成的损失”改为“被保险鲜货在保险责任开始时，因未保持良好状态所引起的货物腐烂、货物损失”。

海洋运输冷藏货物保险的保险期限与海运货物保险的保险期限大致相同，区别仅在于冷藏险关于责任终止期限的规定根据冷藏货物的特点和储藏条件的特定要求有所差异，具体表现为以下几点。

(1)货物到达保险单载明的最后目的港后，须在 30 天内卸离海轮，否则保险责任终止。而在海运保险中没有此种限制。

(2)货物全部卸离海轮并存入冷藏仓库，保险人负责货物卸离海轮后 10 天内的风险。但在上述期限内，货物一经移出冷藏仓库，保险责任即终止。而在海运保险中，自货物卸离海轮后，保险人最多可负责 60 天，一旦货物存入目的地指定收货人仓库，保险责任即终止。

(3)如果货物卸离海轮后不存入冷藏仓库，保险责任至卸离海轮时终止。而在海运货物中，货物如果未运往目的地至指定仓库，保险责任自货物分派、分配或转运时才终止。

2)海洋运输散装桐油保险条款

本险别是根据散装桐油的特点而专门设立的，可以单独投保。桐油作为油漆的重要原料，是我国大宗出口商品之一。桐油因自身特性，在运输过程中容易受到污染、变质等损失，为此，它需要不同于一般货物的保险的特殊保障，海运散装桐油保险条款就是为桐油提供全面保障而制定的。

海运散装桐油保险的责任范围：海运散装桐油保险只有一个险别，负责不论任何原因所致的桐油超过保险单规定免赔率的短少、渗漏损失和不论任何原因所致的桐油的污染或变质损失。

海运散装桐油保险的保险期限：海运散装桐油保险的保险期限与海运基本险的保险期限基本一致，具体规定如下。

(1)在正常情况下，海运散装桐油保险的责任自桐油远离保险单载明的起运港的岸上油库或盛装容器开始，包括整个运输过程，至保险单载明的目的地岸上油库责任终止，而且最多只负责海轮到达目的港后 15 天。

(2)在非正常情况下，被保险桐油应在运到非保险单载明的港口的 15 天内卸离海轮，保险责任在桐油卸离海轮后 15 天终止。如在 15 天内货物在该地被出售，保险责任在交货时终止。

(3)被保险桐油如在上述 15 天内继续运往保险单所载明的原目的地或其他目的地，保险责任终止按(1)条款的规定终止。

3)特别约定

由于散装桐油非常容易遭受损失，而且保险人承保的责任广泛，对于任何原因造成的桐油变质、污染、短少、渗漏损失均须负责，为控制自身承保的风险，避免承担桐油散运前的质量缺陷及容器的不洁导致的损失，保险人在保险条款中对桐油的检验规定了一系列严格的要求。

被保险人必须取得相应的检验证书，才能在桐油发生品质上的损失时获得保险赔款。除了为决定赔款额而支付的检验和化验费用由保险人负责之外，散装桐油在运输过程中的其他一切检验和化验费用均由被保险人负担。

4)海上货物运输保险的除外责任和被保险人责任

海上货物运输保险的除外责任，是指保险人对不属于保险责任范围内的风险事故所造成的保险标的的损失或由此产生的费用不承担责任。海上货物运输保险的 3 种基本险中，保险人对下列原因所造成的货物损失不负责赔偿。

(1)被保险人的故意行为或过失行为所造成的货损。

(2)被保险货物的潜在缺陷和货物本身性质所造成的损失，包括货物已存在的品质不良、包装不善、标志不清所造成的损失，以及因发货人责任所造成的损失。

(3)被保险货物的自然损耗、自然渗漏和自然磨损所造成的损失。

(4)被保险货物因市价跌落或运输延误所引起的损失或费用。

(5)属于战争险条款和罢工险条款所规定责任范围和除外责任的货损。

被保险人的责任，是指除按约定缴付保险费外，被保险人还应承担下列责任。

(1)当被保险货物运抵保险单所载明的目的港(地)以后，被保险人应及时提货，当发现被保险货物遭受任何损失，应立即向保险单上所载明的检验、理赔代理人申请检验，如发现被保险货物整件短少或有明显残损痕迹，应立即向承运人、受托人或有关当局(海关、港务当局等)索取货损货差证明。如果货损货差是由于承运人、受托人或其他有关方面的责任所造成的，应以书面方式向他们提出索赔，必要时还须取得延长时效的认证。

(2)对遭受承保责任内危险的货物，被保险人和保险公司都可迅速采取合理的抢救措施，防止或减少货物的损失，被保险人采取此项措施，不应视为放弃委付的表示，保险公司采取此项措施，也不得视为接受委付的表示。

(3)如遇航程变更或发现保险单所载明的货物、船名或航程有遗漏或错误，被保险人应在获悉后立即通知保险人，并在必要时加缴保险费，本保险才继续有效。

(4)在向保险人索赔时，必须提供保险单正本、提单、发票、装箱单、磅码单、货损货差证明、检验报告及索赔清单等单证。如涉及第三者责任，还须提供向责任方追偿的有关函电及其他必要单证或文件。

(5)在获悉有关运输契约中船舶互撞责任条款的实际责任后，应及时通知保险人。

5. 海上货物运输保险责任期限

保险责任期限是指保险公司承担保险责任时间的起讫规定，又称保险有效期。不同的保险条款对海上货物运输保险责任期限的规定也不尽相同。

(1)“仓至仓”条款。该条款规定，保险人对保险货物所承担的保险责任，是从保险单所载明的起运港发货人的仓库开始，直到货物运抵保险单所载明的目的港收货人的仓库为止。但货物从目的港卸离海轮时起算满 60 天，不论保险货物有无进入收货人的仓库，保险责任均告终止。

(2)扩展责任条款。该条款是指保险货物在运输途中，由于在被保险人无法控制的情况下产生的船只绕道、延迟、被迫卸货以及转运等，保险公司对此仍继续负责。

(3)航程终止条款。在被保险人无法控制的情况下，保险货物在运抵保险单载明的目的地之前，运输契约在其他港口或地方终止，或者由于其他原因，航程在运输条款规定的保险责任截止期以前宣告终止，保险继续有效。负责期限直到保险货物在这些卸载的港口或地方卖出去以及送交时为止。但最长期限不能超过货物在卸载港全部卸离海轮后满 60 天。

(4)驳运条款。驳船在驳运过程中也常会发生损失，而驳船又非保险单上写明的海轮。本条款就因此而造成的货物损失予以负责，负责的范围按保险单上所载的承保险别办理。

6. 海上货物运输保险的索赔时效

索赔是指被保险人在被保险货物因所承保的风险而遭受损失时，向保险人要求赔偿损失。被保险人提出索赔时，必须应保险人的要求提供与确认事故性质和损失程度有关的证明和资料。保险人只有在经过审查确定风险事故与损失之间存在因果关系，风险事故又属于承保范围之内的，才按损失的程度予以赔偿。此外，被保险人提出索赔还必须在索赔时效的期限之内，否则将丧失索赔权利。海商法规定该时效为 2 年，自保险事故发生之日起计算。

【案例 10-2】

我国某外贸公司与荷兰进口商签订了一份皮手套合同，价格条件为 CIF，运送至鹿特丹，向中国人民保险公司投保了一切险，生产厂家在生产的最后一道工序将皮手套的清晰度降到了最低程度，然后用牛皮纸包好装入双层瓦楞纸箱，再装入 20 ft 的集装箱，货物到达鹿特丹后检验结果表明：全部货物湿、霉、变色、玷污，损失价值达 80000 美元。据分析，该批货物的出口地不异常热，进口地鹿特丹不异常冷，运输途中无异常，完全属于正常运输。

分析

(1)保险公司对该项损失是否赔偿？为什么？

(2)进口商对受损货物是否支付货款？为什么？

(3)你认为出口商应如何处理此事？

解析

(1)保险公司对该批货物的损失不予赔偿。原因是，根据中国人民保险公司《海洋货物运输保险条款》基本险的除外责任，在保险责任开始之前，被保险货物已存在品质不良或数量短少所造成的损失；被保险货物的自然损耗、本质缺陷、特性、市价跌落、运输延迟所引起的损失或费用保险公司不负责赔偿损失。在本案中，运输途中一切正常，货物发生质变不属于保险公司的责任范围，故保险公司对该批货物的损失不予赔偿。

(2)进口商应支付货款。因为本案中交货条件为 CIF，根据《2000 年国际贸易术语解释通则》中的解释，按 CIF 条件成交，买卖双方交货的风险界点在装运港的船舷，货物越过装运港船舷以前的风险由卖方承担，货物越过装运港船舷以后的风险由买方承担。另 CIF 是象征性交货，卖方凭单交货，买方凭单付款，即使货物在运输途中全部灭失，买方仍需付款，但如出现货物品质问题，可凭商检机构的检验证书向卖方索赔。

(3)出口商应对该批货物负赔偿责任，因为该批货物在运输途中并无任何风险导致损失，发生质变完全是因为生产工序问题，这属于货物的品质问题，故其应向买方负赔偿损失的责任。

10.1.6　航空货物运输保险

航空运输货物保险是以飞机为运输工具的货物运输保险。近年来，随着航空货运的发展，航空运输货物保险业务也在迅速发展。不过，由于航空运输货物保险业务发展的历史不长，迄今为止，航空运输货物保险未能形成一个完整的体系，还没有独自的保险单格式。下面分别对国内航空货物运输保险、国际航空货物运输保险以及航空运输货物战争险的附加条款作简要介绍。

1. 国内航空货物运输保险

国内航空货物运输保险是指托运人(被保险人)将托运的货物向保险公司(保险人)投保并支付保险费用，由保险公司按约定赔偿因航空运输中发生保险责任范围内事故造成的货物损失的一种保险。

国内航空货物运输保险合同以保险公司向被保险人签发的保险单证为凭证。托运人可直接向保险公司投保，也可委托他人代办(保险公司往往委托承运人代办)。航空货物运输保险也实行自愿原则，不得强迫托运人办理保险。

1)保险标的范围

凡在国内经航空运输的货物均可作为国内航空货物运输保险的标的。但下列货物不在保险标的范围之内：蔬菜、水果、活牲畜、禽鱼类和其他动物(鲜活货物)。

下列货物非经投保人与保险人特别约定，并在保险单(凭证)上载明，也不在保险标的范围以内，包括金银、珠宝、钻石、玉器、首饰、古币、古玩、古书、古画、邮票、艺术品、稀有金属等珍贵财物。

2)保险责任

一般情况下，保险货物在保险期内无论在运输还是在存放过程中，由于下列保险事故造成保险货物的损失，保险人负赔偿责任。

(1)火灾、爆炸、雷电、冰雹、暴风、暴雨、洪水、海啸、地陷、崖崩。

(2)因飞机遭受碰撞、倾覆、坠落、失踪(在3个月以上)，在危难中发生卸载以及遭受恶劣气候或其他危难事故发生抛弃行为所造成的损失。

(3)因受震动、碰撞或压力而造成破碎、弯曲、凹瘪、折断、开裂的损失。

(4)因包装破裂致使货物散失的损失。

(5)凡属液体、半流体或者需要用液体保藏的保险货物，在运输途中因受震动、碰撞或压力致使所装容器(包括封口)损坏发生渗漏而造成的损失，或用液体保藏的货物因液体渗漏而致保藏货物腐烂的损失。

(6)遭受盗窃或者提货不着的损失。

(7)在装货、卸货时和港内地面运输过程中，因遭受不可抗力的意外事故及雨淋所造成的损失。

另外，在发生责任范围内的灾害事故时，因施救或保护保险货物而支付的直接合理费用也属于保险人的责任范围。

3)除外责任

由于下列原因造成保险货物的损失，保险人不负责赔偿。

(1)战争、军事行动、罢工、哄抢和暴动。

(2)核反应、核辐射和放射性污染。

(3)保险货物自然损耗，本质缺陷、特性所引起的污染、变质、损坏，以及货物包装不善。

(4)在保险责任开始前，保险货物已存在的品质不良或数量短差所造成的损失。

(5)市价跌落、运输延迟所引起的损失。

(6)属于发货人责任引起的损失。

(7)被保险人或投保人的故意行为或违法犯罪行为。

(8)由于行政行为或执法行为所致的损失。

(9)其他不属于保险责任范围内的损失。

4)保险责任期间

保险责任是自保险货物经承运人接收并签发保险单(凭证)时起，至该保险单(凭证)上的目的地的收货人在当地的第一个仓库或储存处所时终止。但保险货物运抵目的地后，如果收货人未及时提货，则保险责任的终止期最多延长至以收货人接到到货通知单以后的15

天(以邮戳日期为准)为限。

由于被保险人无法控制的运输延迟、绕道、被迫卸货、重新装载、转载或承运人运用运输契约赋予的权限所作的任何航行上的变更或终止运输契约，致使保险货物运输到非保险单所载目的地时，在被保险人及时将获知的情况通知保险人，并在必要时加缴保险费的情况下，保险仍继续有效，保险责任按下述规定终止。

(1)保险货物如在非保险单所载目的地出售，保险责任至交货时为止。但不论任何情况，均以保险货物在卸载地卸离飞机后满 15 天为止。

(2)保险货物在上述 15 天期限内继续运往保险单所载原目的地或其他目的地时，保险责任仍按上款的规定终止。

5)保险价值和保险金额

保险价值按货价或货价加运杂费确定，保险金额按保险价值确定，也可协商确定。

6)投保人(被保险人)的义务

同国内水路、陆路货物运输保险。

7)赔偿处理

(1)索赔单证。被保险人向保险人申请索赔时，必须提供下列有关单证：保险单(凭证)、运单(货票)、提货单、发票(货价证明)；承运部门签发的事故签证、交接验收记录、鉴定书；收货单位的入库记录、检验报告、损失清单及救护货物所支付的直接合理费用的单据；其他有利于保险理赔的单证。

(2)赔偿时效。保险人在接到索赔单证后，应根据保险责任范围迅速核定应否赔偿。赔偿金额一经保险人与被保险人达成协议后，应在 10 天内赔付。

(3)赔偿金额。保险货物发生保险责任范围内的损失时，按保险价值确定保险金额的，保险人应根据实际损失计算赔偿，但最高赔偿金额以保险金额为限；保险金额低于保险价值的，保险人对其损失金额及支付的施救保护费用按保险金额与保险价值的比例计算赔偿。

(4)代位赔偿。保险货物发生保险责任范围内的损失，根据法律规定或有关约定，应当由承运人或其他第三者负责赔偿一部分或全部的，被保险人应首先向承运人或其他第三者提出书面索赔。被保险人若放弃对第三者的索赔，保险人不承担赔偿责任；如被保险人要求保险人先予赔偿，被保险人应签发权益转让书和将向承运人或第三者提出索赔的诉讼书及有关材料移交给保险人，并协助保险人向责任方追偿。由于被保险人的过错致使保险人不能行使代位请求赔偿权利的，保险人可以相应扣减保险赔偿金。

(5)残值处理。保险货物遭受损失后的残值应充分利用，经双方协商，可作折价归被保险人，并在赔款中扣除。

(6)索赔时效。被保险人从获悉遭受损失的次日起，如果经过 2 年不向保险人申请赔偿，不提供必要的单证，或者不领取应得的赔款，则视为自愿放弃权益。

(7)纠纷处理。被保险人与保险人发生争议时，应协商解决，双方不能达成协议时，可以提交仲裁机关或法院处理。

2. 航空货物运输战争险

航空运输货物战争险是航空运输货物险的一种附加险，只有在投保了航空运输险或航空运输一切险的基础上，经过投保人与保险公司协商才可加保，加保时须另加付保险费。

加保航空运输货物战争险后，保险公司承担赔偿在航空运输途中由于战争、类似战争行为、敌对行为、武装冲突以及各种常规武器和炸弹所造成的货物的损失，但不包括因使用原子或热核制造的武器所造成的损失。

航空货物运输战争险的保险责任期限是自被保险货物装上保险单所载明的启运地的飞机时开始，直到卸离保险单所载明的目的地的飞机时为止。如果被保险货物不卸离飞机，则以飞机到达目的地当日午夜时起计算满 15 天为止。如被保险货物在中途转运，保险责任以飞机到达转运地的当日午夜时起计算满 15 天为止。如装上续运的飞机，保险责任恢复有效。

与海运、陆运险一样，航空运输货物在投保战争险的基础上，可加保罢工险，加保罢工险不另收费。如仅要求加保罢工险，则按战争险费率收费。航空运输罢工险的责任范围与海洋运输罢工险的责任范围相同。

10.1.7 旅客意外伤害保险

1. 旅客意外伤害保险的定义

意外伤害是指外来的、突然的、非本意的、非疾病的使身体受到伤害的客观事件。旅客意外伤害保险是一种以乘坐火车、飞机、轮船、长途汽车等的旅客为被保险人，在指定的旅程内因意外伤害事故致死、致伤、致残，由保险人按约定给付保险金的意外伤害保险。

1)投保范围

凡持有效客票乘坐从事合法客运的机动车辆、船舶、轮渡、火车等客运交通工具的旅客，均可作为被保险人参加旅客意外伤害保险。

2)保险责任

在保险合同有效期内，被保险人乘坐约定的客运交通工具过程中，因交通工具发生交通事故而遭受意外伤害，保险人应依下列约定给付相应保险金。

(1)被保险人自意外伤害发生之日起 180 天内因该意外伤害导致死亡的，保险人按意外伤害保险金额给付死亡保险金。

(2)被保险人因意外事故下落不明，经人民法院宣告死亡的，保险人按意外伤害保险金额给付死亡保险金。

(3)被保险人自意外伤害发生之日起 180 天内因该意外伤害导致身体残疾的，保险人根据中国人民银行人身保险残疾程度与保险金给付比例表的规定，按意外伤害保险金额及该项残疾所对应的给付比例给付残疾保险金。

(4)被保险人在县级以上(含县级)医院或者保险人认可的医疗机构诊疗所支出的、符合当地社会医疗保险主管部门规定可报销的医疗费用，保险人在意外伤害医疗保险金额范围内，给付医疗保险金。

在保险合同有效期间内，被保险人乘坐约定的客运交通工具的过程中，因该交通工具发生交通事故遭受意外伤害而导致死亡、残疾或者发生医疗费用支出的，保险人也可参照国务院《道路交通事故处理条例》的规定执行，在意外伤害保险金额范围内承担死亡保险金、残疾保险金(含残疾用具费、抚养费)；在意外伤害医疗保险金额范围内承担医疗保险金(含伙食补助费、误工补助费、护理费)。当保险人约定的机动车辆乘坐人数超过投保人数时，发生意外伤害事故致使被保险人死亡、残疾或者发生医疗费用支出的，保险人按投保人数与实际乘坐人数的比例给付各项保险金。保险人给付的各项保险金以相应保险金额为限。

3)除外责任

因下列情形之一造成被保险人死亡、残疾或者发生医疗费用支出的，保险人不负给付保险金责任。

(1)投保人、受益人对被保险人的故意杀害、伤害。

(2)被保险人故意犯罪或者拒捕。

(3)被保险人殴斗、醉酒、自杀、故意自伤及服用、注射毒品。

(4)被保险人受酒精、毒品、管制药物的影响而导致的意外。

(5)被保险人疾病、流产、分娩。

(6)核爆炸、核辐射或者核污染。

(7)战争、军事行动、暴乱或者武装叛乱。

(8)爬、跳交通工具等违反客运规章的行为。

(9)当地社会医疗保险主管部门规定不可报销的费用。

4)保险期间

保险合同的保险期间，自保险人同意承保、收取保险费并签发保险凭证，被保险人购票踏入约定的客运交通工具时起至离开约定的客运交通工具时止。

5)保险金额和保险费

意外伤害保险金额和意外伤害医疗保险金额相等，最低各为人民币 10000 元。保险费依两项保险金额之和计收，保险费率根据运输工具的不同和运输距离的远近取 0.001‰～0.1‰。

6)被保险人的义务

旅客意外伤害保险的被保险人负有如实告知和保险事故的通知义务。

(1)被保险人故意隐瞒事实，不履行如实告知义务的，或者因过失未履行如实告知义务，足以影响保险人是否同意承保或者提高保险费率的，保险人有权解除合同。

(2)被保险人故意不履行如实告知义务的，保险人对保险合同解除前发生的保险事故不承担给付保险金的责任，不退还保险费。

(3)被保险人或者受益人应于知道或者应当知道保险事故发生之日起 5 天内以书面形式通知保险公司，否则被保险人或者受益人应承担由于通知迟延致使保险人增加的勘察、检验等项费用，但不可抗力导致的延迟除外。

7)保险金的申请和赔付

被保险人死亡的，由死亡保险金受益人作为申请人，填写保险金给付申请书，并凭下列证明和资料申请给付保险金：保险单，受益人户籍证明或者身份证明，保险费的缴费凭证；被保险人死亡证明书、事故裁决书，宣告死亡证明文件，被保险人户籍注销证明，保险人认可的有关部门出具的证明、裁决，受益人所能提供的与确认保险事故的性质、原因等有关的证明和资料。

被保险人残疾的，由被保险人作为申请人，填写保险金给付申请书，并凭下列证明和资料申请给付保险金：保险单，被保险人户籍证明或者身份证明，保险费的缴费凭证，由保险人指定或者认可的医院出具的被保险人残疾程度鉴定书，保险人认可的有关部门出具的证明、裁决，被保险人所能提供的与确认事故的性质、原因、伤害程度等有关的证明和资料。

被保险人支出医疗费用的，由被保险人作为申请人，填写保险金给付申请书，并凭下列证明和资料申请给付医疗费用保险金：保险单，被保险人户籍证明或者身份证明，保险费的缴费凭证，由保险人指定或者认可的医院出具的被保险人治疗记录和医药费收据，保险人认可的有关部门出具的证明、裁决，保险人要求提供的与确认事故的性质、原因、伤害程度等有关的证明和资料。

保险人收到申请人的保险金给付申请书及有关证明和资料后，对确定属于保险责任的，在与申请人达成有关给付保险金额协议后10天内，履行给付保险金的义务；对不属于保险责任的，向申请人发出拒绝给付保险金通知书。

保险人自收到申请人的保险金给付申请书及有关证明和资料之日起60天内，对属于保险责任而给付保险金的数额不能确定的，根据已有证明和资料，按可以确定的最低数额先予以支付，保险人最终确定给付保险金的数额后，给付相应的差额。

如被保险人在被宣告死亡后生还的，受益人应于知道或者应当知道被保险人生还后30天内退还保险人已支付的保险金。被保险人或者受益人对保险人请求给付保险金的权利，自其知道或者应当知道保险事故发生之日起2年内不行使而消灭。

8)争议处理

保险合同争议的解决方式，由当事人在合同中约定从下列两种方式中选择一种。

(1)因履行保险合同发生的争议，由当事人协商解决，协商不成的可提交某仲裁委员会仲裁。

(2)因履行保险合同发生的争议，由当事人协商解决，协商不成的依法向对保险单签发地有管辖权的人民法院提起诉讼。

【案例 10-3】

某县客运公司的一辆大客车满载旅客向某市驶去，当车行至盘山道的一个转弯处时，由于驾驶员与乘务员闲谈，精力分散，加上超速转弯，结果客车翻下山坡，车内旅客死伤严重。这些旅客全部投保了公路旅客意外伤害保险，每人保险金额为3万元。事故发生后，交通监理部门裁决：由客运公司对每位死难者家属支付2万元抚恤金，7000元丧葬费。事故发生后，保险公司也及时到现场进行了勘察工作。

分析

(1)该事故是否为意外事故？

(2)对死难旅客的家属应如何申请赔偿？

(3)每位死难旅客的家属最终将获得多少赔偿？

解析

(1)是。

(2)本案旅客获得两种赔偿请求权：可以根据民法中关于侵权的民事责任的规定向承运方请求赔偿；可根据旅客意外伤害保险的规定向保险公司请求给付保险金，因为此案事故属保险合同约定内的责任事故。

(3)每位死亡旅客的家属可得赔偿 57000 元。

2. 铁路旅客意外伤害保险

《铁路旅客意外伤害强制保险条例》由政务院财政经济委员会于 1951 年 4 月 24 日颁布，同年 6 月 24 日实施，对铁路强制险进行相关规定，至 2012 年已经实施了 61 年。在半个世纪的时间里，关于铁路强制险的去向、合法性和保险额度等争议和讨论不绝。2012 年 11 月 9 日，国务院第 628 号令正式废止了《铁路旅客意外伤害强制保险条例》。从 2013 年 1 月 1 日起正式实施，乘客乘坐火车伤亡赔偿不再是 15 万元封顶，乘客也不再被强制收取票价 2%的人身意外伤害强制保险费。

在废止《铁路旅客意外伤害强制保险条例》之前，凡乘火车的旅客均应按规定向中国人民保险公司投保铁路旅客意外伤害保险(旅客的保险费已包括在票价内，保险手续由铁路运输企业办理，不另签发保险凭证)，当发生意外事故造成旅客伤害(含死亡)时，保险公司按规定向旅客支付保险金。

1)保险期限

铁路旅客运输意外伤害强制保险的有效期间，自旅客持票进站加剪后开始，至到达旅程终点缴销车票出站时为止，如需搭乘铁路免费接送旅客的其他交通工具，则搭乘该项交通工具期间也包括在内。旅客乘坐的火车在中途因故停驶或改乘铁路指定的其他列车者，在中途停留及继续旅程中，保险仍属有效。旅客在旅程中途自行离站不再随同原车旅行者，其保险于离站时起即告失效，但经站长签字证明原票有效者，在重新进站后，保险效力即恢复。

2)保险金额及保险费

保险金额不论席座等级、全票、半票、免票，一律规定为每人 2 万元。旅客的保险费包含于票价内，按基本票价的 2%收费。

3)保险责任

旅客在保险有效期间内，由于遭受外来、剧烈及明显的意外事故(包括战争所致在内)，受伤必须治疗者，由保险公司按实际情况给付医疗津贴，其数额以不超过保险金额为限。

旅客遭受意外事故受到伤害，以致死亡、残废或丧失身体机能者，除给付医疗津贴外，另由保险公司依照下列规定给付保险金。

(1)死亡者，给付保险金额全数。

(2)双目永久完全失明者，两肢永久完全残废者，或一目永久完全失明与一肢永久完全残废者，给付保险金额全数。

(3)完全丧失身体机能永久不能继续工作者，给付保险金额全数。

(4)一目永久完全失明者或一肢永久完全残废者，给付保险金额半数。

(5)丧失一部分身体机能永久不能复原影响工作能力者，视其丧失机能的程度，酌情给一部分保险金。

旅客在一次旅程中，遭受意外事故，其保险金给付以不超过保险金额为限。

4)除外责任

遇有下列情况之一者，保险公司不负给付保险金或医疗津贴的责任。

(1)疾病、自杀、殴斗或犯罪行为而致死亡或伤害者。

(2)失踪者(但因车辆失事或意外事故而致失踪者不在此限)。

(3)因无票爬跳车而致死亡或伤害者。

(4)有诈欺行为意图骗领保险金或医疗津贴者。

5)医疗津贴及保险金的给付办法

(1)旅客遭受意外事故须予治疗者，其医疗津贴由保险公司或其特约代理处根据铁路医院或其他指定医院、医师证明确定后，依照规定给付。

(2)旅客遭受意外事故以致残废或丧失身体机能者，应由其本人或其指定代理人出具铁路医院或其他指定医院、医师及铁路的证明文件，由保险公司或其特约代理处根据此项证明，确定应给保险金数额。

(3)旅客遭受意外事故以致死亡者，应由其配偶、子女、父母或完全依赖该旅客供养者出具铁路的证明文件，必要时并须出具居住地政府的户籍证明，向保险公司或其特约代理处申请给付保险金，如遇领款人发生争执，应按照上列顺序决定。

(4)申请领取保险金，须自意外事故发生之日起 1 年内办理。

(5)保险金的给付由保险公司或其特约代理处自接到申请之日起在 15 天内办理。

3. 航空旅客人身意外伤害保险

航空旅客可以自行决定向保险公司投保航空旅客人身意外伤害保险。

1)投保范围

凡乘坐客运航班班机的旅客均可成为航空旅客人身意外伤害保险的被保险人。

2)保险责任

在保险责任有效期内，被保险人遭受意外伤害时，保险人依下列约定给付保险金。

(1)被保险人自意外伤害发生之日起 180 天内身故的，保险人按保险单所载保险金额给付身故保险金。

()2 被保险人自意外伤害发生之日起 180 天内身体残疾的，保险人按保险单所载保险金额及该项身体残疾所对应的给付比例给付残疾保险金。

(3)被保险人自意外伤害发生之日起 180 天内未造成身故或残疾的，对被保险人在此期间实际支付的医疗费，保险人在国家规定的公费医疗报销范围内给付医疗保险金，金额最高不超过 20000 元。

(4)保险人所负给付保险金的责任以保险单所载保险金额为限。

3)除外责任

同旅客意外伤害保险的除外责任。

4)保险责任期间

保险人所负保险责任从被保险人踏入保险合同指定的航班班机(或等效班机)的舱门开

始到飞抵目的港走出舱门为止。等效班机是指由于各种原因由航空公司为指定航班所有旅客调整的班机或被保险人经航空公司同意对指定航班变更并且起始港与原指定航班相同的班机。

5)保险金额和保险费

(1)保险金额按份计算，每份的保险金额为 20 万元人民币。同一被保险人最高保险金额为 200 万元人民币。每份保险的保险费为 20 元人民币。

6)保险受益人的指定和变更

投保人或被保险人在订立保险合同时，可指定一人或数人为身故保险金受益人，受益人为数人时，应确定受益顺序和受益份额，未确定份额的，各受益人按照相等份额享有受益权。被保险人为无民事行为能力或者限制行为能力人的，可以由其监护人指定受益人。被保险人或投保人可以变更身故保险金受益人，但需书面通知本公司，由本公司在保险单上批注。投保人在指定和变更身故保险金受益人时，须经被保险人书面同意。残疾保险金的受益人为被保险人本人。

7)保险事故通知

投保人、被保险人或者受益人应于知道或应当知道保险事故发生之日起 5 天内通知保险人，否则投保人、被保险人或受益人应承担由于通知迟延致使保险人增加的勘察、检验等项费用，但因不可抗力导致的迟延除外。不可抗力是指不能预见、不能避免并不能克服的客观情况。

8)保险金的申请与给付

被保险人身故的，由身故保险金受益人作为申请人填写保险金给付申请书，并凭下列证明和资料申请给付保险金：保险单或其他保险凭证，受益人户籍证明及身份证明，被保险人死亡证明书，承运人出具的意外事故证明，宣告死亡证明文件，被保险人户籍注销证明，受益人所能提供的与确认保险事故的性质、原因等有关的其他证明和资料。

被保险人残疾的，由被保险人作为申请人，于被保险人被确定残疾及其程度后填写保险金给付申请书，并凭下列证明和资料申请给付保险金：保险单或其他保险凭证，被保险人户籍证明及身份证明，被保险人残疾程度鉴定书，承运人出具的意外事故证明，被保险人所能提供的与确认保险事故的性质、原因、伤害程度等有关的其他证明和资料。

被保险人遭受意外伤害未造成身故或残疾，但需接受治疗的，由被保险人作为申请人，于治疗结束后或治疗仍未结束但自意外伤害发生之日起已满 180 天时，填写保险金给付申请书，并凭下列证明和资料申请给付保险金：保险单或其他保险凭证，被保险人户籍证明及身份证明，医疗诊断书及医疗费用原始凭证，承运人出具的意外事故证明，被保险人所能提供的与确认保险事故的性质、原因、伤害程度等有关的其他证明和资料。

保险人收到申请人的保险金给付申请书及有关证明和资料后，如无特别约定，对属于保险责任的，在与申请人达成有关给付保险金数额的协议后 10 天内，履行给付保险金责任。对不属于保险责任的，向申请人发出拒绝给付保险金通知书。

保险人自收到申请人的保险金给付申请书及有关证明和资料之日起 60 天内，对属于保险责任而给付保险金的数额不能确定的，根据已有证明和资料，按可以确定的最低数额先予以支付，保险人最终确定给付保险金的数额后，给付相应的差额。

被保险人在宣告死亡后生还的，保险金领取人应自其知道或应当知道被保险人生还后

30 天内退还保险人支付的保险金。

被保险人或受益人请求给付保险金的权利，自其知道或应当知道保险事故发生之日起两年不行使而消灭。

9)投保人解除合同的处理

投保人在保险合同指定的航班班机起飞前要求解除本合同的，保险人应在扣除手续费 2 元后退还保险费。投保人要求解除本合同时，应提供保险单或其他保险凭证、被保险人身份证明。

10)争议处理

在保险合同履行过程中，双方发生争议的，应协商解决，经双方协商未达成协议的，可依达成的合法有效的仲裁协议通过仲裁解决，无仲裁协议或者仲裁协议无效的，可通过诉讼方式解决。

10.2 保价运输

保价运输是指运输企业与托运人共同确定的以托运人申明货物价值为基础的一种特殊运输方式。保价就是托运人向承运人声明其托运货物的实际价值。凡按保价运输的货物，托运人除缴纳运输费用外，还要按照规定缴纳一定的保价费。保价运输就是实行限额赔偿制度后，一旦发生运输事故后，使托运人、收货人在运输中承担的风险降低。

10.2.1 保价运输的概念和特点

1. 限额赔偿制度

对于因承运人过失责任造成的货物损失，各种运输方式一般都通过法律、行政法规规定了最高的赔偿数额，称为赔偿限额。该赔偿限额往往低于货物的实际损失。交通运输业实行限额赔偿制度的原因如下。

(1)按实际损失赔偿，交通运输企业负担过重，将会制约交通运输业的发展。随着经济的发展，社会商品的品种越来越多，价格越来越高，对运输的要求越来越高，交通运输业承担的风险也越来越大。但我国的运费水平普遍较低，存在“高物价、低运价”的情况。在低运价的条件下，运输业的运输收入主要用于支付运输成本，若按货物的实际损失赔偿，则一些运输企业将难以经营下去。

(2)运费未与货物价格直接挂钩。当前，运输企业运输的货物品种繁多，价格差异巨大，我国的运费水平主要是以运输成本为基础并结合国家经济政策而制定的，并未考虑货物本身的价格。货物的运价率虽有区别，但高低相差不过几倍，远不能适应各种货物的实际价格的差异，故运输企业承担的货物损失价值与其所获得的收益是不相称的。

(3)国家价格管理体制的变化。随着市场经济的发展，各地区商品价格的差异逐渐扩大，即使同一地区、同一产品的价格也不尽相同，而交通运输业的运价则较为固定，有些运输方式还实行国家定价，即不能随行就市加以变化，从而出现了以“死运价”对“活物价”的状况。这就不可避免地出现了几个托运人运输同一品种的货物，向运输企业交纳相同的运费，发生事故后，索取不同数额的赔偿金的情况。这种权利和义务不对等的状况也是不合理的。

(4)运输中的风险不应全部由运输企业承担。另外，实行限额赔偿制度也是国外交通运输业的惯例

货物运输的产品是货物的位移，完成一个运输过程往往要跨越广大的地区。我国是一个大国，各地区的自然条件、社会条件存在巨大的差异，在运输过程中，不能确定的外部因素极多，运输业负担的风险也随之加大。这些危及安全的因素绝不是运输业本身所能解决的。显然，发生事故都要承运人全部包下来是不公平的，而应寻求承托双方共同分担风险的有效方法。

2. 保价运输的概念

根据限额赔偿制度，当发生因承运人过失责任造成的货物损失时，承运人将在赔偿限额内按实际损失赔偿。一般情况下，该赔偿限额与货物实际损失相差很多，而这时货主希望得到全额赔偿，这就造成了一对矛盾。为了解决这个矛盾，各种运输方式普遍实行了保价运输制度。

保价就是货物的保证价值，也可称为声明价格。所谓货物保价运输，是指托运人在托运货物时声明其价格并向承运人支付保价费用，由承运人在货物损失时按声明价格赔偿的一种货物运输。货物保价运输既是运输合同的组成部分，也是实行限额赔偿后，保证承运人、托运人利益对等的一种赔偿形式。

3. 保价运输的特点

(1)保价运输时运输企业实行限额赔偿后，为了保证承运人、托运人双方权益对等在法律上给予托运人的一种权利。在运输企业承运时，法律上保证托运人自愿决定是否行使这个权利。

(2)保价运输的货物在起运地和目的地之间流动，并一直处在运输企业职工的劳动和监护下，这有利于货物安全运送到目的地并交付给收货人。

(3)托运人应以全批货物的实际价格作为保价金额。货物的实际价格除货物自身的价格外，还包括承运前已发生的税款、包装费用和运输费用，不包括将发生的运输费用。

(4)保价运输除对托运人的损失起补偿作用外，运输企业可以直接采取特殊的技术和组织措施，保证货物运输安全。

(5)货物保价运输的责任是从承运人承运货物时起至将货物交付给收货人为止全程负责。

4. 保价运输的产生过程

保价运输来源于承运人赔偿责任限额制度和商事交易活动的意思自治原则。从航运历史来看，承运人责任制度发生过几次重要的变化。

18 世纪 80 年代，在英国船东的强大压力下，英国法院开始承认提单中的承运人免责条款。利用契约自由原则，当时的英国航运资本家在海运提单条款中几乎任意规定免责条款。到了 19 世纪 20 世纪初，这种免责条款一度多达六七十种，结果导致货主几乎承担了

货物在海上运输过程中的一切风险，此为承运人“不负过失责任制度”，这引起了当时贸易界的强烈不满。同时，由于提单是一种可转让的物权凭证，而收货人、银行和提单受让人并无审查提单条款的实际机会，而且提单中的许多免责条款也往往影响提单的自由转让。这一方面不仅妨碍了贸易的进一步发展，另一方面也影响了世界航运业的发展。

自19世纪以来，各国民法均视过失责任为经典理论。过失责任是行为人须对自己有过失的致害行为负责的理念。鉴于承运人不负过失责任制度引发的贸易界与航运界矛盾的加深以及与主流经典理论的背道而驰，承运人不负过失责任制便不再适应实践发展的需要。1921年《海牙规则》规定了承运人最低限度的责任，在一定程度上制止了承运人在提单中滥用免责条款的做法。如《海牙规则》第3条第8款规定：运输合同中的任何条款、约定或协议，凡是解除承运人或船舶对由于疏忽、过失或未履行本条规定的责任和义务，因而引起货物或关于货物的灭失或损害的责任的，或以下同于本公约的规定减轻这种责任的，则一律无效。有利于承运人的保险利益或类似的条款，应视为属于免除承运人责任的条款。

但海上运输毕竟是一种高风险作业的行业，为保护船舶所有人的利益，《海牙规则》同时又规定了承运人赔偿责任的限额制度，其第4条第5款规定：承运人或是船舶，在任何情况下对货物或与货物有关的灭失或损害，每件或每计费单位超过100英镑或与其等值的其他货币的部分，都不负责。但该条同时增加了“但托运人于装货前已就该项货物的性质和价值提出声明，并已在提单中注明的，不在此限”的例外性规定。这种排除适用承运人责任赔偿限额的规定便是保价运输。后来，航运业承运人责任赔偿限额制度又被铁路运输、航空运输、公路运输等借鉴，由此形成了普遍意义上的承运人赔偿责任限额制度。保价运输就是为适应这一制度而产生的，其适用完全依赖于托运人和承运人双方的例外性约定。另外，保价运输还体现了当事人对承运人赔偿责任的自治，展现了合同当事人的自由意志与法律平衡原则相结合的法律理念。

10.2.2 铁路货物运输保价运输

保价运输是针对铁路实行限额赔偿而规定的，它是铁路运输合同的组成部分，是保证托运人、收货人能得到及时合理赔偿的一种赔偿形式。在发生承运人的责任赔偿时，铁路要按照货物保价运输办法的规定给予赔偿。

保价运输通过加强铁路内部管理和安全防范，促进实现货物的安全位移，帮助实现货物的使用价值；同时，为铁路运输货物的风险进行合理分摊，即一旦发生货运事故，将对受损的托运人、收货人给予赔偿，将托运人、收货人在铁路运输中承担的风险降低。

1. 铁路货物保价运输的特点

保价运输不仅是一种赔偿形式，而且可以促进铁路运输企业加强管理、保证运输安全，同时也是对铁路运输企业的一种经济制约。铁路保价运输有它自身的特点。

(1)在运输目的上，托运人和铁路运输企业都是一致的。因为旅客、托运人托运物品都是希望安全、迅速地运到目的地，实现它的使用价值。而损失后得到赔付不是运输目的。铁路运输企业是合同的当事人，是直接参与运输的，因此，它不是被动的、消极地赔付，而是要在运输组织上、技术设施上采取必要的措施，保证运输安全。这是保价运输最鲜明的特点之一。

(2)铁路内部对保价运输的货物采取一系列强化管理措施，特别是对重点保价货物，将实行运输企业过程监督，以保证货物安全、迅速、准确地运抵到站。

(3)保价运输是合同的一部分，因此，在办理托运手续的同时一次就可以办理，手续非常简便，只要在运单上托运人记事栏内注明“保价运输”的字样，在货物栏内按货物的实际价格注明保价金额就可以了。

(4)保价运输促使铁路运输企业主动、迅速地合理赔付，保护托运人和旅客的合法权益。为此，中国铁路总公司还作出了相应的规定，凡属于铁路责任的，必须先赔付，后划分铁路内部的责任，而且对赔付的时间还作了规定限制，超过规定期限的时间收取的保价费除了作为赔偿基金以外，主要用于改善客、货运的服务设施、安全防范，保证货物运输安全，做到取之于民，用之于民，提高社会效益，更好地为旅客和托运人服务。

2. 铁路货物保价运输的范围

根据《铁路货物保价运输办法》的规定及关于保价运输的有关补充规定，下列货物暂不办理保价运输。

(1)按照《国际铁路货物联运协定》运输的国外段国际联运货物

(2)自轮运转的(包括企业自备或租用铁路的)铁道机车、车辆和轨道机械

我国目前开办的货物保价运输只限国内，包括国际联运国内段的货物，暂不办理国际联运国外段货物的保价运输。从国外进口的货物，在国内的铁路运输可自愿办理保价运输。

3. 铁路货物保价费率

1)确定保价费率的原则

(1)保价费率的确定要适当。弥补铁路按货物重量计费低收入和按货物实际价值赔偿的差距是铁路开办保价运输的目的之一，若保价费率定得偏低，则达不到这个目的，若保价费率定得偏高，则会增加托运人的负担，不利于保价运输的顺利开展。

(2)根据货物的性质和价值采取不同的费率。铁路运输的货物种类繁多，性质相差甚大，有的货物在运输过程中不易发生货运事故，如煤炭、矿石等，有的很容易发生货物损失，如鲜活货物。如果不考虑货物的性质，对所有货物采取统一的保价费率，对托运不同性质货物的托运人是不公平的。

(3)简明，便于操作。货物保价费率列入铁路货物运输品名分类与代码表，使得承办人能够准确、迅速、简便地查出货物适用的保价费率，完成货物的承保工作。

(4)稳定。保价费率在一段时间内应保持稳定，不至于使托运人对铁路开办保价业务产生误解，从而影响保价运输的顺利开展。

2)铁路货物保价费率

铁路运输的货物种类繁多，为了明确对各种货物应核收的保价费，将大量的货物按一定标准划分为若干类，结合货物的性质、价值、运输条件和发生损失的概率等因素，将所有货物的保价费率从低到高排列，其费率见表 10-1。

表 10-1 铁路货物保价费率等级表

等级	一级	二级	三级	四级	五级	特六级	特七级
保价费率	1‰	2‰	3‰	4‰	6‰	10‰	15‰

集装箱装运的货物及表 10-1 所列品名以外的货物，均按 3‰计算；冷藏车装运的需要制冷的货物，按该货物保价费率的 50％计费；超限货物均按该货物的保价费加收 50％计费。

4. 铁路货物保价运输的办理

保价运输的办理实行自愿原则。也就是说，对托运的货物是否保价完全取决于托运人的意愿，包括承运人在内的其他任何人不得以任何方式强迫托运人办理保价运输。托运人可以在办理保价运输的同时投保货物运输险。托运人办理保价运输时，必须全批保价，不能只保价一批货物中的一部分。但是从货主的利益出发，对未投保运输险的货物，还是提醒其参加保价运输为好。因为根据有关法规，未办理保价运输的货物，因承运人责任造成货物损失时，一般实行限额赔偿制度，而这种赔偿限额经常低于货物的实际价值。

铁路货物保价运输办理程序如下。

(1)声明价格和填制运单。托运人要求按保价运输货物时，应在货物运单的托运人记载事项栏内注明“保价运输”字样，并在货物价格栏内以元为单位，填写货物的实际价格。全批货物的实际价格即为货物的保价金额。托运人应以全批货物的实际价格保价，货物实际价格包括税款、包装费用和已发生的运输费用。按保价运输办理的货物，应全批保价，不得只保价其中一部分。

以概括名称托运或品名、规格、包装不同，不能在货物运单内逐一填记的保价货物，托运人须提出物品清单。物品清单一式三份，加盖车站承运日期戳后，一份由发站存查，一份随运输票据递交到站，一份交托运人备存。

发站受理保价运输货物时，应按货物运单或物品清单记载，检查托运人填记的货物价格是否清楚、齐全，认为有必要时，可以要求托运人提出确定价格的有关依据，并予以核实。发现保价金额不符或涂改时，需更换货物运单或物品清单。

(2)保价费的缴付。按保价运输的货物，托运人应缴付保价费。货物保价费的计算公式为

$$保价费=保价金额\times 货物适用的保价费率$$

保价费率不同的货物作为一批托运时，应分项填记品名及保价金额，保价费用分别计算。保价费率不同的货物合并填记时，适用于其中最高的保价费率。

货物保价费在货票现付栏内记明，与运费同时核收。但根据托运人要求，货物保价费也可以单独核收，在货物运单承运人记载事项栏和货票记事栏内注明“保价费另收”字样或加盖相同内容的戳记。

(3)对高价值保价货物的安全防范措施。车站受理一批保价金额在 50 万元及以上的整车货物、大型集装箱货物，一批保价金额在 30 万元及以上的 1t、5t、10t 集装箱货物和一批保价金额在 20 万元及以上的零担货物时，应建立“保价货物(B)运输台账”并逐级报告，由铁路局保价机构下达命令号批准，另有指示时，按其指示办理。对于按以上条件办

理的保价货物，车站应在货物运单、货运封套或货车装载清单上加盖 B 戳记(或用红色书写)，并在列车编组顺序表记事栏内注明 B 字样。

对于 B 货物，车站应及时组织装车和挂运，运送途中严格交接检查。装有 B 标记的贵重、易盗的整车货物，各铁路局可根据需要组织武装押运。押运区段由各铁路局决定。

各编组站、区段站对装有 B 标记的货物的货车应及时挂运，在站中转停留时间一般不超过 24h(零担、集装箱货物中转时间一般不超过 36h)，对保留列车中装有 B 标记的货物的货车，车站负责派人重点看护。

标有 B 的货物运抵到站后，车站应采取有效的防范措施，并及时通知收货人领取。对未标有 B 的保价货物，各站均应结合本站情况采取必要的防范措施。车站应建立货物保价运输统计、分析制度。按月填报保价货物运输报告，于次月 4 日前报主管分局，铁路局于 10 日前汇总报铁道部。

5. 铁路货物保价运输的变更或解除

保价运输货物变更到站后，保价运输继续有效。承运货物后，在发送前取消托运的，货物保价费应全部退还托运人。

6. 铁路货物保价运输的除外责任

(1)不可抗力，如地震、洪水等。

(2)货物本身的自然属性和合理损耗，如货物生锈、自然减量、易腐货物在容许运到期限内腐烂等。

(3)托运人、收货人的过错，如托运人装载不当、押运人过错、包装不符合要求等。

7. 铁路货物保价运输的赔偿处理

对办理保价运输的货物在运输过程中因承运人责任造成的货物灭失、短少、变质、污染或损坏的，承运人应按声明价格赔偿，实际损失低于声明价格的，按实际损失赔偿。如果经核实，货物损失是因承运人的故意行为造成的，当声明价格低于实际损失时，承运人不受声明价格的限制，而应按照规定向货主赔偿货物的实际损失。

1)索赔时效

托运人、收货人向承运人要求赔偿的有效期限为 180 天，有效期限由下列日期起算：货物灭失、损坏为承运人交给货运记录的次日；货物全部灭失，未编有货运记录的，为运到期限期满后的第 31 日。

2)赔偿程序

(1)托运人或收货人向承运人要求赔偿时，应按批向到站或发站提出赔偿要求书，并附货物运单、货运记录(或普通记录)和有关证明文件。

(2)到站或发站应根据托运人或收货人的要求受理赔偿。

3)赔偿额的确定

当货物损失是由铁路的故意行为或重大过失造成时，铁路应按照实际损失向货主赔偿。当货物的损失是由铁路的过失行为造成时，承运人应在保价金额内按货物的实际损失赔偿，实际损失超过保价金额的部分不予赔偿。目前有以下两种赔偿方法。

(1)根据铁路规章的规定赔偿，即

铁路向货主赔偿额=min｛投保金额×损失比例，实际损失｝

(2)根据最高人民法院的规定赔偿，即

铁路向货主赔偿额=min｛投保金额，实际损失｝

4)赔偿期限

对属于承运人承担赔偿责任的货物损失，承运人要主动向托运人或收货人赔偿。承运人办理赔偿的最长期限，自车站接受赔偿要求书的次日起至填发理赔通知时止，款额在5000元及以下的为10天；超过5000元未满5万元的为20天；5万元及以上的为30天。逾期未能赔付的，每超过1天，处理站应向赔偿要求人支付赔款额1%的违约金，违约金最多不超过赔款总额的20%。

【案例10-4】

某站承运一车药材，货物共2000件，全车保价400万元。货物运至中转站进行站车交接时，两侧施封良好、有效。到达收货站进行站车交接时，发现车辆左侧施封良好，右侧无封，且车门开启150 mm，经会同公安人员清点件数，车内货物短少150件，经调查，该车货物实际总价值为500万元。

分析

(1)此案例中，货主是否应该得到铁路的赔偿？

(2)若货主应该得到赔偿，铁路向货主的赔偿额应为多少？

解析

(1)该货运事故是由于铁路的过失责任造成的，因货主参加了保价运输，铁路应根据保价运输的有关规定向货主赔偿。

(2)铁路向货主的赔偿额=min｛保价金额×损失比例，实际损失｝=min｛400×150/2000，500×150/2000｝=30(万元)

【案例10-5】

某托运人在平旺站托运一车白糖，货物共1200件，重60 t，货主投运输保险20万元。货物运至张家口南站时，发现车辆一侧施封良好，另一侧无封，且上下门扣损坏，经清点件数，车内货物仅剩900件，经调查，该车货物实际总价值为30万元，设铁路每吨白糖赔偿金额为2000元。

分析

该货运事故应如何赔偿？

解析

该货运事故是由于铁路的过失责任造成的，应该赔偿。该货运事故的赔偿方法为：保险公司先根据保险合同向货主进行赔偿，然后保险公司再向铁路追偿；铁路根据限额赔偿

的规定向货主和保险公司赔偿，具体赔偿金额为

铁路应向货主赔偿额＝min｛赔偿限额，实际损失｝＝min｛300/1200×60×2000，30×300/1200｝＝3(万元)

保险公司向货主赔偿额＝min｛保险金额×损失比例，实际损失｝＝min｛20×300/1200，30×300/1200｝＝5(万元)

保险公司向铁路追偿额＝铁路应向货主赔偿额×min｛保险金额/全批货物实际价值，1｝＝3×min｛20/30，1｝＝2(万元)

10.2.3　公路货物保价运输

公路货物保价运输是指公路货物托运人在托运货物时声明其价格，并向承运人支付保价费用，由承运人在货物损失时按声明价格及货物损坏程度予以赔偿的一种货物运输。货物保价运输同运输保险一样，目的是保护托运人或收货人的正当利益不受损失。

1. 公路货物保价运输的办理

公路货物运输实行自愿保价原则。也就是说，对托运的货物是否保价完全取决于托运人的意愿，托运人可以办理保价运输，也可以在办理保价运输的同时投保货物运输险，还可以不办理保价运输。办理公路货物保价运输时，应遵守以下规定。

(1)一张运单托运的货物只能选择保价或未保价中的一种。也就是说，对一批办理托运的货物，不得只保价其中一部分而不保价另一部分。

(2)托运人选择货物保价运输时，申报的货物价值不得超过货物本身的实际价值，且保价运输为全程保价。

(3)按保价运输的货物，托运人还应缴付保价费。保价费按不超过货物保价金额的7‰收取。

(4)分程运输或多个承运人承担运输的，保价费由第一程承运人(货运代办人)与后程承运人协商，并在运输合同中注明。承运人之间没有协议的按无保价运输办理，各自承担责任。

(5)办理保价运输的货物，承运人应在运输合同上加盖“保价运输”戳记。

2. 公路货物保价运输的变更或解除

保价运输货物变更到站后，保价运输继续有效。承运人承运货物后，在发送前取消托运的，货物保价费应全部退还托运人。

3. 公路货物保价运输的赔偿处理

对办理保价运输的货物在运输过程中因承运人责任造成的货物灭失、短少、变质、污染或损坏的，承运人应按下列规定赔偿：货物全部灭失的，按货物保价声明价格赔偿；货物部分毁损或灭失的，按实际损失赔偿；货物实际损失高于声明价格的，按声明价格赔偿；货物能修复的，按修理费加维修取送费赔偿。如果经核实，损失是因承运人的故意行为造成的，当声明价格低于实际损失时，承运人不受声明价格的限制，而应按照规定赔偿货物的实际损失，并自有关部门追究其责任。

10.2.4 水路货物保价运输

1. 水路货物保价运输的范围

凡执行国家指导价格或市场价格的货物均可办理水路货物保价运输。另外，个人托运生活用品和搬家物品也可办理水路货物保价运输。

2. 水路货物保价运输的办理

(1)声明价格和填制货运单。托运人确定采用保价运输的，应在货物运单货物价值栏内准确地填写该批货物的总价值。对不符合“三同”(同品种、同规格、同包装)条件的货物，除按上述规定办理外，还应向承运人提交货物单件价值清单。

(2)保价费的缴付。按保价运输的货物，除运杂费外，托运人还应缴付保价费。承运人按有关保价费率的规定核收保价费后，在货物运单上加盖“保价运输”的红色戳记。

另外，由于个人生活用品和搬家物品比较杂，难以使用统一价格，所以托运时应提出物品清单，并逐项声明价格，将总价格填入运单货物价值栏内。

(3)水路货物保价运输的赔偿处理。对办理保价运输的货物，在运输过程中发生货运事故，造成直接损失的，应按下列原则赔偿：货物发生损害、灭失时，承运人应当按照货物的声明价值进行赔偿，但承运人证明货物的实际价值低于声明价值的，按照货物的实际价值赔偿。

【案例 10-6】

国内水路运输一批货物，保险金额是 30 万元，保险事故发生时保险标的的价值是 50 万元，保险事故导致保险标的损失 20 万元。

分析

保险公司应向被保险人支付多少赔款？

解析

保险金额低于货价的，属不足额保险。不足额保险的货物只能根据实际损失按比例赔偿，所发生的施救费用也按比例赔偿，其计算公式为

$$赔偿金额=损失金额\times保险金额/起运地货物实际价值$$

因此

$$保险人应得到的赔款=20\times(30/50)=12(万元)$$

10.2.5 航空货物保价运输

1. 国内航空货物保价运输

1)国内航空货物保价运输的办理

(1)托运人托运的货物，毛重每千克价值在人民币20元以上的，可办理货物声明价值，按规定交纳声明价值附加费。

(2)每张货运单的声明价值一般不超过人民币50万元。

(3)已办理托运手续的货物要求变更时，声明价值附加费不退。

2)国内航空货物保价运输的赔偿处理

对于保价运输的货物，由于承运人的原因造成货物丢失、短缺、变质、污染、损坏的，应按声明的价值赔偿；如承运人证明托运人的声明价值高于货物的实际价值，则按实际损失赔偿。

2. 国际航空货物保价运输

1)国际航空货物保价运输的办理

(1)托运人托运毛重每千克价值超过承运人规定限额的货物，可办理货物声明价值，并支付声明价值附加费。

(2)承运人可以规定每张货运单的声明价值限额，承运人对超过其声明价值规定限额的货物可以拒绝运输。

(3)货运单上已载明的声明价值不得变更，对已办妥声明价值的货物行使处置权的，已付的声明价值附加费不予退还。

2)国际航空货物保价运输的赔偿处理

对于保价运输的货物，由于承运人的原因造成货物丢失、短缺、变质、污染、损坏的，应按声明的价值赔偿；如承运人证明托运人的声明价值高于货物的实际价值，则按实际损失赔偿。

10.2.6 货物运输保价与货物运输保险的异同点

货物保价运输与货物运输保险都用于补偿收货人或托运人的经济损失，但两者有区别又有联系，下面就货物保价运输与货物运输保险的异同点分别进行分析。

1. 货物运输保价与货物运输保险的相同点

(1)都遵循自愿原则。

(2)目的都相同。即投保人或托运人以支付一定金额为代价获取标的物的保值。

(3)都有最高赔偿限额的规定。运输保险的赔付不超过约定的保险金额，保价运输的赔付不超过保价条款约定的保价额。

(4)当事人都有诚实信用、如实告知的义务。

(5)从形式上看，托运人均在基础运费以外，额外支付了保费。区别在于是否构成实际运费的一部分。

(6)从过程上看，托运人的货物均发生了灭失、损坏或交付延迟。

(7)从效果上看，托运人均因货损获得了赔偿。

(8)从金额上看，托运人声明价值均不得超过货物的实际价值。

2. 货物运输保险与货物运输保价的不同点

1)从法律方面分析

(1)法律依据不同。运输保险属于财产保险之一，由《保险法》调整；保价运输具体规定于有关运输法律法规。

(2)法律关系的性质不同。运输保险确立的是托运人或收货人(投保人或被保险人)与保险公司(保险人)之间的保险合同法律关系，其表现形式一般有单独的货运保险合同或运输合同中存在明确的保险条款。

保价运输确立的仍然是托运人与承运人之间的运输合同法律关系，没有单独的保价合同，保价条款的存在不能产生新的法律关系，也不能改变既有的运输合同性质。

(3)索赔对象不同。货物运输保险是向保险人索赔，而货物保价运输是向承运人索赔。

(4)赔偿范围不同。对于运输保险，保险人承担保险金和因保险事故而支出的合理费用。而对于保价运输，赔付范围排斥了保价额以外的托运人或收货人的一切费用支出。

(5)责任免除条件不同。对于保价运输，承运人把自然灾害等不可抗力作为其免责条件；而保险合同对此却是恰恰相反的约定。

(6)赔偿标准不同。运输保险笼统地对货物按一个标准赔付；保价运输则按照行包和货物两个标准赔付。

(7)赔偿的程序不同。运输保险的赔偿程序大致可分为报告事故、勘验与核赔、理赔3个阶段；而保价运输的理赔程序分行李包裹保价的理赔和货物保价的理赔。

(8)关于代位求偿权的问题。运输保险中保险人可从被保险人那里取得代位求偿权；而保价运输中，现有法律法规并未明确承运人可取得代位请求赔偿的权利。

(9)对标的残值的处理不同。足额保险的，受损标的的残值归属保险人；不足额保险的，受损标的的残值按比例归属保险人。对于保价运输，受损货物都归属托运人或收货人。

(10)合同解除权的规定不同。运输保险是指投保人一般可以解除保险合同，不过保险责任开始后，货物运输保险合同不得解除。保价运输指的是现有法律法规未规定当事人有解除保价合同的权利。

(11)有关赔付款的税收政策不同。保险赔款免征个人所得税，但保价运输中托运人或收货人所支出的保价费用和承运人对损失的赔付款都不在免税之列。

(12)保险费与保价费的性质不同。运输保险费完全属于民商事合同对价；而保价费带有行政规费的性质，相当于国家的准财政收入。

综上所述，保价并不是保险价值与保险价格的简称，保价与保险是两个不同范畴的概念。运输保险属于纯粹的民商事法律关系表现形式，而保价运输更偏向于行政规费性质，有较浓厚的行政色彩，体现了具有垄断性经济主体的意志。

2)从形式和业务方面分析

(1)制度设计的目的不同。保价是按照私权自治的精神，对承运人赔偿责任限额作出的一种商业安排。而保险则是将风险从某个人转移到社会团体，由社会团体所有成员分担损失的一种风险防范机制。

(2)所保风险的范围不同。保价运输发生作用的前提是承运人负有不可免责的过失责任。而保险可以承保的风险除了承运人责任以外，还可包括第三人侵权行为、不可抗力等。

(3)运作机制不同。在保价运输条件下，承运人一般要及时启动特殊处理流程，保证货物安全、及时地运抵收货地点。而在承运人代理保险的条件下，承运人可及时办理投保手续，并不必然启动特殊处理流程。

(4)风险的最终承担者不同。保价运输通常由承运人承担赔偿责任。运输保险由保险公司承担货损风险；即便是因承运人责任导致货物损失，托运人亦可直接向保险人索赔，然后再由保险人向承运人追偿。

(5)根据保险惯例，某些不能承保的货物也在办理保价运输之列。对于私人信函、身份证件等不可计量价值的函件类货物而言，一般不属于保险公司的承保范围，但可以办理保价运输。同时对保价一般设置最高限额。

3)从其他方面分析

货物保价运输同货物运输保险一样，都有补偿托运人或收货人经济损失的目的，但是两者在以下方面存在明显区别。

(1)责任依据的法律不同。保价运输责任的法律依据是有关运输法律法规，而运输保险责任的依据是保险法规。

(2)责任基础不同。保价运输责任的基础主要是因承运人责任造成的货物损失，运输保险责任的基础主要是因自然灾害、意外事故等非人为因素造成的损失。根据国内水路、陆路货物运输保险的有关规定，保险货物因承运人责任造成的货物损失，保险人向投保人补偿后，有向承运人追偿的权利。

(3)赔偿方式不同。保价运输赔偿的依据是保价协议，它是运输合同的组成部分，根据此协议，托运人要缴纳一定的保价费，承运人以保价金额承运，发生承运人责任的损失时按保价运输的原则赔偿，即最高不超过保价金额。运输保险的赔偿依据是保险协议，根据该协议在发生保险责任范围内的损失时，赔偿金额最高不超过保险金额。

(4)目的不同。保价运输的目的是解决限额赔偿不足以补偿托运人损失而设立的一种特殊的赔偿制度。运输保险的目的则是解决因自然灾害、意外事故而造成的经济损失的社会补偿方式。

(5)对货物的安全管理不同。货物保价运输是货物运输合同的组成部分，承运人作为合同的一方直接参加货物的运输工作，有条件对保价货物采取特殊的安全管理措施。对于货物运输保险则是为了解决因自然灾害、意外事故而造成经济损失的社会救济问题，保价运输是运输责任的延续，运输保险是一种社会补偿形式。

(6)资金适用的范围不同

运输保险的报价收入除用于赔偿外，主要用于改善运输设施，保证运输安全，提高运输质量，比运输保险更直接地照顾了托运人、收货人的权益。

【案例 10-7】

2008 年 7 月 6 日，船舶 A 在港外锚地躲避台风时发生进水事故，货舱进水，船载货物严重受损。受损货物分属 42 个货主、由 14 份保单承保，共计保险金额为 900 多万元人民币。事故发生后，船东立即发布海事声明并宣布共同海损。货物保险人在接到报案后也立即赶赴现场并委请保险公司查看货物损失情况，核定损失金额。在共同查看现场后，经货物保险人与托运人协商，托运人联名向中国船级社某分社递交了船舶公正检验申请书。随后，验船师上船对 A 轮进行了公正检验。8 月 7 日，船载货物由承运人转运到目的港，承运人在收取共同海损担保后向当地海事法院 B 提起诉讼，要求货方赔偿共同海损费用 60 万元人民币。8 月 10 日，托运人向海事法院 C 提起诉讼，要求承运人赔偿货物损失 137 万元人民币并扣押了 A 轮。本案最后由海事法院 C 并案审理，货物保险人在实际赔偿后按照代位追偿程序申请参加诉讼。

分析

(1)本案例中，共同海损是否成立?

(2)如果是共同海损，费用是否应当由货方分摊?

解析

根据我国《海商法》第 193 条规定，共同海损是指在同一海上航程中，船舶、货物和其他财产遭遇共同危险，为了共同安全，有意地、合理地采取措施所直接造成的特殊牺牲、支付的特殊费用。共同海损成立必须具备 4 个要件：①船、货、财产面临共同的且为真实的海上危险；②所采取的措施是为共同安全、是有意的、合理的；③牺牲和费用是特殊的；④采取的措施产生了积极和有效益的结果。

本案例中，A 轮在躲避台风期间发生货舱大量进水事故，为防止船舶沉没，积极施救所产生的租用大马力水泵费用、拖轮费用、港口费用以及人工施救费用等符合上述 4 个要件，可以构成共同海损费用。值得注意的是，共同海损费用并不当然应由受益方分摊。理由是共同海损的成立并不考虑危险是由何种原因造成的，也不考虑承运人是否有过错，过错是否可以免责，只要海上危险真实存在并威胁到船、货及其他财产的共同安全，共同海损即成立。共同海损是否应当由受益方分摊则必须考虑承运人是否有过错，过错是否可以免责。本案例中的运输形式为国内沿海货物运输，由于我国对沿海运输实行完全过失责任制，承运人不存在过失免责的情况，因此，只要证明承运人有过失，承运人即无权要求货方分摊共同海损。

本案例中，由于货方及时申请对承运船舶进行了公正检验，得知船舶结构状况不良，缺乏必要的保养，在船舶重载、遭遇坏天气的情况下，第三货舱左船舷侧外板开裂，货舱大量进水，再加上货舱舱底水系统不能正常工作，导致进水蔓延至其他两个货舱，最终发生严重货损的检验结果。因此，在船舶不适航、承运人存在严重过失的事实情况下，承运人不得不撤销了对货方的起诉，并同意将共同海损担保退还货物保险人。

10.3　本章小结

本章在介绍保险的定义和一般原理的基础上，分别对货物运输保险、旅客意外伤害保险进行了阐述。对于货物运输保险，阐述了国内水路、陆路货物运输保险，海上货物运输保险，航空运输保险，介绍了铁路、公路、水路和航空运输方式货物和行包保价运输的具体规定，同时对保价运输和运输保险的异同点进行了详细介绍。此外还对运输保险和保价运输进行了主要介绍，重点对货物运输保价和保险运输作了详细分析。最后分析了运输保险和保价运输的联系和区别，它们之间是相互补充的，在运输过程中，构成了货物运输的安全保障体系。

思考题

1. 简述保险标的的概念和保险合同的基本原则。
2. 简述运输保险的概念及分类。
3. 货物运输保险的特征有哪些?
4. 什么是实际全损与推定全损？简述两者的区别。
5. 简述单独海损与共同海损的构成条件。
6. 简述海上货物运输保险的主要险别。
7. 简述航空旅客意外伤害保险的有关规定。
8. 简述保价运输的特点。
9. 货物保价运输与货物运输保险有哪些区别?

主要参考文献

冯媛媛. 2004. 运输实务 [M]. 北京：对外经济贸易大学出版社.
胡骥. 2006. 对外运输贸易与保险 [M]. 成都：西南交通大学出版社.
李津，金俊武. 2005. 运输商务管理 [M]. 北京：国防工业出版社.
刘作义，郎茂祥. 2003. 运输商务 [M]. 北京：中国铁道出版社.
周江雄，庞燕. 2006. 国际货物运输与保险 [M]. 武汉：国防科技大学出版社.

第 11 章　运输商务事故处理

在运输过程中，由于各种风险和危险的存在，不可避免地会发生运输事故，根据运输过程中的对象不同，运输事故可分为客运事故和货运事故。本章从不同运输方式着手，在详细介绍货物运输的同时对客运事故也进行了较为全面的介绍，其中还包括货运事故责任的划分、货运记录的编制和处理、运输事故的索赔程序、单证和时效、理赔程序、赔偿金额的确定及赔偿期限的规定等。为便于学习，本章最后还引入了一些案例分析。

11.1　运输事故

旅客和货物在运输过程中，由于各种危险的存在，运输事故是难以避免的，根据所造成货物的损失或者是旅客人身伤害可将运输事故分为客运事故和货运事故。根据事故的性质和损害程度不同，运输事故可划分为不同的种类和等级，本节将就不同的运输方式分析其货运和客运事故。

11.1.1　铁路运输事故

1. 铁路货运事故

货物在铁路运输过程中(包括承运前保管和交付完毕后点回保管)，发生灭失、短少、变质、污染、损坏以及严重的办理差错，在铁路内部均属于货运事故。

1)铁路货运事故的种类

为了便于统计分析，按照事故发生的情况，现行《铁路货运事故处理规划》将货运事故分为 7 类：火灾、被盗(有被盗痕迹)、丢失(全批未到或部分短少，没有被盗痕迹的)、损坏(破裂、变形、磨伤、掉损、部件破损、湿损、漏湿)、变质(腐烂、植物枯死、活动物非中毒死亡)、污染(污损、染毒、活动物中毒死亡)、其他(整车、整零车、集装箱车的票货分离和误运送、误交付、误编、伪编记录以及其他造成影响而不属于以上各类的事故)。

2)铁路货运事故的等级

现行《铁路货运事故处理规划》将铁路货运事故按照事故的性质和损失程度分为 3 级，如表 11-1 所示。

表 11-1　铁路货运事故等级表

事故等级 事故类型	重大事故	大事故	一般事故
由于货物染毒或危险货物发生事故造成人员死亡	死亡 3 人或死亡重伤合计 5 人以上	死亡不足 3 人或重伤 2 人以上	不属于重大事故、大事故的事故
货物损失及其他直接损失款额	30 万元以上	10 万元以上未满 30 万元	2000 元以上未满 10 万元

货运事故中的人员死亡或者重伤是指货物染毒或者货物发生事故造成的后果。因其他原因所造成的人员死亡或者重伤，则不列入货运重大事故、大事故。重伤的标准按照劳动部《关于重伤事故范围的意见》执行。

货物损失款额既包括货运事故造成的货物损失，也包括其他直接经济损失，应以此来确定事故的等级。铁路赔偿款额只是表示该起货运事故中铁路所承担的经济责任，而不能作为确定事故等级的依据。

军用物资(武器、弹药、主要器械)、珍贵文物、涉外货物、尖端保密物资丢失或损坏及其他性质恶劣、情节严重、影响较大的货运事故应提级处理。

3)铁路货运事故苗子

铁路运输过程中(包括承运前保管和交付完毕后点回保管)损失轻微的货损、货差以及一般办理差错，属于货运事故苗子。货运事故苗子包括零担、集装箱的货票分离，零担、集装箱的误运送，误交付和违反营业办理限制，货物损失款额不足 500 元时。误编丢失记录或误编无货记录，自站发现并记录编制之日起 7 日内发电报纠正时，或被他站发现自收到他站记录之日起 3 日内发电报纠正时。

4)铁路货运记录

记录是反映事故真实情况的文件，是分析事故的基本材料和货主向铁路提出赔偿要求的依据。记录分为货运记录和普通记录两种。货运记录是指货物在运输过程中，发生货损、货差、有货无票、有票无货或其他情况，需要证明承运人同托运人或收货人之间责任和铁路内部之间责任时，发现车站当日按批(车)所编制的记录。货运记录是判定铁路、托运人、收货人在事故中的经济责任的基本证明材料，是赔偿依据的基本文件。货运记录分为带号码的和不带号码的两种。带号码的货运记录每组一式三页，第一页为编制站存查页，第二页为调查页，第三页为货主页。不带号码的货运记录只限作为抄件或货运员发现事故时报告用。

普通记录是指货物在运输过程中，发生换装、整理或在交接中需要划分责任以及依照其他规定需要编制时，当日按批(车)所编制的一种凭证。普通记录仅能作为铁路内部交接或铁路与托运人、收货人交付货物时的有关说明，是一般性证明文件，不起解决经济责任的证明作用，不能作为请求赔偿的依据。普通记录也分为带号码的和不带号码的两种。带号码的普通记录每组一式两页，第一页为编制单位存查页；第二页为证明页，交给接方(包括收货人)。不带号码的普通记录也只限作为抄件或货运员发现事故时报告用。

5)国际铁路联运商务记录的编制

当国际铁路联运货物在运送途中发生货运事故或其他异常情况时，为使其能得到正确及时的处理，发现事故的车站应在发现事故当日编制商务记录。商务记录是分析事故原因、划清责任和请求赔偿的基本文件。国际铁路联运货物在运送期间，如遇下列情况，均应编制商务记录。

(1)货物全部或部分灭失、重量不足、毁损、腐坏或其他原因降低质量。

(2)运单中所记载的货物名称、重量、件数或其他事项与实际货物不符。

(3)有货无票、有票无货或运单缺页。

(4)运单中记载的发货人运送用具没有或短少。

(5)在国境站换装时发现货物容器或包装不良。

当商务记录由发站、到站或中途站编制时，为一式四份。发站和中途站编制的，其中两份附在运单上，一份自站留存，一份送责任单位调查；到站编制的，其中两份自站存查，一份交收货人，一份送责任单位。属自站责任的，将其中一份报主管局。

当商务记录由国境站编制时，分两种情况处理。一种情况是按实物交接即按货物的重量或件数交接时，商务记录要编制七份，其中两份附在运单上，一份留存到站，一份随同货物交给收货人，且让收货人在到站留存的那份记录上签字；一份交给接收方海关；交接双方国境站各执两份，一份留存国境站，一份由国境站寄送自路主管局。另一种情况是按封印交接时，商务记录编制四份，其中两份附在运单上(一份留存到站，另一份交收货人)，一份留存国境站，一份报自路管理局。

6)铁路货运处理程序

车站发现货运事故，除编制货运记录外，应对事故现场进行检查，找出原因，避免扩大损失。发生火灾、被盗应及时向铁路公安部门报案并会同处理。涉及车辆技术状态的事故，应会同车辆段检查并作检查记录。火灾损失的计算按照有关规定执行。

发现重大事故、大事故、火灾事故、剧毒、易燃、液化气体泄漏，应在 24h 内向有关站、铁路局拍发货运事故速报，并抄报中国铁路总公司、主管铁路局、分局。

货运事故速报内容包括：事故等级、种类，发现事故的时间、地点，货物发站、车站、品名、承运日期，车种、车型、车号、货票号码、办理种别、保价金额，事故概要，对有关单位的要求。

车站接到调查记录(包括自站编制的记录)、货运事故速报和查询文电后，核对记录和附件是否齐全、正确，加盖收文日期戳记，编号登记于货运事故(记录、调查、赔偿)登记簿内，并按规定办理。

事故发生局对货运重大事故应立即深入现场组织处理。涉及他局责任时，应自拍发事故速报之日起 15 日内邀请有关局参加处理，召开分析会，作出会议纪要。有关局接到重大事故速报后，应组织调查，按发生局通知的开会日期参加事故分析会，并签署会议纪要。

局间对事故责任划分意见一致时，由发生局将会以纪要连同有关材料送到达局。局间对事故责任划分意见有分歧时，应在会议纪要内阐明各自意见，由发生局将会议纪要连同现场调查材料等以局文报铁道部裁定，并抄送有关局。

2. 铁路客运事故

1)铁路客运事故的种类

(1)按旅客人身伤害程度划分，铁路客运事故分为：轻伤，伤害程度不及重伤者；重伤，肢体残废、容貌毁损、视觉、听觉丧失及其器官功能丧失；死亡。

(2)按旅客人身伤害事故划分如表 11-2 所示。

表 11-2　旅客人身伤害事故划分

事故等级	轻伤事故	重伤事故	一般伤亡事故	重大伤亡事故	特大伤亡事故	特别重大伤亡事故
伤亡人数	只有轻伤没有重伤和死亡	有重伤没有死亡	一次造成死亡 1～2 人	一次死亡 3～9 人	一次死亡 10～29 人	一次死亡 30 人以上。

2)铁路客运事故处理程序

发生旅客人身伤害事故时，列车长、车站客运主任应当会同铁路公安部门及时勘验事故现场，检查旅客所持车票的票种、票号、发到站、车次、有效期及加减情况等；收集不少于两份同行人或见证人的证言和有关证据，并保护好有关证据材料。

收集证人证言时，应当记录证人姓名、性别、年龄、地址、联系方式、身份证号码等内容，证言、证据应当准确、真实，并能够证明事故发生的过程和原因。

列车上发生旅客人身伤害事故时，应当将受伤旅客移交三等以上车站(在区间停车处理时为就近车站)处理，车站不得拒绝受理。列车向车站办理移交手续时，应编制客运记录一式两份(一份存查，一份办理站、车交接)，连同车票、旅客随身携带品清单、证据材料一起移交。旅客人身伤害事故系因斗殴等治安或刑事案件所致，列车乘警应在客运记录上签字。

因特殊情况来不及编写记录的，列车长必须指派专人下车与车站办理交接，并必须在 3 日以内向事故处理站补交有关材料。当次列车因故未能将受伤旅客及有关材料及时移交，旅客在法定时限内向铁路运输企业索赔且能够证明伤害是在运输过程中发生的，事故发生列车应本着方便旅客的原则，移交旅客就医所在地车站或旅客发、到站处理，被移交站应当受理。

车站对本站发生、发现或列车移交的受伤旅客应当及时送附近或有救治条件的医院抢救。送铁路医院时可凭加盖有车站或客运室公章的客运记录与医院办理就医手续。送地方医院须先交纳押金时，可用站进款垫付。动用站进款时，须填写或补填运输进款动支凭证，5 日内由核算站或车务段财务拨款归还。

受伤旅客在现场抢救无效死亡或在站内、区间发现的旅客尸体，经公安机关或医疗部门确认死亡后，车站应当暂时派人看守并尽快转送殡仪馆存放。对死者的车票、衣物等应当妥善保管并通知其家属来站处理。如死者身份、地址不清或家属不来时，或死亡原因系伤害致死需立案侦查时，可根据公安机关的意见处理死者尸体，必要时应对尸体进行法医鉴定。尸体存放原则上不超过 7 天。

11.1.2　公路运输事故

交通事故(traffic accident)是指车辆在道路上因过错或者意外造成人身伤亡或者财产损失的事件。与原《道路交通事故处理办法》中的道路交通事故定义相比，新定义有了明显变化。

(1)交通事故不仅是特定的人员违反交通管理法规造成的，也可以是由于地震、台风、山洪、雷击等不可抗拒的自然灾害造成的。

(2)交通事故的定义和含义基本与国际接轨。

1. 公路货运事故

1)公路货运事故种类

货运事故是指货物运输过程中发生的货物毁损或灭失。货运事故和违约行为发生后，承运双方及有关方应编制货运事故记录。按照货运事故发生的实际情况，公路运输事故的种类同铁路运输事故。

2)公路货运事故的等级

(1)重大事故：①货损金额为3000元以上；②经省级有关部门鉴定为珍贵、尖端、保密物品的运输灭失、损坏。

(2)大事故：货损金额为500～3000元。

(3)一般事故：货损金额为50～500元。

(4)小事故：货损金额为20～50元；20元以下的不作事故统计上报，但企业要作处理和内部记录。

3)公路货损、货差商务记录的编制

公路货损、货差商务事故记录的编制过程一般根据下列要求进行。

事故发生后，由发现事故的运送站或就近站前往现场编制商务记录；如系重大事故，在有条件时还应通知货主，一起前往现场调查，分析责任原因。

如发现货物被盗，应尽可能保持现场，并由负责记录的业务人员或驾驶员根据发现的情况，会同有关人员作好现场记录。

对于在运输途中发生的货运事故，驾驶员或押运人应将事故发生的实际情况如实报告中转站，并会同当地有关人员提供足够的证明，由中转站编制一式三份的商务记录。

如货损事故发生于货物到达站，则应根据当时的情况会同驾驶员、业务人员、装卸人员编制商务记录。

4)公路货运事故的处理程序

货运事故发生后，承运人应及时通知收货人或托运人，收货人、托运人知道发生货运事故后，应在约定的时间内与承运人签注货运事故记录。收货人、托运人在约定的时间内不与承运人签注货运事故记录的，或者无法找到收货人、托运人的，承运人可邀请2名以上无利害关系的人签注货运事故记录。

由托运人直接委托站场经营人装卸货物造成货物损坏的，由站场经营人负责赔偿；由承运人委托站场经营人组织装卸的，承运人应先向托运人赔偿，再向站场经营人追偿。

承运人、托运人、收货人及有关方在履行运输合同或处理货运事故时，发生纠纷、争议的，应及时协调解决或向县级以上人民政府交通主管部门申请调解；当事人不愿和解、调解或者和解、调解不成的，可依仲裁协议向仲裁机构申请仲裁；当事人没有订立仲裁协议或仲裁协议无效的，可向人民法院起诉。

2. 公路客运事故

1)公路客运事故种类

根据公路交通事故造成的后果，道路旅客运输事故可以划分为轻微事故、一般事故、重大事故和特大事故 4 类，如表 11-3 所示。

表 11-3　道路旅客运输事故

事故等级	轻微事故	一般事故	重大事故	特大事故
伤亡人数或财产损失数额	一次造成轻伤 1～2 人，或者财产损失机动车事故不足 1000 元，非机动车事故不足 200 元的事故	一次造成重伤 1～2 人，或者轻伤 3 人以上，或者财产损失不足 3 万元的事故	一次造成死亡 1～2 人，或者重伤 3 人以上 10 人以下，或者财产损失 3 万元以上不足 6 万元的事故	一次造成死亡 3 人以上，或者重伤 11 人以上，或者死亡 1 人，同时重伤 8 人以上，或者死亡 2 人，同时重伤 5 人以上，或者财产损失 6 万元以上的事故

2)公路客运事故处理程序

(1)现场勘察。相关部门接到客运事故报案后，必须作好报案记录。属于重大、特大事故的，应当立即向上级公安交通管理部门或者有关部门报告。不属于自己管辖的，移送主管部门，并通知当事人。

(2)调查取证。询(讯)问当事人、证人和有关人员；按照《中华人民共和国治安管理处罚条例》的规定进行，有责任的当事人无故不到的，可以依法传唤、采集、提取事故现场的痕迹、物证，按照处理事故的有关规定、标准进行。事故现场和当事人体内如有可能因时间、地点、气象原因灭失的痕迹或者证据，应当及时提取。饮酒或者使用毒品的当事人如拒绝提取血液，并有反抗行为的，可以使用约束带或者警绳强制提取，提取完毕后必须立即解除。

(3)检验、鉴定和重新评定。检验事故死者尸体不得在公众场合进行，剖验事故死者尸体应当征得其亲属或者代理人的同意。但是公安管理部门认为必要时，经事故处理部门负责人批准，可以直接解剖尸体。境外来华人员的尸体经法医检验的，由法医出具死亡鉴定书。需解剖尸体的，应当取得死者家属或者所属国驻华使、领馆同意解剖的书面证明。

事故受伤人员伤残评定工作应当由法医进行，若无法医，则由处理事故的办案人员进行；伤情复杂的，可以聘请有专门知识的人员或者委托其他专业伤残鉴定机构进行。在有条件的地方，应当设立事故伤残评定委员会。

事故当事人对伤残评定不服的，按照《道路交通安全法实施条例》规定可以向上一级管理部门申请重新评定，重新评定的结论为最终结论。上一级管理部门认为必要时，可以委托其他专业伤残鉴定机构或者聘请有专门知识的人员进行重新评定。

11.1.3 水路运输事故

1. 水路货运事故

1)水路货运事故的种类及原因

水路货运事故有不同的分类方法，按照损失的程度划分，可分为全部损失事故和部分损失事故；按事故的性质划分，可分为货差和货损。前一种分类方法主要适用于保险业务，而海运业务则多采用后一种分类方法。按照事故性质划分的水路货运事故及造成这些事故的主要原因如下。

(1)货差：货差的主要原因是指标志不清、误装、误卸和理货错误等。

(2)货损：货损可分为全部损失和部分损失。

在采用集装箱运输的全程中，除了海上运输外，在集装箱装卸区范围内不适当的保管和堆存，路桥运输中铁路车辆的震动，拖车和卡车运输中车辆的摇晃，途径山岳地带的电波以及经过寒冷地区时的温度、湿度、气压的变化等，都是造成箱内货物受损的重要原因。

2)海上货运事故记录

当货物在承运期间发现货运事故时，船长或大副除应及时采取切实有效的措施防止事故进一步扩大外，还应将货物的损坏情况、原因及所采取的措施和处理经过详细地记录在航海日志上。

在我国港口，开始卸货前如发现货物装舱混乱、隔票不清、货物有残损等情况，理货长应立即通知船方验看，并编制现场记录，经船方签认后开始起卸货物。现场记录也是理货长最后编制货物残损单的依据。

船舶在航行中遇到恶劣天气，在船舶抵达第一到达港开舱卸货之前，船长应做成书面的海事声明，并附上航海日志的有关部分送港口主管当局或公证机关签证，以保留进一步申诉事故情况的权利。

3)水路货运事故处理程序

托运人、作业委托人向承运人和港口经营人要求货运事故赔偿时，应在规定时间内提出索赔。提出货运事故索赔书的同时，应随附货运记录、货运单证、货物损失清单、价格证明等文件。

承运人、港口经营人收到货运事故索赔书后，应在收到的次日起的60天内将处理意见通知托运人、收货人或作业委托人；托运人、收货人或作业委托人收到承运人、港口经营人处理意见通知到的次日起10天内没有提出异议的，承运人、港口经营人应立即赔付结案，但货物被盗并已向公安部门报告立案的赔偿期限可以顺延半年。同一承运人对同一托运人和同一收货人连续运输的整批大宗货物发生件数溢短时，按航次分别编制货运记录，承运人与托运人或收货人，港口经营人与作业委托人，可按照约定对货物作价相抵，一年结算一次。

2. 水路客运事故

水上交通事故按照人员伤亡和直接经济损失情况可以分为以下 4 个等级：小事故、一般事故、大事故、重大事故。水上交通事故分级标准见表 11-4。

表 11-4　水上交通事故分级标准表

事故等级 / 船舶类型	重大事故	大事故	一般事故	小事故
3000 总吨以上或主机功率 3000 kM 以上的船舶	死亡 3 人以上或直接经济损失 500 万元以上	死亡 1～2 人或直接经济损失 500 万元以下 300 万元以上	人员有重伤或直接经济损失 300 万元以下 50 万元以上	没有达到一般事故等级以上的事故
500 总吨以上，3000 总吨以下或主机功率 1500 kM 以上，3000 kM 以下的船舶	死亡 3 人以上或直接经济损失 300 万元以上	死亡 1～2 人或直接经济损失 300 万元以下 50 万元以上	人员有重伤或直接经济损失 50 万元以下 20 万元以上	没有达到一般事故等级以上的事故
500 总吨以下或主机功率 1500 kM 以下的船舶	死亡 3 人以上或直接经济损失 50 万元以上	死亡 1～2 人或直接经济损失 50 万元以下 20 万元以上	人员有重伤或直接经济损失 20 万元以下 10 万以上	没有达到一般事故等级以上的事故

11.1.4　航空运输事故

在航空运输中，由于运输服务工作中的过失，造成旅客伤亡、不良政治影响或经济损失价值在 5000 元以上者，均为运输事故。

1. 一等事故

(1)旅客死亡。

(2)由于运输服务工作的过失，延误专机飞行造成不良后果者。

(3)国家科学技术间断保密产品、国防保密物资、机要文件，发生灭失造成严重政治后果。

(4)党中央布置的重要政治性运输任务，发生灭失、损坏或造成严重政治影响。

(5)货物、邮件、行李灭失或损坏，其损失价值或赔偿在 3 万元以上。

(6)由于运输服务工作的过失，严重损坏飞机、设备或损失价值在 3 万元以上。

2. 二等事故

(1)旅客重伤致残或严重中毒而丧失劳动能力。

(2)由于运输服务工作的过失造成包机返航，延误起飞时间而不能完成当日的航程或取消当日的飞行。

(3)重要货物，如抢救救灾物资、国家珍贵文物、重要的出国展品、礼品和涉外货物，发生灭失、损坏，造成不良政治后果。

(4)由于工作过失而发生涉外事件、泄密事件，造成不良政治影响。

(5)货物、邮件、行李灭失或损坏，其损失价值或赔偿额在 1 万元以上 3 万元以下。

(6)由于运输服务工作的过失，损坏飞机、设备或损失运费价值在 1 万元以上 3 万元以下。

(7)由于超载或载重平衡安排错误使飞行安全受到严重影响，或超载重量达到该飞机当次飞行起飞重量的2%以上(大型飞机)或3%以上(中小型飞机)。

3. 三等事故

(1)旅客受伤或中毒，短期内不能恢复健康。

(2)由于运输服务工作的过失，造成飞机返航，延误起飞时间而不能完成当日的航程或取消当日的飞行。

(3)中央发行的报刊文件，紧急政治书刊和宣传品，急救物资以及有高度时间性的货物、邮件或行李发生延误，造成不良政治后果。

(4)货物、邮件、行李灭失或损坏，其损失价值或赔偿额在5000元以上1万元以下。

(5)由于运输服务工作的过失，损坏飞机，设备或损失运费价值在5000元以上1万元以下。

(6)超载重量达到该型飞机当次飞行的最大起飞重量的1%以上2%以下(大型飞机)，或2%以上3%以下(中小型飞机)。

(7)因工作过失，使飞机少载重300kg以上，造成吨位浪费，影响待运客货及时运出。

(8)因工作过失而发生旅客漏乘、错乘、误机或因超售客票不能按期乘机，造成不良政治影响，或经济损失在5000元以上1万元以下者。

4. 运输差错

在运输服务工作中，由于未认真执行规章制度、工作疏忽或其他原因，使运输安全、航班正常性及运输服务质量受到影响，给旅客、收发货人或有关单位带来不便，或者造成一定的经济损失，但没有构成等级事故的，都属于运输差错，常见的有以下几种。

(1)飞机延误起飞15min以上。

(2)货物、邮件、行李发生错装、错卸、漏装、错运或错交。

(3)超载重量在10kg以上，在该型飞机该次飞机的最大起飞重量的1%以下(大型飞机)或2%以下(中小型飞机)。

(4)飞机少载，浪费吨位在100kg以上，影响待运客货及时运出。

(5)误收危险品，或未按照规定的包装、重量条件收运具有危险性质的货物。

(6)货物、邮件或行李灭失、损坏，飞机设备损坏或运费损失，其价值或赔偿额在500元以下。

【案例11-1】

2004年11月21日8时21分，从包头飞往上海的中国东方航空公司5210次航班在起飞1 min后，在距机场1km处的包头市南海公园坠毁，机上47名乘客和6名机组人员全部遇难。该飞机是东航从云南公司调往上海执行任务的CRJ200型飞机，可载客50人。

分析

该事故属于哪类事故?

11.2　运输事故责任划分

托运人把货物交给承运人后，承运人会根据双方之间的合同和行业的惯例履行运输的义务，把货物安全、及时地交给收货人。但是由于各种危险的存在及货物在长途运输的途中和多环节作业的情况，运输事故难以避免，且运输事故的性质和原因多种多样，所以划分事故责任时，必须根据调查的情况，依据发生事故的原因，按照国家有关规定，实事求是地确定。

11.2.1　铁路运输事故责任划分

1. 铁路货物运输事故责任划分

1)铁路货物运输托运人的责任

托运人在向铁路承运人托运货物时，托运人相应地承担如下责任。

(1)对在货物运单和物品清单内所填事项的真实性由托运人完全负责，托运零担货物时，应在每件货物上标明清晰明显的标记。

(2)对托运的货物，托运人应根据货物的性质、质量、运输要求以及装载等条件，使用便于运输、装卸并能保证货物质量的包装。对有国家标准或专业包装标准的，应按其规定进行包装。对没有统一规定包装标准的，托运人应会同车站研究制定货物运输包装暂行标准。

(3)凡在铁路车站装车的货物，托运人应在铁路指定的日期将货物运至车站，车站在接收货物时，应对货名、件数、运输包装、标记等进行检查。

(4)及时支付运费。

2)铁路货物运输承运人的责任

从货物承运时起至货物交付收货人或者依照有关规定处理完毕时止，货物发生灭失、短少、变质、污染、损坏的，铁路应按货物的实际损失负赔偿责任。但由于下列原因之一所造成的货物灭失、短少、变质、污染、损坏，承运人不负责赔偿。

(1)由于不可抗力造成的。

(2)由于货物本身性质引起的碎裂、生锈、减量、变质或自燃等。

(3)由于托运人、收货人或所派押运人的过错造成的，主要包括：货物包装的缺陷，承运人在验收货物时无法从外部发现或未按国家规定在货物上标明包装储运图示标志；托运人自装车的货物，加固材料不符合规定的条件或者违反了装载规定，交付货物时承运人无法发现的；押运人应当采取而未采取保证货物安全措施的；收货人负责卸货造成的损失等。

(4)由于货物本身的合理损耗造成的。

(5)其他经查证非承运人责任造成的。

但由第三人的过错造成的货损、货差，不能免除铁路运输企业的赔偿责任，铁路运输企业赔偿后可向第三人追偿。

3)国际铁路联运货运事故的赔偿责任

按《国际货协》运单承运货物的铁路，负责完成货物的全程运送，直到在到站交付货物时为止。如将货物转发送到未参加《国际货协》的国家，则负责完成直到按另一种货物联运协定的运单办完运送手续时为止。如果货物转发送自未参加《国际货协》的国家，则自按《国际货协》运单办完运送手续后开始。铁路原因造成货物运到逾期、全部或部分灭失、重量不足、毁损、腐坏或质量下降等损失，铁路应按货物的实际损失赔偿发货人或收货人，但赔偿最高不超过货物全部灭失时的款额。承运的货物因不可抗力、货物性质、货主过错、合理损耗、包装不善等原因发生全部或部分灭失、重量不足、毁损、腐坏时，铁路不负责任。

(1)由于铁路不能预防和不能消除的情况。

(2)由于货物的特殊自然性质，以致引起自燃、损坏、生锈、内部腐坏和类似的后果。

(3)由于发货人、收货人或其委派的押运人的过失。

(4)由于发送路现行国内规章允许使用敞车类货车运送货物。

(5)货物的损失量不超过《国际货协》规定的不足重量的标准，如鲜活或潮湿的货物为其重量的2%。

(6)由于发货人将货物装入不适于运送该货物的车辆或集装箱，或由于发货人(收货人)装车(卸车)的原因所造成的。

(7)由于货物没有使用《国际货协》规定的容器或包装，或虽然使用了规定的容器或包装，但铁路无法通过外部检查发现其缺陷，以致未能在运送全程保证货物完整。

(8)由于发货人用不正确、不确切或不完全的名称托运禁运物品或应按特定条件承运的货物。

(9)由于发货人、收货人或授权人员未执行或未适当执行海关或其他行政规定。

(10)对于有容器或包扎的成件货物，如将货物交付收货人时件数齐全，容器或包扎完好，并且没有可以成为货物短少原因的能触及内装物的外部痕迹，而重量短少时。

(11)对于无容器或无包扎的成件货物，如将货物交付收货人时件数齐全，并且没有可以成为货物短少原因的能触及货物的外部痕迹，而重量短少时。

(12)对于由发货人装入车辆或集装箱运送的货物，如将货物交付收货人时按照《国际货协》规定施加的发货人或发站的封印完好，并且没有可以成为货物重量或件数短少原因的能触及货物的外部痕迹，而货物重量或件数短少时。

【案例 11-2】

2007 年 6 月 20 日，某贸易公司向铁路某站申请运输煤炭 240t，请求车皮 4 节，每节装运 60t，由托运人自装。由于该站无检验设施，仅凭托运人自报确认为 240t。列车在运行途中发生燃轴事故，直接经济损失 22 万元。经过专家鉴定，这起事故是超载所致，本来 60t 车皮最大容许超载 5t，而托运人自装达到 75t，远远超过了最大容许装载量。车站要求贸易公司赔偿铁路车辆损失 15 万元，中断运输线路损失 5 万元。贸易公司以铁路承运人已经确认为由拒赔。承运人遂诉至法院。

分析

(1)本案例中的损失是哪一方的责任造成的?

(2)法院应如何判决?

解析

法院认为散装货物由托运人自己确认重量，托运人对货物重量负有准确申报的义务。由于托运人申报不实，超重装载货物，危及铁路行车安全，造成承运人经济损失的，应当承担赔偿责任。根据铁路法及其他法规的规定，判决托运人赔偿承运人经济损失 20 万元，诉讼费由托运人承担。在铁路货物运输中，托运人自装的整车货物不得超载，铁路承运人通常是凭车辆现状交接。本案例中托运人违章超装，又没有如实申报货物重量，导致列车运行途中发生事故，应当承担法律责任。

2. 铁路客运事故责任划分

铁路旅客人身伤害事故责任分为旅客自身责任、铁路运输企业责任第三人责任、及其他。

旅客自身责任：旅客违反铁路安全规定，不听从铁路工作人员引导、劝阻等违法违章行为或其他自身原因造成的伤害。

铁路运输企业责任：由于铁路运输企业人员的职务行为和设施设备的原因，给旅客造成的伤害。

第三人责任：由于旅客和铁路运输企业合同双方以外的人给旅客造成的损伤。

非上述 3 种责任造成的伤害属于其他。

铁路运输企业责任分为客运部门责任和行车等其他部门责任。客运部门责任又分为车站责任和列车责任。

(1)有下列情形之一的，属于车站责任。

①旅客持票进站或下车后在检票口以内因组织不当造成伤害的。

②缺乏引导标志或有关引导标志不准确而误导旅客发生伤害的。

③车站设备、设施不良造成旅客伤害的。

④车站销售的食物造成旅客食物中毒的。

⑤因误售、误检不停车站车票造成旅客跳车的。

⑥在规定停止检票后继续检票放行或检票放行时间不足，致使旅客抢上列车造成伤害的。

⑦因违章操作、管理不善造成火灾、爆炸，发生旅客伤害的。

⑧事故处理工作组有理由认为属于车站责任的。

(2)有下列情形之一的，属于列车责任。

①由于车门未锁造成旅客跳车、坠车或站内背门下车造成旅客伤害的。

②因列车工作人员的过失，致使旅客在不办理乘降的车站(包括区间停车)下车造成人身伤害的。

③由于组织不力，旅客下车挤、摔造成伤害的。

④车站误售、误检车票，列车未能妥善处理造成旅客跳车伤害的。

⑤因列车报错站名致使旅客误下车造成伤害的。

⑥因列车工作人员的过失造成旅客挤伤、烫伤的。

⑦ 因餐车、售货销售的食物造成旅客食物中毒的。

⑧因违章操作、管理不善造成火灾、爆炸，发生旅客伤害的。

⑨因列车设备不良造成旅客人身伤害的。

⑩事故处理工作组有理由认为属于列车责任的。

事故处理工作组认为两个以上单位都负有责任时，可列两个以上的责任单位。

3. 其他部门责任

铁路运输企业的其他部门责任所造成的旅客伤害。

11.2.2 公路运输事故责任划分

1. 公路运输承运人的责任

公路运输承运人只对其责任期间发生的运输事故负相应责任。承运人的责任期间，是指承运人自接收货物起至将货物交付收货人(包括按照国家有关规定移交给有关部门)止，货物处于承运人掌管之下的全部时间。但承运人与托运人还可以就货物在装车前和卸车后对承担的责任达成的协议。

公路运输承运人的责任如下。

(1)承运人未遵守承托双方商定的运输条件或特约事项，由此造成托运人的损失，应负赔偿责任。

(2)货物在承运责任期间发生毁损或灭失，承运人应负赔偿责任。但有下列情况之一者，承运人举证后可不负赔偿责任。

①不可抗力。

②货物本身的自然性质变化或者合理损耗。

③包装内在缺陷，造成货物受损。

④包装体外表面完好而内装货物毁损或灭失。

⑤托运人违反国家有关法令，致使货物被有关部门查扣、弃置或作其他处理。

⑥押运人员责任造成的货物毁损或灭失。

⑦托运人或收货人过错造成的货物毁损或灭失。

在集装箱货物运输中，整箱货物在承运责任期间内，保持箱体完好，封志完整，箱内货物发生货损、货差，承运人不负赔偿责任。但承运人负责装、拆箱的除外。

(3)货物在起运前交给承运人保管，以及运到后在承运人保管期间，因承运人责任造成损失的，承运人应负赔偿责任。

(4)承运人委托第三者组织装卸，因装卸原因造成货物损失，承运人也应向托运人负赔偿责任。承运人赔偿后，可向有责任的第三者追偿。

(5)如果经证实货物损失是由于承运人的故意行为造成的，承运人除应按实际损失向货主赔偿外，还应由合同管理机关对其处以损失部分10%～50%的罚款；构成犯罪的，将依法追究其刑事责任。

(6)如果货物损失或托运人其他经济损失是因承运人和托运人共同所致，则双方应按过错程度分别承担自己相应的责任。

(7)由于承运人责任造成货物未在约定的期限内运抵约定地点，承运人应负违约责任，即按约定或规定向收货人偿付违约金。

(8)因承运人责任将货物错送或错交收货人的，承运人应将货物无偿运到合同约定的地点，交给指定的收货人；如果货物因此逾期运到，承运人应偿付逾期交付货物的违约金。

(9)承运人不按合同规定的时间和要求配车发运的，应负违约责任。

因不可抗力或非承运人责任造成承运人未能按合同约定履行的，可免除承运人支付违约金的全部或部分责任。

2. 公路运输托运人的责任

公路运输托运人应负的责任主要包括：按时提供规定数量的货载；提供准确的货物详细说明；货物储运图示标志清楚；包装完整，适于运输；按规定支付运费。

一般规定如因托运人的责任造成的车辆滞留、空载，托运人须负责延滞费和空载费等损失。托运人责任具体规定如下。

(1)托运人未按合同规定的时间和要求备好货物和提供装卸条件，以及货物运达后无人收货或拒绝收货，而造成承运人车辆放空、延滞及其他损失的，托运人应负赔偿责任。

(2)因托运人下列过错，造成承运人、站场经营人、搬运装卸经营人的车辆、机具、设备等损坏、污染或人身伤亡以及因此而引起的第三方损失，由托运人负责赔偿。

①在托运的货物中有故意夹带危险货物和其他易腐蚀、易污染货物以及禁、限运货物等。

②错报、匿报货物的重量、规格、性质。

③货物包装不符合标准，包装、容器不良，而从外部无法发现。

④错用包装、储运图示标志。

(3)托运人如不如实填写运单，错报、误填货物名称或装卸地点，造成承运人错送、装货落空以及由此引起的其他损失，托运人应负赔偿责任。

(4)由托运人负责装卸的货物，超过合同规定装卸时间所造成的损失，由托运人负责赔偿。

3. 货运代办人的责任

货运代办人以承运人身份签署运单时，应承担承运人责任，以托运人身份托运货物时，应承担托运人责任。

4. 站场经营人或搬运装卸经营者的责任

货物在搬运装卸作业中，因搬运装卸人员过错造成货物毁损或灭失的，站场经营人或搬运装卸经营者应负赔偿责任。货物在站、场存放期间，因站场经营人责任发生毁损或灭失，站场经营人应负赔偿责任。

11.2.3 水路货运事故责任划分

1. 托运人的责任

在班轮运输的情况下，货主将货物送交船公司指定的集中地点以前，或者在集装箱运输的情况下，拼箱货交至集装箱货运站以前，整箱货交至集装箱堆场以前，因为货物在托运人掌管之下，此时发生的货物灭失或损坏属托运人的责任。

在航次租船的情况下，如果租船合同中约定由承租人(通常是托运人或货主)负责装船，而且明确约定船舶所有人对承租人自行安排装卸工人进行装货所造成的货物灭失或损坏可以免责时，货物装入舱内以前发生的货物灭失或损坏应由货主负责。

另外，造成货物灭失或损坏的原因是由于货物的包装不坚固，或由于托运人假报货名，以及货物本身的性质或潜在缺陷等，也属于托运人的责任。

2. 船公司的责任

货物在船公司掌管下所发生的事故原则上都应由船公司负责。船公司除了应负保证船舶适航的义务外，还应负对货物给予充分注意的义务，即承运人或其雇佣人员对在货物的接收、装船、积载、运送、保管、卸船、交付中因疏忽而造成的货物灭失、损坏或延迟，应负损害赔偿责任。

3. 第三者的责任

第三者的责任主要是指货物在装卸作业过程中由于装卸工人操作不当或不注意而发生货物的撞击、坠落、落水等情况所造成的损害，以及不合理地使用手钩、驳船遭遇海难、在仓库中的失窃、理货失误等所造成的损害。

【案例 11-3】

某公司向欧洲出口一批糖果，投保一切险。由于货轮陈旧，速度慢，加上该轮沿途到处拦载，结果航行 3 个月才到目的港。卸货后，糖果因受热时间过长已经全部软化，无法销售。

分析

这种情况保险公司是否应给予赔偿?

解析

根据 CIC 条款规定，下列情况属于除外责任：被保险货物的自然损耗、本质缺陷、特性、市价跌落、运输延迟所引起的损失或费用。本例中糖果变质是由于运输延迟造成的，属除外责任，所以保险公司不予赔偿。

11.2.4　航空运输事故责任划分

1. 航空货运事故责任划分

因发生在航空运输期间的事件，造成货物毁灭、遗失或者损坏的，承运人应当承担责任；但若承运人证明货物的毁灭、遗失或者损坏完全是由于下列原因之一造成的，则不承担责任。

(1)货物本身的自然属性、质量或者缺陷。

(2)承运人或者其受雇人、代理人以外的人包装货物的，货物包装不良。

(3)战争或者武装冲突。

(4)政府有关部门实施的与货物入境、出境或者过境有关的行为。

货物在航空运输中因延误造成的损失，承运人应当承担责任；但承运人证明本人或者其受雇人、代理人为了避免损失的发生，已经采取一切必要措施或者不可能采取此种措施的，不承担责任。

在货物运输中，经承运人证明，损失是由索赔人或者代行权利人的过错造成或者促成的，应当根据造成或者促成此种损失的过错的程度，相应地免除或者减轻承运人的责任。

2. 航空客运事故责任划分

旅客在航空器内或上下航空器过程中死亡或受伤的，承运人应当承担赔偿责任。承运人如能证明旅客死亡或受伤是不可抗力或旅客本人健康状况造成的，则不承担赔偿责任。承运人如能证明旅客死亡或受伤是由旅客本人的过失或故意行为造成的，则可以减轻或免除其赔偿责任。

承运人按照规定应当承担赔偿责任的，对每名旅客的最高赔偿金额为人民币 7 万元。旅客可以自行决定向保险公司投保航空运输人身意外伤害险。此项保险金额的给付，不得免除或减少承运人应当承担的赔偿金额。

向外国人、华侨、港澳同胞和台湾同胞给付的赔偿金，可以兑换成该外国或地区的货币，其汇率按赔偿金给付之日中华人民共和国国家外汇管理部门公布的外汇牌价确定。

旅客或其继承人与承运人对其损害赔偿发生争议的，可以向人民法院起诉。

11.3　运输事故索赔

运输事故索赔是指发生运输事故后，托运人或收货人对损失要求事故责任人履行赔偿或给付保险金的行为。

运输事故索赔主要包含 3 个方面：索赔程序、索赔所需文件、索赔时效。

11.3.1 铁路运输事故索赔

1. 铁路货运事故索赔

(1)一般铁路货运事故索赔程序。托运人或收货人向承运人要求赔偿时，应按批向到站或发站提交赔偿要求书，并附货物运单、货运记录(或普通记录)和有关证明文件。

(2)一般铁路货运事故索赔单证。托运人或收货人向铁路要求赔偿损失时，应持加盖了公章的赔偿要求书按批向到站(货物发送前发生的事故向发站)提出赔偿要求，并附货物运单、货运记录、货物价格证明等资料。

(3)一般铁路货运事故索赔时效。根据《铁路货物运输规程》的规定，托运人或收货人要求铁路运输企业赔偿或退补运输费用的时效期限为 180 天，有效期限由下列日期起算：货物灭失、损坏为承运人交给货运记录的次日；货物全部灭失，未编有货运记录的，为运到期限期满后的第 31 日，承运人在运到期限期满后，经过 30 天仍不能交付的货物，托运人、收货人可按货物灭失向到站要求赔偿。

对于保险货物，被保险人从获悉保险货物遭受损失的次日起，如果超过 180 天不向保险人申请赔偿，不提供必要的单证，或者不领取应得的赔款，则视为自愿放弃权益。

2. 铁路客运事故索赔

旅客受伤需治疗时，医疗费用按实际需要凭治疗医院单据由铁路运输企业承担，但其标准一般最高不超过赔偿金限额。如旅客人身伤害系法律、法规规定铁路运输企业免责的，则其医疗费用由旅客承担。

对于旅客自身责任或第三人责任造成的人身伤害，医疗费用由责任人承担。第三人不明确或无力承担时，由铁路运输企业先行赔付后，向第三人追偿。

旅客受伤治疗后身体部分机能丧失，应当按照机能丧失程度给付部分赔偿金和保险金。旅客身体两处以上受伤并部分丧失机能的，应当累加给付，但不能超过赔偿金、保险金最高限额。旅客受伤治愈后无机能影响，在赔偿金、保险金最高限额的 5%以内酌情给付。旅客死亡按最高限额给付。

如铁路运输企业能够证明旅客人身伤害是由铁路运输企业和旅客的共同过错造成的，应当相应地减轻铁路运输企业的赔偿责任。

因处理事故需要发生的其他费用(如看尸、验尸、现场勘验、寻人启事等与事故处理直接有关的支出)应在事故处理费中列支并在事故处理报告上列明。因事故产生的保险金、赔偿金、医疗费用及其他费用，有责任单位(铁路运输企业其他部门责任时，转责任单位所属铁路分局)的，由事故处理分局将以上费用转账给责任单位。无责任单位的，转事故发生单位。

事故责任涉及两个以上单位时，其事故处理费用由责任单位共同分担，分担比例按责任轻重由事故处理工作组确定。

对伤亡旅客的赔偿一般应当于治疗结束或尸体处理完毕后进行。由旅客或其继承人、代理人(代理人应当出具被代理人的书面授权书)提出铁路旅客人身伤害事故赔偿要求书，并出具治疗医院的证明，作为事故处理站办理赔偿、确定给付赔偿余数额的依据。

事故处理工作组接到铁路旅客人身伤害事故赔偿要求书后，应当尽快与旅客或其继承人、代理人协商办理赔偿。办理赔偿时应当编制铁路旅客人身伤害事故最终处理协议书，事故处理各方对协议书所载内容无异议后签字并加盖事故处理专用章生效。同时，开具铁路旅客人身伤害事故赔付通知书并及时将赔偿金、保险金支付给旅客或其继承人、代理人。

需向事故责任或发生单位转账时，由铁路局财务部门开具转账通知书，连同铁路旅客人身伤害事故最终处理协议书转送事故责任或发生单位。事故责任或发生单位接到转账通知书等资料后，应当于 10 日内将费用转拨事故处理分局；超过 10 日时每超过 1 日，按应付费用的 0.5%支付滞纳金。

11.3.2　公路货运事故索赔

1. 索赔程序

公路货运事故发生后，承运人应及时通知收货人或托运人。收货人、托运人知道发生货运事故后，应在约定的时间内与承运人签注货运事故记录。收货人、托运人在约定的时间内不与承运人签注货运事故记录的，或者无法找到收货人、托运人的，承运人可邀请 2 名以上无利害关系的人签注货运事故记录。

公路货运事故记录过程中，收货人不得扣留车辆，承运人不得扣留货物。由于扣留车、货而造成的损失，由扣留方负责赔偿。

2. 索赔单证

公路货物运输合同当事人要求另一方当事人赔偿时，须提出赔偿要求书，并附运单、发票、保单、货物清单、货运事故记录和货物价格证明等文件。属保价运输的还应附声明价格的证明文件。要求退还运费的，还应附运杂费收据。

3. 索赔时效

承托双方彼此之间要求进行损失赔偿的时效，从收货人、托运人得知货运事故信息或签注货运事故记录的次日起计算(灭失的货物自运输期限届满后的第 31 日起计算)，不超过 180 天。逾期提出的赔偿要求无效。

11.3.3　水路货运事故索赔

1. 索赔程序

发生货运事故时，索赔人应尽快查明货损原因，准备各种索赔单证，然后向承运人或其代理人提交索赔申请书或索赔清单，正式提出索赔要求。索赔人对索赔权利采取的保全措施主要有两种：一种是要求承运人提供担保(现金担保和保函担保)；另一种是扣船。

2. 索赔单证

发生水路货运事故后，索赔人应向承运人或其代理人提交索赔申请书或索赔清单正式提出索赔要求。索赔单证主要有提单，过驳清单、卸货报告或货物溢短单、残损单等卸货单证，重理单，货物残损检验证书，商业发票，装箱单，修理单。索赔事情申请书或索赔清单的内容应包括索赔人的名称和地址、船名、装货港名称、抵达卸货港日期、货名及提单号、接货地名、残损或短卸情况、数量、索赔日期、索赔金额及索赔理由。

3. 索赔时效

《海牙规则》和各国船公司对普通货运提单的索赔规定为：收货人应在收到货物 3 天之内，将有关货物的灭失、损害情况以书面形式通知被索赔人，如果货物的状况在交货时已由双方证明，则不需要书面的索赔通知。

货物运抵保险凭证所载明的目的地的储存处所或收货人在当地的第一个仓库后，收货人应在 10 天内向当地保险机构申请索赔，并会同检验受损的货物，否则保险人不予受理。

被保险人从获悉或应当获悉货物遭受损失的次日起，如果经过 1 年时间不向保险人提出必要的单证，或者不领取赔款，则视为自愿放弃权益。

11.3.4 航空运输事故索赔

1. 航空货运事故索赔

当托运人、收货人或其代理人发现货物有遗失、短缺、变质、污染、损坏或延误到达等情况后，可以直接向承运人索赔。

1)索赔程序

(1)托运人、收货人或其代理人发现货物有遗失、短缺、变质、污染、损坏或延误到达等情况，应当当场向承运人提出，承运人应当按规定填写运输事故记录并由双方签字或盖章。如有索赔要求，收货人或托运人应当于签发事故记录的次日起，按法定时限向承运人或其代理人提出索赔要求。向承运人提出赔偿要求时应当填写货物索赔单，并随附货运单、运输事故记录和能证明货物内容、价格的凭证或其他有效证明。

(2)如有索赔要求，托运人、收货人或其代理人应当在法定异议时限内，以书面形式向航空公司各地货运部门、机场货运部门或其代理人提出货物损失的赔偿要求。

(3)填写货物索赔单，并须详细说明货物损坏、短缺、遗失、延误的情况。随附货运单、货物商业发票、装箱清单、运输事故记录以及能够证明货物内容、价格的凭证或其他有效证明。

(4)索赔要求一般在货物到达站处理，承运人对索赔人提出的赔偿要求，应当在两个月内答复。不属于受理索赔的承运人接到索赔要求时，应当及时将索赔要求转交有关承运人，并通知索赔人。

2)索赔单证

索赔人向承运人提出索赔要求时，应出具的文件主要有索赔函，货运单正本或副本，货物商业发票、装箱清单和其他必要材料，货物运输事故记录以及商检报告或其他有效损失证明。

3)索赔时效

因货物损失发生索赔，索赔人应在下列期限内以书面形式向承运人提出。

(1)明显损失或部分丢失：自收到货物之日起 14 天内提出。

(2)延误：自货物处置权交给指定收货人之日起 21 天内提出。

(3)丢失：自航空货运单填开之日起 110 天内提出。

(4)诉讼：自飞机到达目的地或运输终止之日起 2 年内提出。

超过法定索赔期限收货人或托运人未提出赔偿要求的，则视为自动放弃索赔权利。

2. 航空客运事故索赔

1)索赔条件

(1)保险标的遭受保险事故发生，若没有保险事故发生，就不存在索赔。

(2)保险标的遭受损失的原因必须是保险责任范围内的保险事故造成的，否则即使造成损失，也不能提出索赔，由保险人承担赔偿义务。例如，某航空公司投保了航空器机身险而未投保附加机身战争险，若该公司航空器遭劫持造成损失就无权向保险公司提出索赔。

2)索赔程序

(1)在保险事故发生后，被保险人和受益人应在积极抢救的同时，以最快最有效的方式通知保险人，提出索赔要求。

(2)被保险人和受益人有义务采取一切合理的抢救、整理措施，以免损伤继续扩大，力求将损失减少到最低程度。若不履行此义务，则保险人有权终止保险合同或拒绝赔偿。

(3)被保险人应保护出险现场，提供检验方便，接受保险人检验。在航空器保险事故中，被保险人(承运人)应尽量保持航空器事故现场完整。遇特殊情况无法保留现场时，应及时拍下原始现场照片，进行所需要的详细记录，并妥善保管相关的文件和材料。

(4)被保险人必须提供必要的索赔单证，包括保险单、账册、收据、发票、集装箱、出险证明书、出险调查报告、损失鉴定证明、损失清单以及抢救整理的原始单据等。

(5)被保险人有权领取保险金。除对某些特殊标的或事先约定外，保险人一般均应以现金支付保险金。

(6)涉及第三人责任时，被保险人需开具权益转让书，使保险人享有代位求偿权。

11.4　运输事故理赔

理赔是指保险事故发生后，保险人对被保险人所提出的索赔案件的处理。被保险人遭受灾害事故后，应立即或通过理赔代理人对保险人提出索赔申请，保险人根据保险单的规定审核提交的各项单证，查明损失原因是否属保险范围，估算损失程度，确定赔偿金额，最后给付结案。如损失系第三者的责任所致，则要被保险人移交向第三者追偿损失的权利。

11.4.1 铁路运输事故理赔

1. 铁路货运事故理赔程序

托运人或收货人向铁路运输企业要求赔偿货物损失时，由到站按批受理；货物发送前发生的事故和发站责任造成的事故，可由发站按批受理；运输途中发生的火灾、整车货物变质、活动物死亡需要就地处理的，经与托运人、收货人协商同意，可由发现站(发生站)按批受理。发站、发现站(发生站)受理赔偿后，应立即通知到站。

托运人或收货人向铁路要求赔偿货物损失时应按批提出赔偿要求书，并附下列证明文件。

(1)货物运单(货物全部灭失时，为领货凭证)。

(2)货运记录的货主页或经赔偿受理站确认的抄件。

(3)有关证明文件。

受理赔偿时，车站须审核赔偿要求人的权利、有效期限、赔偿要求书的内容，以及规定的证明文件是否正确、有效和完整。

审核无误后，在赔偿要求书收据上加盖车站公章或货运事故处理专用章，交给赔偿要求人。

车站受理的以及铁路局接到的赔偿案件应按顺序登记入货运事故(记录、调查、赔偿)登记簿内。

车站对不属于自己权限的赔偿案件，自受理赔偿之日起 3 天内以货运事故查复书写明调查过程及原调查材料现存某站，并将车站存查的调查材料上报铁路局，抄知责任站。

车站上报铁路局的赔偿案件经审核确定不属于铁路责任时，铁路局应说明理由与根据，将调查页及赔偿材料退给处理站，一律由处理站以正式文件答复赔偿要求人，同时将全部赔偿材料(赔偿要求书除外)退给该要求人，并抄知有关单位。

经处理站(铁路局)确定，对确属承运人责任的事故，应对外先行赔付，然后划分铁路内部责任。对托运人、收货人赔偿时应做到以下几点。

(1)铁路内部责任单位明确的，按现行规定填制货运事故赔款通知书(简称赔通)对外赔偿，并向责任单位清算转账。

(2)铁路内部责任单位尚未明确的，由处理单位先赔付，其赔通(正本)的责任单位和有关单位暂不填记，该赔通作为对外支付赔款的依据。按有关规定确定责任单位后，由定责单位填发保价货运事故定责通知书并附赔通副本一份，送责任单位和有关单位，保价财务据此转账支付。

凡由处理站(铁路局)最后确定责任的事故责任站(铁路局)必须尊重其处理意见，及时转账。

责任单位对处理单位划分的责任有不同意见时，应先行转账，然后按下列规定上报裁定。

(1)自局管内责任的，由铁路局确定。

(2)跨局责任属于到站处理的，由到达铁路局确定；属于铁路局处理的，货物损失在

10 万元及以上未满 15 万元的，由到达局确定；货物损失在 15 万元及以上的大事故及重大事故，报主管局联系有关局协商处理。如仍未达成一致意见，处理局应自事故发现之日起 60 天内以局文报部裁定，抄知有关局。

(3)需上报裁定的，责任单位自接到赔通 5 天内上报，各级自接到上报材料之日起 15 天内作出裁定。

铁路货运理赔程序如图 11-1 所示。

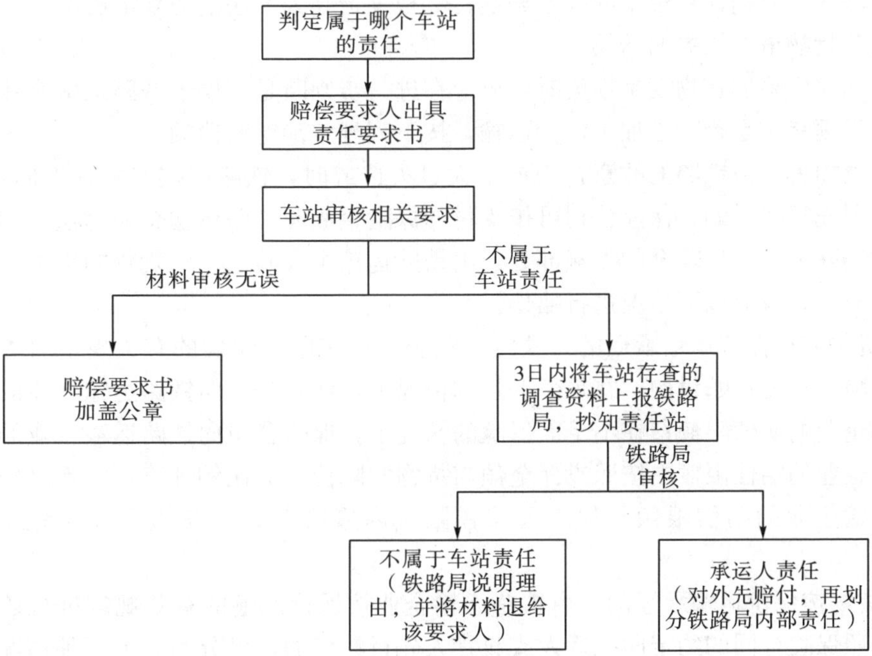

图 11-1　铁路货运理赔程序

2. 铁路货运事故赔偿金额

1)非保价保险货物事故损失的赔偿

当货物损失是由承运人的故意行为或重大过失造成时，铁路应按照实际损失向货主赔偿。当货物的损失是由承运人过失行为造成时，赔偿额可通过下式计算

$$赔偿额=\min\{赔偿限额，实际损失\}$$

目前规定的赔偿限额标准如下。

(1)不按件数只按重量承运的货物，每吨最高赔偿 100 元。

(2)按件数和重量承运的货物，每吨最高赔偿 2000 元。

(3)个人托运的搬家货物、行李每 10kg 最高赔偿 30 元。

赔偿价格的标准如下。

(1)执行国家定价的货物，应按照各级物价管理部门规定的价格计算。

(2)执行国家指导价格或市场调节价格的货物，比照前项国家定价货物中相同规格或类似商品价格计算。

(3)个人托运的搬家货物、行李按货物交付当日(全部灭失时，为运到期限满了的当日)当地国营企业或供销部门的零售价格计算。

2)保价货物事故损失的赔偿

关于铁路保价货物事故损失的赔偿具体如下。

(1)当货物损失是由承运人的故意行为或重大过失造成时，应按照实际损失向货主赔偿。

(2)当货物的损失是由铁路运输企业的过失行为造成时，承运人应在报价金额内按货物的实际损失赔偿，实际损失超过保价额的部分不予赔偿。对于保价货物损失，目前有两种赔偿方法：①根据铁路规章的规定赔偿；②根据最高人民法院的规定赔偿。

3)保险货物事故损失的赔偿

参加运输保险的货物发生损失时，还应在进一步判断是否属于铁路运输企业的责任的基础上，根据货物是否又参加了保价运输，按下列规定确定赔偿额。

当货物损失是由铁路的故意行为或重大过失造成时，铁路应按实际损失向货主赔偿。对保险公司先行赔付的，保险公司可按支付的保险金额向铁路运输企业追偿，因不足额保险产生的实际损失与保险金的差额部分，由铁路运输企业赔偿。当货物的损失由铁路的过失行为造成时，应分以下情况进行赔偿。

(1)货物未按保价运输承运的，铁路运输企业应按限额赔偿的有关规定向货主进行赔偿。对保险公司先行赔付的，在足额保险的情况下，保险公司向铁路运输企业的追偿额为铁路运输企业的赔偿限额；在不足额保险的情况下，保险公司向铁路运输企业的追偿额在铁路运输企业的赔偿限额内按照投保金额与货物实际价值的比例计算，因不足额保险产生的铁路运输企业的赔偿限额与保险公司在限额内追偿额的差额部分，由铁路运输企业赔偿。

(2)货物按保价运输承运的，由铁路运输企业按保价运输的有关规定进行赔偿。对保险公司按照保险合同的约定向托运人或收货人先行赔付的，可分为以下两种情况：①在足额保险的情况下，保险人按实际损失赔偿，但最高赔偿额以保险金额为限。保险公司向铁路运输企业的追偿额为铁路运输企业按保价运输有关规定计算出的赔偿额；②在不足额保险的情况下，保险公司向铁路运输企业的追偿额在铁路运输企业按保价运输有关规定计算出的赔偿额内按照投保金额与货物实际价值的比例计算，因不足额保险产生的铁路运输企业按保价运输有关规定计算出的赔偿额与保险公司在按保价运输有关规定计算出的赔偿额的追偿额的差额部分，由铁路运输企业赔偿。

如果货物损失属于保险责任范围，而不属于承运人责任范围的，则由保险公司按保险合同的约定单独进行赔偿。如果损失不属于保险责任范围，又属于承运人免责范围的，则由被保险人自负。

4)铁路货物逾期运到的赔偿

由于铁路运输企业的过错，未按货物运输合同履行，应按合同规定或有关规定向对方支付违约金。未按货物运输合同履行主要是指货物逾期运到和交付。《中华人民共和国铁路法》规定，铁路运输企业应当按照合同约定的期限或者国务院铁路主管部门规定的期限，将货物运到目的站；逾期运到的，铁路运输企业应当支付违约金。铁路运输企业逾期30天仍未将货物交付收货人的，托运人或收货人有权按货物灭失向铁路运输企业索赔。

普通货物逾期运到时，按逾期总日数与运到期限计算违约金。违约金占运费的比例为5～20％。快运货物逾期运到时，按运价里程和逾期天数退还货物快运费，退还比例为30

～100％。此外，若按普通货物计算运到期限仍为逾期运到时，则再计算违约金。

“五定”班列运输货物逾期运到，除因不可抗力外，到站在运到期限满日前因承运人责任不能交付货物的，由到站在交付的同时使用车站退款证明书向收货人支付违约金，每逾期 1 天违约金为快运费的 50％；自第三天起按以上运到期限的规定计算。

特殊规定：超限货物、限速运行的货物、免费运输的货物以及货物全部灭失，承运人都不支付违约金；从承运人发出催领通知的次日起(不能实行催领通知或会同收货人卸车的货物为卸车的次日起)，如收货人在 2 天内未将货物领出，即失去要求承运人支付违约金的权利。

货物在运输过程中，由于下列原因之一造成的滞留时间应从实际运到日数中扣除。

(1)因不可抗力引起的。

(2)由于托运人责任致使货物在途中发生换装、整理所产生的。

(3)因托运人或收货人要求运输变更所产生的。

(4)运输活动物，由于途中上水所产生的。

(5)其他非承运人责任发生的。

托运人或收货人要求铁路运输企业支付违约金的有效期为 60 天，自交付货物的次日起计算。

5)国际铁路联运货运事故和违约赔偿金额的确定

(1)货物全部或部分灭失的赔偿规定如下。

因铁路责任造成货物全部或部分灭失的损失，按外国供货者账单或该账单摘录中所列的价格计算，但所凭账单摘录需按赔偿请求国国内规定的办法经过签认。如不能按此方法确定全部或部分灭失的货物价格，则货物价格由国家鉴定机关确定。

当运送的货物有声明价格时，铁路应按声明价格或相当于货物灭失部分的声明价格的款额向发货人或收货人赔偿。

灭失货物的运输费用、海关费用以及与运输有关的其他费用，如未纳入货物价格内，则应予以偿还。不是由运输合同产生的发货人或收货人的费用和损失不应由铁路赔偿。

(2)货物毁损、腐坏或因其他原因降低质量的赔偿规定如下。

因铁路责任造成的货物毁损、腐坏或因其他原因降低质量时，铁路应赔偿相当于货物价值降低部分的款额。

当运送的货物有声明价格时，铁路应按照相当于货物由于毁损、腐坏或因其他原因降低质量而降低价格的百分比，支付应为声明价格部分的款额。

上述两种情况的赔款额不应超过以下规定。

如因货物毁损、腐坏或其他原因降低质量以致全部货物降低价格，铁路的赔偿不能超过货物全部灭失的赔偿额。

如因货物毁损、腐坏或其他原因降低质量使部分货物降低价格，铁路的赔偿不能超过降低价格部分货物灭失的赔偿额。

此外，不是由运输合同产生的发货人或收货人的费用和损失不应由铁路赔偿。

(3)货物运到逾期的赔偿规定如下。

货物运到逾期时，铁路应根据造成逾期的铁路的运费和逾期的长短，即逾期天数占总运到期限的比例，向收货人支付罚款，其罚款额占运费的比例为 6～30％。

如果在数个铁路上发生货物运到逾期，仍按所有铁路的总逾期日数占总运到期限的比例来确定赔偿款额占运费的百分比，但每一逾期铁路应按各自所收运费和该百分比支付罚款。

自铁路通知货物到达和可以将货物移交给收货人处理时起，一昼夜内如收货人未将货物领出，即失去领取货运逾期赔偿的权利。

6)铁路货运事故赔偿期限

对属于承运人承担赔偿责任的货物损失，承运人要主动向托运人或收货人赔偿。办理赔偿的最长期限，自车站收到赔偿要求书的次日起至填发货运事故赔款通知书时止；款额在5000元及以下的为10天；款额超过5000元未满5万元的为20天；款额为5万元及以上的为30天。逾期未能赔付时，每超过1天，处理站应向赔偿要求人支付赔款额1%的违约金，违约金最多不超过赔款总额的20%。

对于保险货物，保险人在接到上述索赔单证后，应当根据保险责任范围迅速核定应否赔偿，赔偿金额一经保险人与被保险人达成协议，应在10天内赔付。

11.4.2 公路货运事故理赔

1. 公路货运事故理赔程序

承运人或场站作业人在接到托运人或收货人的赔偿要求书后，首先审核索赔时效，逾期则不受理。再检查索赔文件是否齐全。

承运人或场站作业人应在收到受损方赔偿要求书的次日起60天内，将处理意见通知受损方，特殊情况经受损方和责任方协商可适当延长。自受损方收到处理意见的次日起10天内没有提出异议的，责任方可即付结案。

2. 公路货运事故和违约赔偿金额

1)公路货运事故损失赔偿金额的确定

(1)货运事故赔偿分限额赔偿和实际损失赔偿两种。对于因承运人责任造成的货物损失，当货物运输合同中未约定赔偿责任时，法律、行政法规对赔偿责任限额有规定的，依照其规定赔偿，但经核实确属承运人的故意行为造成货物损失的，不适用有关赔偿限额的规定，承运人应当按照实际损失赔偿。尚未规定赔偿责任限额的，按货物的实际损失赔偿。

(2)对于因承运人责任造成的货物损失，当货主参加保价运输时，货物全部灭失的，按货物保价声明价格赔偿；货物部分毁损或灭失的，按实际损失赔偿；货物实际损失高于声明价格的，按声明价格赔偿；货物能修复的，按修理费加维修取送费赔偿。

(3)货主参加运输保险时，按投保人与保险公司商定的保险协议办理赔偿。

(4)货物损失赔偿费包括货物价格、运费和其他杂费。货物价格中未包括运杂费、包装费以及已付的税费时，应按承运货物的全部或短少部分的比例加算各项费用。

(5)对于货物毁损或灭失的赔偿额，当事人有约定的，按照其约定赔偿，没有约定或约定不明确的，可以补充协议，不能达成补充协议的，按照交付或应当交付时货物到达地的市场价格计算。

2)关于公路货运事故和违约赔偿的其他规定

(1)由于承运人责任造成货物灭失或损失，以实物赔偿的，运费和杂费照收；按价赔偿的，退还已收的运费和杂费；被损货物尚能使用的，运费照收。

(2)丢失货物赔偿后，又被查回，应送还原主，收回赔偿金或实物；原主不愿接受失物或无法找到原主的，由承运人自行处理。

(3)承托双方对货物逾期到达、车辆延滞、装货落空都负有责任时，按各自责任所造成的损失相互赔偿。

(4)对于货物运输途中发生交通肇事造成货物损坏或灭失的，承运人应先行向托运人赔偿，再由其向肇事的责任方追偿。

(5)货物赔偿费一律以人民币支付。

(6)由托运人直接委托站场经营人装卸货物造成货物损坏的，由站场经营人负责赔偿；由承运人委托站场经营人组织装卸的，承运人应先向托运人赔偿，再向站场经营人追偿。

(7)当事人不得自行用扣发货物或扣付运费来充抵违约金和赔偿金。

根据《公路货物运输合同实施细则》及《汽车货物运输规则》的有关规定，违约金数额双方事先有约定的，承运人按合同约定支付；如果合同没有约定，则按承运人违约部分运量应计运费的一定比例偿付(一般不超过运费的 10%，最多不得超过运费的 100%)。

3. 公路货运事故赔偿时效

公路货运合同当事人应在收到对方赔偿要求书的次日起 60 天内作出答复。违约金、赔偿金应在明确责任后 10 天内偿付，否则按逾期付款处理。

11.4.3　水路货运事故理赔

1. 水路货运事故理赔程序

1)索赔单证的审核

当船公司或船公司的代理人接到索赔人提出的索赔案后，应立即进行索赔单证是否完备的审核和对单证内容的审核。对索赔单证的完备性的审核包括以下内容。

(1)证明索赔人是合法的索赔人。收货人用提单或提单的影印本表明，代位求偿的保险人或其他受托人还须随附权益转让证书或委托书。

(2)证明承运人负赔偿责任。普通船舶运输时用过驳清单、卸货报告或货物残损单和货物溢短单等表明卸货数量和质量的单证或由具有公证资格的检验人出具的检验报告；集装箱运输时用集装箱货物的交付记录和检验报告等。

(3)证明索赔人提出的索赔金额是合理的。提交证明货物受损程度的单证，核定索赔金额的单证。

对索赔单证内容的审核包括以下几点。

(1)索赔人提出索赔的时间是否已超过提单条款或有关国内法和在本国生效的国际公约所规定的诉讼时效。

(2)各种索赔单证上记载的日期、船名、航次、提单号、货物名称、标志等内容是否一致。

(3)货物损失是不是在承运人掌管期间发生的。

(4)证明货物残损或短缺的货物单证上有没有大副或船长的签字。

(5)核对理货计数单据，查明货物在装卸时的理货数字是否正确。

(6)在确认船公司应承担的责任时，还要审核索赔清单中所列 CIF 货价与发票所列价格是否相符。

2)事故调查与赔偿

船公司接到索赔案件后，应及时对损害事实进行调查，查明事故原因。如果确认货物的损害不是自己的责任所引起的，就应将自己对于货物的损害不承担责任及其理由及时通知索赔人，即拒赔。为了举证，承运人必须提出一系列能证明他及其代理人和雇佣人员没有过失或不应承担责任的单证或证明。这些单证除收货单、理货计数单、货物溢短单、货物残损单，过驳清单、卸货报告等货运单证，以及货物残损检验证书等公证机关出具的证明外，有时还要提出以下单证及证明。

(1)积载检验报告，是具有公证资格的检验人出具的，可作为在积载方面承运人已做到谨慎处理的证明。

(2)舱口检验报告，是指船舶在航行中遭遇风暴或恶劣天气，估计舱内货物可能受到其他损害时，在船舶到达目的港后，申请具有公证资格的检验人对舱口的密封情况、货物的积载情况等进行检验所出具的证明。

(3)卸货事故报告，是有些船公司要求载运货物的船舶编制的一种说明货运事故实际情况的书面报告。

(4)海事声明和海事报告。船舶在航行中遭遇异常气候或其他意外事故，造成或估计会造成船、货损害，承运人或船方为谋求摆脱他们对此项损害的责任和保留向有关方索赔的权利，在船舶进入第一靠港后的一定时间内(通常为 24h)，或到达目的港开舱卸货前向有关机构，如本国驻外大使馆、领事馆、港口主管当局或公证机关递交海事声明，以求得公证。海事报告是在船舶发生海事后，船、货的损害已经形成，在对损害已存在和损害的程度已大致了解的情况下，船长向有关当局递交的书面报告。

2. 水路货运事故赔偿金额

(1)确定赔偿金额的标准

在实际业务中，多数以 CIF 发票价格作为确定赔偿金额的标准。但在货物价格变动激烈的情况下，有时也以下述方法确定赔偿金额。

(1)以 CIF 发票价格作为卸货地价格，但在以 FOB 价格条件成交的情况下，则以发票价格加上保险费、运费和卸货费的总额作为卸货地价格。在以外币计价的情况下，则按照船舶到达目的港之日的汇率换算成卸货地价格。

(2)以货物保险的保险金额假定为卸货地价格。

(3)以托运人托运时所申报的价格假定为卸货地价格。

在计算上述 3 种价格后，参照卸货地同种、同品质的货物的实际价格，以其中与实际价格最接近的一种价格作为标准价格，并以此为基础与货主磋商，求得谅解，然后进一步落实赔偿的支付问题。

附加资料：CIF 术语的中文名为成本加保险费加运费(cost，insurance and freight)。按 CIF 术语成交，虽然由卖方安排货物运输和办理货运保险，但卖方并不承担保证把货送到约定目的港的义务，因为 CIF 是属于装运交货的术语，而不是目的港交货的术语，也就是说 CIF 不是到岸价。

FOB(free on board)也称“离岸价”，是国际贸易中常用的贸易术语之一。按离岸价进行的交易，买方负责派船接运货物，卖方应在合同规定的装运港和规定的期限内将货物装上买方指定的船只，并及时通知买方。货物在装船时越过船舷，风险即由卖方转移至买方。

2)承运人的赔偿责任限制

承运人的赔偿责任限制是指在已明确承运人负有赔偿责任，应支付赔偿金额的情况下，承运人对每件或每一单位货物支付赔偿金的最高限额(赔偿限额)。规定赔偿责任限制是免责条款之外对承运人的利益给予保护的又一措施。例如，中远提单条款第 11 条第二段规定：承运人对货物的灭失或损坏的赔偿责任应限制在每件或每一计费单位不超过人民币 700 元。

3)水路货物运输保险的有关规定

货物发生保险责任范围内的损失时，按货价确定保险金额的，保险人根据实际损失按起运地货价计算赔偿；按货价加运杂费确定金额的，保险人根据实际损失按起运地货价加运杂费计算。但最高赔偿金额以保险金额为限。

被保险人投保不足，保险金额低于货价时，保险人对其损失金额及支付的施救保护费用按保险金额与货价的比例计算赔偿。保险人对货物损失的赔偿金额以及因施救或保护货物所支付的直接合理的费用应分别计算，并各以不超过保险金额为限。

货物发生保险责任范围内的损失，根据法规的规定，应当由承运人或其他第三者负责赔偿部分或全部损失的，被保险人应首先向承运人或其他第三者提出索赔。如果被保险人提出索赔要求，保险人也可以先予赔偿，但被保险人应签发权益转让书给保险人，并协助保险人向责任方追偿。

保险货物遭受残损后的残值应充分利用，经双方协商，可作价折归被保险人，并在赔款中扣除。

4)水路货运事故赔偿时效

保险人在接到索赔单据后，应当根据保险责任范围迅速判定是否赔偿。如确定赔偿，则赔偿金额一经保险人与被保险人达成协议，应在 10 天内赔付。

【案例 11-4】

某船承运一整船化肥从中国到非洲，船上货物投保了海运货物平安险，在航行途中船舶遭遇暴风雨，海水浸入船舱，造成两个舱内 400 袋化肥各损 50 袋，其他舱货物安然无恙，风浪过后，船舶带伤继续航行，不幸触礁，海水涌入一个船舱，造成舱内 200 袋化肥全损，后经其他船援助，安全驶入附近港口进行修理，并最终安全完成全部航程。事后，货主向保险公司提出索赔。

分析

保险公司应如何赔付?

解析

平安险的承保范围是自然灾害造成的全部损失和意外事故造成的全部或部分损失，一般不包括自然灾害造成的部分损失。但平安险承保责任中第三条规定：在运输工具已经发生搁浅、触礁、沉没、焚毁意外事故的情况下，货物在此前后又在海上遭受恶劣气候、雷电、海啸等自然灾害所造成的部分损失。所以本案例中前后两次事故所造成的损失都属于平安险责任范围，保险公司应赔付，赔付金额为 50×2+200=300(袋)化肥的损失金额。

11.4.4 航空货运事故理赔

1. 航空货运事故理赔程序

在航空运输中，托运货物发生损失的，收货人应当在发现损失后规定的期限内写在运输凭证上或者另以书面形式向承运人提出异议。

托运人或收货人发现货物有丢失、短缺、变质、污染、损坏或延误到达等情况，收货人应当场向承运人提出，承运人应当按规定填写运输事故记录并由双方签字或盖章。如有索赔要求，收货人或托运人应当于签发事故记录的次日起，按法定时限向承运人或其代理人提出索赔要求。向承运人提出赔偿要求时应当填写货物索赔单，并随附货运单、运输事故记录和能证明货物内容、价格的凭证或其他有效证明。

超过法定索赔期限收货人或托运人未提出赔偿要求的，则视为自动放弃索赔权利。索赔要求一般在到达站处理。承运人对托运人或收货人提出的赔偿要求，应当在两个月内处理答复。不属于受理索赔的承运人接到索赔要求时，应当及时将索赔要求转交有关承运人，并通知索赔人。

2. 航空运输事故理赔金额

由于承运人的原因造成货物丢失、短缺、变质、污染、损坏的，应按照下列规定赔偿。

(1)货物没有办理声明价值的，承运人按照实际损失的价值进行赔偿，但赔偿最高限额为毛重每千克赔偿 20 元。

(2)已向承运人办理货物声明价值的货物，按声明的价值赔偿。承运人证明托运人的声明价值高于货物的实际价值时，按实际损失赔偿。

超过货物运输合同约定期限运达的货物，承运人应当按照运输合同的约定进行赔偿。

3. 航空客运事故理赔

1)理赔原则

(1)按保险合同办事原则。严格遵守保险条款，不折不扣地承担经济补偿义务。赔偿金额确定后，保险人必须在 10 日内支付，否则视为违反合同，应承担违约金。

(2)主动、迅速、准确、合理的原则。这是理赔的一贯要求，即主动开展理赔工作；按法定时间及时赔偿；明确保险责任，不错赔、不滥赔；具体情况具体分析，符合法律标准和道德标准。主动、迅速、准确、合理是互相制约互相联系的统一体。

(3)坚持实事求是的原则。保险事故的原因错综复杂，有时难以判断某一损失是否属于保险责任范围。只有深入实际调查研究，才能在不违背保险赔偿精神的前提下实事求是地处理保险赔偿。

2)理赔程序

(1)登记立案。保险人得到被保险人的损失通知后，应在赔款案件登记簿上将有关内容登记立案。

(2)勘察案情。保险人的理赔人员必须对出险案件的保险单是否有效，保险利益是否存在，投保条件和特约事项情况如何，是否有重复保险等进行审查。勘察现场时要按顺序和要求作好记录，必要时写好勘察报告。

(3)责任审定。凡在核赔权以内的各类案件，理赔部门要认真研究联系记录或勘察报告，通过专人审定对案件责任作出初步结论，然后报上级审批。凡涉及追偿第三人责任的案件，应先由被保险人填写权益转让书，再履行赔付义务。

(4)损余物资处理。在适当照顾被保险人利益的同时，应使受损财产得到充分利用。必须由保险人收回的损余物资，可经过规定手续冲减赔款支出。

(5)赔款计算。属保险责任范围内的损失，应先审查被保险人提供的损失清单，然后按标的损失、施救费用、勘察费用、损余收回、免赔额等各项公式计算，填制赔款计算书。凡以外汇投保的，保险人以外汇赔付。凡以人民币投保的，保险人以人民币赔付。

(6)结案。保险人的财会部门接到赔款计算书后，必须在 10 日内将赔偿款支付给保险人。理赔人员将全案文件和单证归档结案。

11.5　本章小结

在运输过程中，由于各种风险和危险的存在，不可避免地会发生运输事故，根据运输过程中的对象不同，运输事故可分为客运事故和货运事故。本章从不同运输方式着手，在系统分析货运、客运事故，其中还包括货运事故责任划分、货运记录的编制和处理、运输事故的索赔程序、单证和时效、理赔程序、赔偿金额的确定及赔偿期限的规定等。

(1)运输事故的种类和等级。旅客和货物在运输过程中，不可避免地会发生运输事故，各种运输方式针对不同的事故类型划分为不同的种类和等级，划分事故等级一般以货物损失金额或旅客人员的伤亡程度进行划分。

(2)运输事故责任划分。运输事故责任主要分两种：承运人的责任和托运人的责任。某些情况下还有其他原因造成事故。事故发生后，根据事故发生的原因，判断事故所造成的损失应该由谁来承担，或者是双方对事故都应该承担一定的责任。

(3)运输事故索赔。运输事故索赔是指投保人或被保险人在发生保险事故、遭受财产损失或人身伤亡以后，要求保险人履行赔偿或给付保险金义务的行为。保险索赔是被保险人获得实际的保险保障和实现其保险权益的具体体现。本章结合每种运输方式，详细介绍了索赔的程序、需要的单证以及索赔有效期限等。

(4)运输事故理赔。运输事故理赔是指保险事故发生后，保险人对被保险人所提出的索赔案件的处理。被保险人遭受灾害事故后，应立即或通过理赔代理人向保险人提出索赔申请，保险人根据保险单的规定审核提交的各项单证，查明损失原因是否属保险范围，估算损失程度，确定赔偿金额，最后给付结案。因此，理赔是通过一定的程序确定赔偿金额的，其重点在于赔偿金额的确定。

思考题

1. 简述铁路货运事故的种类与等级。
2. 简述铁路客运事故的种类与等级。
3. 简述公路货运事故的种类、等级以及事故处理程序。
4. 简述铁路货运、客运事故各方责任的划分。
5. 简述公路货运、客运事故各方责任的划分。
6. 简述水路货运、客运事故各方责任的划分。
7. 简述航空货运、客运事故各方责任的划分。
8. 简述铁路货运事故索赔与理赔程序。
9. 如何确定铁路货运事故的赔偿金额?
10. 铁路货运记录有何作用?
11. 国际铁路联运的责任范围是如何规定的?
12. 国际铁路联运货物发生事故时，提出赔偿请求的依据有哪些?赔偿金额如何确定?

主要参考文献

李军玲. 2000. 国际货运基础教程 [M]. 北京：中国民航出版社.
唐秋生，刘玲丽. 2006. 交通运输商务管理 [M]. 北京：人民交通出版社.
王任祥. 2007. 现代港口物流管理 [M]. 上海：同济大学出版社.
谢春讯，李智忠，徐阳. 2008. 航空货运代理实务 [M]. 北京：清华大学出版社.
徐公达，石丽娜. 2003. 航空旅客运输管理 [M]. 北京：航空工业出版社.
徐月芳，石丽娜. 2004. 航空客货运输 [M]. 北京：国防工业出版社.
朱沛. 2004. 航空运输教程 [M]. 北京：兵器工业出版社.

第 12 章　运输电子商务

随着交通运输业的迅速发展，传统的销售模式已经在很大程度上限制了交通运输业的办理效率，为此我国逐渐加强了电子商务在交通运输业的应用，以增加运输业务中现代信息技术的含量，降低运输成本，提高运输组织效率。本章主要介绍电子商务在铁路、航空、海运及公路运输中的应用及其运用带来的重要意义，并提出了我国运输业开展电子商务的一些对策。

12.1　电子商务概述

自 20 世纪 90 年代以来，信息技术迅猛发展，并逐步渗透到社会生活的各个方面。特别是计算机网络技术的成功应用，极大地推动了信息的传递速度，打破了传统商务的活动模式。信息技术在商务领域的推广应用引起了流通领域的一场革命，改变了贸易形态，改善了物流、资金流以及信息流的环境，加快了整个社会的商品流通速度，有效地降低了企业生产成本，提高了企业的竞争力。这种在当代迅速发展的商务活动模式就是电子商务，它的影响已经远远超出了商务活动本身，也使与之相关的生产经营活动发生了巨大变化。

12.1.1　电子商务的概念及特点

电子商务(electronic commerce，EC)通常是指在全球各地广泛的商业贸易活动中，在因特网开放的网络环境下，基于浏览器、服务器的应用方式，买卖双方不谋面地进行各种商贸活动，实现消费者的网上购物、商户之间的网上交易和在线电子支付以及各种商务活动、交易活动、金融活动和相关的综合服务活动的一种新型的商业运营模式，如图 12-1 所示。

电子商务与传统形式的商务活动相比，它可以提供给企业与客户一个虚拟的环境，大大提高了商务活动的水平与服务质量。电子商务具有以下特点。

(1)虚拟化。电子商务将传统的商务流程电子化、数字化，建立起虚拟的商务活动平台。

(2)便捷性。电子商务贸易活动都是通过网络平台进行的，加速了交易双方信息交换速度，提高了贸易活动的效率。

(3)开放性和全球性。由于电子商务是在互连网上进行业务活动的，其面向的客户范围大大增加，可以通过计算机网络与世界范围内任何一个与互联网连通地方的客户进行贸易活动，打破了传统商务活动的地理条件限制。真正做到了全球性和极大的开放性，为企业创造了更多的贸易机会。

图 12-1　电子商务

(4)低成本。电子商务不需要租用销售商品的店面，更不用考虑店面所处的地段优劣，企业可以根据自己的需要来进货，根据自己的销售情况来订货，基本实现了零库存。对于广告的宣传方面，互联网上的信息也可起到宣传作用，从而节省了大笔宣传费用。

(5)高效性。电子商务重新定义了传统的流通模式，减少了中间环节，使得生产者和消费者的直接交易成为可能。并且通过借助高效运作的计算机网络技术，实现了各种商务信息的快速传递，加快了贸易活动的洽谈、签订合同和订单处理的速度，并借助电子货币进行支付，减少了资金的在途时间。

(6)技术性要求高。电子商务的业务过程需要相关信息技术的支撑，电子数据的处理、网络数据的传送、数据交换和资金汇兑等，这些过程都需要通过高新技术来实现。在企业的电子商务系统内部具有导购、订货、付款、交易与安全等有机地联系在一起的各个子系统，以及贸易双方之间的各环节都需要以先进的技术为依托，在基于技术的基础上进行交易。

(7)协调性。商务活动是一个协调的过程，它需要雇员、客户、生产方、供货方以及商务伙伴之间的协调。为了提高作业效率，在贸易协议达成之后，电子商务企业要通过合理组织各个作业环节，对各个环节以及所涉及的各部门间进行协调，减少冗余的作业环节，保证衔接的顺畅性，使整个贸易活动高效、低成本地运作，发挥出电子商务的协调性优势。

电子商务的经营模式按照交易对象进行分类，主要有 B2B、B2C、C2C、B2M、M2C、B2A(B2G)、C2A(C2G)七种，这里详细介绍 B2B、B2C、C2C 和 B2A 四种。

(1)B2B(business to business)模式，是商家对商家的电子商务，即企业与企业之间通过互联网进行产品、服务及信息的交换，着重于企业间网络的建立、供应链体系的稳固。

通俗的说法是指进行电子商务交易的供需双方都是企业，它们使用了 Internet 的技术或各种商务网络平台，完成商务交易的过程。B2B 的典型包括中国供应商、阿里巴巴等。

(2)B2C(business to customer)模式，一般是商家与顾客之间的商务活动，也就是通常所说的网上购物网站。企业、商家可充分利用电子商城提供的网络基础设施、支付平台、安全平台、管理平台等共享资源有效地、低成本地开展自己的商业活动。B2C 的典型包括当当网上商城等。

(3)C2C(consumer to consumer)模式，它是用户对用户的模式，C2C 商务平台就是通过为买卖双方提供一个在线交易平台，使卖方可以主动提供商品上网拍卖，而买方可以自行选择商品进行竞价。C2C 的典型有淘宝网、拍拍网等。

(4)B2A(business to administration)，也称 B2G(business to government)模式，是商业机构对行政机构的电子商务，指的是企业与政府机构之间进行的电子商务活动。例如，政府将采购的细节在国际互联网上公布，通过网上竞价方式进行招标，企业也要通过这种方式进行投标。目前这种方式仍处于初期的试验阶段，但可能会发展很快，因为政府可以通过这种方式树立政府形象，通过示范作用促进电子商务的发展。

12.1.2　电子商务在交通运输业的应用

交通运输业的电子商务就是指以互联网为核心的现代信息技术在交通运输经营管理中的应用，提高交通运输企业经济效益和经营效率，提高企业的市场适应能力和客户满意度，进而提升运输企业竞争力的一系列过程。交通运输业是国民经济命脉，其运行效率直接影响着商品在流通环节的转移速度。交通运输业本身也担负着电子商务过程中的实体商品在买卖双方间的转移流动，在电子商务活动中起基础性作用。因此，运输需求的增长和商务办理效率的提高，都对交通运输环节提出了极高的要求。为了打破传统运输环节在实体商品交易中的瓶颈地位，可以通过开展交通运输业电子商务，利用现代信息技术全面收集、分析客户信息及企业自身资源，创建畅通于客户、企业内部和第三方服务商之间的物流方式，从而以最快的速度和最低的成本来响应市场。

交通运输电子商务包含范围较广、业务环节复杂、表现形式灵活多样，如业务查询、信息交互、网上交易、实时跟踪、网上理赔以及其他附加服务等，都是通过应用先进的信息化管理手段，建立信息系统和电子商务平台来实现的。从业务范围来看，交通运输业电子商务的应用具体体现在以下几方面。

(1)货运电子商务。交通运输企业通过因特网发布货运信息和开展货运电子交易，包括货运信息服务和网上交易两方面内容。利用信息服务功能可实现货运信息的浏览和查询，以及企业信息、供求信息的发布和管理。通过交易服务功能可实现询价报价、交易洽谈、合同管理、网上支付和客户投诉管理等。货运信息服务的开通对于减少车辆的空驶率、提高运输效率将起到很大的作用，为我国道路运输电子商务的实施打下一定的基础。

(2)客运电子商务。客运电子商务主要是基于因特网的订票和售票系统，采取统一的主机结构，集中处理方式，实现同城异地、异城异地代理售票，是企业对个人的电子商务，即企业通过网络销售车票和服务于个人消费者。客户通过交通企业的网站可以查到用车信息、车型车级信息、座位信息、票价信息、客户订票清单、支付信息、乘车向导服务和车票递送等。通过现代信息技术来为企业管理和旅客乘车服务，很好地提升了行业管理和服务水平，为旅客提供了及时准确的动态和综合性交通信息服务，方便旅客出行，提高了运输企业在公众心目中的形象。

(3)附加服务。通过交通运输业电子商务网站为旅客和货主提供附加服务，如为旅客发布电子地图，介绍各地的自然条件、旅游景点、宾馆饭店等，甚至联系旅游、住宿业务；为货主提供市场供求信息，联系货物包装、集装、仓储、取送、装载加固、运输保险、押运等业务。这些附加服务都是在运输业的基础业务上向两端延伸的业务，都是为了更好地满足客户需求。交通运输相关企业网站主要有两类：一类为商业性网站，它以赢利为目的，创办者多为物流运输企业和与之相关的软件开发企业，该类网站主要包括网上车场、网上货场、在线追踪、网上订单处理、在线服务、行业信息、企业宣传等功能；另一类为非商业性网站，主要介绍物流运输的相关法律法规、政策、行业信息、物流知识及咨询，其主要是由政府机构、物流协会和高等院校经营，它不以赢利为目的，例如，中国物流资源网为企业提供信息发布、企业宣传、系统建设、产品推广、物流解决方案等服务。

当前，我国运输电子商务正在迅速发展，但是交通运输领域电子商务应用仍然落后于金融、零售、制造业等行业，少数交通运输企业还没有自己的网站，有些交通企业网站所发布的信息远远没有达到电子商务的要求；大多数交通企业计算机应用比较落后，只停留在劳动工资、财务报表等初级阶段，并没有将信息技术与增强企业的竞争力结合起来考虑，因而影响了企业的运输能力。因此，我国必须要加快电子商务在运输管理中的发展，提高运输业务中现代信息技术的含量，以达到降低运输成本和提高运输组织效率的目标。

12.2 铁路运输与电子商务

12.2.1 铁路运输电子商务发展意义

铁路运输在运输市场中占有主导地位，其大运量、低运价、安全可靠、全天候的运输服务方式，使之拥有如各大型工矿企业等的众多客户。但铁路运输企业应清醒地认识到，铁路的经营模式未能及时地跟上经济发展的步伐，使得铁路丧失了一部分客户，在一些方面与其他运输方式相比已经处于弱势地位。铁路运输目前的经营模式中，信息交换的延迟与处理速度的缓慢是其经营的欠缺之处。而电子商务在铁路的管理和营销方面的应用正可以弥补这种欠缺。

现代运输业的运行架构已经由依靠整体运输能力获胜转向依靠现代信息技术，以此来提高该运输方式在同行业中的竞争力。铁路实施电子商务，一方面将借助 Internet 技术为企业或用户提供不同的运输决策方案，在增大其选择空间的同时降低运输成本；另一方面通过建立 B2B 或 B2C 的营销模式，消除营销体系中的中间环节，从而缩短交易时间，降低交易成本。铁路实施电子商务的本质是提供一种面向客户的服务，它包括交易信息服务、交易平台服务和应用系统的电子商务化，这不仅仅是一个技术问题，更是对产业结构、企业经营与管理结构的变革，涉及铁路的经营模式、管理体制、管理手段、人力资源等方方面面的问题。因此，铁路企业改革既要考虑到社会电子商务迅猛发展的大环境，又要与铁路电子商务化紧密结合，与之相配套、相适应，提出适合企业正常发展的合理措施。

12.2.2　铁路客运电子商务系统

当前，我国铁路客运系统的电子商务化已经在一些领域得到了应用，如实现了全国联网售票和车站的异地购票等。但是由于旅客对于整体售票信息、所乘车次的拥挤程度、中转换乘建议等方面很难查询，在客运高峰期(如春运和暑运期间)常常会出现旅客排长队、购票难等问题。而铁路客运电子商务系统的建立无疑会加快铁路旅客运输系统的信息化、智能化，从而进一步方便旅客，为旅客提供更周到、更便捷的旅行服务，最终实现我国铁路客运市场竞争力的进一步提高。

铁路客运系统实施电子商务化的过程中，不可缺少的一个环节就是在互联网上建立面向数以亿计的旅客的网上营销系统，用在线营销方式代替传统的窗口营销方式。一个较为完善的铁路网上营销系统至少要包括信息查询服务、信息反馈服务、在线订票和购票服务、代理人服务和其他服务 5 个主要功能，其结构如图 12－2 所示。

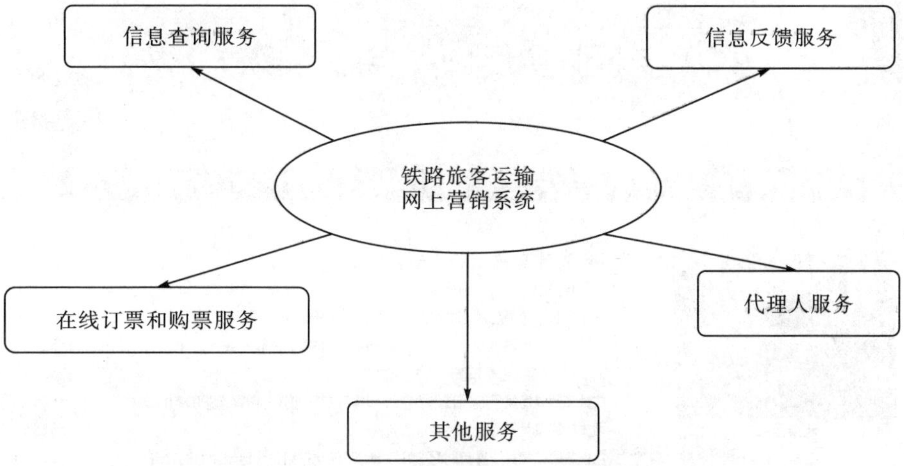

图 12-2　铁路旅客运输网上营销系统结构

(1)信息查询服务。为旅客发布全面的铁路部门及其服务机构的设置、职能的相关信息和铁路能够提供的包括列车车次、票价、始发时间、终到时间、沿途所经车站及时间、车票预发售情况的查询和对路网上车站设置、具体车站简介、风景名胜等全部与运输服务相关的信息。

(2)信息反馈服务。旅客通过电子表单或 E－mail 可以动态提出旅行需求、旅行意见、索赔要求、问题咨询等反馈信息。

(3)在线订票和购票服务。旅客不但可以在线预订车票，还可以通过电子现金、电子借记卡、银行信用卡、电子钱包等开放的兑付手段完成购票、退票等业务。

(4)代理人服务。为酒店、旅行社和大的团体提供车票的预订、优惠、折扣等在线洽谈、查阅和实现服务。

(5)其他服务。旅客可以在线完成托运、保险、索赔等其他与铁路运输相关业务的网上资金结算和动态数据交换。有了以上功能的旅客网上营销系统，可以把旅客 24 h 在线随时到达、随时浏览、随时查询、随时办理、随时反馈的营销工作做到实处，最大力度地抓住现有客运市场，最大限度地挖掘潜在客源。

12306 网站购票业务是 2011 年 6 月 12 日投入使用的，于 2011 年 6 月 12 日 5 时，京津城际高速铁路开始试行网络售票。直到 2011 年年底，全国铁路已经全面推行网络售票，中国铁路开始走进电子商务时代。从 2011 年 6 月 24 日 9 时起，铁路部门开始对外发售京沪高铁车票。从 2011 年 12 月 24 日起，以 C、D、G、Z、T、K、L、A、Y 开头的以及 1000～7598 的旅客列车都可以采用网络订票，有关事项按《旅客列车互联网售票暂行办法》的有关规定办理。市民购买火车票的方式从只能亲自到火车站售票口或代售点排队购票，逐步发展为可通过电话订票或网站订票。

中国铁路客户服务中心网站图(12-3)是铁路服务客户的重要窗口，将集成全路客货运输信息，为社会和铁路客户提供客货运输业务和公共信息查询服务。客户通过登录该网站，可以查询旅客列车时刻表、票价、列车正晚点、车票余票、售票代售点、货物运价、车辆技术参数以及有关客货运规章。铁路货运大客户可以通过本网站办理业务。其客运车票预订流程如图 12-4 所示。

图 12-3　中国铁路客户服务中心首页

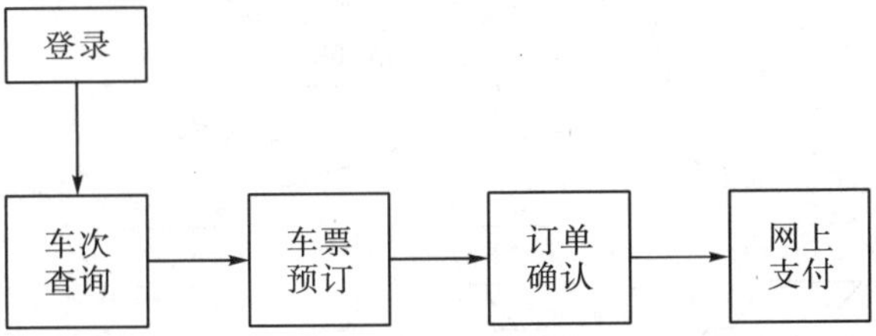

图 12-4　铁路客运车票预订流程

(1)使用注册成功并已激活的用户名和密码登录网站。

(2)单击“车票预订”按纽，进入车票查询界面，输入筛选条件查询余票，规划行程。随后单击列车的“预订”按钮，进入车票预订界面。

(3)在车票预订界面中，从常用联系人中选择或直接录入乘车人信息，也可以改签系别、票种和张数。身份信息填写完整后，单击“提交订单”按纽申请车票，进入订单确认界面。

(4)旅客核对申请成功的车票信息，确认无误后，单击“网上支付”按纽进入网上银行选择界面。选中具体网上银行后进入支付界面，支付票款。

(5)网上银行提示支付成功后，随后会有购票成功提示。此时旅客需要保留订单号。旅客须持二代身份证原件和订单号于购票后、列车开车前到铁路代售点、车站自动售票机或车站售票窗口换取纸质车票。

12.2.3　铁路货运电子商务系统

铁路货物运输中每天会有大量的纸面单证和文件，同时运单中涉及有关托运人、收货人、承运人的各种信息，如货物的重量、单价、件数以及运输费用的结算信息等，这些数据信息是需要及时传递的。通过人工处理这样大量的信息，会使得工作效率低下，而发展电子商务将大大提高单证的传递效率并降低差错率，还可以节省纸张、电话、传真等费用。通过发展铁路货物电子商务物流，建立起良好的物流配送体系及健全的电子商务网络，可以使任何潜在的客户在线提供 Form 表单或发送 E－mail，提出对运输产品或运输服务的需求，从而得到优质、快速的“门到门”服务，同时货主也可以通过 Internet 追踪查询货物的位置及运输情况。这样不仅可极大地提升铁路企业在客户心中的形象，也可以极大地提高铁路货物运输的质量与管理水平，使铁路企业和用户之间建立起良好的供求关系，同时铁路企业能够顺利地站在以客户需求为运输产品生产导向的智能运输前沿，帮助铁路货物运输增强市场竞争力。

铁路货物运输电子商务系统的功能和结构，应该按照现行的货物作业程序，以目前执行的货运章程、作业规范为依据，根据用户需求，确定铁路货运电子商务系统的功能。铁路货物运输电子商务系统应该包括查询、托运、费用结算、延伸服务以及理赔等几部分，其基本框架如图 12-5 所示。

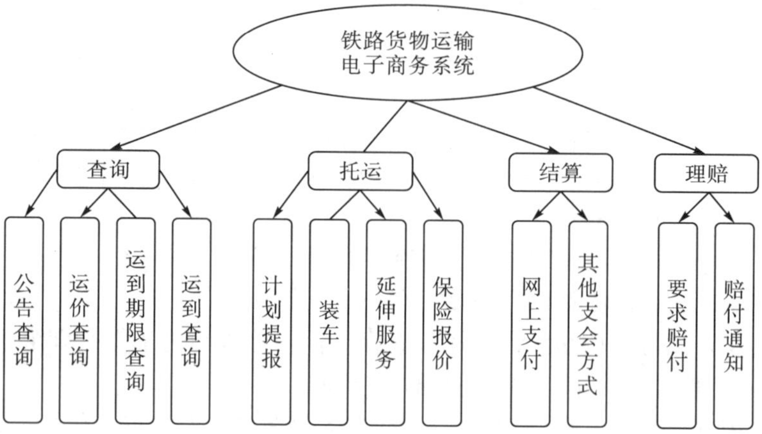

图 12-5　铁路货物运输电子商务系统结构

1. 查询

(1)公告查询。主要是客户在托运货物时，需了解的办理流程等信息，包括托运须知、领取通知、办理指南、流程图，以及有关的国家铁路运输政策、法令、法律文件等。

(2)运价查询。铁路运价的计算极为繁杂，非专业人员很难计算清楚，运价查询功能在客户输入货物的品名、重量、发站、到站和品名数据后系统就可以直接计算出全部运费。

(3)运到期限查询。《铁路货物运输规程》对不同品类的货物，按运输距离长短分别规定了货物的运到期限，客户输入发站、到站、品名、数据后，就可以获知货物的运到期限。

(4)运到查询。货主在铁路货运电子商务系统输入相关检索信息就可以得知货物是否到达，方便货主安排生产计划。

2. 托运

铁路货物运单是铁路货物运输合同的主要单证，它明确了承运人、托运人双方的运输合同关系，以及运输的货物品名、计重、运到地点、运输方式及运输过程提供的延伸服务内容。在铁路货运电子商务系统中，客户在提供的电子货物运单上填写运输要求，订单核准后将信息反馈给托运人，在请求车计划得到核准后即可组织装车。

(1)计划提报。客户在承运人提供的格式合同上填写到站、发站、货物品名、计重、车种、车数等数据后，即可得到以计划核准号的形式给予的回复。

(2)请求装车。货主在得到要车计划的批复后，即可准备进货、装车。该项功能便于铁路为货主在确定装车日期和数量后配备车辆，准备作业线路，包括取送车、对货位等装车前的准备工作。

(3)延伸服务。铁路除办理必要的货物发送、到达业务之外，还提供货运延伸服务。延伸服务的项目主要有：仓储服务，发送综合服务，篷布综合服务，代为清缴、消纳垃圾服务，保价运输服务，代购、代加工加固材料服务，货物包装服务，到达综合服务等。延伸服务作为铁路货物的补充和延续，为客户提供了更完备、更方便的全程服务。客户可以进行网上委托，只要单击“延伸服务”选项，选取所需要的服务项目，就可以实现所要求的服务委托。

3. 结算

(1)运输费用。运输费用主要由运费、杂费和基金组成，承运人向托运人、收货人核收费用时，应将以上项目一并加总核收。

(2)网上支付。该项功能提供了一种方便的支付方式，使客户可以以电子货币的形式直接在网上支付，从而节省了客户的交易成本。

4. 理赔

在运输过程中发生货物短少、污染、变质等损失情况时，客户可在铁路货运电子商务系统中向承运方提出理赔要求。在需要时，可选取理赔选项，以货票号码为识别，提交货损、货差等情况及赔付要求，承运方在收到赔付要求后，根据《铁路货物运输规程》及货物保险、报价的有关条例，将赔付结果以赔付通知书的形式传递给托运人，并以托运方要求的赔付方式予以支付。托运方可在赔付结果选项中查询相关内容。

12.3　航空运输与电子商务

12.3.1　航空运输电子商务发展意义

航空运输电子商务是航空运输业务电子形式的统称，即通过计算机网络系统记载、保存和管理旅客、行李或者货物行程及相关资料的电子信息记录。它的基本形式是电子运输凭证的营销管理，电子运输凭证包括电子客票、电子行李票和电子货运单等。客运电子机票(electronic ticket)作为航空运输电子商务的具体表现形式，是普通纸质客票的电子替代产品，是一种可以不通过纸票方式来实现客票销售、旅客乘机以及相关服务的客票方式。电子客票将客票信息存储在计算机系统的电子客票数据库内，通过对数据库相关信息的全过程处理，实现传统纸制机票的管理、销售、发放、使用和结算。与传统的纸质凭证相比，电子运输凭证是一种崭新的销售方式，它正以其贴近市场、方便购票、不易丢失和遗忘、成本低廉等优势，被国际上先进的航空公司所使用。由于航空公司具有规模大、人员多、企业管理方法复杂等特点，航空实现电子商务化将有助于提高航空业的企业效益，通过先进的信息化手段可以提高企业管理水平，提升企业的国际竞争力。

12.3.2　航空电子商务系统框架

航空企业经营地域广、投入高，特别需要通过提高信息化水平来降低成本、扩大销售、改善服务、提高竞争力，此外，航空企业内部或外部的信息系统要结合航空企业所开展的各项商务活动来建立。航空客运的电子商务平台提供的网上业务包括网上售票(B2B、B2C)、网上订舱、常旅客服务、航班查询、到离港信息查询、与旅游相关的服务等。通过航空电子商务系统，旅客和航空公司都可以监控一张机票从售出开始的生命周期：销售价格、销售对象、配送情况、航班运行、常旅客积分、常旅客服务、结算(B2B)。航空电子商务平台的结构图如图 12-6 所示。

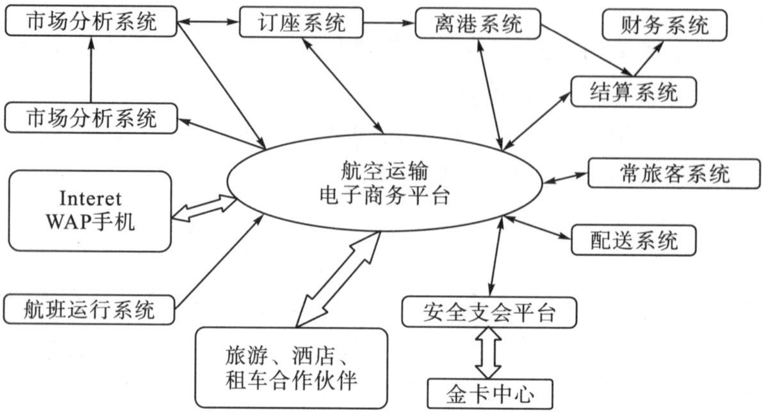

图 12-6　航空运输电子商务平台

以下是该电子商务平台中一些子系统。

(1)从市场分析开始确定合适的航线、航班，确定有竞争力的价格；通过收益管理系统调整销售价格和销售策略，以达到收益的最大化，减少座位空耗的损失。这一系统根据历史数据和其他信息为收益分析系统提供数据，也是安排航班、确定销售策略和销售价格的依据之一。在实现上，应该运用数据仓库技术和数据挖掘技术来分析某一航线上的市场特点、本公司的市场地位、旅客出行特点、旅客对象分布等。

(2)收益管理系统直接管理着票价。按国际通行做法，把座位分成价格不等的舱位，定价的依据主要是购买的时间(越早越便宜)、航班时间(夜间比白天便宜)、单程还是往返程、是否可签转退票、个人或团体。这种划分虚拟座位等级的舱位称为多等级舱位。收益管理系统的最大难点是如何确定不同等级舱位的座位数和在什么时机进行调整。

(3)订座系统属于机票销售的总控制系统，航空公司进行网上售票，只能通过仿真的方法向订座主机提交订票/确认请求、查询航班和剩余座位数等。仿真的连接方式是专线或拨号。网上订舱是在网上购买机票后可以直接确定机上座位，旅客可以按照自己的心愿选择座位，但这需要离港系统的支持。

(4)安全支付平台。目前虽有 SET 协议保证支付的安全可靠性，但其烦琐的操作和支付花费时间过多，实际上导致了个人支付市场的萧条。对个人小金额支付完全可以采用 SSL 协议方式，内部加强管理，及时和银行对账，安全是有保障的。

(5)配送网络。按照国际的发展趋势，纸质机票将被电子机票替代。电子机票的推广使得配送系统比较简单。旅客可以自己打印机票，或到机场凭有效证件直接领取登机牌。国外使用电子机票的公司，送票只是发一个电子邮件或信函，告诉旅客一个唯一编号而已。

(6)常旅客系统。航空公司通常会有一个常旅客系统用于管理自己的常旅客，把常旅客信息进行网络管理不仅仅是增加一项网上服务内容，还有针性地对常旅客实行积分和奖励措施，有时机票的价格可以优惠，甚至免费。

(7)财务和结算。航空公司的结算系统独立于财务系统之外，专门进行机票核算。网上销售的数据直接进入结算系统，支付数据进入财务系统和银行对账。

(8)航空运输经常是和旅游订房服务一起提供的，相当于增加航空公司的产品品种。有些航空公司兼做旅游、订房服务，也可以和大型旅游网站合作进行，双方客户奖励内容共享，这样会极大地吸引客户，增加自己的客户群。

以上所列举的电子商务相关系统显然不是在建立网站时能够一并建设的，这依赖于航空公司信息化建设的程度。在做电子商务时如果已经有了大部分的系统，稍加改造或增加接口程序即可和电子商务系统有机地结合起来，以发挥更大的效益。

12.3.3　航空电子客票

从 1993 年第一张电子客票出现在美国航空运输市场后，这种全新的商务运行模式受到了越来越多旅客的青睐，已经形成了航空运输销售的新潮流。每张成本 20 多元的纸质机票变成了只需 1 角的行程单，对于整个航空产业链来说，极大地降低了其运营成本。电子客票不仅为航空公司降低了成本，增强了竞争力，还给银行和第三方支付企业带来了相当可观的利润。电子客票对于我国航空运输的电子商务市场发展也起到了巨大的推进作用。

1. 电子客票的概念

电子客票是普通纸质机票的电子映像，是一种电子号码记录，是传统机票的一种替代品。电子客票将乘客信息电子化后存储在航空公司订座系统的电子客票数据库中，同时将普通纸质机票的票面内容显示在订座和离港的终端上。相对于纸质机票而言，二者所反映的内容和信息完全一致。其主要区别在于，电子客票是一种虚拟机票，是由一组数字构成的电子票号，旅客凭借这组数字和身份证就可以直接通过安检和登机。

2. 电子机票的购买与支付

目前，我国乘客购买电子客票的方式主要有 3 种。

(1)机票代理机构网站订购。大多数乘客关心的是怎样能以最优惠的价格享受最称心的服务，而不在乎服务来源于航空公司还是代理商。在这种情况下，能同时提供多家航班信息的代理商仍是旅客购买机票的首选渠道。乘客可以在知名的机票代理机构网站预订。直接登录机票预订页面，选择出发地点、目的地、出发时间等，搜寻出相应的航班，乘客可以在不同的航班之间比较价格、时间、机型等，再选择最合适的航班，并订购，如图 12-7 所示。

(2)航空公司网站和电话订购。乘客可以直接在国内各大航空公司的网站进行订购。直接登录机票预订页面，选择出发地点、目的地、出发时间等，搜寻出相应的航班，在不同的航班之间比较时间、机型等，再选择最合适的航班，并订购。或者直接拨打航空公司电话预订热线，告诉服务人员相关要求，挑选适合自己的航班。

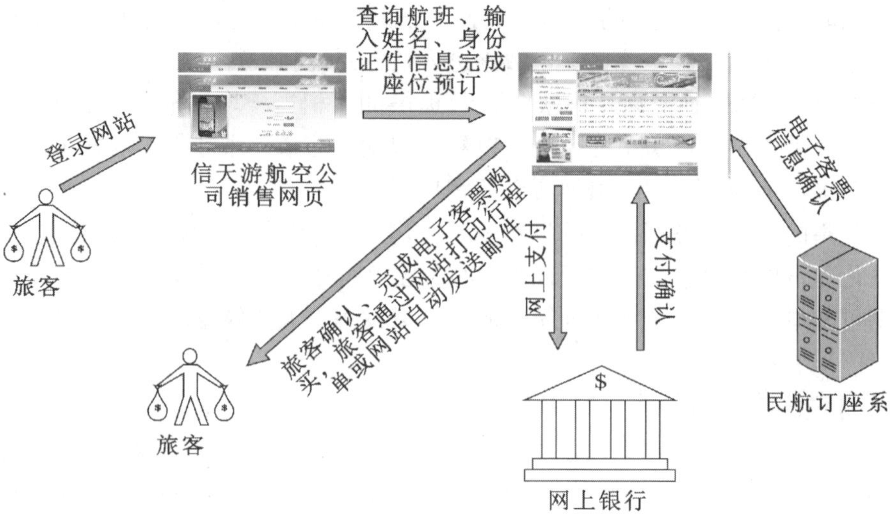

图 12-7 电子客票购买业务流程

(3)机票代理机构电话订购。乘客可以直接拨打机票代理机构的电话，告诉工作人员相关要求，挑选满意的航班。

目前，我国电子客票的支付方式主要为电子支付。电子支付是计算机技术应用于金融领域的一项重要成果，是指单位、个人通过电子终端，直接或间接向银行等金融机构发出支付指令，实现货币支付与资金转移。它具有便捷、高效、经济的优点。目前，中国市场每年有价值 1000 多亿元的机票市场份额，无疑，电子客票对电子支付具有很大的推动作用。

电子支付的业务类型按电子支付指令发起方式分为网上支付、信用卡预授权支付、电话支付、移动支付、销售点终端交易和自动柜员机交易等。目前，国内几家主要的航空公司(如中国南方航空公司、中国东方航空集团公司、中国国际航空股份有限公司和海南航空股份有限公司等)对电子客票采用的电子支付首选方式是网上支付。对于信用卡预授权支付、电话支付和移动支付等电子支付方式，各大航空公司正在逐步筹划中。在这个注重服务的 B2C 时代，广泛支持多样化的支付方式，将会给消费者提供更多的选择，也将会给各大航空公司带来更大的市场空间。

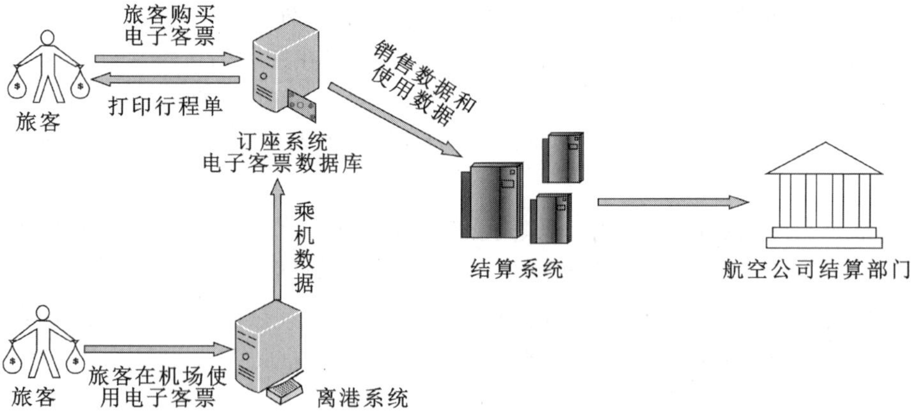

图 12-8 电子客票离岗业务流程

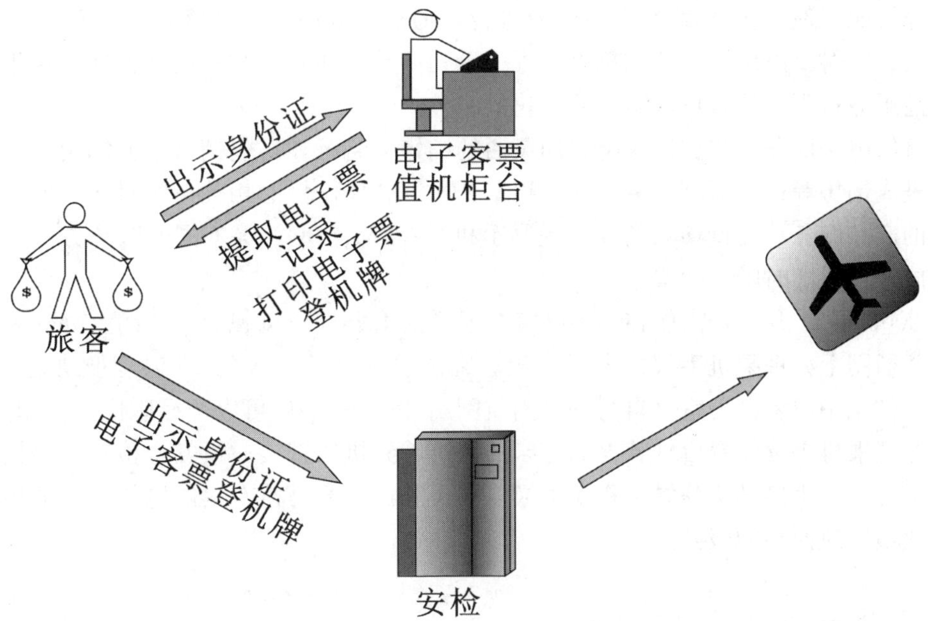

图 12-9　电子客票结算业务流程

电子机票的具体使用流程有以下 6 步。

(1)登录网站查询某次航班的电子机票。选择购票网站和机构时，一定要选择具有合格资质的单位。最好能够查看到是否具有正规的机票代理销售资格，是否能查到公司的备案信息。

(2)填写机票预订内容，务必将乘机人信息填写准确。

(3)确认订单后，在线支付票款，支付过程在银行网站完成。预订电子客票以后，可以通过现金、转账、支票、网络等方式支付，具体的支付方式视预订机构的情况而定。最为便捷的方式就是网上银行、电话银行或者第三方支付软件。

(4)客服人员将在半小时内电话核实，发送电子机票号到您邮箱或者手机上。

(5)旅客持有效身份证件原件到机场电子机票柜台或自助值机台办理登机手续，领取登机牌。自助值机是区别于传统机场柜台值机的一种全新办理乘机手续的方式，使用它可以使旅客通过特定的值机凭证在自助值机设备获取全部乘机信息，并根据屏幕提示操作选择座位、确认信息并最终获得登机牌、发票。整个过程完全由旅客自行操作，是一种全新的 DIY 值机方式。

(6)通过安检顺利搭乘航班。如需报销可领取行程单作为凭证。国内电子客票在成功出票的同时，也产生了被称为航空运输电子客票行程单的传统机票替代品，可以作为法定的机票报销凭证。旅客购买国际机票时，正规的国际机票代理都会给旅客出具国际航空旅客运输专用发票，凭借这张发票旅客可以报销国际机票。

中国南方航空公司(简称南航)是国内第一家创建电子商务平台的航空公司。1999 年 2 月 1 日，南航经过自主开发建设，开通网上销售业务，开创了国内航空公司电子商务的先河。2000 年 3 月 28 日，南航成功推出了国内首张电子客票。此举意味着南航步入了真正意义上的电子分销时代，成为中国民航业电子商务发展的里程碑。

南航电子商务系统升级本着总体规划、分步实施的原则，在新的技术平台上有计划、有步骤地按照南航的电子商务战略规划进行，通过 Internet 实现客户计划旅行、查询价格、订座、支付、出票、办理乘机手续等一系列活动，同时将客户关系管理贯穿于整个销售和离港服务过程，让客户体验到差异化的服务。

南航的电子商务系统支持实施更加灵活的销售策略，如打包销售、捆绑销售、交叉销售、促进式销售等；与酒店、旅行社、租车公司等合作伙伴的相关系统对接，向客户提供全方位的产品服务；支持移动商务，提供手机、ATM、PDA 等不同的购票方式，真正做到了让旅客可以随时随地购票。

自 2006 年 11 月起，南航在各地陆续开通了网上办理登机牌业务、网上办理乘机手续服务。开通网上办理乘机手续服务后，旅客在航班起飞前一天的 16 时至航班起飞前 1 h 内，在自己家中或者办公室，自行登录南航网站(图 12-10)就可以选择座位，打印登机牌，为自己办理乘机手续，然后拿着自助打印的登机牌到机场直接通过安全检查，轻松实现登机，而不必去候机楼排队等候工作人员换取登机牌。只要是持有南航电子客票的旅客，都可享受此项快捷便利的服务。

图 12-10 中国南方航空公司首页

12.4 海上运输与电子商务

12.4.1 海上运输电子商务发展意义

在传统的海上运输贸易中，需要填制大量的单证、手续，造成日常文献处理的成本很大。既需要大量的人力又会消耗很长的时间，导致海上运输业务的信息流动速度慢，时常造成一些文件处理或控制程序延误，也使得港口码头内的昂贵机器设备不能连续运转而增加企业运营成本。在这种情况下，电子商务技术在海洋运输业中的应用就显得极为重要。利用电子传输贸易文件为交易双方节省了时间，对提高业务处理速度，提高准确、可靠程度，改善服务质量，减少雇员等方面有很大帮助。港口经营者通过电子商务，可以缩短与客户的距离，迅速对客户查询作出反应，更加充分地应对海上运输中由于长时间、长距离和跨国界等特点所产生的多变因素，极大地改善运输产品质量。

12.4.2　海上运输电子商务中的电子单证

海上运输业务中，单证是各个相关的业务部门间联系某项业务或通知某些事项、各个作业环节证明货物交接并区分交接责任或是海关等监管部门对进出口船舶和货物进行监督管理等而缮制的凭证，关乎整个运输过程能否顺利完成。在传统的海上运输中，这些单证一般由手工编制，在发货人、承运人和收货人等之间以实物的形式进行交接传递。在传递的过程中，由于形式简单、容易仿冒，易产生提单欺诈等风险。由于传递效率低下，在一些中短途运输中也会造成"货等单"的现象。因此，实现这些单证的电子化对于保证海上运输的顺利完成有重要意义。

这里提到的海上运输电子商务系统中的单证，主要有电放提单和电子提单两种。

1. 电放提单

电放提单是指船舶公司或其代理人签发的注有 Surrendered 或 Telex Release 的提单副本、复印件或传真件。电放是由托运人向船舶公司发出委托申请并提交保函后，将货物装船后承运人(或其代理人)所签发的全套正本提单交回承运人(或其代理人)，同时指定收货人(非记名提单的情况下)，承运人授权(通常是以电传、电报等通信方式通知)其在卸货港的代理人，在收货人不出具正本提单(已收回)的情况下，可凭盖收货人公司章的电放提单换取提货单以清关提货的海运操作方式。

电放提单具有迅捷、简便、安全等特点。电放提单可通过传真在几秒钟内迅捷完成单据传递，收货人凭电放提单换取提货单并及时提货，从根本上解决了"货等单"的问题，减少了许多中间环节及其不必要的风险和失误，也减小了收货人的风险。电放操作中由于有电放保函，承运人可将错交货物的责任推给托运人，而自己不承担责任，只要做到小心谨慎即可。电放提单是提单的副本或复印件，不可流通转让、议付，不是物权证明，对银行债权无保障。"电放"实际上是使用提单时的一种特殊情况，但这种情况非常特别，使得提单的准流通证券的性质，即提单可以通过交付或背书加交付自由转让的性质被消灭。

2. 电子提单

电子提单(electronic bill of lading，EBL)则是电子数据交换(electronic data interchange，EDI)与提单相结合的一种形式。通过计算机，提单信息被转换为数字信号后在电信网络中高速传递，最后由接收方计算机处理还原为原信息，提单的缮制、修改、流转、存储等一切过程都在计算机内进行。因此，电子提单并不是一种书面单证，而是一组电子信息，是一种利用 EDI 系统对海运途中的货物支配权进行转让的程序。在该程序运作过程中，发货人、收货人及银行均以承运人(或船舶)为中心，通过专有计算机密码通告运输途中货物支配权的转移时间和对象，通常情况下不出现任何书面文件，收货人提货时，只要出示有效证件证明身份，由船舶代理验明即可。

电子提单具有许多传统提单无法比拟的优点，首先从安全性角度来看，电子提单由于整个过程的高度保密性，它能通过技术手段大大减少提单欺诈案件的发生，可防冒领和避免误交。其次是高效性，采用电子提单可简化许多重复和烦琐的手续，提高工作效率，提高提单签发的速度，可快速、准确地实现货物支配权的转移。再次是正确性，电子提单可避免纸张单证分次、分散缮打发生不一致的错误，即便有错误也可以立即由单据的签发方通过 EDI 进行更正，减少拒付事件。最后，运用电子提单还可减少费用。国际商会的资料显示，纸张单据在贸易过程中消耗大量人力、物力，其费用为货价的 10%，且手续烦琐复杂，若改用计算机操作在费用上可以削减 50%左右。

综合来说，电子提单的安全性、正确性、高效率、快速度等优越性能是人工操作的纸张单据所无法比拟的。电子提单的应用不仅能节约费用，减少人力，更重要的是通过对贸易程序进行结构性的变革，可使国际货物的流通速度有飞跃的发展。

中国国际海运网（www. shippingchina. com）是中国最大的海运电子商务门户，如图 12-11 所示，是以国际海运为核心，相关物流为辅，桥接相关行业，具有供求信息交互、专业数据汇通、在线实务操作及行业新闻发布等功能的大型综合性国际海运门户商务电子平台。

图 12-11　中国国际海运网

“金牌订舱”是中国国际海运网的核心商务模式，领先成为第二代 B2B 海运电子商务应用平台，开创了中国海运物流电子商务新模式。目前金牌订舱已经覆盖了全国 30 家大中型口岸，实现了集中采购能力突破 100 万 TEU，成为世界首家将海运信息流转变为商流的最大海运集装箱订舱中心。在 2009 年集中采购市场占有率为 3%，覆盖国内外港口 60 家，实现 400 万标准集装箱的在线订舱采购，降低了海运物流成本 14 亿人民币，金牌订舱同时获取了 3 亿多人民币的经济效益。

中国国际海运网的内容根据服务内容与面向群体划分为船、货、商、港、博五大频道。

(1)船频道，提供全面、及时、准确的海运船期，真实权威的海运运价；并为船舶租赁的双方提供了商业互动的平台。这里是船东和货代群体发布信息和外贸群体查询海运物流信息的窗口。

(2)货频道，提供及时、丰富的货盘信息和上万家货主资料，同时汇聚了拖车、仓储、包装、理货等辅助行业信息。这里是外贸进出口企业和货运代理企业进行商机对接活动的平台。

(3)商频道，提供在线订舱、在线保险、在线银行、在线商旅等专业化电子商务服务，并且汇聚了大量航贸数字信息产品，为航贸人士进行信息查询服务。

(4)港频道，提供国内外港口物流园区的最新资讯，展示权威专家对于港口园区发展给出的权威阐述，同时是获取成功的港口园区战略规划案例资料和进行战略规划接洽的平台。

(5)博频道，提供专业的媒体报道和新闻，使用户第一时间掌握航贸动态；航贸百科、统计数据中心为学习和研究提供了详尽的专业资源；海运俱乐部构筑了航贸人士理想的娱乐互动家园。

借助互联网等先进的信息技术，开展电子商务，其经营的优势在于以下几个方面。

信息平台：中国国际海运网即时提供船东、船代、货代、货主、报关、仓储、陆运、配送等公司最新的业务信息，以及最准确的海运船期、运价、航线等资料，为航贸企业及周边行业提供了稳定、强大的信息交流平台。

数据平台：中国国际海运网全力打造了一个集港口统计数据、海关统计数据、船舶统计数据、外贸统计数据为一体的具有行业权威的数据平台。

电子商务应用平台：中国国际海运网提供了在线保险、在线订舱、在线询价、在线退税等一系列电子商务应用功能，使用户足不出户就能轻松完成船、货交易以外的各项商务操作，真正实现了海运商务电子化。

行业媒体平台：中国国际海运网在发展过程中逐渐形成了专业的行业媒体平台，对海运、物流、外贸等相关行业的重大事件、知名人物、企业动态等进行了大量的跟踪报导道。

12.5　公路运输与电子商务

现在世界各发达国家均建成了四通八达的道路网，我国公路交通运输也发展迅速，但交通拥堵现象却没有从根本上得到解决，交通的污染和事故越来越多地引起了人们的关注。通过引入高新技术来改进传统的公路运输系统，大幅度地提高路网的通行能力和信息化水平，改善其服务质量，已经成为世界发达国家的共识。通过实现我国公路运输的电子商务化，借助先进的现代信息管理方法来改善公路运输服务质量。

我国高速公路的网络已经形成，正处于发展的有利时机，为专业的电子商务引入创造了良好条件。高速公路运营管理实现现代化，及时全面地掌握路网动态，增强事故快速处理能力，做好车辆和路网抢修，维护路网运营安全，完善经营收费和监管等，这些都可以通过运用电子监视系统、建立路网监视平台、与电子商务联网等来实现。从高速公路服务区内部管理特点看，其服务区分布点多，距离长，管理难度大。而电子商务的突出特点就是可以打破地域界限，缩短信息流通时间，有效地缩短企业的供应链，降低企业的物流、信息流成本，拓展市场业务，提高企业竞争力。

高速公路电子商务管理系统按照其功能可分成以下几个子系统，如图 12-12 所示。

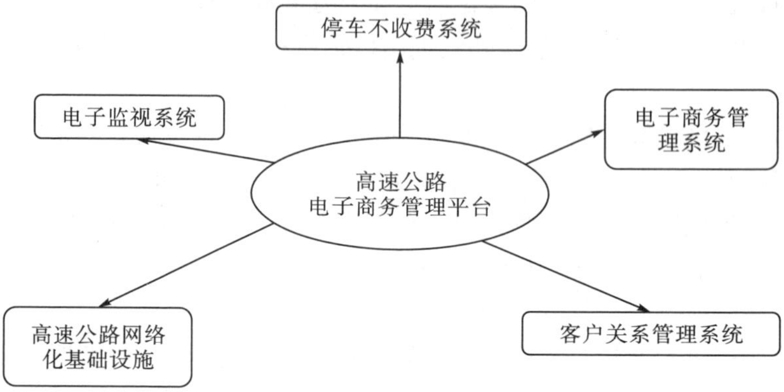

图 12-12 高速公路电子商务管理平台结构图

(1)电子监视系统。通过引进电子监视系统，建立起高速公路的运营监视平台，使较为落后的传统高速公路管理跟上知识经济的步伐，实现运营管理现代化，做到全面及时地掌握路网动态，警示车辆安全运行，不断提高高速公路的运营效率。

(2)不停车收费系统。在高速公路收费站安装不停车收费设备，对上路车辆实行“一卡通收费”办法，使各收费站电子收费系统和高速公路电子监视平台联网运作，上路车辆凭卡交费，过站时自动扣费、记录清单，对违章的车辆进行录像追费和罚款制度。这样，从根本上提高了车辆过站速度，解决了收费站排长队的问题。

(3)高速公路网络化基础设施。高速公路网络化平台的建设有助于提升企业文化特色和知名度。通过建立网站，广泛地宣传企业精神、文化、特色品牌、特产、旅游信息、咨询、投诉、反馈意见等，提升企业的自身形象，满足客户的多样化需求，可达到整体提高整个服务区行业网络化的目的。

(4)电子商务管理系统。企业内部资源管理系统(ERP)是利用信息技术对企业内部的销售、采购、仓储等作业环节，以及企业内部的人力、资产、资金等资源进行有效的控制和管理，其核心是加强企业内部的供应链管理，实现管理控制的一体化，从而达到降低管理成本，减少库存，提高企业的经营效率和市场应变能力，提高服务质量的目的。

(5)客户关系管理系统。在日益激烈的市场竞争中，利用信息技术使企业在市场营销、销售管理、客户关系、服务等经营环节中的信息及时、充分、有序地在企业和客户之间流动，提高企业满意度和客户忠诚度，与客户建立起长期、稳定、相互信任的密切关系，实现客户资源的有效利用。真正做到以客户需求为导向，逐步开展为客户提供个性化服务，最大限度地改善客户关系，提高客户对企业的忠诚度。

从 2012 年 12 月 11 日起，成都市道路客运联网售票系统(图 12-13)正式投入运行，成都市内 11 个汽车站的车票可实现联网销售，市民可以通过成都汽车票务网(www. cdqcp. com)、自动售票机、手机、车站综合窗口、人工代售点和电话预定 6 种方式购买汽车票。购票实行实名制，预订、取票都需要身份证。该系统集合了六大功能：互联网售票、手机售票、自动终端售票、车站综合窗口车票互售、人工代理网点售票和电话订票，可以出售从成都始发到全国各地的中短途、长途及超长途的客运班次车票。

图 12-13　公路自助售票机

12.6　运输业开展电子商务的对策

交通运输业运作的电子化趋势越来越明显，电子商务中的物流与信息流逐步走向高度融合。交通运输业电子商务发展的目标在于提高对客户服务的能力和水平，满足日益增长的市场需求；节省资源消耗，促进可持续发展；提高交通运输效益，促进交通现代化发展。交通运输电子商务发展的一些对策有以下几方面。

(1)制定相应的电子商务发展策略。由于交通运输业包含范围广，企业类型多，应该根据不同的运输企业类型制定相应的电子商务发展策略，选择适合企业类型的电子商务应用方式。由于我国的交通运输体系由铁路、公路、水运(包括内河、沿海和远洋三部分)、民用航空、输油气管道 5 种现代运输方式组成，各有其技术经济特点和适用范围。从交通企业类型上讲，对于铁路和航空运输业，其电子商务发展的重点是网上订票、电子客票、网上赔付、网上宣传、网上客户服务等，同时利用网络和信息技术改善企业内部及企业与各部门之间信息传递的效率和速度，提高企业管理和决策水平。对于公路运输企业，可从第三方物流的角度考虑电子商务的发展，做专业化的物流公司，为国内电子商务的发展提供物流支撑，这就需要运输企业建立完善的企业信息系统，提高企业配送路线的规划、配送日程的调度、配送车辆的合理利用的能力和水平。对于水运行业，可从第三方物流的角度介入电子商务，重点放在跨国物流配送，同时可在集装箱运输、港口管理、电子提单系统及水上安全监督等方面利用信息网络和 EDI 技术。输油气管道企业可利用 B2B 电子商务进行网上设备和原料的采购和销售。

(2)国家应抓紧进行电子商务支付系统的建设。电子商务支付系统是现代支付的重要手段，支付问题是电子商务发展的瓶颈之一。交通运输业实现电子客票、网上订票、在线理赔等业务，都离不开完善的支付系统的支撑，因此，只有解决了电子商务中的支付和结算问题，才能顺利发展交通电子商务业务。

(3)交通企业要提高企业信息化水平。交通企业信息化水平是开展交通电子商务的基础和前提，交通企业要发展和利用电子商务，首先要从提高企业信息化水平做起，通过计算机网络逐步实现运输计划、配车与运输路线计划、配送和货物跟踪、车辆运作管理、成果管理与控制以及运输信息的查询等业务。现代运输物流信息管理支持系统一般包括条形码系统、全球定位系统、地理信息系统以及智能交通系统等，它的投资很大，但对于服务的改进和竞争力的提高具有显著的作用。它可以把握在途物资的情况，把运输车辆变成流动的仓库，实现库存最少。除了利用信息技术改善交通企业运输的效率、安全、质量、服务、管理水平之外，还应该充分整合各种运输方式中现有的信息资源，加强信息资源的开发利用，为客运、货运的顺畅流动、无缝连接，为建立公共信息平台提供信息支持，这就需要政府发挥指导和规划作用，政府主导建立公共的客运、货运信息服务和电子交易平台，整合各运输方式的现有资源，使客运、货运趋于合理化、有序化、高效化，各种运输方式优势互补，协调发展。

(4)培养交通运输业电子商务人才。交通运输业电子商务的发展需要大量既懂电子商务，又懂交通运输、物流理论的复合型人才，而目前的电子商务人才主要培养的是通才型，对行业缺乏了解，或者是仅了解交通运输业而缺乏电子商务知识。从高校专业角度而言，交通运输业电子商务人才的培养可从电子商务、物流管理、交通运输等相关专业细分出交通运输电子商务方向。交通运输商务运作的电子化趋势越来越明显，电子商务中的物流与信息流逐步走向高度融合。交通运输业电子商务发展的目标在于提高客户服务的能力和水平，满足日益增长的市场需求；节省资源消耗，促进可持续发展；提高交通运输效益，促进交通现代化发展。

12.7 本章小结

本章首先系统分析了电子商务的概念和特点，谈到了电子商务在交通运输业中发展的意义；随后探讨了电子商务对于当前我国铁路发展的重大意义，从旅客运输和货物运输两个角度分别讨论了铁路运输电子商务系统的发展和功能实现；介绍了航空电子商务的概念，提出了电子商务在航空运输业中的重要应用，通过电子客票介绍了电子商务在航空运输业中的具体应用；探讨了海上运输中电子商务应用的重要意义，介绍了电放提单和电子提单这两种电子单证；讨论了电子商务对于公路运输发展的重要意义；最后，提出了我国运输业开展电子商务的一些发展对策。

思考题

1. 简述电子商务的概念和特点。
2. 简述电子商务的主要经营模式及其典型代表。
3. 阐述交通运输业电子商务的概念及其服务领域。
4. 电子商务在交通运输业中是如何实现应用的?
5. 铁路客运电子商务应具备哪些功能？其应用及其重要意义是什么?
6. 试画出铁路货运电子商务结构图。

7. 航空电子商务平台包括哪些子系统？

8. 什么是航空电子客票？简述航空电子客票的主要购买方式和支付方式。

9. 简述电子机票的具体使用流程。

10. 航空运输电子商务的应用及其重要意义。

11. 简述海运电放提单和电子提单的概念和特点。

12. 海上运输电子商务系统的应用及其重要意义。

13. 简述高速公路电子商务管理系统的功能。

14. 简述公路电子商务系统及其重要意义。

15. 简述交通运输业发展电子商务的对策。

主要参考文献

安仲文，卢茜. 2008. 铁路货运发展电子商务的探讨 [J]. 铁道货运，(7)：16-18.

董玉鹏. 2007. 国际航空运输电子客票法律适用的若干问题 [J]. 云南大学学报(法学版)，(5).

桂学文. 2011. 电子商务促进经济发展的效果测度研究 [D]. 武汉：华中师范大学.

兰宜生. 2001. 新编电子商务概论 [M]. 北京中国财政经济出版社.

刘作义，郎茂祥. 2003. 运输商务 [M]. 北京：中国铁道出版社.

汤玮. 2002. 大连口岸集装箱运输电子商务总体方案研究和应用效益分析 [D]. 大连：大连海事大学.

徐利民，迟骋，贾永刚，等. 2012. 基于电子商务的铁路货运业务流程再造研究 [J]. 中国铁道科学研究院.

严作人，张戎. 2003. 运输经济学 [M]. 北京：人民交通出版社.

张鹏. 2010. 国外铁路货运信息化发展现状及特点分析 [J]. 铁道货运，(1)：50-52.

www. 12306. cn

www. csair. com

www. shippingchina. com